Die Ausgestaltung der Minderjährigenadoption unter besonderer Berücksichtigung der elterlichen Einwilligung im deutschen und russischen Recht

Europäische Hochschulschriften Recht

European University Studies in Law

Publications Universitaires Européennes de Droit

Band/Volume 6696

Natalia Kravitski

Die Ausgestaltung der Minderjährigenadoption unter besonderer Berücksichtigung der elterlichen Einwilligung im deutschen und russischen Recht

PETER LANG

Bibliografische Information der Deutschen Nationalbibliothek
Die Deutsche Nationalbibliothek verzeichnet diese Publikation in der Deutschen Nationalbibliografie; detaillierte bibliografische Daten sind im Internet über http://dnb.d-nb.de abrufbar.

Zugl.: Leipzig, Univ., Diss., 2022

D 8
ISSN 0531-7312
ISBN 978-3-631-88153-8 (Print)
E-ISBN 978-3-631-88940-4 (E-PDF)
E-ISBN 978-3-631-88941-1 (EPUB)
DOI 10.3726/ b20166

Diese Publikation wurde begutachtet.

www.peterlang.com

Vorwort

Die vorliegende Arbeit ist im Sommersemester 2021 von der Rechtswissenschaftlichen Fakultät der Christian-Albrechts-Universität zu Kiel als Dissertation angenommen worden.

Mein besonderer Dank gilt meinem Doktorvater, Herrn Professor Dr. Meyer-Pritzl, für die engagierte Betreuung dieser Arbeit und die Unterstützung bei der Erlangung des Promotionsstipendiums des Landes Schleswig-Holstein.

Danken möchte ich auch Herrn Professor Dr. Trunk für die zügige Erstellung des Zweitgutachtens.

Ein herzlicher Dank gebührt meinen Eltern und meinem Bruder, die mir während der Promotionszeit stets Rückhalt geboten haben.

Ebenfalls danke ich meinen Freunden und meiner Tante für ihre konstruktiven Anregungen.

Kiel, im Mai 2022
Natalia Kravitski

Inhaltsverzeichnis

Einleitung

Die Adoption stellt eines der ältesten Rechtsinstitute dar, das in fast allen Kulturkreisen mit unterschiedlicher Intensität und Ausprägung früher oder später in Erscheinung getreten ist. In ihrer heutigen Gestalt ist sie das Ergebnis einer Jahrtausende langen Rechtsentwicklung. Die Untersuchung dieses Rechtsinstituts ist insoweit interessant, als es in allen Zeiten religiöse Überzeugungen, soziale Sitten, historische Traditionen und die Besonderheiten der staatlichen Einflussnahme auf die bestehenden Familienverhältnisse eines Landes widerspiegelte. Für Kinder, deren leibliche Eltern nicht bereit oder außerstande sind, für sie zu sorgen, stellt die Adoption eines der effektivsten Instrumente des sozialen Schutzes dar. Sie ermöglicht die permanente Betreuung eines Kindes innerhalb eines neuen Familienverbundes. Sowohl in der deutschen als auch in der russischen Rechtsordnung handelt es sich bei der Kindesannahme um eine bevorzugte Unterbringungsform für alleinstehende Kinder. Durch die Aufnahme in eine Adoptivfamilie finden sich elternlose Kinder in einer Umgebung wieder, die einer infolge der Blutsverwandtschaft entstandenen Bindung am nächsten kommt. Der Umstand führt zu der Überzeugung, dass auf diese Weise dem Wohl des Kindes am besten gedient sei.

Das Ziel der Arbeit besteht darin, im Rahmen eines Rechtsvergleichs die existierenden Übereinstimmungen und Differenzen der beiden Rechtsmodelle im Hinblick auf die aktuell geltende Adoptionsgesetzgebung herauszuarbeiten und darzustellen.

Die russische Rechtslage eignet sich besonders gut für einen Rechtsvergleich, da sie auf den ersten Blick in ihrer Gesamtheit den Strukturen des deutschen Adoptionswesens zwar sehr ähnlich zu sein scheint, jedoch bei näherer Betrachtung in der gesetzlichen Regelung der Kindesannahme einige spezifische Unterschiede aufweist.

Im ersten Teil der Arbeit widmen sich die Ausführungen der rechtsgeschichtlichen Entwicklung der Kindesannahme. Die im Rahmen des historischen Überblicks vorzunehmende Darstellung der jeweiligen Regelungen sowie Gesetzesänderungen und die Herausarbeitung der Kernpunkte des Adoptionsrechts der russischen und deutschen Rechtsordnung vermitteln einen hinreichend anschaulichen Eindruck der Adoptionsentwicklung im Wandel der Zeit. Die Ursprünge der Adoption und ihre Rechtsentwicklung im 20. Jahrhundert liefern Aufschluss darüber, wie sich die Bedeutung des Kindeswohls, die Motive für eine Annahme sowie die Rolle des Staates innerhalb des Adoptionsprozesses im Laufe der Jahrhunderte verändert haben. Denn erst vor dem Hintergrund dieser Entwicklung werden die gegenwärtig bestehenden gesetzlichen Regelungen sowie das aktuelle Geschehen rund um das Institut der Kindesannahme in beiden Rechtsordnungen verständlich.

Ziel der Ausführungen im zweiten Teil ist es, die gesetzlichen Vorschriften des heutigen Adoptionsrechts in der deutschen und russischen Rechtsordnung zu untersuchen. Hierbei ist der Fokus auf die Annahme eines familienfremden Kindes zu richten. Im Gegensatz zu Verwandten- und Stiefkindadoptionen bestehen bei der sog. Fremdkindadoption zwischen den annehmenden Personen und dem anzunehmenden Kind im Vorfeld der Annahme keinerlei Bindungen verwandtschaftlicher oder sozialer Art. Untersucht werden zunächst die Voraussetzungen der Kindesannahme, indem die elterliche Einwilligung als Kernpunkt des Adoptionsprozesses einer gründlichen Prüfung unterzogen wird. Anschließend beschäftigt sich die Arbeit mit den Wirkungen der Annahme. In diesem Abschnitt erfolgt die Darstellung der gesetzlichen Regelungen zur Inkognitoadoption und zum Adoptionsgeheimnis sowie der Möglichkeit einer alternativen Annahmeform.

Im dritten Teil der Untersuchung werden die Ergebnisse der Rechtsvergleichung zusammengefasst und ausgewertet.

1. Teil: Die geschichtliche Entwicklung der Adoption

A. Ursprünge der Adoption

Die Kinderadoption hat ihre Ursprünge bereits in der Antike und findet sich in vielen Kulturen wieder. Die Geburtsgeschichte des Akkaders Sargon I, die aus der Zeit um 2350 v. Chr. stammt, stellt eine der frühesten Überlieferungen der Adoption dar.[1] In vielen Naturvölkern wurden bestimmte Riten praktiziert, wie etwa das Lutschen des Adoptierten am Daumen der Adoptiveltern als Symbol für die Entbindung, um die Aufnahme des neuen Kindes in der Familie zu ermöglichen. Auch in antiken Hochkulturen wie Babylonien, Assyrien und Mesopotamien war die Kindesannahme bekannt und erhielt dank des Kodex des babylonischen Königs Hammurabi (1729–1686 v. Chr.) eine gesetzliche Grundlage.[2] In Legenden und Mythen war sie ebenfalls ein beliebtes Thema, wie die Geschichten von Ödipus und Moses belegen.

I. Die Adoption im römischen Recht

Zwar kommt das Rechtsinstitut der Adoption in beinahe allen Gesetzgebungen des Altertums vor, eine genaue Beschreibung der Entwicklung der Adoptionsgesetzgebung innerhalb der Gesellschaft enthalten jedoch erst die Aufzeichnungen des römischen Rechts.[3]

1. Gründe für die Kindesannahme in der antiken römischen Gesellschaft

Im Gegensatz zum heutigen Verständnis der Adoption, das das Wohl des Kindes sowie die Begründung eines Eltern-Kind-Verhältnisses in den Vordergrund des Adoptionsprozesses stellt, dienten in der antiken römischen Gesellschaft sämtliche Formen dieses Instituts fast ausschließlich den Interessen der Annehmenden.[4]

---

1 *Napp-Peters* S. 5; *Hennig* S. 18.
2 *Napp-Peters* S. 5; *Hennig* S. 18.
3 *Sorosky/Baran/Pannor* S. 26.
4 *Sorosky/Baran/Pannor* S. 30.

Einer der wohl wichtigsten Gründe für die Annahme an Kindes statt ergab sich aus dem damals auf der Fortführung und dem Erhalt der Familie und der Sippe basierenden Familienverständnis.[5] Die Aufrechterhaltung der Familie war zunächst aufgrund machtpolitischer Interessen von großer Bedeutung, da die Regierung damals einer begrenzten Anzahl von Familien oblag.[6] Das Aussterben eines Geschlechts konnte zum Verlust einer besonderen Machtposition im Staat führen.[7] Daher verwundert es nicht, dass die Annahme an Kindes statt in der Oberschicht und bei Senatoren einen üblichen Vorgang darstellte. Jeder Senator hatte dafür Sorge zu tragen männliche Nachkommen vorweisen zu können, die nicht nur das Familienvermögen und den Familiennamen, sondern auch die politische Tradition fortführten.[8]

Neben der Aufrechterhaltung und Fortführung der Familie war auch die Bewahrung des Hausgötterkults, sog. sacra privata familiaria, durch einen männlichen Nachfolger[9] ein leitendes Motiv für die Annahme an Kindes statt. Denn die meisten Römer waren zutiefst religiöse Menschen und hielten regelmäßig Kultusakte ab, um sich auf diese Weise die Fürsorge und den Schutz eines Gottes zu sichern.[10] Da die Römer an ein Leben nach dem Tod glaubten, oblag den Nachkommen zudem die Pflicht mit Hilfe der jährlich sattfindenden Totenfeste das Andenken der Verstorbenen zu bewahren.[11]

Ein weiterer Grund für die Vornahme einer Adoption waren insbesondere ökonomische Interessen des Familienoberhaupts.[12] Nur durch seine Kinder konnte das Vermögen der vorigen Generationen erhalten und fortgeführt werden.[13]

---

5 *Kurylowicz* S. 14.

6 Die patrizischen Geschlechter verkörperten die Macht im Staat.

7 *Honsell* § 66 II Fn. 2.

8 *Janitzki* S. 18.

9 Die patrilineare Orientierung der antiken römischen Gesellschaft führte dazu, dass nur ein männlicher Nachkomme in der Lage war den Erhalt der Familie und die Bewahrung des Hausgötterkults zu gewährleisten, vgl. *Kurtz* S. 21.

10 *Muth* S. 289 ff.; *Voigt* S. 33.

11 *Marquardt/Mau* S. 385; *Muth* S. 287 f.

12 Pater familias (lat. wörtlich: Vater der Familie) war der älteste und ranghöchste Mann im römischen Haushalt, der „Herr im Haus“ bzw. das Familienoberhaupt.

13 *Kurylowicz* S. 14; *Janitzki* S. 19.

2. *Römisch-rechtliche Adoptionsformen*

Die genannten Motive führten die Notwendigkeit vor Augen dem pater familias eine Möglichkeit zu geben weitere Personen unter seine Hausgewalt zu stellen und damit auf künstliche Weise für Nachkommen zu sorgen. Daher entwickelten sich in der antiken römischen Gesellschaft zwei Hauptformen der Adoption, die adrogatio und die adoptio.

a. *Die adrogatio oder Arrogation*

Die adrogatio ist die älteste Form der Adoption und stammt weit vor der Zeit der Zwölftafelgesetzgebung.[14] Sie beschreibt die Annahme einer Person, die nicht unter väterlicher Gewalt stand.[15] Demnach durfte nur ein gewaltfreier Bürger,[16] ein homo sui iuris, an Sohnes statt angenommen werden und er kam sogleich unter die patria potestas des Adoptivvaters.

Die Aufnahme einer gewaltfreien Person in einer anderen Familie konnte nicht lediglich durch einfache Absprachen zwischen den Beteiligten geregelt werden, sondern bedurfte der Durchführung eines besonderen Arrogationsverfahrens.[17] Es folgte zunächst eine Voruntersuchung durch die Pontifices, indem das Vorliegen der erforderlichen Voraussetzungen für die durchzuführende Arrogation geprüft wurde.[18] Neben der pontifikalen Voruntersuchung war zudem die Zustimmung der Volksversammlung erforderlich.[19] Der Hauptzweck der Arrogation bestand im Erhalt und in der Fortführung der Familie sowie der Sicherung des Familienvermögens.[20] Folglich durfte der Arrogierende nicht über leibliche Abkömmlinge verfügen oder in der Lage sein solche zu zeugen.[21]

b. *Die adoptio*

Um das 4. Jahrhundert v. Chr. entstand aufgrund der mit der Arrogation verbundenen Schwierigkeiten eine weitere Form der Familienvorsorge, die adoptio.[22]

---

14 *Kurylowicz* S. 15; *Honsell* § 66 II; Wackernagel S. 75; *Napp-Peters* S. 5.

15 *Napp-Peters* S. 6.

16 Aufgrund des römischen Familienverständnisses, wonach nur der Mann die agnatische Familie fortführen konnte, wurde zunächst nur die Arrogation von Männern zugelassen.

17 *Wieacker* § 15 S. 318.

18 *Wieacker* § 15 S. 318.

19 *Neukirchen* S. 11.

20 *Neukirchen* S. 11; *Kurtz* S. 18.

21 *Neukirchen* S. 11; *Kurtz* S. 18.

22 *Kurylowicz* S. 16.

Da es nicht einfach war gewaltfreie Personen zu finden, die sich arrogieren lassen wollten, wurde mit der adoptio eine Möglichkeit geschaffen auch gewaltabhängige alieni iuris annehmen und unter die Gewalt eines anderen stellen zu können.[23]

Im Rahmen des Verfahrens der adoptio mussten mehrere Teilschritte beachtet werden, damit ein Haussohn in die patria potestas des neuen Vaters übergehen konnte. Es war eine dreimalige mancipatio[24] erforderlich, um die Annahme eines Fremden unter die Hausgewalt eines anderen pater familias zu ermöglichen.[25] Im Wesentlichen wurde zunächst das ursprüngliche Gewaltverhältnis zum leiblichen Vater aufgelöst, um anschließend die Person unter die patria potestas des Adoptivvaters zu stellen.[26]

Durch die adoptio sollte jedoch nicht nur die Möglichkeit der Adoption gewaltabhängiger Personen geschaffen werden, vielmehr wurden auch die strengen Adoptionsanforderungen erleichtert. Kinderlosigkeit und ein Mindestalter von 60 Jahren wie bei der Arrogation mussten nicht mehr erfüllt werden.[27]

II. Weitere Entwicklung der römisch-rechtlichen Adoptionsformen

Die Annahme fremder Personen in der Form der adrogatio und der adoptio als Mittel zur Sicherung des Familienfortbestands blieb über Jahrhunderte hinweg ohne Veränderungen. Erst im 2. Jahrhundert n. Chr. fanden die ersten Reformen des bis dahin geltenden Adoptionsrechts statt und sie betrafen aufgrund der bereits erwähnten Schwierigkeiten hauptsächlich die Arrogation.[28] Eine der bedeutendsten Änderungen bezog sich auf das Alter des zu Arrogierenden, denn die Mündigkeit des Anzunehmenden war nicht mehr Voraussetzung für eine erfolgreiche adrogatio.[29]

Auch das Institut der adoptio wurde einigen Veränderungen unterzogen, die sich unter anderem in einem vereinfachten Verfahren zur Übertragung

---

23 *Neukirchen* S. 25.

24 Formalgeschäft, ursprüngliche Art des rechtsgeschäftlichen Eigentumserwerbs, vgl. *Honsell* § 9 III, § 19 I.

25 *Kurtz* S. 23.

26 *Kurylowicz* S. 51, 53 f.; *Honsell* § 66 II.

27 *Kurtz* S. 30.

28 *Kurtz* S. 35.

29 *Gaius* S. 102.

der patria potestas sowie der Aufteilung in adoptio plena und minus plena[30] widerspiegelten.

Man vermutet, dass diese Änderungen mit dem sich wandelnden Familienverständnis, das sich immer weniger auf der agnatischen Verwandtschaft gründete, einhergingen.[31] Demzufolge rückte auch das Motiv der Fortführung und des Erhalts der Familie mit der Zeit in den Hintergrund, während der Schutz und die Interessen des Anzunehmenden immer mehr an Bedeutung gewannen. Zusammenfassend lässt sich feststellen, dass die damals stattgefundenen Reformen ausschlaggebend für die weitere Entwicklung des Adoptionsrechts waren.

B. Überblick über die historische Entwicklung bis zum 20. Jahrhundert

I. Die Entwicklung im deutschen Rechtsgebiet

Die römisch-rechtlichen Adoptionsbestimmungen wurden in Deutschland bereits im frühen 16. Jahrhundert über das gemeine Recht bekannt, auch wenn sie in der Praxis nur selten zur Anwendung kamen.[32] Bevor jedoch die gemeinrechtliche Adoptionslehre ins deutsche Rechtsgebiet gelangte, wurde die damals vorhandene Rechtsordnung von den Germanen bestimmt.

1. Die germanischen Rechtsregeln

Es ist umstritten, inwieweit den Germanen das Institut der Adoption und die mit ihr verfolgten Ziele bekannt waren. Einige Stimmen gehen davon aus, dass im germanischen Rechtskreis lediglich adoptionsähnliche Rechtsgeschäfte vorhanden waren, die darauf abzielten nur Beziehungen erbrechtlicher oder sonstiger rechtlicher Art zu begründen.[33] Andere nehmen wiederum das Vorhandensein eines altgermanischen Rechtsinstituts der Adoption an.[34] Bezüglich der von den Germanen vollzogenen symbolischen Akte ist daher ebenfalls nicht abschließend geklärt, ob sie auf die künstliche Schaffung eines Eltern-Kind-Verhältnisses

---

30 Der Unterschied bestand in der Wirkungsweite der adoptio, die davon abhing, ob der Adoptierte an eine fremde Person oder an einen seiner aufsteigenden Verwandten in Adoption gegeben wurde, vgl. *Kurylowicz*, Labeo 25 (1979) S. 163 ff.

31 *Kurtz* S. 40.

32 *Napp-Peters* S. 16.

33 *Hoops*, Band IV, S. 38 f.

34 *Grimm* S. 683 f.; *Hübner* S. 700 f.; *Planitz/Eckhart* S. 56.

gerichtet waren oder z.B. lediglich zur Begründung eines Pflegeverhältnisses verhelfen sollten.[35]

Im Allgemeinen geht man davon aus, dass die überlieferten symbolischen Handlungen darauf gerichtet waren die Aufnahme einer fremden Person in die Familie des Annehmenden nach außen hin kundzutun. Dies wurde zunächst durch den Akt der Schoß- und Kniesetzung ermöglicht, wobei den westnordischen Quellen zufolge auf diese Weise die Begründung einer Pflegekindschaft erreicht werden sollte.[36] Einige Stimmen nehmen an, dass insbesondere solche Akte wie das Rasieren des Bartes oder das Scheren des Haares des Anzunehmenden sowie die Waffenreichung, die bei den gotisch-vandalischen Völkern, wie z.B. den Langobarden und auch den Franken, zu finden sind, die künstliche Schaffung eines Eltern-Kind-Verhältnisses symbolisieren sollen.[37]

2. *Das Rechtsinstitut der Adoption vor und in der gemeinrechtlichen Praxis*

Wie bereits erwähnt, wurde das Rechtsinstitut der Adoption mit der Rezeption des römischen Rechts als gemeines Recht erst Anfang des 16. Jahrhunderts im deutschen Rechtsgebiet wieder bekannter. Bis zur Rezeption des römischen Rechts war die Kindesannahme weitestgehend in Vergessenheit geraten. Die aus dem germanischen Rechtskreis stammenden Bräuche, denen man einen adoptionsähnlichen Charakter zusprach, wurden nicht mehr angewendet.[38]

Ein wichtiger Grund für den kaum mehr vorhandenen Gebrauch der Adoption im Mittelalter bestand in der ablehnenden Haltung der christlichen Kirche gegenüber dem Institut der Kindesannahme. Diese hatte vor allem materielle Interessen daran sich gegen die Adoption zu wenden, da sie auf diesem Wege selbst Erbschaften kinderloser Personen erhielt.[39] Aufgrund der wachsenden kirchlichen Einflussnahme wurde die künstliche Schaffung eines Eltern-Kind-Verhältnisses lange Zeit nicht praktiziert.[40] In der mittelalterlichen Gesellschaft vollzog sich die Versorgung alleinstehender Kinder dagegen im Rahmen der Familienpflege und der Anstaltserziehung.[41] Diese beiden Grundformen der

35 *Wackernagel* S. 68; *Mitteis-Lieberich* S. 64.
36 *Hoops*, Band I, S. 38.
37 *Hoops*, Band I, S. 39; *Brunner* S. 103 f.
38 *Brunner* S. 207.
39 *Klippel*, FamRZ 1985, S. 444, 446; *Goody* S. 59.
40 *Kurtz* S. 60.
41 *Napp-Peters* S. 16.

Fremderziehung sind auch heute noch sehr weit verbreitet. Während die außerhalb einer Ehe geborenen Kinder überwiegend im familialen Hausverband untergebracht wurden, gestaltete sich die Versorgung verlassener Kinder, sog. Findelkinder, und solcher aus sehr armen Familien ganz anders.[42] Sie wurden in den mittelalterlichen Waisen- und Armenanstalten aufgenommen und lebten dort zusammen mit anderen Obdachlosen auf engstem Raum unter sehr schlechten Ernährungs- und Pflegebedingungen, so dass die Sterblichkeitsrate der von dort aufgenommenen Kinder überaus hoch war.[43] Folglich wurde in vielen Fällen die Unterbringung in Pflegefamilien angestrebt.[44] Es lässt sich sagen, dass die Fürsorge alleinstehender Kinder zu der Zeit in der reinen körperlichen Fürsorge bestand und ein eigentliches Erziehungsziel noch nicht verfolgt wurde.[45]

Die Rezeption des römischen Rechts als gemeines Recht machte die Adoption schließlich im deutschen Rechtsgebiet wieder bekannter. Es wurde auch in der gemeinrechtlichen Praxis dem römischen Vorbild entsprechend zwischen der Adrogation und der Adoption unterschieden.[46] Allerdings bemühte man sich um ein einheitliches, an die deutsche Rechtsordnung angepasstes Institut der Kindesannahme, indem zum Beispiel die Aufteilung in adoptio plena und adoptio minus plena nicht mehr erfolgte. Interessant ist die Tatsache, dass sich die Adoption bereits im 16. Jahrhundert langsam zu einem Fürsorgeinstrument entwickelte.[47]

Auch wenn das Institut der Adoption mit der Rezeption des römischen Rechts als gemeines Recht in Deutschland Eingang gefunden hatte, so kam dieses in der Praxis nur selten zur Anwendung. Dies hing, wie bereits erwähnt, mit der hohen Einflussnahme der christlichen Kirche und der damit verbundenen ablehnenden Haltung der Gesellschaft gegenüber der Adoption zusammen.

3. *Das Adoptionsrecht der ersten europäischen Kodifikation*

Im Zusammenhang mit den neueren deutschen Gesetzbüchern, die das Institut der Kindesannahme erwähnten, ist insbesondere das erste Kodifikationswerk, der Codex Maximilianeus Bavaricus Civilis von 1756,[48] zu nennen, das

42 *Napp-Peters* S. 16.
43 *Lange* S. 5 f.; *Petersen* S. 45.
44 *Hennig* S. 22.
45 *Hennig* S. 22; *Napp-Peters* S. 17.
46 *Kurtz* S. 66 ff.
47 *Neukirchen* S. 57.
48 Abgekürzt CMBC.

das damals aktuelle gemeine Recht widerspiegelte.[49] Hinsichtlich der rechtlichen Regelung der im CMBC als Wahlkindschaft bezeichneten Adoption orientierte man sich im Allgemeinen an den durch die Rezeption des römischen Rechts als gemeines Recht überlieferten Bestimmungen.[50] So hielt man immer noch an den verschiedenen Arten der römischen Adoption sowie ihren Voraussetzungen fest. Bei den Rechtsfolgen ergab sich eine Abweichung dahingehend, dass der Angenommene durch die adrogatio nicht wie im römischen Recht Inhaber aller Rechte und Pflichten von leiblichen, ehelichen Kindern wurde, sondern nur bzgl. der von der Dispositionsfreiheit des Adoptivvaters erfassten Rechte und Pflichten.[51] Insbesondere Name, Titel, Wappen und der Adelsstand konnten nicht frei nach dem Willen des Annehmenden an den Angenommenen übergehen, sondern lediglich mit Erteilung der landesherrlichen Erlaubnis und folglich nur mit Vornahme eines Gnadenaktes.[52] Neben den Voraussetzungen und Rechtsfolgen hielt sich auch der Sinn und Zweck der im CMBC geregelten Wahlkindschaft an das römisch-rechtliche Vorbild. Auch hier war der Gedanke, durch das Rechtsinstitut der Adoption einen Nachfolger zu haben und damit die Fortführung der Familie zu sichern vordergründig.[53]

4. Die Annahme an Kindes statt im Preußischen Allgemeinen Landrecht von 1794[54]

Eine interessante Wende in ihrer rechtlichen Gestaltung erfuhr die Adoption beim Zustandekommen des Allgemeinen Landrechts für die preußischen Staaten,[55] das am 1. Juni 1794 in Kraft trat.[56] Zum ersten Mal wurde bei der Regelung der „Annahme an Kindes Statt“, wie die Adoption im 10. Abschnitt des 2. Titels im 2. Teil des ALR benannt wurde, durch die Schaffung eines einheitlichen Instituts insoweit vom römischen Recht Abstand genommen und schließlich

49 *Wesenberg/Wesener* S. 143.
50 *Schucht* S. 8 f.
51 *Kurtz* S. 81.
52 Anm. *Kreittmayr*, CMBC, Erster Theil, fünftes Kapitel, S. 191.
53 Einen Verweis darauf findet man im CMBC, vgl. Anm. Kreittmayr, Erster Theil, fünftes Kapitel, S. 188, 189.
54 §§ ohne nähere Kennzeichnung sind solche des Allgemeinen Preußischen Landrechts (ALR), Zweiter Teil, Zweiter Titel, Neunter Abschnitt.
55 Abgekürzt als ALR.
56 Der Geltungsbereich des Landrechts war begrenzt. Die linksrheinischen Gebiete Preußens unterfielen dem Code civil, für die übrigen Teile Preußens galt das gemeine Recht, vgl. *Kurtz* S. 92.

das gemeine römische Recht verdrängt.[57] Zwar griff man bei der Regelung der Annahme an Kindes statt inhaltlich überwiegend auf den Rechtsstoff des gemeinen Rechts zurück, dennoch gelang diesbezüglich eine Rechtsvereinheitlichung dank der Angleichung der verschiedenen Adoptionsformen, der adrogatio und der adoptio.[58] Dieser Schritt beruhte auf der Überlegung, dass die väterliche Gewalt im Laufe der Zeit immer mehr an Bedeutung verlor und die Unterscheidung zwischen dem Eintritt und dem Übertritt in die patria potestas daher nicht mehr zeitgemäß erschien.[59]

Bei der Adoption im Preußischen Allgemeinen Landrecht von 1794 handelte es sich um ein vertraglich zu begründendes Institut, das auch wieder aufgehoben werden konnte.[60] Entsprechend dem aus dem römischen Recht bereits bekannten und im gemeinen Recht weiterhin geltenden Grundsatz „adoptio imitatur naturam" wurde an einem schon bei der Arrogation geforderten Mindestalter des Annehmenden festgehalten, auch wenn dieses nun auf 50 Jahre herabgesenkt wurde.[61] Des Weiteren musste der Anzunehmende nach § 677 ALR jünger sein als der Annehmende. Ein bestimmter Altersunterschied wurde dabei nicht mehr verlangt. Der Kreis der Adoptionsberechtigten wurde im Gegensatz zu römischrechtlichen Bestimmungen sehr weit gefasst. So durften zum Beispiel auch Kastraten und Frauen eine Adoption vornehmen lassen.[62] Hinsichtlich der rechtlichen Wirkungen der Annahme an Kindes statt ist insbesondere die Bestimmung des § 684 ALR hervorzuheben. Danach kam dem Angenommenen von bürgerlicher Herkunft der Adelsstand des Annehmenden nur bei Vorhandensein eines vom Landesherrn besonders bewilligten Gnadenakts zu. In dieser Regelung spiegelte sich der Einfluss des Adels wider, dem das Preußische ALR bei seiner Entstehung unterlag. Denn der Adel befürchtete, dass das neue Gesetzgebungswerk eine gesellschaftliche Umstrukturierung und die damit verbundene Machtabschwächung des Adelsstandes mit sich bringen würde.[63]

Weiterhin ist hervorzuheben, dass im Rahmen des Adoptionszwecks des ALR neben dem erbrechtlichen Aspekt auch eine individuelle Komponente eine entscheidende Rolle gespielt hat. Durch die Kindesannahme sollte kinderlosen

---

57 *Koselleck* S. 45.
58 *Dernburg* S. 202.
59 *Kurtz* S. 91.
60 Vgl. §§ 666, 667, 714–716 ALR.
61 Vgl. § 668 ALR.
62 Vgl. für die Annahme an Kindes statt durch eine Frau die Regelungen der §§ 674–676 ALR.
63 *Wesenberg/Wesener* S. 159 f.

Personen ein Ersatz von Elternfreuden an leiblichen Kindern geboten werden.[64] Diesem Adoptionszweck entsprechend setzte § 671 daher voraus, dass für die Gültigkeit der Annahme an Kindes statt das Fehlen eigener leiblicher Nachkommen erforderlich war.

II. Die Entwicklung im russischen Rechtsgebiet

Die geschichtliche Entwicklung der Adoption im russischen Rechtsgebiet bis zum 20. Jahrhundert gliedert sich – der wissenschaftlichen Untersuchung von *Tatjana Fabritschnaja*[65] folgend – im Wesentlichen in drei zeitliche Abschnitte.

1. Ende des 9. Jahrhunderts bis zum 17. Jahrhundert – Der altrussische Staat

In der russischen Geschichte der Adoption zeichnet sich das Jahr 879 durch die erste schriftliche Erwähnung von Beziehungen zwischen Erwachsenen und Kindern aus, die sich nicht auf einer Blutsverwandtschaft gründeten.[66] Obwohl die Adoption als solche im altrussischen Staat[67] bereits im Zeitalter des Heidentums bekannt war, entbehrte diese jeglicher rechtlicher Grundlage.[68] Typisch für diese Epoche war die absolute väterliche Gewalt, unter der sich alle Familienmitglieder befanden und sich ausnahmslos dem Willen des Vaters beugten.[69] Für Slaven waren verwandtschaftliche Verbindungen eine notwendige Grundlage für eine

64 *Kurtz* S. 128, m. Hinw. auf eine Anm. von *Suarez* zum Entwurf, Theil I, Abth. I Tit. 2 § 481, S. 238.

65 *Fabritschnaja*, Evolution der Adoption im russischen Recht des XVIII bis XX Jahrhunderts.

66 *Danilova*, Artikelsammlung der wissenschaftlichen studentischen Gemeinschaft des XXI Jahrhunderts, 45, abrufbar unter http://sibac.info/archive/social/4(19).pdf (Stand: 20.04.2016).

67 Auch als Kiewer Rus bezeichnet; war ein mittelalterliches altrussisches Großreich, das als Vorläuferstaat der heutigen Staaten Russland, Ukraine und Weißrussland angesehen wird.

68 *Fabritschnaja*, Evolution der Adoption im russischen Recht des XVIII bis XX Jahrhunderts, S. 17; nach *Sagorovski*, Familienrechtskurs, S. 487 gebe es für die Epoche des Heidentums zwar keine konkreten Nachweise für die Existenz der Adoption. Allerdings praktiziere das einfache Volk oft die Kindesannahme und in seinem alltäglichen Leben fänden altertümliche Institute ihren Nachklang. Dies führe daher zu der Annahme, dass bereits im Heidentum Adoptionen durchgeführten worden seien.

69 *Sergejevitsch*, Vorlesungen und Untersuchungen der Geschichte des russischen Rechts, S. 508.

starke und einflussreiche Gemeinschaft.[70] Mangels einer Zentralgewalt konnte zu der Zeit eine sichere Existenz nur innerhalb einer solchen Gemeinschaft gewährleistet werden. Daher war das Ziel der damals vorgenommenen Adoptionen die Aufrechterhaltung und das Vergrößern der eigenen Familie zu ermöglichen.[71] Auch nichteheliche Kinder erfreuten sich gesellschaftlicher Akzeptanz, denn insbesondere eine grosse Anzahl an Kindern sicherte den Bestand und die Stärke einer solchen Gemeinschaft.[72]

Nach dem russischen Gewohnheitsrecht konnte die Adoption durch mehrere zum Teil symbolische Handlungen vollzogen werden, die über einen langen Zeitraum aus dem alltäglichen Leben der Menschen nicht wegzudenken waren. Eine dieser Handlungen nannte sich „der Ritus der fiktiven Geburt".[73] Dabei wurde einer Frau ein blutverschmiertes Hemd übergezogen und auf diese Weise die Geburt eines Kindes nachgeahmt.[74] Weiterhin war es für einen Mann möglich die Kinder seines verstorbenen Bruders zu adoptieren, indem er seine Schwägerin heiratete.[75] Auch die faktische Aufnahme des Anzunehmenden in das Haus des Annehmenden sowie eine besondere vertragliche Abrede zwischen den am Vorgang Beteiligten hatten eine Adoption zur Folge.[76]

Als im Jahr 988 das Christentum das Zeitalter des Heidentums im altrussischen Staat ablöste, wurden die Durchführung der Adoption sowie andere im Zusammenhang mit dem Familienalltag aufkommende Fragen von der christlichen Kirche geregelt.[77] Das russische Rechtsgebiet befand sich nun unter

70 *Nevsorov*, Die Vormundschaft über Volljährige: historischer Hintergrund des Instituts und sein Stellenwert in der russischen Gesetzgebung, S. 66.

71 *Tatarinzeva*, Gramota 2011, 202, abrufbar unter http://gramota.net/materials/3/2011/3-2/46.html (Stand: 20.04.2016).

72 *Danilova*, Artikelsammlung der wissenschaftlichen studentischen Gemeinschaft des XXI Jahrhunderts, 45, abrufbar unter http://sibac.info/archive/social/4(19).pdf (Stand: 20.04.2016).

73 *Netschaeva*, Familienrecht der Russischen Föderation, S. 143.

74 Eine Scheingeburt konnte auch ein Mann imitieren und dadurch ein Kind adoptieren.

75 *Fabritschnaja*, Evolution der Adoption im russischen Recht des XVIII bis XX Jahrhunderts, S. 19; *Netschaeva*, Familienrecht der Russischen Föderation, S. 214.

76 *Vladimirski-Budanov*, Querschnitt durch die Geschichte des russischen Rechts, S. 462; *Fabritschnaja*, Evolution der Adoption im russischen Recht des XVIII bis XX Jahrhunderts, S. 19; *Netschaeva*, Familienrecht der Russischen Föderation, S. 214.

77 *Abramenko*, Gesetzliche Regelung der Adoption in der Familiengesetzgebung Russlands, S. 46; Die russisch-orthodoxe Kirche wurde nach dem Empfang der Taufe durch den Großfürsten und Herrscher des altrussischen Staates Vladimir I aufgebaut.

dem Einfluss des byzantinischen Rechts,[78] dessen Vorgaben auch bezüglich des Adoptionsprozesses beachtet werden mussten. Um entsprechend diese Vorgaben der Adoption ihre Gültigkeit verleihen zu können, führte die Kirche zu diesem Zweck einen bestimmten, bis ins 18. Jahrhundert angewandten Ritus der Kindesannahme durch.[79] Im Rahmen dieses Vorgangs bedurfte die Adoption der Bestätigung des Eparchen.[80] Nach dem byzantinischen Recht durften nur Männer adoptieren. Denn eine Adoption führte zur Erlangung der väterlichen Gewalt, deren Träger nur Männer sein durften.[81] Obwohl sich die christliche Kirche entschieden gegen die heidnischen Riten und Bräuche wendete, blieben sie dennoch, insbesondere auf dem Gebiet der Familienangelegenheiten, bis ins 19. Jahrhundert hinein erhalten, auch wenn sie keine rechtliche Wirkung entfalteten.[82]

Mit der Zeit trat immer mehr ein anderes Motiv der Kindesannahme als die Sicherung der Familie bzw. der Gemeinde in den Vordergrund. Kinderlosen Paaren kam es überwiegend darauf an, mithilfe der Adoption einen Erben zu bekommen, der das Andenken der Verstorbenen bewahrte und damit den Ahnenkult fortsetzte.[83] Zudem sollte auf diese Weise auch das Familienvermögen erhalten bleiben. Nach *Netschaeva* bedeutete es jedoch nicht, dass eine Kindesannahme ausschließlich im Interesse des Annehmenden erfolgte.[84] Auch die Bedürfnisse und Interessen des zu adoptierenden Kindes wurden gewahrt.

Da das russische Rechtsgebiet zu dem Zeitpunkt keinen einheitlichen Staat bildete, bestanden auch hinsichtlich der Adoptionsbestimmungen territoriale

78 Die geltende Rechtsordnung im Byzantinischen Reich, das Ende des 4. Jahrhunderts nach Christus entstand.

79 *Vladimirski-Budanov*, Querschnitt durch die Geschichte des russischen Rechts, S. 461; *Nevolin*, Geschichte der russischen zivilrechtlichen Regelungen, 1857 Band III, Kapitel III, S. 456.

80 Entspricht dem Bischof einer Diözese. Eine Eparchie war eine Diözese der Ostkirchen und demnach auch der russisch-orthodoxen Kirche.

81 *Letova*, Adoption in der Russischen Föderation und rechtliche Probleme, S. 5.

82 *Danilova*, Artikelsammlung der wissenschaftlichen studentischen Gemeinschaft des XXI Jahrhunderts, 45, abrufbar unter http://sibac.info/archive/social/4(19).pdf (Stand: 20.04.2016).

83 *Sagorovski*, Familienrechtskurs, S. 131; Abramenko, Gesetzliche Regelung der Adoption in der Familiengesetzgebung Russlands, S. 46; *Fabritschnaja*, Evolution der Adoption im russischen Recht des XVIII bis XX Jahrhunderts, S. 20; *Tatarinzeva*, Gramota 2011, 202, abrufbar unter http://gramota.net/materials/3/2011/3-2/46.html (Stand: 20.04.2016).

84 *Netschaeva*, Russland und seine Kinder: Kind, Gesetz, Staat, S. 16.

Unterschiede.[85] Außer dem Verbot, eigene nichteheliche Kinder zu adoptieren, blieben diese Bestimmungen jedoch über einen langen Zeitraum hinweg ohne nennenswerte Veränderungen.[86]

2. *Anfang des 18. Jahrhunderts bis zur ersten Hälfte des 19. Jahrhunderts – Die Gesetzessammlung des russischen Kaiserreichs*

Zur Regierungszeit Peter I. sowie Katharina II. blieb das Institut der Adoption in seiner ursprünglichen Ausprägung bestehen, ohne dass diesbezüglich bestimmte gesetzliche Regelungen ergingen. Ihre Blütezeit erlebte die Adoption vor allem unter der Herrschaft Alexander I. und Nikolai I.[87]

In der russischen Adoptionspraxis des 18. Jahrhunderts musste der Annehmende adeliger Herkunft sein oder zum abgabepflichtigen Stand gehören. Auch ausländischen Bürgern war eine Kindesannahme erlaubt.[88]

Den Grundstein für eine Adoption durch die zum Adelsstand gehörenden Personen legte Peter I. mit seinem Erlass „Über das Anerbenrecht" von 1714.[89] Wenn ein Adeliger weder Nachkommen noch männliche Verwandte vorzuweisen hatte, konnte er, dem Erlass entsprechend, sein ganzes Familienvermögen an eine weibliche Verwandte unter der Voraussetzung der Annahme des adeligen Namens durch ihren Ehemann weiterreichen. Auf diese Weise wurde der Erhalt des Namens gesichert. Dieser Vorgang stellte zwar keine Adoption im eigentlichen Sinne dar, wurde jedoch unter bestimmten Voraussetzungen als eine solche angesehen. Zur Herrschaftszeit von Katharina II. sind nur einige wenige Fälle bekannt, in denen dem Adelsstand gestattet wurde eine Adoption durchführen

---

85 *Netschaeva*, Familienrecht der Russischen Föderation, S. 143.

86 *Netschaeva*, Russland und seine Kinder: Kind, Gesetz, Staat, S. 26; Es wurde immer mehr zwischen ehelichen und nichtehelichen Kindern unterschieden. So schloß die Kirchenordnung des Zaren Alexej Michailovitsch von 1649 ein Erbrecht eines außerhalb der Ehe geborenen Kindes aus. Auf diese Weise wollte man die „Heiligkeit der Ehe" schützen, vgl. *Vladimirski-Budanov*, Querschnitt durch die Geschichte des russischen Rechts, S. 461.

87 *Nevolin*, Geschichte der russischen zivilrechtlichen Regelungen, 1857 Band III, Kapitel III, S. 379.

88 *Nevolin*, Geschichte der russischen zivilrechtlichen Regelungen, 1857 Band III, Kapitel III, S. 379.

89 *Nevolin*, Geschichte der russischen zivilrechtlichen Regelungen, 1857 Band III, Kapitel III, S. 379.

zu lassen.[90] Wie bereits erwähnt, gab es auch während dieser Periode keine speziellen Regelungen, die sich dem Rechtsinstitut der Kindesannahme widmeten. Erst die erste Hälfte des 19. Jahrhunderts verschaffte diesbezüglich mehr Klarheit, indem die gesetzliche Regelung der Adoption sich zu entwickeln begann. Je nachdem, zu welchem gesellschaftlichen Stand der Annehmende gehörte, musste er bei der Annahme eines Kindes die jeweilig bestehenden Regeln befolgen.[91] Personen von adeliger Herkunft war es nur unter Wahrung sehr strenger Anforderungen möglich eine Adoption vorzunehmen, die ausschließlich das Ziel der Erhaltung des adeligen Geschlechts verfolgte und damit rein genealogischer Art war.[92] Dies hatte vor allem einen politischen Hintergrund, da man die gesellschaftliche Stellung des Adelsstands stärken und eine Machteinbuße seinerseits verhindern wollte.[93] Die genauen Voraussetzungen für eine Adoption durch Personen von adeliger Herkunft wurden im Gesetz vom 11. Oktober 1803 niedergelegt. Dieses gestattete nur die Annahme der nächsten, innerhalb einer Ehe geborenen, Verwandten durch das Weiterreichen des adeligen Namens und Wappens, wobei in jedem Fall das Erfordernis einer landesherrlichen Bewilligung bestand.[94] Die Adoption fremder Kinder war dem Adelsstand dagegen nicht gestattet.[95] Sowohl in diesem als auch in den später ergangenen Adoptionsgesetzen stand die unbedingte Einhaltung des Grundsatzes einer Ständegesellschaft (Ständeordnung) im Mittelpunkt.

Für die Angehörigen des abgabepflichtigen Standes waren die Adoptionsregeln dagegen sehr einfach gehalten. So galt innerhalb der Bauernschaft eine

---

90 So erlaubte Katharina II im Jahre 1796 den zwei Grafenbrüdern Ostermann den Enkelsohn ihrer Schwester zu adoptieren, damit er bereits zu seinen Lebzeiten den adeligen Namen und das Wappen der Familie führen konnte. Dieser Fall bildete die Grundlage für weitere damals vorgenommene Adoptionen seitens des Adels, die jedes Mal der Zustimmung der Kaiserin höchstpersönlich bedurften, Erlass vom 13.10.1796 abgebildet in der systematischen Gesetzessammlung des russischen Kaiserreichs, Band III, S. 118.

91 *Zaikova*, Zeitschrift der staatlichen pädagogischen Universität in Novosibirsk 2012, 105.

92 *Tatarinzeva*, Gramota 2011, 202, abrufbar unter http://gramota.net/materials/3/2011/3-2/46.html (Stand: 20.04.2016).

93 *Schmatkov*, Legitimation und Adoption von Kindern, S. 69.

94 *Bimbaeva*, Nachrichten der staatlichen Wirtschaftsakademie Irkutsk 2013, 146, abrufbar unter http://gramota.net/materials/3/2011/3-2/46.html (Stand: 25.04.2016).

95 *Abramenko*, Gesetzliche Regelung der Adoption in der Familiengesetzgebung Russlands, S. 52.

Kindesannahme bereits schon dann als vollzogen, wenn der Anzunehmende an seinen Adoptivvater übergeben wurde.[96] Eines der Hauptziele für die Kindesannahme war dabei die Erlangung einer zusätzlichen Arbeitskraft. Im Gegensatz zum Adel spielte für die Angehörigen des abgabepflichtigen Stands demnach nicht der erbrechtliche, sondern der wirtschaftliche Aspekt eine wichtige Rolle. Trotz der materiellen Interessen kann nicht ausgeschlossen werden, dass den Menschen die Adoption auch als ein Ersatz der Elternfreuden an leiblichen Kindern diente.[97]

Die Adoptionsgesetzgebung des russischen Kaiserreichs war in erster Linie darauf gerichtet ein Aufsteigen innerhalb der Stände zu verhindern. Gleichzeitig wurden dem abgabepflichtigen Stand bei einer Kindesannahme keine nennenswerten Hindernisse in den Weg gestellt, um durch zusätzlich gewonnene Arbeitskraft ihren Wohlstand und damit die Steuereinnahmen zu erhöhen.[98]

Die zuvor ergangenen gesetzlichen Regelungen zum Rechtsinstitut der Adoption wurden in der im Jahr 1832 erschienenen Gesetzessammlung des Russischen Kaiserreichs festgehalten. Im Laufe der Zeit wurden Änderungen und Ergänzungen hinzugefügt. So enthielt die Gesetzessammlung des Russischen Kaiserreichs unter anderem Vorgaben zur Adoption durch die zum Adelsstand gehörenden Personen, die in den §§ 152, 153 geregelt waren. § 155 Gesetzessammlung des Russischen Kaiserreichs[99] setzte die Voraussetzungen für eine Kindesannahme im Kreise des abgabepflichtigen Standes fest, die sich neben der für alle Adoptionsberechtigten unabhängig von der Standeszugehörigkeit geltenden Altersbestimmung in der reinen Beischreibung zur Familie des Annehmenden unter Beachtung einiger weiterer Anforderungen[100] erschöpften.[101] Besonders hervorzuheben ist die Tatsache, dass die gesetzlichen Adoptionsregelungen aus der

96 *Pachman*, Ziviles Gewohnheitsrecht in Russland: Juristische Grundrisse, Band II, S. 199.

97 *Scherschenevitsch*, Lehrbuch des russischen Zivilrechts, S. 497.

98 *Tatarinzeva*, Gramota 2011, 204, abrufbar unter http://gramota.net/materials/3/2011/3-2/46.html (Stand: 20.04.2016).

99 Soweit keine andere Kennzeichnung der Paragrafen erfolgt, handelt es sich bei den genannten um solche des 10. Bands, erster Titel des 2. Abschnitts Gesetzessammlung des Russischen Kaiserreichs.

100 § 155 a.E.

101 In einigen Gebieten des russischen Kaiserreichs geschah dies aufgrund der Adoptionsbeantragung durch den Adoptivvater, wonach der Anzunehmende in ein besonderes Buch eingetragen wurde, vgl. *Tatarinzeva*, Gramota 2011, 203, abrufbar unter http://gramota.net/materials/3/2011/3-2/46.html (Stand: 20.04.2016).

Zeit des Russischen Kaiserreichs nie einen Vertrag zwischen Annehmendem und Anzunehmendem voraussetzten.[102] Allerdings mussten beim zuständigen Gericht Nachweise dafür erbracht werden, dass die am Adoptionsprozess Beteiligten mit der Kindesannahme einverstanden waren und alle übrigen vom Gesetz bestimmten Voraussetzungen eingehalten wurden.[103]

3. *Zweite Hälfte des 19. Jahrhunderts bis 1917 – Das vorrevolutionäre Russland*

Ab Mitte des 19. Jahrhunderts erlaubte das Gesetz nicht nur die Annahme von Waisenkindern, sondern auch solchen Kindern, die durch Entzug der elterlichen Rechte oder aus sonstigen Gründen die Obhut ihrer Eltern verloren hatten.[104] Allerdings war für eine wirksame Annahme gemäß § 149 die Einwilligung der leiblichen Eltern oder des Vormunds und Pflegers sowie des Kindes selbst, wenn es das 14. Lebensjahr vollendet hat, erforderlich. Die wohl wichtigsten gesetzlichen Regelungen auf dem Gebiet der Kindesannahme ergingen jedoch Ende des 19. bzw. Anfang des 20. Jahrhunderts. Zu nennen ist zunächst das Gesetz vom 12. März 1891 „Über die Legitimation und Adoption von Kindern", das unter anderem die genauen von den Adoptionsbeteiligten einzuhaltenden Voraussetzungen festlegte, die sich dann in den entsprechenden Vorschriften der Gesetzessammlung wiederfanden.[105] So war für eine wirksame Kindesannahme nach § 146 zu beachten, dass der Adoptierende das Mindestalter von 30 Jahren erfüllte sowie mindestens 18 Jahre älter war als der Anzunehmende. Hierbei fällt auf, dass die Altersbestimmung an dem aus römischen Zeiten stammenden Grundsatz „adoptio imitatur naturam" ausgerichtet war.[106] Das Erfordernis der Kinderlosigkeit des Annehmenden wurde in § 145 geregelt. Dieselbe Vorschrift beschrieb zudem den Kreis der Adoptionsberechtigten, der sehr weit gefasst war. Außer den wegen ihres Standes zur Ehelosigkeit verpflichteten Personen konnte jeder Adoptionswillige, unabhängig von seiner Standeszugehörigkeit, eine wirksame Kindesannahme vornehmen lassen. Die Geistlichen waren ebenfalls nicht vom Kreis der Adoptionsberechtigten ausgenommen, die jedoch stets

102 *Letova*, Adoption in der Russischen Föderation und rechtliche Probleme, S. 6.
103 *Letova*, Adoption in der Russischen Föderation und rechtliche Probleme, S. 6.
104 *Abramenko*, Gesetzliche Regelung der Adoption in der Familiengesetzgebung Russlands, S. 48; *Netschaeva*, Familienrecht der Russischen Föderation, S. 144.
105 *Netschaeva*, Familienrecht der Russischen Föderation, S. 214.
106 *Letova*, Adoption in der Russischen Föderation und rechtliche Probleme, S. 6.

der Zustimmung des Eparchen bedurften.[107] Auch die rechtliche Wirkung der Kindesannahme bestimmte das Gesetz von 1891. Diese wurde in der Rechtsvorschrift des § 156 niedergeschrieben. Danach erhielt das Adoptivkind durch die Annahme die volle Stellung eines leiblichen Kindes der annehmenden Person. Zudem ließ die Adoption das Verwandtschaftsverhältnis des Kindes zu seinen leiblichen Verwandten nicht erlöschen.

Mit den neu ergangenen Gesetzen veränderte und entwickelte sich das Institut der Adoption weiter. Folge dieser Entwicklung war eine Zweckverlagerung mehr zur Beimessung einer moralischen Bedeutung und weg vom politisch bzw. ökonomisch motivierten Verständnis der Adoption als Instrument zum Erhalt des adeligen Geschlechts und der Gewinnung einer zusätzlichen Arbeitskraft für den abgabepflichtigen Stand.[108] Die Aufnahme eines fremden Kindes in der Familie des Annehmenden in Verbindung mit der Verleihung des rechtlichen Status eines leiblichen Kindes gewährleistete einen vollumfänglichen Schutz der Interessen und Rechte elternloser Kinder.[109] Obwohl der persönliche Aspekt und damit das Wohl des anzunehmenden Kindes immer mehr in den Vordergrund zu rücken schien, wurde überwiegend die Ansicht vertreten, dass für diesen Zeitabschnitt die Verwendung der Adoption als ein Mittel zum Schutz vermögensrechtlicher Interessen des annehmenden Erblassers kennzeichnend war.[110]

Das Adoptionsverfahren Ende des 19. Jahrhunderts gestaltete sich recht kompliziert. Das Gesetz vom 12. März 1891 regelte die verfahrensrechtlichen Bestimmungen der Kindesannahme, die je nach Standeszugehörigkeit sehr unterschiedlich waren. Darin spiegelte sich die Tatsache wider, dass der Grundsatz einer Ständegesellschaft immer noch sehr streng gewahrt wurde. Insbesondere Personen von adeliger Herkunft mussten ein schwieriges, aus mehreren

---

107 § 151.

108 *Fabritschnaja*, Evolution der Adoption im russischen Recht des XVIII bis XX Jahrhunderts, S. 33; *Tatarinzeva*, Gramota 2011, 203, abrufbar unter http://gramota.net/materials/3/2011/3-2/46.html (Stand: 20.04.2016).

109 *Netschaeva*, Familienrecht der Russischen Föderation, S. 145; *Abramenko*, Gesetzliche Regelung der Adoption in der Familiengesetzgebung Russlands, S. 53.

110 *Tatarinzeva*, Gramota 2011, 203, abrufbar unter http://gramota.net/materials/3/2011/3-2/46.html (Stand: 20.04.2016); *Netschaeva*, Familienrecht der Russischen Föderation, S. 145; *Abramenko*, Gesetzliche Regelung der Adoption in der Familiengesetzgebung Russlands, S. 53; *Bimbaeva*, Nachrichten der staatlichen Wirtschaftsakademie Irkutsk 2013, 146, abrufbar unter http://gramota.net/materials/3/2011/3-2/46.html (Stand: 25.04.2016).

Zwischenschritten bestehendes, Verfahren durchlaufen.[111] Das Verfahren für den abgabepflichtigen Stand, das in der reinen Beischreibung zur Familie des Annehmenden bestand, blieb in seiner Ursprungsfassung erhalten und wurde auch nicht durch die neu erlassenen Gesetze geändert bzw. ergänzt.[112]

Auf dem Gebiet der Adoption außerhalb einer Ehe geborener Kinder brachte das Gesetz von 1902 „Über die Besserung der Lage nichtehelicher Kinder" eine entscheidende Wende mit sich. War bis dahin die Annahme nichtehelicher Kinder nur den niederen Ständen gestattet, so durften nun auch Mitglieder privilegierter Stände ihre außerehelich geborenen Kinder adoptieren.[113]

III. Rechtsvergleichende Betrachtung

Die Auswertung der rechtshistorischen Entwicklung der Adoption bis zum 20. Jahrhundert zeigt, dass das Rechtsinstitut der Kindesannahme für das deutsche Rechtsgebiet bis zum 16. Jahrhundert kaum eine Bedeutung hatte. Die zunächst unter dem Einfluss der Germanen stehende Rechtsordnung liefert keine sicheren Erkenntnisse darüber, ob die damals vollzogenen symbolischen Akte in einem direkten Zusammenhang mit der Durchführung einer Adoption standen. Währenddessen geht man davon aus, dass Adoptionen im russischen Rechtsgebiet bereits im Zeitalter des Heidentums mit dem Ziel der Sicherung des Fortbestands der eigenen Familie häufig praktiziert wurden.

Zwar wurde das Rechtsinstitut der Adoption im deutschen Rechtsgebiet mit der Rezeption des römischen Rechts als gemeines Recht wieder ins Bewusstsein der Menschen gerufen, seine Bedeutung blieb jedoch aufgrund der ablehnenden Haltung der Kirche weiterhin gering. Allerdings wurde die Adoption bereits in dieser Zeitperiode langsam von einem Fürsorgedanken bestimmt. Im russischen Rechtsraum erweiterte sich die Motivation, die für die künstliche Schaffung eines Eltern-Kind-Verhältnisses ausschlaggebend war. Neben dem ursprünglichen Motiv rückte auch immer mehr der Wunsch, einen Nachfolger zu haben, in

111 Zunächst erfolgte beim Notar die Beurkundung der Adoption als Rechtsakt, der danach bei dem jeweiligen Bezirksgericht zur Erteilung der Zustimmung vorgelegt wurde. Dabei hatte das Gericht zu prüfen, ob sich die Annahme für das Kind nicht nachteilig auswirkt. Sobald alle erforderlichen Nachweise dafür erbracht wurden, konnte anschließend von der Gerichtskammer die Bestätigung erteilt werden, *Netschaeva*, Familienrecht der Russischen Föderation, S. 145; *Fabritschnaja*, Evolution der Adoption im russischen Recht des XVIII bis XX Jahrhunderts, S. 34.

112 *Fabritschnaja*, Ökonomisch-Juristische Zeitschrift 2009, 108.

113 *Fabritschnaja*, Ökonomisch-Juristische Zeitschrift 2009, 108.

den Vordergrund. Dennoch gab es im russischen Rechtsgebiet lange Zeit keine rechtliche Grundlage für die Adoption. Im Gegensatz zum deutschen Recht, das dem römisch-rechtlichen Vorbild entsprechend die Kindesannahme bereits im ersten Kodifikationswerk, dem CMBC, näher regelte, entwickelten sich im russischen Rechtsgebiet erst im 19. Jahrhundert spezielle Regelungen zur Adoption, die sich schließlich in der Gesetzessammlung des Russischen Kaiserreichs wiederfanden und im Laufe der Zeit zahlreichen Reformen unterzogen wurden. Die gesetzlichen Neuerungen hatten unter anderem eine Änderung des Adoptionszwecks zur Folge. Ökonomische und politische Gründe spielten zwar weiterhin eine wichtige Rolle bei der Entscheidung der potenziellen Adoptivfamilie ein Kind aufzunehmen, dennoch fanden auch die Interessen und Rechte elternloser Kinder Beachtung. Das 19. Jahrhundert bildete demnach den Ursprung für das Verständnis der Adoption als ein Fürsorgeinstrument im russischen Rechtsraum. Auch im deutschen Recht waren nicht mehr nur praktische Erwägungen, wie der Schutz vermögensrechtlicher Interessen, für die Annahmeentscheidung ausschlaggebend. Nach dem Preußischen Allgemeinen Landrecht sollte die Adoption außerdem kinderlosen Paaren zu einer vollwertigen Familie verhelfen.

C. Die Adoption im 20. Jahrhundert

I. Die Entwicklung im deutschen Rechtsgebiet

Im ausgehenden neunzehnten Jahrhundert wurde das Rechtsinstitut der Adoption überwiegend von wohlhabenden kinderlosen Paaren als ein Mittel zum Erhalt ihres Familiennamens sowie des Familienvermögens in Anspruch genommen und war in ihrer gesetzlichen Regelung auf die Adoption Volljähriger als Normalfall zugeschnitten.[114] Die Kindesannahme diente damit in erster Linie den Interessen der Annehmenden. Die Entwicklung des eigentlichen Erziehungs- und Fürsorgezwecks, von dem die Adoption der modernen Zeit geprägt ist, nahm erst im 20. Jahrhundert, verstärkt durch die Auswirkungen der Kriege, ihren Lauf.[115] Die Volljährigenadoption als Regelfall wurde von der Annahme Minderjähriger abgelöst.[116] Während die ursprünglichen Motive, wie kinderlosen Paaren einen Ersatz von Elternfreuden an leiblichen Kindern zu bieten und den Fortbestand des Familiennamens und -vermögens zu sichern, langsam an Bedeutung verloren, rückten die Bedürfnisse und Interessen elternloser Kinder

114 *Gräfin von Schlieffen* S. 7.
115 *Gräfin von Schlieffen* S. 7.
116 *Gräfin von Schlieffen* S. 7.

in den Vordergrund und bestimmten von nun an die Adoptionspraxis.[117] Diese Entwicklung führte auch zu einem Wandel der Art der durchgeführten Adoptionen.[118] Fanden vor 1910 noch überwiegend Verwandtenadoptionen statt, so dass ein Kontakt zwischen allen Adoptionsbeteiligten üblich war, stieg insbesondere in der Zeit während und nach dem Ersten Weltkrieg die Zahl der Fremdkindadoptionen an.[119] Der Grund hierfür waren die seit dem Jahr 1910 eingerichteten Adoptionsstellen, durch die in der Regel fremde Kinder und kinderlose Ehepaare zusammengeführt wurden.[120]

1. Die Adoptionsgesetzgebung des Bürgerlichen Gesetzbuches von 1896

Für die Entwicklung der Adoption im deutschen Rechtsgebiet ist das Inkrafttreten des Bürgerlichen Gesetzbuches von großer Bedeutung. Obwohl es dem Rechtsinstitut zu Anfang des 20. Jahrhunderts an praktischer Relevanz mangelte, wurde es als „Annahme an Kindes statt" im BGB aufgenommen und ist in den ersten Jahrzehnten kaum verändert worden.[121] Die neue Zivilrechtskodifikation schuf einheitliche Adoptionsbestimmungen für ganz Deutschland und wich damit, ebenfalls wie zum ersten Mal das Preußische Allgemeine Landrecht, vom römisch-rechtlichen Vorbild ab. Obwohl die gesetzliche Neuregelung der Adoption eine immer stärker werdende Verdrängung des bisherigen Interessenprinzips der Annehmenden vom Schutzprinzip des adoptierten Kindes zur Folge hatte, konnte von einem vollständigen Bruch mit der Tradition des römischen Rechts noch nicht die Rede sein.[122] Bereits aus den Motiven zum ersten Entwurf des Bürgerlichen Gesetzbuches lässt sich entnehmen, dass die Belange der Adoptierenden nach wie vor eine wichtige Rolle gespielt haben. So sollte „wohlhabenden, edeldenkenden Personen, welche in kinderloser Ehe leben", mittels der Kindesannahme die Möglichkeit gegeben werden, „diesen Mangel zu ersetzen und das Andenken an ihren Namen und ihre Familie fortzupflanzen".[123]

---

117 *Gräfin von Schlieffen* S. 13.

118 *Grob* S. 70.

119 *Grob* S. 70.

120 *Grob* S. 70.

121 *Abramenko*, Die vom Annehmenden verschuldete Aufhebung einer Adoption (§ 1763 BGB) als vermögensrechtliches Problem, S. 29; *Endemann* S. 900; *Diederichsen*, StAZ 1977, 303.

122 *Paulitz*, ZfJ 1984, 127; *Gräfin von Schlieffen* S. 7; *Hennig* S. 23.

123 Motive zum BGB IV, S. 952.

Zwar wurde der soziale und moralische Wert des Rechtsinstituts hervorgehoben, das zur Verminderung „der Zahl der illegitimen, eines Familienlebens entbehrenden Kinder" beitrug.[124] Von den Schöpfern des BGB wurde insbesondere eine Versorgungssicherung nichtehelicher Kinder angestrebt. So ermöglichte der Gesetzgeber des BGB die Annahme eigener unehelicher Kinder, um auf diese Weise ihre Lage zu verbessern.[125] Dennoch trat bei der Ausgestaltung der neuen gesetzlichen Bestimmungen das Verständnis der Adoption als ein Fürsorgeinstrument hinter der Auffassung der Kindesannahme als ein Mittel zur Wahrung der Belange Annehmender zurück.[126] Dies äußerte sich vor allem darin, dass der deutsche Gesetzgeber von 1896 die Annahme einer schon volljährigen Person immer noch als den Regelfall der Adoption ansah.[127] Viele im BGB alter Fassung enthaltene Regelungen ließen die Verwendung der Adoption als eine fürsorgliche Einrichtung nicht zu.[128]

a. *Verfahren und Form der Annahme an Kindes statt*

Ein klarer Hinweis darauf, dass der Gesetzgeber grundsätzlich von der Vorstellung der Annahme Erwachsener oder älterer Kinder ausging und damit zum Teil an den Vorgaben des römischen Rechts festhielt, ist das im Adoptionsrecht von 1896 geltende Vertragsprinzip.[129] In § 1741 BGB hieß es, dass eine Person durch Vertrag mit einem anderen diesen an Kindes statt annehmen kann. Ein Adoptionsvertrag konnte jedoch unmittelbar nur mit einem Erwachsenen oder zumindest über vierzehn Jahre alten Kind[130] abgeschlossen werden, während ein Minderjähriger zum Abschluss eines Vertrages solcher Art neben der Genehmigung des Vormundschaftsgerichts auch die seines gesetzlichen Vertreters bedurfte.[131] Im Falle einer Minderjährigenadoption hatte demnach das Vormundschaftsgericht im Genehmigungsverfahren zu prüfen, inwieweit die Annahme dem Kindeswohl entsprach. In jedem Fall musste der Annahmevertrag aufgrund seiner weitreichenden Bedeutung für die Beteiligten gemäß

---

124 Vgl. Motive zum BGB IV, S. 952.

125 *Engler* S. 26.

126 *Engler* S. 26; *Napp-Peters* S. 29.

127 *Napp-Peters* S. 29; *Engler*, S. 26.

128 *Paulitz*, ZfJ 1984, 127; *Neukirchen* S. 87.

129 *Jakobs/Schubert* S. 771; *Bosch*, FamRZ 1984, 830.

130 Laut § 1750 BGB war der Minderjährige mit dem 14. Geburtstag partiell geschäftsfähig. Gemäß § 1751 II BGB war in solchen Fällen ebenfalls die Genehmigung des Vormundschaftsgerichts erforderlich.

131 Vgl. § 1750 I S. 2 BGB.

§ 1750 II BGB bei gleichzeitiger Anwesenheit beider Teile vor Gericht oder einem Notar abgeschlossen werden. Neben der erwähnten vormundschaftsgerichtlichen Genehmigung schrieb § 1741 S. 2 BGB sowohl im Rahmen der Minderjährigen- als auch der Volljährigenadoption eine zusätzliche Bestätigung durch das zuständige Gericht, d.h. durch das für Wohnsitz oder Aufenthalt des Annehmenden örtlich zuständige Amtsgericht, vor.[132] Das Adoptionsverfahren im BGB von 1896 nahm demnach einiges an Zeit in Anspruch und gestaltete sich recht aufwendig.

b. Die einzelnen Voraussetzungen der Annahme an Kindes statt

Dem römischrechtlichen Grundsatz entsprechend war das Fehlen ehelicher Abkömmlinge eine indispensable Voraussetzung für die Zulässigkeit der Annahme.[133] Bereits aus der für die Adoption gewählten Bezeichnung „Annahme an Kindes statt" geht hervor, dass anstelle eigener Kinder ein oder mehrere fremde Kinder angenommen werden und dadurch die Subsidiarität der Adoption eingehalten wird. Wie in den landesrechtlichen Bestimmungen zuvor waren auch im BGB sowohl Männer als auch Frauen zur Adoption befugt, da eine Kindesannahme nicht mehr auf die Erlangung oder Übertragung der patria potestas abzielte.[134] Auch wenn in den Motiven zum Bürgerlichen Gesetzbuch die soziale Bedeutung der Adoption und damit ihre Rolle bei der Verbesserung der Situation hilfsbedürftiger Kinder hervorgehoben wurden, verhinderte die tatsächliche Ausgestaltung der Rechtsnormen die Verwirklichung dieses Bestrebens. Besonders das in § 1744 BGB festgelegte Alterserfordernis des Annehmenden von 50 Jahren[135] und der verlangte Altersunterschied zwischen dem Annehmenden und dem Kind von mindestens 18 Jahren führten vor allem die Wahrung der Interessen der Adoptiveltern vor Augen und stellten sich dem langsam aufkommenden Wandel in der Zweckbestimmung der Adoption als fürsorgliche Einrichtung in den Weg.[136] Neben den aufgezählten Voraussetzungen

---

132 Im Rahmen des Bestätigungsverfahrens fand jedoch keine Kindeswohlprüfung statt. Gemäß § 1754 II BGB wurde die Bestätigung nur dann versagt, wenn ein gesetzliches Erfordernis der Annahme an Kindesstatt fehlte.

133 Vgl. § 1741 BGB.

134 Vgl. Motive zum BGB IV, S. 956; *Jakobs/Schubert* S. 722.

135 Biologisch betrachtet ein ungünstiges Alter, um einen Säugling oder ein Kleinkind großzuziehen.

136 *Paulitz*, ZfJ 1984, 127; *Napp-Peters* S. 31.

musste für das Zustandekommen des Annahmevertrages zudem das Einwilligungserfordernis eingehalten werden.[137]

c. *Die rechtlichen Wirkungen und die Aufhebung der Adoption*

Die Wirkung der Annahme an Kindes statt ergab sich aus § 1757 BGB. Danach erlangte ein Kind durch die Annahme an Kindes statt die rechtliche Stellung eines ehelichen Kindes. Dennoch war die Stellung des Adoptivkindes nicht gleichzusetzen mit der eines leiblichen Kindes. Aufgrund mehrerer sich aus dem Gesetz ergebender Einschränkungen konnte keine vollständige Eingliederung des Adoptivkindes in die neue Familie ermöglicht werden. So erstreckten sich gemäß § 1763 BGB die Wirkungen der Annahme nur auf den Annehmenden selbst und nicht zusätzlich auf seine Verwandten. Dagegen blieb das Verwandtschaftsverhältnis zwischen dem Adoptivkind und seiner Herkunftsfamilie bestehen.[138] Diese gesetzlichen Bestimmungen unterstrichen noch einmal die tatsächliche Zielsetzung des deutschen Gesetzgebers von 1896, die in der Wahrung der Belange der Adoptierenden lag. Da das Adoptivkind weder voll in die neue Familie integriert wurde noch eine vollständige Loslösung von seinen natürlichen Verwandten erhielt, konnte um die Jahrhundertwende von der Schaffung eines echten Familienlebens für die alleinstehenden Kinder mittels Adoption noch nicht die Rede sein.[139] Weitere Fragen der rechtlichen Wirkungen, wie die Unterhaltspflicht gegenüber dem Kind und die Erlangung der elterlichen Gewalt über das Kind, waren in den §§ 1765, 1766 BGB geregelt. Die Wiederaufhebung der Annahme erfolgte ebenfalls wie die Begründung des Eltern-Kind-Verhältnisses durch einen Vertrag unter der Beteiligung des Vormundschafts- und Amtsgerichts.[140]

2. *Die Entwicklung des Adoptionsrechts bis zum Jahr 1976*

Die Ausführungen zum Bürgerlichen Gesetzbuch von 1896 zeigen, dass die fürsorglich-personale Komponente der Adoption in den gesetzlichen Regelungen in Bezug auf die „Annahme an Kindes statt“ nicht hinreichend umgesetzt wurde.[141] Um zu einer einigermaßen zufriedenstellenden Lösung zu gelangen,

137 Vgl. §§ 1746, 1747 BGB.
138 Vgl. § 1764 BGB.
139 *Paulitz*, ZfJ 1984, 127; *Bosch*, FamRZ 1984, 831.
140 Vgl. §§ 1768–1772 BGB.
141 *Bosch*, FamRZ 1984, 830; *Napp-Peters* S. 38; *Neukirchen* S. 87.

musste das Rechtsinstitut im Laufe der Zeit zahlreichen Reformen unterzogen werden.

a. Die Reformbestrebungen der ersten Jahrzehnte nach dem Inkrafttreten des BGB

Nach der Einführung des BGB blieben die adoptionsrechtlichen Vorschriften lange Zeit unverändert, obwohl immer wieder eine grundlegende Reform des Adoptionsrechts gefordert wurde. Vor allem von den Vertretern der Jugendvorsorge wurde vorgebracht, dass die bereits in den Motiven niedergelegte Zielsetzung, die Adoption als fürsorgerische Maßnahme zum Wohle elternloser und nichtehelicher Kinder einzusetzen, auch rechtlich verwirklicht werden sollte.[142] Die erste Änderung erfuhren die adoptionsrechtlichen Bestimmungen von 1896 durch das Gesetz gegen Mißbräuche bei der Eheschließung und der Annahme an Kindes statt vom 23. November 1933. Nach der bisherigen Regelung des § 1754 II BGB konnte das zuständige Gericht die Bestätigung des Annahmevertrags nur dann versagen, wenn ein gesetzliches Erfordernis der Adoption fehlte. Aufgrund des neuen Gesetzes war dem Gericht dies auch dann möglich, wenn die Annahme nicht die Herstellung eines Eltern-Kind-Verhältnisses zur Folge hatte.[143] Demnach wurde im Bestätigungsverfahren neben einer reinen Rechtskontrolle auch eine materielle Nachprüfung des Adoptionsvertrags durchgeführt und damit der gerichtliche Prüfungsumfang erweitert. Das Familienrechtsänderungsgesetz vom 12.04.1938 ermöglichte bei Vorliegen „wichtiger Gründe" durch die Stellung des entsprechenden Antrags die gerichtliche Aufhebung des durch die Annahme begründeten Verhältnisses.[144] Antragsberechtigt waren dabei nicht nur die am Adoptionsprozess unmittelbar Beteiligten, d. h. der Annehmende und das Kind, sondern auch die obere Verwaltungsbehörde.[145] Man geht davon aus, dass der nationalsozialistische Staat mit dieser Regelung in erster Linie eher bevölkerungs- und rassenpolitisch motivierte Ziele verfolgte, während die Verhinderung von Adoptionsmißbräuchen sich als nebensächlich erwies.[146] Auf dem Gebiet der Adoptionsvermittlung spielte das Gesetz über die Vermittlung der Annahme an Kindes statt vom 19. April 1939 eine wichtige Rolle.[147] Die Entwicklung von Adoptionsvermittlungsstellen nahm erst um

142 *Napp-Peters* S. 38; *Neukirchen* S. 108.
143 *Lüderitz*, Adoption, S. 11; *Bosch*, FamRZ 1984, 832.
144 RGBl. I S. 380.
145 Vgl. Staudinger-*Engler*, Vorbem. zu §§ 1741 ff., Rn. 33 ff.
146 Boschan S. 59; Voß S. 7.
147 RGBl I S. 795.

das Jahr 1900 ihren Lauf, wobei aufgrund fehlender gesetzlicher Regelung viele gewerbsmäßige Vermittler die Notsituation der Beteiligten, wie zum Beispiel der Mutter und ihres nichtehelichen Kindes, zu ihrem Vorteil ausnutzten.[148] Durch die neue Regelung wurde zum ersten Mal eine gesetzliche Grundlage für die Adoptionsvermittlung geschaffen. Die Vermittlung der Kindesannahme wurde allen außer dem Landesjugendamt und den Reichsadoptionsstellen unter Strafandrohung untersagt. Auch hier wurden überwiegend politische Ziele des nationalsozialistischen Staates verfolgt. So musste etwa der Ariernachweis erbracht werden, um ein Kind als zur Annahme geeignet einzustufen.[149]

b. Die Adoption nach dem Zweiten Weltkrieg

Nach Beendigung des Zweiten Weltkrieges hatten die einzelnen Besatzungszonen in Deutschland zum Teil unterschiedliche Adoptionsregelungen. Zudem war man sich uneins darüber, welche der nationalsozialistischen Gesetze weiterhin gelten sollten.[150]

aa. Die Bundesrepublik Deutschland

In der Bundesrepublik regelte der Gesetzgeber zunächst nur einzelne Adoptionsbestimmungen neu. Mit dem Gesetz über die Erleichterung der Annahme an Kindes statt vom 8. August 1950 führte man einheitlich für das ganze Gebiet, auch wenn zunächst zeitlich begrenzt, die bereits bei den Vorarbeiten zum BGB diskutierte Befreiungsmöglichkeit vom Erfordernis der Kinderlosigkeit ein.[151] Es erschien durchaus berechtigt in Einzelfällen vom römischrechtlichen Vorbild abzuweichen und eine Kindesannahme trotz bereits vorhandener leiblicher Abkommen zuzulassen. Unter bestimmten Voraussetzungen erstreckte sich die Befreiung auch auf das Mindestaltererfordernis.[152] Eine erste umfangreichere Reform des Adoptionsrechts in der Nachkriegszeit brachte das Familienrechtsänderungsgesetz vom 11.8.1961 mit sich.[153] Dieses beinhaltete zunächst die Herabsetzung des Mindestalters des Annehmenden von 50 auf 35 Jahre, um dem aus dem römischen Recht stammenden adoptio naturam imitatur-Grundsatz folgend möglichst eine dem natürlichen Eltern-Kind-Verhältnis entsprechende

148 Nieden (1963) S. 27 ff.; Napp-Peters S. 44.
149 Webler (1936) S. 277 ff.
150 *Engler*, S. 18.
151 BGBl. I S. 356.
152 *Jerzyk-Werne*, StAZ 1950, 93; *Massfeller*, StAZ 1950, 228.
153 BGBl. I S. 1221.

Beziehung zwischen dem Annehmenden und dem Angenommenen herzustellen.[154] Zudem fand auch die zunächst befristete Befreiungsmöglichkeit vom Erfordernis der Kinderlosigkeit nun in § 1745 a BGB ihre dauerhafte Bestätigung. War das Adoptionsrecht bis dahin auf eine Adoption Erwachsener zugeschnitten, so brachte das Familienrechtsänderungsgesetz von 1961 durch die Festlegung der Annahme Minderjähriger als Regelfall[155] eine entscheidende Wende in den adoptionsrechtlichen Bestimmungen mit sich. Die Feststellung der Minderjährigenadoption als Grundtatbestand ist auf die Veränderung der Kindesannahme im Laufe der Jahre zurückzuführen. Die bereits in den Motiven zum BGB beschriebene Fürsorgefunktion des Rechtsinstituts rückte immer mehr in den Vordergrund und es wurden zum größten Teil Säuglinge bzw. Kleinkinder adoptiert.[156] Dennoch ließ der Gesetzgeber weiterhin die Möglichkeit einer Erwachsenenadoption zu.[157] Hinsichtlich der elterlichen Einwilligung ergaben sich ebenfalls einige Änderungen. Zum einen durfte die Einwilligung erst drei Monate nach der Geburt des Kindes erteilt werden und zum anderen konnte in bestimmten Fällen die elterliche Einwilligung vom Vormundschaftsgericht ersetzt werden.[158] Um die Durchführung einer sog. Inkognito-Adoption, bei der die Identität der Vertragsschließenden geheim gehalten wurde, einfacher zu gestalten, wurde die Vertretung bei der Beurkundung des Annahmevertrags zugelassen.[159]

Im Rahmen der weiteren Rechtsentwicklung ist insbesondere das Gesetz über die rechtliche Stellung der nichtehelichen Kinder vom 19.8.1969 zu erwähnen, das trotz der grundsätzlichen Gleichstellung nichtehelicher und ehelicher Kinder in § 1742 a BGB ausdrücklich die Annahme eines nichtehelichen Kindes durch seine leiblichen Eltern vorsah und damit die bisherige Praxis bestätigte.[160] Das Gesetz vom 14.8.1973 brachte die Herabsetzung des Mindestalters für Annehmende von 35 auf 25 und regelte die Voraussetzungen zur Einwilligungsersetzung neu.[161]

---

154 *Knur*, DNotZ 1962, 574.
155 Vgl. § 1744 S. 3 BGB.
156 *Arndt*, NJW 1960, 855; *Bosch*, FamRZ 1984, 833.
157 Vgl. § 1745 c.
158 Vgl. § 1747 BGB.
159 Vgl. § 1751 a BGB.
160 *Napp-Peters* S. 40.
161 Vgl. §§ 1744 I, 1745 b, 1747 a BGB.

bb. Die Deutsche Demokratische Republik

In der ehemaligen DDR galten in den ersten Jahren nach Kriegsende die aus der Zeit vor den Gesetzen von 1933 und 1938 stammenden adoptionsrechtlichen Bestimmungen. Erst mit der Verordnung über die Annahme an Kindes statt vom 29.11.1956 wurde eine einheitliche Regelung eingeführt und damit eine Gesamtreform des Adoptionsrechts vorgenommen.[162] Letztendlich regelte das im Jahre 1965 in Kraft getretene Familiengesetzbuch der DDR i.d.F. von 1975 die Annahme an Kindes statt in den §§ 66–78. Laut FGB bestand das Ziel der Adoption in der Herstellung eines Eltern-Kind-Verhältnisses, wobei im Falle einer Fremdadoption ausschließlich eine Inkognitoadoption vorgesehen war.[163] Das Recht der DDR kannte die Kindesannahme nur in der Form der Volladoption, d.h. das Adoptivkind erhielt ohne Einschränkung die gleiche rechtliche Stellung wie ein leibliches Kind des Annehmenden. Im Einzelnen bedeutete die Form der Volladoption nicht nur die Begründung der Verwandtschaftsbeziehung des Kindes zum Annehmenden, sondern auch zu dessen Verwandten, während das Verwandtschaftsverhältnis zur Herkunftsfamilie vollständig erlosch.[164] Im Gegensatz zum BGB ließ das FGB nur die Annahme Minderjähriger zu.[165]

3. *Die umfassende Reform des Adoptionsrechts von 1976*

Trotz der genannten Gesetzesänderungen wurden dem Adoptionsrecht überwiegend eine unzureichende Berücksichtigung des Kindeswohls vorgeworfen und weitergehende Reformen gefordert.[166] Erst mit dem Gesetz über die Annahme als Kind vom 2.7.1976 gelang eine vollumfassende Neuregelung des Adoptionsrechts, die größtenteils die geäußerten Vorschläge und Kritikpunkte der letzten Jahrzehnte mit einbezog. Die zentralen Leitideen des Gesetzes waren nun das Wohl des Kindes und die Herstellung eines Eltern-Kind-Verhältnisses. Das Interessenprinzip der Annehmenden wurde endgültig vom Schutzprinzip des Adoptivkindes verdrängt. Seitdem beruhten die Regelungen des neuen Adoptionsgesetzes auf dem Grundsatz elternlosen Kindern ein Leben innerhalb einer geeigneten Ersatzfamilie zu ermöglichen und nicht mehr kinderlosen Ehepaaren ein Kind zu verschaffen.[167] Bereits das in den Motiven zum BGB gesetzte

---

162 GBl. I S. 1326.
163 Vgl. § 66 FGB.
164 Staudinger-*Frank*, Vorbem. zu §§ 1741 ff., Rn. 21; *Engler* S. 51.
165 Vgl. § 67 I 2 FGB.
166 *Bischof*, JurBüro 1976, 1570.
167 *Paulitz*, ZfJ 1984, 128; *Lüderitz*, NJW 1976, 1866; *Engler*, FamRZ 1976, 584.

Ziel, das Institut der Adoption als ein Fürsorgemittel einzusetzen, verwirklichte sich mehr als ein halbes Jahrhundert später mit dem Gesetz über die Annahme als Kind. Auch auf dem Gebiet der Adoptionsvermittlung wurden die bis dahin geltenden gesetzlichen Bestimmungen von Grund auf reformiert.

a. Grundzüge des Gesetzes über die Annahme als Kind

aa. Die einzelnen Voraussetzungen der Kindesannahme

Eine der bedeutenden Änderungen im Adoptionsrecht war die im neuen § 1741 I BGB enthaltene Nennung des Kindeswohls und der Entstehung eines Eltern-Kind-Verhältnisses. Zwar waren diese Voraussetzungen bereits aus dem früheren deutschen Recht bekannt, wonach das Vormundschaftsgericht im Genehmigungsverfahren die Kindeswohldienlichkeit der Minderjährigenadoption prüfte.[168] Die aufgeführten, nunmehr als zentral zu bewertenden Adoptionsvoraussetzungen wurden jedoch erst mit der großen Reform ausdrücklich in den Gesetzestext selbst aufgenommen.[169] Inwieweit die Herstellung eines Eltern-Kind-Verhältnisses zu erwarten war, sollte nach der Einhaltung einer angemessenen Pflegezeit festgestellt werden können.[170] Die gesetzliche Neuregelung sah die Annahme durch ein Ehepaar als Regelfall an, normierte jedoch Ausnahmen, insbesondere für die Annahme durch unverheiratete Personen, die Stiefkindadoption sowie für die Annahme eines nichtehelichen Kindes durch einen der Elternteile.[171]

Auch weitere Voraussetzungen, die in der Person des Annehmenden erfüllt werden mussten, wurden im Zuge der gesetzlichen Neuregelung stark abgewandelt. Musste vor der großen Reform im Jahre 1976 entsprechend dem römisch-rechtlichen Vorbild das Erfordernis der Kinderlosigkeit, wenn auch mit Befreiungsmöglichkeit, gewahrt werden, sah das neue Adoptionsgesetz diese Annahmevoraussetzung nicht mehr vor.[172] Mit dieser Änderung reagierte man auf den Wandel in der Zweckbestimmung der Adoption. Dieser bestand nicht mehr in der Schaffung eines Ersatzes für eigene Kinder. Man ging davon aus, dass es für das angenommene Kind sogar von Vorteil sei in einer Familie

---

168 Vgl. *Bosch*, FamRZ 1984, 830.
169 *Bischof*, JurBüro 1976, 1572.
170 Vgl. § 1744 BGB.
171 Vgl. § 1741 II 2, III BGB.
172 Staudinger-*Frank*, Vorbem. zu §§ 1741 ff., Rn. 21.

mit Geschwistern aufzuwachsen.[173] Für den allein Annehmenden setzte man die Altersgrenze auf 25 Jahre herab. Da die Kinderlosigkeit des Adoptierenden keine Voraussetzung mehr für die Annahme war und demnach das Mindestalter diese auch nicht sicherstellen musste, wählte man ein für die Erziehung einer minderjährigen Person biologisch betrachtet günstiges Elternalter.[174] Zum Kreis der Einwilligungsberechtigten gehörten nunmehr das anzunehmende Kind selbst sowie die ehelichen Eltern bzw. die nichteheliche Mutter.[175] Die Rechtsstellung des nichtehelichen Vaters, dem vor der großen Adoptionsrechtsreform im Adoptionsverfahren lediglich ein Anhörungsrecht gewährt wurde, blieb trotz der neu eingeführten Möglichkeit der Beantragung der Ehelicherklärung des Kindes oder seiner Annahme weiterhin sehr schwach.[176] Um einer erwünschten Frühadoption nicht so viele Hürden in den Weg zu legen, senkte man die Frist für die Abgabe der erforderlichen Einwilligungserklärung von drei Monaten auf acht Wochen ab.

bb. Dekretsystem und Volladoption

Wie bereits beschrieben, war für das Zustandekommen der Adoption ein Vertrag zwischen dem Annehmenden und dem Anzunehmenden erforderlich. Dabei handelte es sich beim Adoptionsverfahren um einen langwierigen, aufwendigen, aus mehreren Teilschritten bestehenden Prozess. Durch die Reform von 1976 wurde das bis dahin geltende Vertragsprinzip vom sog. Bewilligungs- oder Dekretsystem verdrängt, wonach man den Ausspruch der Annahme und alle weiteren gerichtlichen Entscheidungen dem Vormundschaftsgericht zuwies.[177] Es handelte sich um eine erhebliche Vereinfachung des bis dato kaum zu überblickenden Systems, indem das Genehmigungsverfahren beim Vormundschaftsgericht und das zusätzlich erforderliche Bestätigungsverfahren beim Amtsgericht durch nur ein Verfahren des Vormundschaftsgerichts ersetzt wurden.[178] Das frühere Vertragssystem war vom Grundsatz der Annahme Erwachsener oder

173 BT-Drucks. 7/3061, S. 29; Gemäß § 1745 musste jedoch bei Vorhandensein eigener leiblicher Kinder geprüft werden, inwieweit der Annahme überwiegende Interessen dieser Kinder entgegenstehen.

174 *Bischof*, JürBüro 1976, 1574; *Jayme*, FamRZ 1973, 15; *Engler*, FamRZ 1976, 586.

175 Vgl. § 1746, 1747 BGB.

176 In den meisten Fällen sprachen jedoch die im Zusammenhang mit dem Kindeswohl stehenden Umstände gegen die genannten Anträge, so dass ihre Erfolgsrate sehr gering blieb, *Maurer*, FPR 2005, 196.

177 Vgl. § 1752 I BGB.

178 *Bosch*, FamRZ 1984, 834; *Bischof*, JurBüro 1976, 1590; *Engler*, FamRZ 1976, 588.

älterer Kinder bestimmt, die unmittelbar am Abschluss eines Adoptionsvertrages beteiligt werden konnten. Da man jedoch mittlerweile von der Minderjährigenadoption als Regelfall ausging und die Annahme damit als Mittel staatlicher Fürsorge für hilfsbedürftige Kinder ansah, entsprach das Dekretsystem diesem Verständnis des Rechtsinstituts am ehesten.[179]

Bis zur großen Reform von 1976 kannte das Bürgerliche Gesetzbuch nur die in der Literatur oft kritisierte Adoption mit schwachen Wirkungen, die das Verwandtschaftsverhältnis zwischen dem Kind und seinen leiblichen Verwandten im Grundsatz bestehen ließ und damit rechtlich gesehen eine Vollintegration des Adoptivkindes in die neue Familie verhinderte. In dieser Hinsicht brachte das neue Adoptionsgesetz einen großen Fortschritt mit sich. Es gestattete die Annahme Minderjähriger, abgesehen von einigen Ausnahmen,[180] nur in der Form der Volladoption.[181] Bereits im Familiengesetzbuch der DDR war die Kindesannahme ausschließlich als Volladoption ausgestaltet. Nun erhielt auch das Recht der BRD die Bestimmungen der §§ 1754, 1755 BGB, wonach das Adoptivkind die rechtliche Stellung eines ehelichen Kindes der Annehmenden mit allen Rechten und Pflichten gegenüber dem Annehmenden sowie seiner Familie erlangte, während das Verwandtschaftsverhältnis des Kindes und seiner Abkömmlinge zu den bisherigen Verwandten sowie die sich aus ihnen ergebenden Rechte und Pflichten erloschen. Die im alten Recht verwendete Bezeichnung der Adoption als „Annahme an Kindes statt" wurde sodann durch die neue Überschrift „Annahme als Kind" ersetzt, wodurch der geltende Grundsatz der Volladoption noch einmal hervorgehoben worden ist.[182]

Bei den Reformarbeiten von 1976 entschied man sich trotz der Missbrauchsgefahr für die Zulässigkeit der Volljährigenadoption.[183] Im Gegensatz zur Minderjährigenadoption, die durch das neue Adoptionsgesetz grundlegenden Änderungen unterzogen wurde, hat sich an den Bestimmungen zur Annahme Volljähriger nur wenig geändert. Die Volljährigenadoption entfaltete, anders als die Annahme Minderjähriger, weiterhin keine Vollwirkung.[184] Da der Adoption nicht mehr das Vertragsprinzip zugrunde lag, passte sich die Aufhebung des Annahmeverhältnisses an die neuen Regelungen an, indem sie gemäß § 1764

---

179 Staudinger-*Frank*, § 1752 Rn. 1.
180 Vgl. §§ 1755, 1756 BGB.
181 *Bosch*, FamRZ 1984, 834.
182 *Paulitz*, ZfJ 1984, 130.
183 Staudinger-*Frank*, § 1767 Rn. 2.
184 Mit Ausnahme von § 1772 BGB.

BGB nur noch mit Wirkung ex nunc und durch vormundschaftsgerichtliche Entscheidung möglich war.

b. Neue gesetzliche Regelung der Adoptionsvermittlung

Neben dem Adoptionsgesetz brachte die umfassende Reform von 1976 das neue Adoptionsvermittlungsgesetz mit sich, das das bis dahin geltende Gesetz aus dem Jahre 1951 ablöste. Dieses bestimmte hauptsächlich nur die Stellen, denen die Aufgabe der Adoptionsvermittlung oblag, und das strafbewehrte Verbot einer gewerbsmäßigen bzw. auf die Erlangung eines wirtschaftlichen Vorteils gerichteten Vermittlung.[185] Der Gesetzgeber des neuen Adoptionsvermittlungsrechts von 1976 wollte mit der Neuordnung der rechtlichen Grundlagen eine effizientere und eine möglichst große Anzahl an adoptionsbedürftigen Kindern umfassende Vermittlung erreichen.[186] Zudem sollte auch die immer vorhandene Missbrauchsgefahr möglichst eingedämmt werden, indem private Vermittlungstätigkeit stark eingeschränkt wurde.[187] Aus diesem Grund schrieben die §§ 1–3 AdVermiG vor, dass die Adoptionsvermittlung von Kindern unter 18 Jahren auf anerkannte Adoptionsvermittlungsstellen öffentlicher und freier Träger zu beschränken ist. Eine bessere und schnellere Vermittlung von alleinstehenden Kindern förderte die Regelung des § 10 AdVermiG, die zwecks einer umfassenden und frühzeitigen Erfassung adoptionsbedürftiger Kinder Meldepflichten der Adoptionsvermittlungsstellen und der Heime einführte.

4. Weitere Gesetzesänderungen und Reformbestrebungen

Mit der Neuregelung des Adoptionsrechts von 1976 griff man die in den letzten Jahren geäußerten Reformvorschläge auf und brachte damit die meisten kritischen Stimmen aus Literatur und Praxis zum Verstummen. Erst im Jahr 1989 wurden wieder Veränderungen vorgenommen, welche den Bereich der Vermittlung betrafen. Diese Reform beruhte auf der Notwendigkeit, die meistens auf den Verkauf von Adoptivkindern gerichteten Adoptionsmissbräuche zu unterbinden, da die im Adoptionsvermittlungsgesetz von 1976 vorgesehenen Mittel nicht mehr effektiv genug waren. Auf Grund dessen führte das Gesetz

---

185 *Napp-Peters* S. 53; *Engler*, Auf dem Weg zu einem neuen Adoptionsrecht, S. 119 ff.

186 *Roth-Stielow* S. 38; *Bischof*, JurBüro 1976, 1603.

187 Dem Gesetz von 1951 warf man vor, das Verbot der Vermittlung würde nur die gewerbsmäßige und nicht zusätzlich die geschäftsmäßige Vermittlung der Adoption durch dazu nicht autorisierte Stellen umfassen, *Engler*, Auf dem Weg zu einem neuen Adoptionsrecht, S. 120; *Diederichsen*, StAZ 1977, 303.

zur Änderung des Adoptionsvermittlungsgesetzes[188] zu einer Verschärfung der bestehenden Regelungen. Darüber hinaus enthielt es ein Verbot der Ersatzmutterschaft sowie der Ersatzmuttervermittlung.[189]

Erste Änderungen auf dem Gebiet des materiellen Rechts brachte das Gesetz zur Änderung adoptionsrechtlicher Vorschriften vom 4.12.1992 mit sich. Früher gestattete man die Vornamensänderung eines Adoptivkindes nur dann, wenn sie aus schwerwiegenden Gründen zum Wohl des Kindes erforderlich war.[190] Das Gesetz von 1992 vereinfachte die Regelungen des Vornamensrechts, indem nur noch das Wohl des Kindes bei der Entscheidung über die gewünschte Änderung ausschlaggebend war.[191] Diese Reform erleichterte eine schnelle Eingliederung des Kindes in seine neue Familie und entsprach damit dem Grundsatz der Volladoption. Zudem entschied sich der Gesetzgeber für die Beschränkung des Verbots der erneuten Annahme auf die Minderjährigenadoption, da unter anderem ein Schutzbedürfnis Volljähriger vor Mehrfachadoption nicht bejaht werden konnte.[192] Schließlich wurden in § 1772 BGB die Voraussetzungen für eine Volladoption des Volljährigen genau festgelegt.

Die umfassende Reform des Kindschaftsrechts im Jahre 1998 beinhaltete neben zwei anderen Gesetzen das Kindschaftsrechtsreformgesetz (KindRG), durch das die Kindesannahme nicht unwesentliche Veränderungen erfuhr.[193] Die tragenden Gedanken des KindRG waren neben kleineren Korrekturen zum einen die Beendigung der Diskriminierung nichtehelicher Väter und zum anderen die Aufhebung jeglicher rechtlicher Unterschiede zwischen ehelichen und unehelichen Kindern.[194] Nach der früheren Rechtslage konnte nur der eheliche Vater in die Adoption seines Kindes einwilligen.[195] Dank der Neuregelung erhielt jetzt auch der nichteheliche Vater das Recht auf Einwilligung.[196] Um der rechtlichen Gleichstellung ehelicher und nichtehelicher Kinder Rechnung zu tragen, wurde der die Annahme des eigenen nichtehelichen Kindes enthaltene § 1741 III BGB gestrichen.[197]

---

188 BGBl. I S. 2014.
189 Vgl. §§ 13, 14 AdVermiG.
190 § 1757 II 1 a.F. BGB.
191 Vgl. § 1757 IV 1 Nr. 1 BGB; BGBl I 1974.
192 Staudinger-*Frank* § 1742 Rn. 8.
193 *Graf von Luxburg* S. IX.
194 *Graf von Luxburg* S. X.
195 Vgl. § 1747 II BGB.
196 Vgl. § 1747 I 1 BGB.
197 *Frank*, FamRZ 1998, 396.

Die letzte nennenswerte Änderung, die nach der umfassenden Reform von 1976 stattgefunden hat, betraf den Bereich der Adoptionsvermittlung. Man bemängelte die Tatsache, dass die gesetzlich normierten Mittel unter anderem für die Unterbindung des Kinderhandels bei einem Fall mit Auslandsbezug nicht ausreichten. Mit dem Erlass des Gesetzes zur Regelung von Rechtsfragen auf dem Gebiet der internationalen Adoption und zur Weiterentwicklung des Adoptionsvermittlungsgesetzes vom 05.11.2001 sollte eine bessere zwischenstaatliche Zusammenarbeit der internationalen Behörden ermöglicht werden.

II. Die Entwicklung im russischen Rechtsgebiet

Einen wesentlichen Beitrag zum Verständnis der gegenwärtig in der Russischen Föderation bestehenden gesetzlichen Regelungen leistet, neben der Darstellung der vorrevolutionären Zeit, die rechtshistorische Entwicklung der sozialistischen Epoche (1917–1991).

Die als erste Sowjetrepublik am 7. November 1917 gegründete RSFSR[198] diente als Beispiel für die gesamte Sowjetunion.[199] So nahmen sich die anderen Unionsrepubliken für die Gesetzgebung besonders in der Zeit nach 1926 die auf dem Gebiet des Familienrechts geltenden gesetzlichen Regelungen zum Vorbild.[200] Daher ist im Rahmen der Darstellung des sowjetischen Rechts die Rechtslage in der RSFSR[201] hervorzuheben, die aufgrund ihrer tatsächlichen Hegemonie über die anderen Republiken besonders bedeutsam war.

Die weiteren Ausführungen beschränken sich folglich auf die Darstellung der Adoptionsentwicklung in der RSFSR, während auf die Gesetzgebung der Unionsrepubliken an einigen Stellen verwiesen wird, soweit dies für das Gesamtverständnis des sowjetischen Adoptionsrechts erforderlich ist.

---

198 Offizielle Bezeichnung der ersten russischen sozialistischen Republik ab dem 19. Juli 1918.

199 *Bahro* S. 25.

200 *Bahro* S. 15.

201 Vor der Gründung der Sowjetunion im Jahr 1922 bestand nur (sowjet-) russisches Recht. Danach wurde bis zur Auflösung der UdSSR im Jahr 1991 zwischen der Unionsebene (sowjetisches Recht) und der Republikebene (Recht der RSFSR) unterschieden.

1. *Das Rechtsinstitut der Adoption in den ersten Jahren nach der Oktoberrevolution*

a. *Die Dekrete der Revolutionsregierung und das Familiengesetzbuch von 1918*

Für die weitere Entwicklung der Adoptionsgesetzgebung des 20. Jahrhunderts war die Große Sozialistische Oktoberrevolution im Jahr 1917 entscheidend, infolge der u.a. alle bis dahin geltenden familienrechtlichen Bestimmungen aufgehoben und eine völlige Umgestaltung des Familienrechts eingeleitet wurden. Bis November 1918 gelang es der Sowjetmacht das vorrevolutionäre Recht endgültig zu beseitigen.

Die ersten die Familienverhältnisse betreffenden Dekrete der Revolutionsregierung wurden bereits weniger als zwei Monate nach der Oktoberrevolution unter der unmittelbaren Mitwirkung des damaligen Regierungsoberhaupts der als erste Sowjetrepublik gegründeten RSFSR Wladimir Lenin entworfen und von ihm unterschrieben.[202] Zu nennen sind insbesondere das Dekret „Über die Zivilehe, über Kinder und über die Führung des Personenstandsregisters", das u. a. die nichtehelichen Kinder in jeder Hinsicht den ehelichen gleichsetzte sowie das die Rechtsstellung der Kinder nach der Scheidung der Eltern betreffende Dekret „Über die Ehescheidung".[203] Die im Dezember 1917 erlassenen Dekrete definierten die Grundprinzipien des Familienrechts entsprechend dem sowjetisch-sozialistischen Gedankengut neu,[204] ließen jedoch die Adoptionsgesetzgebung in ihrer ursprünglichen Form noch unverändert.[205] Kinder ohne elterliche Sorge, deren Zahl nach dem Ersten Weltkrieg und den im Oktober

---

202 Bratus-*Pergament* S. 437. Insbesondere auf dem Gebiet des Familienrechts war die Durchsetzung der kommunistischen Ideologie von großer Bedeutung. Diese Annahme geht aus der Tatsache hervor, dass zu den ersten Gesetzgebungsakten der neuen Machthaber gerade die Dekrete über Ehe und Familie gehörten, vgl. *Zinn* S. 2; Bratus-*Pergament*, S. 437.

203 *Sverdlov*, Familienrecht, S. 61.

204 Zu den wichtigsten Grundprinzipien des sowjetischen Familienrechts gehörten die volle Gleichberechtigung von Mann und Frau sowie der Schutz von Mutter und Kind. Zudem stand bei der Ausübung der elterlichen Rechte das Interesse des Kindes an oberster Stelle. Auch sollten Ehe und Familie frei von jedem Einfluss seitens der Kirche in der sowjetrussischen Gesellschaft ihren Bestand haben, vgl. *Antokolskaja*, Familienrecht, S. 338; *Zinn*, S. 2; Bratus-*Pergament*, S. 434 f; *Tarchov*, Vorlesungen über das sowjetische Zivilrecht, S. 134.

205 *Fabritschnaja*, Zeitschrift der Nizhny Novgoroder Akademie des Ministeriums für Innere Angelegenheiten 2010, 53.

stattgefundenen Ereignissen beträchtlich in die Höhe schoss, kamen hauptsächlich in Waisen- und Erziehungsanstalten unter.[206] Die Sowjetregierung widmete sich von Anfang an mit großer Aufmerksamkeit der Kinderfürsorge. Bereits Ende des Jahres 1917 wurde das Kollegium zum Schutz und zur Sicherung von Mutter und Kind geschaffen.[207] Mit Adoptionsangelegenheiten beschäftigte sich die innerhalb des Volkskommissariats für Aufklärung gegründete Abteilung zum Schutz von Mutter und Kind.[208]

In den ersten Jahren nach der Oktoberrevolution entwickelten sich die gesetzlichen Adoptionsregelungen zwar weiter, jedoch zunächst in eine andere Richtung als zuvor. Diese Entwicklung spiegelt sich in dem ersten einheitlichen Gesetzbuch über Personenstandswesen, Ehe-, Familien- und Vormundschaftsrecht der RSFSR, das am 22. Oktober 1918 veröffentlicht wurde.[209] In dieser Kodifikation sollten sich die bis dahin erlassenen sowjetischen Dekrete mit geringfügigen Änderungen wiederfinden und weiter ausgeführt bzw. vervollständigt werden.[210] Im Gegensatz zu den Dekreten, die nur einige Aspekte des Familienrechts behandelten, enthielt die Gesetzessammlung von 1918 eine umfangreiche gesetzliche Regelung der familienrechtlichen Verhältnisse.[211] Das aus vier Abschnitten bestehende FGB-1918 sah im dritten Abschnitt ein Kapitel fünf mit der Überschrift „Über die Adoptierten" vor. Dieses Kapitel bestand lediglich aus zwei Artikeln. In Art. 182 FGB-1918 hieß es, dass die Angenommenen sowie ihre Abkömmlinge zu den Annehmenden und die Annehmenden zu den Angenommenen sowie ihren Abkömmlingen in ein der Blutsverwandtschaft gleichgestelltes familienrechtliches Verhältnis treten. Viel wichtiger war dabei jedoch die in Art. 183 enthaltene Regelung bezüglich der Kindesannahme. Diese bestimmte, dass ab dem Zeitpunkt des Inkrafttretens der gegenwärtig geltenden Kodifikation weder die Adoption eigener noch fremder Kinder gestattet war. Jede solche Adoption, die nach dem in diesem Artikel festgelegten Zeitpunkt vorgenommen wurde, begründete keine Rechte und Pflichten für die Annehmenden und die

---

206 *Fabritschnaja*, Zeitschrift der Nizhny Novgoroder Akademie des Ministeriums für Innere Angelegenheiten 2014, 55; *Bilinsky* S. 28.

207 *Fabritschnaja*, Zeitschrift der Nizhny Novgoroder Akademie des Ministeriums für Innere Angelegenheiten 2010, 53; *Bahro* S. 196.

208 *Bahro* S. 196.

209 Im Folgenden abgekürzt als FGB-1918 (Familiengesetzbuch).

210 Autorengemeinschaft, Familienrecht, Vorlesungen 2011, abrufbar unter http://lawbook.online/semeynoe-pravo-rossii-kniga/istochniki-sovetskogo-semeynogo-30997.html (Stand: 25.05.2016); Zinn S. 2; *Sverdlov*, Familienrecht, S.66.

211 *Antokolskaja*, Familienrecht, S. 337.

Angenommenen. Somit verbot das FGB-1918 mit Art. 183 die Adoption, während Art. 182 lediglich eine aus der vorrevolutionären Zeit stammende Regelung wiederholte. Die Aufnahme dieser Bestimmung in das neue Recht hing damit zusammen, dass der Gesetzgeber die vor dem Inkrafttreten des neuen Gesetzes stattgefundenen Adoptionen wirksam fortbestehen ließ.[212] Das Adoptionsverbot hinderte die Menschen jedoch nicht daran, weiterhin fremde Kinder in ihre Familien aufzunehmen und damit faktische Adoptionen durchzuführen, denen nach der Aufhebung des Verbots ihre Wirksamkeit zugesprochen wurde.[213] Eine weitere Möglichkeit, das Adoptionsverbot zu umgehen, war eine aus dem vorrevolutionären russischen Recht stammende und im Agrargesetzbuch geregelte Rechtsinstitution der prijmatschestwo, die ähnliche Rechte und Pflichten wie eine Adoption begründete.[214] Dabei wurde eine fremde Person in die Familiengemeinschaft eines Bauernhofes aufgenommen, jedoch meistens zum Zwecke der Gewinnung einer zusätzlichen Arbeitskraft.[215]

Erst acht Jahre nach dem Inkrafttreten des FGB-1918 sollte die Entwicklung der Adoptionsgesetzgebung eine andere Wendung nehmen.

b. Gründe für das Verbot und die Wiedereinführung des Rechtsinstituts

Das in Art. 183 FGB-1918 geregelte Verbot der Adoption beruhte auf der Überlegung, dass Kinder ohne elterliche Sorge ausschließlich in die Obhut des Staates kommen und institutionell untergebracht werden sollten. Die Sowjetregierung hatte eine negative Haltung gegenüber der Erziehung von Waisenkindern innerhalb familienähnlicher Verhältnisse. Der Schutz und die Versorgung hilfsbedürftiger Kinder war ausschließlich die Aufgabe des Staates, der alleinstehende Kinder möglichst im Sinne der sowjetrussischen Ideologie erziehen wollte.[216] Das Adoptionsverbot war eine logische Konsequenz der damals herrschenden Vorstellung über eine sowjetische Familie und der in diesem Zusammenhang

212 *Kustova*, Zeitschrift des russischen Rechts 2002, N 2; *Bahro* S. 26.

213 *Kusnezova*, Adoptionsgesetzgebung und Anwendungspraxis, S. 40; *Netschaeva*, Familienrecht der Russischen Föderation, S. 145; *Bahro* S. 141.

214 Vgl. Art. 66 AgrGB, eingeführt im Jahre 1922.

215 Die Volljährigkeit des Anzunehmenden war eine notwendige Voraussetzung, da die Annahme durch einen Vertrag zwischen der aufzunehmenden Person und dem Vertreter des Hofes zustande kam, vgl. *Netschaeva*, Familienrecht der Russischen Föderation, S. 145; *Freund* S. 45.

216 *Kustova*, Zeitschrift des russischen Rechts 2002, N 2; *Fabritschnaja,* Evolution der Adoption im russischen Recht des XVIII bis XX Jahrhunderts, S. 55; *Freund* S. 14.

weit verbreiteten Theorie des Absterbens der Familie.[217] Nach der erwähnten Theorie wurden Eltern von ihrer Pflicht der Kinderfürsorge entbunden, um sie anschließend an den Staat und die Gemeinschaft zu übertragen.[218] Zudem waren Vormundschafts- und Pflegschaftsorgane damals nicht in der Lage eine vollumfängliche Kontrolle und Betreuung, die während eines Adoptionsprozesses erforderlich war, zu gewährleisten. Der Staat versprach für alle hilfsbedürftigen und elternlosen Kinder eine ausreichende Anzahl an Einrichtungen zu schaffen, um ihnen die erforderliche Fürsorge und Erziehung auf Staatskosten zu bieten.[219] Eines der Hauptargumente, das für die Rechtfertigung des Verbots angeführt wurde, war außerdem die Befürchtung der Vornahme einer Adoption zwecks Ausbeutung Minderjähriger als kostenfreie Arbeitskraft.[220] Ein weiterer Grund für die Einführung des Adoptionsverbots findet sich in Art. 133 FGB-1918, wonach die Grundlage einer Familie die tatsächliche Abstammung bildete. Dieses Prinzip des ersten sowjetischen Familiengesetzbuches war mit einem, infolge einer Adoption, künstlich entstehenden Eltern-Kind-Verhältnis unvereinbar.[221]

Des Weiteren war schon immer einer der wichtigsten Gründe für die Durchführung einer Kindesannahme der Schutz vermögensrechtlicher Interessen des annehmenden Erblassers, der mangels leiblicher Nachkommen mit Hilfe der Adoption sein Vermögen an den Anzunehmenden weiterreichte. Aufgrund der unmittelbar nach der Revolution erfolgten Aufhebung des Erbrechts entfiel folglich diese Notwendigkeit.[222]

In den Jahren nach dem Inkrafttreten des ersten sowjetischen Familiengesetzbuches änderten sich die Lebensbedingungen erheblich. Die Folgen der

---

217 *Krupskaja*, Frau und Kindererziehung, in: Ausgewählte pädagogische Aufsätze, S. 121; *Bilinsky*, Jahrbuch für Ostrecht 1968, 182.

218 *Krupskaja*, Frau und Kindererziehung, in: Ausgewählte pädagogische Aufsätze, S. 121; *Bilinsky*, Jahrbuch für Ostrecht 1968, 182.

219 *Kusnezova*, Adoptionsgesetzgebung und Anwendungspraxis, S. 39; *Zinn* S. 5; *Djakov*, Entwicklung der Adoptionsgesetzgebung während der Zeit des Sowjetstaates, abrufbar unter http://online-science.ru.

220 *Djakov*, Entwicklung der Adoptionsgesetzgebung während der Zeit des Sowjetstaates, abrufbar unter http://online-science.ru; *Wolfson*, Familienrecht, S. 89; Freund S. 14; *Zinn* S. 5.

221 *Hodyreva*, Zeitschrift der Nizhny Novgoroder Lobatschevski-Universität 2013, S. 107; *Tatarinzeva*, Gramota 2011, 203, abrufbar unter http://gramota.net/materials/3/2011/3-2/46.html (Stand: 20.04.2016).

222 *Netschaeva*, Russland und seine Kinder: Kind, Gesetz, Staat, S. 87.

im Land stattgefundenen Umwälzungen sowie Missernten, die eine immense Anzahl an hilfsbedürftigen Kindern schufen, führten dem Gesetzgeber gleichzeitig die Notwendigkeit der Wiederherstellung des Rechtsinstituts der Adoption vor Augen.[223] Die Staatsausgaben für die Unterhaltung von Waisen- und Erziehungsanstalten stiegen an, obwohl sich das Land ohnehin schon in einer sehr schwierigen Lage befand.[224] Der Sowjetregierung gelang es nicht einmal annährend alle Kinder ohne elterliche Sorge institutionell unterzubringen. Bereits um das Jahr 1923 gab es in der RSFSR etwa 8 Millionen alleinstehender Kinder.[225] Die Adoption wurde schließlich im Jahre 1926 durch die im März erlassene Verordnung „Über die Änderung des Gesetzbuches über Personenstandswesen, Ehe-, Familien- und Vormundschaftsrecht" in der RSFSR zugelassen.[226] Die Begründung für die Wiedereinführung der Adoption lässt sich dem Instruktionsbrief des Volkskommissariats für Justiz entnehmen.[227] Danach bewertete der Gesetzgeber seine Entscheidung von 1918 nicht als verfehlt, sondern schrieb die Notwendigkeit der Wiedereinführung den Umständen, wie der stetig wachsenden Zahl von Waisenkindern, zu sowie dem immer häufiger geäußerten Wunsch seitens der Bürger fremde Kinder in ihre Familien aufnehmen und sie versorgen zu wollen. Man sah demnach keinen Sinn mehr darin das Verbot aufrecht zu erhalten.

2. Die Entwicklung des Adoptionsrechts bis zum Jahr 1968

Die nächste Neukodifikation des Familienrechts fand bereits im Jahre 1927 durch das Inkrafttreten des Gesetzbuches über Ehe, Familie und Vormundschaft statt, die wesentliche Änderungen für die RSFSR mit sich brachte.[228] Bestehend aus nur 143 Artikeln, hob sie sich bereits aufgrund ihrer Kürze von anderen familienrechtlichen Kodifikationen ab. Lediglich die ersten 110 Artikel beschäftigten sich mit dem materiellen Familienrecht, während die restlichen Vorschriften

223 *Zinn* S. 5; *Hodyreva*, Zeitschrift der Nizhny Novgoroder Lobatschevski-Universität 2013, 108; *Tatarinzeva*, Gramota 2011, 206, abrufbar unter http://gramota.net/materials/3/2011/3-2/46.html (Stand: 20.04.2016).

224 *Hodyreva*, Zeitschrift der Nizhny Novgoroder Lobatschevski-Universität 2013, 108.

225 Netschaeva, Familienrecht der Russischen Föderation, S. 4.

226 VO (RSFSR) v. 1.3.1926.

227 *Kischkin*, Revolutionäre Gesetzlichkeit 1926, 18; *Kustova*, Zeitschrift des russischen Rechts 2002, N 2.

228 *Waehler*, FamRZ 1968, 558.

Regelungen über Eintragungen und Führungen von Personenstandsurkunden enthielten.

a. *Die Adoptionsgesetzgebung des Gesetzbuches über Ehe, Familie und Vormundschaft von 1927*[229]

Die Verordnung von 1926 fand sich inhaltlich mit einigen wenigen Änderungen in den mit dem Inkrafttreten des FGB-1927 geltenden Vorschriften über die Adoption wieder. Im Gegensatz zum FGB-1918 widmete das neue Gesetzbuch dem Rechtsinstitut der Adoption ein ganzes Kapitel.

aa. *Die einzelnen Voraussetzungen und das Verfahren der Kindesannahme*

Die neue Kodifikation führte in Kapitel drei des zweiten Abschnitts „Über die gegenseitigen Beziehungen zwischen Kindern, Eltern und anderen Verwandten" genaue Voraussetzungen auf, die für das Zustandekommen einer wirksamen Kindesannahme einzuhalten waren. Eine der wichtigsten Anforderungen war die in Art. 57 FGB-1927 normierte Minderjährigkeit des Anzunehmenden. Außerdem besagte dieselbe Vorschrift, dass eine Adoption ausschließlich im Interesse der Kinder zulässig war und schloss damit jede andere, den Interessen der Kinder widersprechende, Motivation der Annahme aus. Des Weiteren war bei der Adoption eines Kindes, dessen Eltern am Leben waren, gemäß Art. 61 FGB-1927 ihre Zustimmung erforderlich. Stand der Anzunehmende unter Vormundschaft oder unter Pflegschaft, so musste ebenfalls die Einwilligung des Vormunds bzw. Pflegers vorliegen. Auch das anzunehmende Kind musste einwilligen, sobald es das 10. Lebensjahr erreicht hatte.[230] Das Gesetz machte zwar keine Angaben zu einem bestimmten Altersunterschied. Das für Adoptionsangelegenheiten zuständige Vormundschafts- und Pflegschaftsorgan konnte jedoch die Adoption verweigern, wenn aufgrund eines zu geringen Altersunterschieds die Entstehung eines Eltern-Kind-Verhältnisses nicht zu erwarten war.[231] Personen ohne ein Recht zur Annahme waren in Art. 59 FGB-1927 normiert, der wiederum auf eine Vorschrift des Abschnitts über Vormundschaft und Pflegschaft verwies. Eine weitere Beschränkung des adoptionsberechtigten Personenkreises wurde zudem durch Art. 69 der Verfassung der RSFSR von 1918 vorgenommen.

229 Im Folgenden als FGB-1927 abgekürzt.
230 Vgl. Art. 63 FGB-1927.
231 Bratus-*Pergament*, S. 498; *Freund* S. 46.

Für alle im Zusammenhang mit einer Adoption stehenden Fragen sowie für die Durchführung des Adoptionsverfahrens selbst waren die Vormundschafts- und Pflegschaftsorgane zuständig.[232] Laut Art. 59 FGB-1927 erfolgte die Kindesannahme durch Beschluss der Organe für Vormundschaft und Pflegschaft und war in der allgemeinen Ordnung standesamtlich zu registrieren.[233] Bevor jedoch die Beschlussfassung seitens der zuständigen Stellen vorgenommen werden konnte, musste eine Reihe an Vorbereitungsmaßnahmen getroffen werden. Nach der Entgegennahme des Antrags des Adoptionswilligen stellte die Behörde zunächst die Geeignetheit des Antragstellers fest.[234] Zu diesem Zweck wurden die Wohn- und Lebensverhältnisse sowie der Gesundheitszustand des Adoptanten überprüft.[235] Anhand dieser Information konnte die Behörde bewerten, inwieweit eine Adoption den Interessen des Kindes entsprach.

bb. Die rechtlichen Wirkungen und die Aufhebung der Annahme an Kindes statt

Die Wirkung der Adoption ergab sich aus Art. 64 FGB-1927, wonach die Angenommenen sowie ihre Nachkommen gegenüber den Annehmenden, und die Annehmenden gegenüber den Angenommenen sowie ihren Nachkommen hinsichtlich der persönlichen und vermögensrechtlichen Rechte und Pflichten die gleiche Stellung wie leibliche Verwandte hatten. Die Adoptionswirkungen erstreckten sich demnach nicht auf die Nachkommen sowie andere Verwandten des Annehmenden, so dass nicht einmal die Kinder des Annehmenden in das durch die Adoption entstehende verwandtschaftliche Verhältnis mit einbezogen wurden.[236] Der Adoptionsgesetzgebung der RSFSR ließ sich jedoch keine Bestimmung darüber entnehmen, ob mit der Annahme das Verwandtschaftsverhältnis des Kindes und seiner Abkömmlinge zu der leiblichen Familie und die sich aus ihm ergebenden Rechte und Pflichten erloschen. Das Institut der Annahme wurde allein mit dem Ziel der Senkung der hohen Zahl elternloser und hilfsbedürftiger Kinder sowie zur Gewährleistung ihrer Fürsorge und

---

232 In den Städten erfüllten die Abteilungen für Volksbildung die Aufgaben der Vormundschafts- und Pflegschaftsorgane, während auf dem Lande die Dorfsowjets dafür zuständig waren, *Kustova*, Zeitschrift des russischen Rechts, N 2; *Bahro* S. 198.

233 Durch die Adoption wurde eine Personenstandsänderung vorgenommen, denn es wurden sowohl für den Annehmenden als auch den Angenommenen bestimmte Rechte und Pflichten begründet, *Wolfson*, Familienrecht, S. 92

234 Bratus-*Pergament* S. 498; *Bahro* S. 146.

235 *Kustova*, Zeitschrift des russischen Rechts, N 2; Bratus-*Pergament* S. 499.

236 *Wolfson*, Familienrecht, S. 93; *Sverdlov*, Familienrecht, S. 24; Bratus-*Pergament* S. 500.

Erziehung in das FGB-1927 aufgenommen. Aufgrund dessen verzichtete der Gesetzgeber auf eine detaillierte Regelung rechtlicher Folgen einer Adoption.

Die Adoption konnte zunächst auf verwaltungsrechtlichem Wege durch das Vormundschafts- und Pflegschaftsorgan aufgehoben werden.[237] Dafür musste die Kindesannahme laut Art. 65 FGB-1927 in Abwesenheit oder ohne die Einwilligung der Eltern des Anzunehmenden erfolgt sein und die Rückführung des Kindes zu den Eltern den Interessen des Kindes dienen. Für die Aufhebung durch das Vormundschafts- und Pflegschaftsorgan war ein Antrag der Eltern an die Behörde erforderlich.[238] Auch durch das Gericht konnte gemäß Art. 66 FGB-1927 eine Aufhebung der Adoption erreicht werden, wenn dies die Interessen des Kindes erforderten. Dabei konnte eine Klage auf Aufhebung der Kindesannahme von jeder beliebigen Person oder Behörde erhoben werden, ohne dass ein etwaiger Antrag seitens der leiblichen Eltern wie in Art. 65 vorliegen musste. Mit der Wirksamkeit der Aufhebung erloschen alle Rechte und Pflichten aus der Adoption.[239]

b. Die Reformbestrebungen nach dem Inkrafttreten des FGB-1927

Die erste Reform, die die im FGB-1927 enthaltenen Adoptionsvorschriften betraf, fand erst 1934 statt und führte unter anderem die Zulässigkeit der Kindesannahme ohne die sonst gesetzlich festgeschriebene elterliche Einwilligung ein. Hierbei wurden der, anfänglich kurz gehaltenen, Vorschrift des Art. 61 FGB-1927 einige Ergänzungen hinzugefügt. Danach war die Einwilligung der Eltern entbehrlich gewesen, wenn ihr Aufenthalt unbekannt war und sie länger als ein Jahr kein Lebenszeichen von sich gegeben haben.[240] Ein Kind, das sich in einer Anstalt befand, konnte infolge dessen ohne die elterliche Zustimmung adoptiert werden.[241] In bestimmten Fällen reichte auch die Zustimmung eines Elternteils aus. Insbesondere galt dies dann, wenn einer der Elternteile vom Kind getrennt lebte und an der Kindeserziehung keinen Anteil nahm.[242]

Das Institut der Adoption gewann während des Zweiten Weltkrieges sowie in der Nachkriegszeit an besonderer Bedeutung. Da viele Kinder infolge des

---

237 Vgl. Art. 65 FGB-1927.

238 *Kustova*, Zeitschrift des russischen Rechts, N 2.

239 *Sverdlov*, Familienrecht, S. 39; *Posse*, Grundlegende Fragen der Adoption, S. 263.

240 Zirkular der RSFSR von 1934 Nr. 20/102.

241 *Fabritschnaja*, Evolution der Adoption im russischen Recht des XVIII bis XX Jahrhunderts, S. 75.

242 Zirkular der RSFSR von 1934 Nr. 20/102.

Krieges elternlos geworden waren, musste diesen die erforderliche Fürsorge gewährleistet werden.[243] Die Adoption entwickelte sich zu einer der beliebtesten Formen der Unterbringung hilfsbedürftiger Kinder. Der Gesetzgeber sah sich dazu veranlasst besondere Normativakte zu erlassen, um die Menschen in ihrem Bestreben, den Kriegswaisen die Eltern zu ersetzen und ihnen eine bestmögliche Erziehung zu bieten, zu unterstützen.[244] In diesem Zusammenhang ist insbesondere der Erlass des Präsidiums des Obersten Sowjets der UdSSR vom 8. September 1943 „Über die Adoption" hervorzuheben, der einige sehr wichtige Neuerungen auf dem Gebiet des Adoptionsrechts einführte.[245] Eine dieser Neuerungen veränderte im Ergebnis grundlegend die Rechtsfolgen der Kindesannahme. Infolge des Erlasses war in Art. 60 Abs. 2 FGB-1927 die Möglichkeit vorgesehen die Annehmenden auf ihren Wunsch hin in das Geburtenregister als Eltern des Angenommenen eintragen zu lassen. Da die Adoptiveltern durch die Eintragung als leibliche Eltern galten,[246] bestand kein Grund mehr dafür die Verwandten des Annehmenden in das durch die Adoption entstandene Verwandtschaftsverhältnis nicht mit einzubeziehen.[247] Demnach bewirkte der Erlass von 1943, dass sich das Kind und die Adoptiveltern in der gleichen Rechtslage befanden wie leibliche Eltern und Kinder.[248] Zudem half die Eintragung die Tatsache der Adoption geheim zu halten und galt damit als die erste Grundlage für die im Laufe der Zeit immer beliebtere Inkognitoadoption.[249]

---

243 Bratus-*Pergament* S. 443; *Fabritschnaja*, Evolution der Adoption im russischen Recht des XVIII bis XX Jahrhunderts, S. 82.

244 Bratus-*Pergament* S. 443.

245 Nachrichtenblatt des Obersten Sowjets der UdSSR 1943, Nr. 34.

246 Aufgrund der Eintragung in das Geburtenregister fand sich auch kein Vermerk mehr über die stattgefundene Adoption, Bratus-*Pergament* S. 497.

247 *Webers*, Rechtslehre 1966, 58.

248 Es handelte sich dabei um eine in der Literatur weit verbreitete Ansicht, für die es jedoch keine rechtliche Grundlage gab. Der Erlass von 1943 brachte nämlich keine Änderungen der Vorschriften über die Adoptionsrechtsfolgen mit sich, *Sverdlov*, Familienrecht, S. 252; *Genkin/Nowitzkij/Rabinovitsch*, Geschichte des sowjetischen Zivilrechts, S. 488.

249 *Fabritschnaja*, Evolution der Adoption im russischen Recht des XVIII bis XX Jahrhunderts, S. 85; Bahro S. 148. Trotz der fehlenden Änderung der Rechtsfolgen im FGB-1927 ermöglichte die Geheimhaltung der Adoption dem Adoptivkind im Verhältnis zu den Verwandten seiner Adoptiveltern den gleichen rechtlichen Status zu genießen wie ein leibliches Kind, *Kusnezova*, Adoptionsgesetzgebung und Anwendungspraxis, S. 95.

Ein weiterer Normativakt, der einen großen Einfluss auf die gesamte sowjetische Familien- und Ehegesetzgebung hatte, war der Erlass vom 8. Juli 1944.[250] Er schaffte den im Jahr 1918 eingeführten Grundsatz der Gleichberechtigung ehelicher und außerehelicher Kinder ab, indem zwischen dem Erzeuger und dem unehelichen Kind keinerlei Beziehungen begründet wurden und die Mutter gegenüber dem unehelichen Vater keinen Unterhaltsanspruch geltend machen konnte.[251] Nicht die tatsächliche Abstammung, sondern die registrierte Ehe begründete seit dem Erlass die gegenseitigen Rechte und Pflichten zwischen dem Vater und dem Kind.[252] Für den nichtehelichen Vater bestand zudem die Möglichkeit sein außereheliches Kind zu adoptieren, um auf diese Weise die Eintragung ins Geburtenregister zu erreichen.[253] Nach dem Erlass im Juli des Jahres 1944 blieb das sowjetrussische Adoptionsrecht, abgesehen von einigen Reformen auf dem Gebiet des Namensrechts, eine lange Zeit weitestgehend ohne nennenswerte Änderungen.

3. *Die Adoption im Gefüge der Neugestaltung des sowjetrussischen Familienrechts in den Jahren 1968 und 1969*

Nach dem Inkrafttreten des Gesetzbuches über Ehe, Familie und Vormundschaft der RSFSR im Jahre 1927 vergingen mehrere Jahrzehnte, ohne dass das Familienrecht neukodifiziert wurde. Erst nach einer Geltungsdauer von mehr als 40 Jahren wurde das FGB-1927 vom Gesetzbuch über Ehe und Familie der RSFSR im Jahr 1969 abgelöst. Ein Jahr zuvor verabschiedete der Oberste Sowjet der UdSSR die bereits viel diskutierten „Grundlagen der Gesetzgebung der Union der SSR und der Unionsrepubliken über Ehe und Familie“[254] und damit die erste bundeseinheitliche Regelung des Familienrechts.[255]

---

250 Nachrichtenblatt des Obersten Sowjets der UdSSR 1943, Nr. 34.

251 *Bilinsky*, Jahrbuch für Ostrecht 1968, 187. Als Ausgleich wurde der alleinstehenden Mutter zwar eine staatliche Beihilfe gewährt. Sie reichte jedoch nicht einmal annähernd aus, um die entstehenden Kosten zu decken, Vgl. Art. 3 Abs. 1 des Erlasses vom 8.07.1944.

252 *Bilinsky*, Jahrbuch für Ostrecht 1968, 187.

253 *Fabritschnaja*, Evolution der Adoption im russischen Recht des XVIII bis XX Jahrhunderts, S. 87.

254 Im Folgenden als Grundlagen abgekürzt.

255 *Fabritschnaja*, Evolution der Adoption im russischen Recht des XVIII bis XX Jahrhunderts, S. 101; *Bilinsky*, Jahrbuch für Ostrecht 1968, 203.

Das Inkrafttreten der Grundlagen und des neuen Familiengesetzbuches kennzeichneten die nächste Etappe in der Adoptionsentwicklung der Nachkriegszeit.

a. *Die Grundlagen der Gesetzgebung der UdSSR und der Unionsrepubliken über Ehe und Familie*

Im Jahr 1947 wurde dem Bund die Zuständigkeit übertragen für alle Unionsrepubliken geltende „Grundlagen des Ehe- und Familienrechts" zu erlassen.[256] Dieses Ereignis ebnete den Weg für eine Vereinheitlichung des Familienrechts für die ganze Sowjetunion. Man hielt eine Reform für äußerst notwendig, da die große Fülle an Novellen des Unionsgesetzgebers sowie Grundsatzentscheidungen der Obergerichte zu einer sich steigernden Unüberschaubarkeit des sowjetischen Familienrechts führten.[257] Allerdings erwies sich die Aufgabe, eine einheitliche Regelung des Familienrechts für alle 15 Unionsrepubliken zu schaffen, aufgrund anhaltender Uneinigkeit hinsichtlich einiger Sachfragen als äußerst komplex, so dass die Reformdiskussionen und die anschließende Ausfertigung eines Entwurfs mehr als zwanzig Jahre in Anspruch nahmen.[258] Wie bereits erwähnt, handelte es sich bei den im Jahr 1968 in Kraft getretenen Grundlagen um das erste einheitliche Rahmengesetz, das alle grundlegenden Fragen der Ehe und Familie regelte. Dabei waren in den Grundlagen kaum vollkommen neu konzipierte Grundsätze zu finden. Vielmehr stellten sie eine Zusammenfassung rechtlicher Bestimmungen der einzelnen Unionsrepubliken dar. Auf diese Weise wirkten sie der Unübersichtlichkeit des sowjetrussischen Familienrechts entgegen.[259] Die rechtlichen Regelungen des künftig zu erlassenden Familiengesetzbuches der RSFSR sowie anderer Unionsrepubliken mussten stets im Einklang mit den Bestimmungen der Grundlagen stehen.[260]

Das neue Gesetz bestand nur aus 36 Artikeln und enthielt recht knapp gehaltene Ausführungen zu den einzelnen Sachbereichen, während die Aufgabe der Detailregelung den noch zu erlassenden Familiengesetzbüchern der

---

256 Vgl. Art. 2 des Gesetzes der UdSSR vom 25.02.1947 (Einfügung des neuen Art. 14 tsch in die Verfassung der UdSSR von 1936) in: Nachrichtenblatt des Obersten Sowjets der UdSSR 1947, Nr. 8.

257 *Korkisch* S. 17; *Waehler*, FamRZ 1968, 558.

258 *Korkisch* S. 17; *Waehler*, FamRZ 1968, 559.

259 *Randzio* S. 177; *Waehler*, FamRZ 1968, 559.

260 Alle früher erlassenen Vorschriften wurden aufgehoben, wenn sie nicht den Bestimmungen der Grundlagen entsprachen, vgl. das Einführungsdekret der UdSSR vom 20.09.1968 in: Nachrichtenblatt des Obersten Sowjets der UdSSR 1968, Nr. 39.

Unionsrepubliken zugewiesen wurde.[261] Mit dem Institut der Adoption beschäftigten sich nur zwei Artikel, die jedoch sehr ausführlich ausgestaltet waren.[262] Art. 24 führte einige Adoptionsvoraussetzungen auf, die der RSFSR bereits aus dem Gesetzbuch über Ehe, Familie und Vormundschaft von 1927 bekannt waren. Dazu gehörte vor allem die ausschließliche Zulässigkeit der Minderjährigenadoption, für die nur das Interesse des Kindes ausschlaggebend war.[263] Auch die bisherige Regelung des Einwilligungserfordernisses wurde in weiten Teilen durch den genannten Artikel übernommen.[264] Die Adoption erfolgte auch weiterhin durch eine Beschlussfassung auf Antrag der annehmenden Person.[265] Des Weiteren beschrieb Art. 24 ausdrücklich die Sachbereiche, deren Detailregelung den Gliedstaaten übertragen wurde. Dabei handelte es sich u. a. um die Festlegung des Verfahrens und der Bedingungen für die Kindesannahme ohne Einwilligung der Eltern.[266] Neuerungen ergaben sich im Bereich der Adoptionsaufhebung, deren genaue Voraussetzung und Folgen ebenfalls von den Einzelstaaten zu regeln waren. Die Aufhebung auf verwaltungsrechtlichem Wege, wie er aus Art. 65 FGB-1927 bekannt war, gestattete der Gesetzgeber nicht mehr.[267] Jedoch trat eine weitere Möglichkeit der Beendigung eines Adoptionsverhältnisses, nämlich die Ungültigkeitserklärung der Kindesannahme, hinzu.[268] In Art. 24 der Grundlagen erfolgte zum ersten Mal die ausdrückliche Nennung des Adoptionsgeheimnisses, deren gesetzliche Ausgestaltung in die Zuständigkeit der Unionsrepubliken fiel.[269] Eine sehr wichtige Rolle bei der Entwicklung der gesetzlichen Adoptionsregelungen spielte Art. 25, indem er die genauen Rechtsfolgen der Kindesannahme normierte. Bis zu dem Zeitpunkt herrschte hinsichtlich dieser Frage große Rechtsunsicherheit und man versuchte sie durch die entsprechende Auslegung der im Laufe der Zeit ergangenen Gesetze zu klären.[270] Die Grundlagen bestimmten nunmehr die vollständige Eingliederung

---

261 *Waehler*, FamRZ 1968, 559.
262 Vgl. Art. 24, 25 der Grundlagen.
263 Art. 57 FGB-1927; Art. 24 Abs. 1 der Grundlagen.
264 Art. 61–63 FGB-1927; Art. 24 Abs. 2 bis Abs. 3 der Grundlagen.
265 Art. 59 FGB-1927; Art. 24 Abs. 2 der Grundlagen.
266 Art. 24 Abs. 4 der Grundlagen.
267 Vgl. Art. 24 Abs. 6 der Grundlagen.
268 Art. 24 Abs. 6 der Grundlagen.
269 Art. 24 Abs. 8 der Grundlagen.
270 Vgl. Erlass vom 8. September 1943, wonach die Adoptiveltern ins Geburtenregister eingetragen werden konnten und diese Tatsache als Grundlage für die Einbeziehung der Verwandten der Annehmenden in das mittels der Adoption geschaffene familienrechtliche Verhältnis angesehen wurde.

des Adoptivkindes in die neue Familie. Die Angenommenen und ihre Nachkommen traten nicht nur gegenüber den Annehmenden selbst, sondern auch gegenüber den Verwandten der Annehmenden sowohl personen- als auch vermögensrechtlich in die gleiche Stellung wie leibliche Verwandte.[271] Auch das Verwandtschaftsverhältnis zu der Herkunftsfamilie erlosch mit der Annahme.[272]

Eine wichtige Reform brachten die Grundlagen auf dem Gebiet des Unehelichenrechts mit sich. Wie oben schon beschrieben, gründete sich das FGB-1927 seit dem Erlass vom Juli 1944 nicht mehr auf der tatsächlichen Abstammung der Kinder, sondern verlangte eine registrierte Ehe der Eltern als Grundlage für die Entstehung von Rechten und Pflichten, so dass nicht aus einer Ehe stammende Kinder keine Unterhaltsansprüche gegenüber ihren Vätern geltend machen konnten. Aus Art. 16 der Grundlagen ging hervor, dass die Abstammung von Eltern nicht nur durch eine eingetragene Ehe, sondern auch durch Abgabe einer gemeinsamen Erklärung des Vaters und der Mutter gegenüber dem Standesamt, wenn sie nicht miteinander verheiratet waren, nachgewiesen werden konnte. Fehlte eine solche Erklärung, so konnte die Vaterschaft im gerichtlichen Verfahren festgestellt werden. Waren diese Voraussetzungen erfüllt, bedeutete es im Ergebnis eine völlige Gleichstellung der außerehelich Geborenen mit den ehelichen Kindern. Im Übrigen blieb es jedoch bei der alten Rechtslage.

b. Das Gesetzbuch über Ehe und Familie von 1969[273]

Das neue Gesetzbuch unterschied sich von seinen Vorgängern durch eine äußerst detaillierte Regelung des Instituts der Kindesannahme. Im Gegensatz zum FGB-1927, das nur 11 Artikel über die Adoption enthielt, waren nach der damals geltenden Rechtslage dem Rechtsinstitut fast doppelt so viele Vorschriften gewidmet. Eines der Hauptziele des Gesetzgebers bei der Ausarbeitung der Neukodifikation des sowjetischen Familienrechts war es die Gleichstellung der Adoptivkinder mit den leiblichen Kindern durch die Aufnahme entsprechender gesetzlicher Bestimmungen zu unterstreichen. Die bedeutendsten Änderungen und Neuerungen, die das FGB-1969 im Einklang mit den Grundlagen auf dem Gebiet des Adoptionsrechts einführte, sollen im Folgenden dargestellt werden.

---

271 Art. 25 Abs. 1 der Grundlagen.

272 Art. 25 Abs. 2 der Grundlagen, der auch Ausnahmen von diesem Grundsatz enthielt. Die aus dem Jahre 1927 stammende Adoptionsgesetzgebung ließ die Frage nach dem Bestehenbleiben des Verwandtschaftsverhältnisses zu der leiblichen Familie offen.

273 Im Folgenden als FGB-1969 abgekürzt.

aa. Voraussetzungen und Verfahren

Die Voraussetzungen der Kindsannahme wurden teilweise aus dem FGB-1927 in seiner letzten Fassung übernommen, weiter ausgeführt und ergänzt bzw. an einigen Stellen modifiziert. Es wurden auch neue Regelungen aufgenommen, die zum Teil Gegenstand der zuvor erlassenen Instruktionen und Anweisungen waren und sich nun ausdrücklich in den Adoptionsbestimmungen des neuen Familiengesetzbuches wiederfanden. Art. 99 beschrieb abschließend den Kreis adoptionsberechtigter Personen und solcher, die vom Recht der Kindesannahme ausgeschlossen waren. Die bis zum Inkrafttreten des FGB-1969 geltenden Ausschlusskriterien wurden von der neuen Regelung nicht übernommen.[274] Danach durften nur volljährige Bürger adoptieren. Als handlungsunfähig oder als beschränkt handlungsfähig erklärte Personen oder solche, die nicht im Besitz der elterlichen Rechte waren, konnten nicht als Annehmende fungieren.[275] Obwohl im Familiengesetzbuch der RSFSR keine weiteren Anforderungen an die adoptionswillige Person zu finden waren, stellte erst das Vormundschafts- und Pflegschaftsorgan nach einer gründlichen Prüfung des Gesundheitszustands, der Wohnsituation sowie weiterer für eine Adoption entscheidender Faktoren die Eignung als Adoptant fest.[276] Insgesamt versuchte jedoch die neue Adoptionsgesetzgebung dem Bürger, der von seinem Recht zur Kindesannahme Gebrauch machen wollte, möglichst wenige Hindernisse in den Weg zu legen.

Wichtige Änderungen ergaben sich des Weiteren innerhalb der Vorschriften über die Einwilligung der Beteiligten eines Adoptionsprozesses. Gemäß Art. 100 Abs. 3 FGB-1969 hatten die Eltern die Möglichkeit in die Annahme ihres Kindes durch bestimmte Personen einzuwilligen. Sie konnten ihre Einwilligung aber auch ohne Angabe der Identität der potenziellen Adoptiveltern erteilen und die Wahl der Annehmenden den Vormundschafts- und Pflegschaftsorganen überlassen. Diese vorab erteilte Einwilligung wurde als Blankoeinwilligung bezeichnet und zu einem festen Bestandteil der Adoptionsgesetzgebung. Sie fand sich ebenfalls in Art. 102 Abs. 2 FGB-1969, der die Annahme von unter Vormundschaft bzw. Pflegschaft stehenden oder sich in staatlichen Kinderheimen befindenden Kindern regelte. Die genannte Vorschrift bestimmte, dass im Falle der Unterbringung eines Kindes in einem Kinderheim die Verwaltung des Kinderheims festzustellen hatte, ob die Eltern bereit waren in die Annahme ihres Kindes durch Adoptiveltern einzuwilligen.

---

274 Vgl. Art. 77 FGB-1927.

275 Art. 99 FGB-1969.

276 *Kusnezova*, Adoptionsgesetzgebung und Anwendungspraxis, S. 51.

Das Adoptionsverfahren wurde im Wesentlichen aus dem alten Recht übernommen. Auf einen Antrag der adoptionswilligen Person erfolgte die Kindesannahme am Wohnort des Annehmenden oder des Angenommenen durch einen Beschluss und war beim Organ des Personenstandswesens zu registrieren.[277] Zuständig für die Beschlussfassung war sodann das Exekutivkomitee des Rayons- oder Stadtsowjets der Deputierten der Werktätigen, das die Aufgabe des Vormundschafts- und Pflegschaftsorgans übernahm.[278]

bb. Rechtsfolgen und Beendigung des Adoptionsverhältnisses

Die Rechtsfolgen der Kindesannahme wurden bereits im Rahmen der Grundlagengesetzgebung erörtert und fanden sich mit einigen Ergänzungen im Familiengesetzbuch der RSFSR in Art. 106–109 wieder. Art. 106 FGB-1969 führte die genauen Voraussetzungen für eine Eintragung der Annehmenden als Eltern des Angenommenen in das Geburtenregister auf. Die Ausgestaltung der Volladoption sowie die Ausnahmen von diesem Grundsatz, die von Art. 25 der Grundlagen eingeführt und ausführlich umschrieben wurden, regelte Art. 108 FGB-1969.

Das neue Familiengesetzbuch der RSFSR zeichnete sich insbesondere durch die Erstaufnahme der Vorschrift über die Wahrung des Adoptionsgeheimnisses aus, Art. 110 FGB-1969. Eine sehr wichtige Maßnahme, die bereits durch den Erlass von 1943 eingeführt wurde und, wenn auch nicht ausdrücklich, der Wahrung des Geheimnisses der Kindesannahme diente, war die bereits erwähnte Eintragung der Annehmenden nach Art. 106 FGB-1926. Rechtlich wurde diese Möglichkeit auch in den Grundlagen verankert,[279] während die Regelung anderer Bedingungen in die Kompetenz der einzelnen Unionsrepubliken fiel.[280] Durch die Einführung der in Art. 110 FGB-1969 enthaltenen Regelungen machte die RSFSR von dieser Kompetenz Gebrauch. Gemäß Art. 110 Abs. 2 FGB-1969 war es dem Annehmenden gestattet den Geburtsort des angenommenen Kindes sowie das Geburtsdatum des angenommenen Kindes zu ändern, soweit die Änderung sich innerhalb einer bestimmten Grenze bewegte. Für Personen, die Angaben über die Kindesannahme gegen den Willen des Annehmenden machten, sah Art. 110 Abs. 4 FGB-1969 strafrechtliche Sanktionen vor. Die in Art. 100 und Art. 102 FGB-1969 geregelte Blankoeinwilligung diente hauptsächlich

277 Art. 98, 107 FGB-1969.

278 Art. 98 FGB-1968; *Kusnezova*, Adoptionsgesetzgebung und Anwendungspraxis, S. 76.

279 Vgl. Art. 25 Abs. 3 der Grundlagen.

280 Art. 24 Abs. 8 der Grundlagen.

ebenfalls der Wahrung des Adoptionsgeheimnisses, auch wenn diese Form der Einwilligung nach dem Gesetzeswortlaut nicht ausdrücklich damit in Verbindung gebracht wurde.[281]

Die Familiengesetzgebung des Jahres 1969 regelte zwei Arten der Beendigung eines Adoptionsverhältnisses, die nur im gerichtlichen Verfahren zulässig waren: die Ungültigkeitserklärung und die Aufhebung der Kindesannahme.[282] Bis zum Inkrafttreten der Grundlagen im Jahr 1968 kannte das damals geltende Adoptionsrecht nur das Institut der Aufhebung. Die Ungültigkeitserklärung der Kindesannahme wurde erst aufgrund der Reform des sowjetischen Familienrechts neu eingeführt. Aus Art. 112 Abs. 1 ließen sich die Gründe, die abschließend geregelt waren, für eine solche Erklärung entnehmen. Sie war nur dann gerechtfertigt, wenn bestimmte gesetzlich festgeschriebene Voraussetzungen nicht eingehalten wurden, ohne deren Vorliegen eine Beschlussfassung und folglich die Entstehung eines Eltern-Kind-Verhältnisses erst gar nicht erfolgen konnten. So durfte sich der Beschluss nicht auf gefälschte Urkunden stützen. Zudem durften dem Annehmenden weder die elterlichen Rechte entzogen noch durfte er für handlungsunfähig bzw. beschränkt handlungsfähig erklärt werden. Eine fiktive Vornahme der Adoption führte ebenfalls zu einer Ungültigkeitserklärung.[283] Eine Aufhebung der Adoption fand nur dann statt, wenn die Interessen des Kindes dies erforderten.[284] Auch wenn die Kindesannahme ohne die erforderliche Einwilligung der Eltern vorgenommen und eine Klage seitens der Eltern eingereicht wurde, durfte eine den Interessen des Kindes widersprechende Rückgabe an die Eltern nicht erfolgen.[285] Folglich konnten die in Art. 113 und Art. 114 FGB-1969 aufgeführten Gesetzesverletzungen nicht als Gründe für die Aufhebung der Kindesannahme dienen, wenn der Beendigung des Adoptionsverhältnisses die Kindesinteressen entgegenstanden.[286] Im Gegensatz zu den Vorschriften über die Aufhebung wurden in Art. 112 FGB-1969 die Kindesinteressen nicht ausdrücklich erwähnt. Dennoch ließ das Gericht auch

---

281 *Kusnezova*, Adoptionsgesetzgebung und Anwendungspraxis S. 63; *Fabritschnaja*, Evolution der Adoption im russischen Recht des XVIII bis XX Jahrhunderts, S. 115. Die Blankoeinwilligung erlaubte es den potenziellen Adoptiveltern ein Kind anzunehmen, ohne vorher mit seinen leiblichen Eltern in Verbindung getreten zu sein oder sie, bei unbekanntem Aufenthalt, ausfindig machen zu müssen.

282 Art. 111 FGB-1969.

283 Art. 112 Abs. 1 FGB-1969.

284 Art. 113 Abs. 1 FGB-1969.

285 Art. 114 Abs. 1 FGB-1969.

286 *Kusnezova*, Adoptionsgesetzgebung und Anwendungspraxis, S. 137.

bei Vorliegen eines oder mehrerer der dort genannten Gründe das Adoptionsverhältnis wirksam weiterbestehen, wenn ein solches Vorgehen den Interessen des Angenommenen entsprach.[287] Die Ungültigkeitserklärung und die Aufhebung lösten zudem jeweils unterschiedliche Rechtsfolgen aus. Die Aufhebung der Adoption beendete das Annahmeverhältnis mit ex nunc-Wirkung, während bei einer Ungültigkeitserklärung der Annahme diese mit ex tunc-Wirkung als nichtig betrachtet wurde.[288]

4. *Weitere Gesetzesänderungen und Reformbestrebungen*

Nach dem Inkrafttreten des Gesetzbuches über Ehe und Familie der RSFSR im Jahre 1969 ergingen weiterhin Normativakte, die für die folgende Entwicklung des sowjetischen Adoptionsrechts von zentraler Bedeutung waren. Zu nennen sind nur einige grundlegende Bestimmungen.

Im Jahre 1977 wurde eine Instruktion „Über das Verfahren der Freigabe der Kinder und Heranwachsender zur Adoption, der Anordnung einer Pflegschaft (Vormundschaft) und der ärztlichen Versorgung" beschlossen.[289] Sie bestimmte u. a. eine ärztliche Pflichtuntersuchung für alle Kinder, die aus Krankenhäusern, Kinderheimen und sonstigen Einrichtungen kamen und zur Adoption freigegeben werden sollten. Nur solche Kinder und Heranwachsende, die für gesund befunden wurden, konnten auch adoptiert werden. In der Instruktion fand sich eine Auflistung der medizinischen Kontraindikationen, die einer Freigabe zur Adoption entgegenstanden. Im Rahmen einer Adoption war gleichermaßen auch der Gesundheitszustand der Annehmenden entscheidend. Diese mussten zur Erfüllung der medizinischen Anforderungen ein ärztliches Gutachten vorlegen.[290]

Im April 1985 legte die Verordnung der RSFSR die Maßnahmen zur Verbesserung der Erziehung, Bildung und der finanziellen Absicherung der Waisenkinder bzw. Kinder ohne elterliche Sorge, die sich in Kinderheimen oder Internatsschulen befanden, fest.[291] Daraufhin ernannte man Personen, die für

---

287 *Kusnezova*, Adoptionsgesetzgebung und Anwendungspraxis, S. 172.

288 Art. 112 Abs. 3 und Art. 113 Abs. 2 FGB-1969.

289 Bestätigt auf Weisung des Gesundheitsministeriums der UdSSR und des Ministeriums für Aufklärung vom 28. September 1977 N° 885/131, Kinderschutz der UdSSR, Sammlung der Normativakte, Juristische Literatur 1979, S. 95.

290 *Kusnezova*, Adoptionsgesetzgebung und Anwendungspraxis, S. 52.

291 Verordnung des Ministerrates der RSFSR vom 11. April 1985 N° 154 // C3 RSFSR 1988 Band 3 S. 325.

Fragen des Kinderschutzes zuständig waren. Zu ihrem Aufgabenfeld gehörten nicht nur die namentliche Erfassung der adoptierten Kinder, sondern auch die Gewährleistung des Adoptionsgeheimnisses sowie die Überwachung der Entwicklung und des Gesundheitszustandes der angenommenen Kinder.[292]

Einen nicht unerheblichen Einfluss auf das Institut der Kindesannahme hatte das am 20. November 1989 angenommene Übereinkommen über die Rechte des Kindes. In den letzten Jahren der Sowjetunion kam es zu weiteren gesetzgeberischen Akten, die teilweise auch zu einer Reform einiger adoptionsrechtlicher Bestimmungen führten.[293]

Nach dem Zusammenbruch der Sowjetunion trat am 1. März 1996 die vierte russische Familienkodifikation unter der Bezeichnung „Familiengesetzbuch der Russischen Föderation" in Kraft. Die meisten gesetzlichen Adoptionsbestimmungen des FGB-1969 wurden inhaltlich von der neuen Familienkodifikation übernommen und durch weitere Bestimmungen ergänzt. Geregelt wurde die Kindesannahme in Art. 124 ff. Familiengesetzbuch der Russischen Föderation[294]. Besonders ausführlich ausgestaltet war die Vorschrift über Personen, die Annehmende sein konnten. Art. 127 FGB RF zählte abschließend alle Personengruppen auf, die zur Adoption eines Kindes nicht berechtigt waren. Eine wichtige Neuerung enthielt Art. 125 FGB RF, wonach das Gericht auf Antrag des Annehmenden über die Adoption entschied. Die Adoption erfolgte somit im Rahmen eines gerichtlichen Verfahrens, das das Verwaltungsverfahren des FGB-1969 ablöste. Auch schuf das FGB RF die Ungültigkeitserklärung der Kindesannahme ab und sah ausschließlich die Aufhebung der Adoption nach Art. 140 ff. FGB RF vor. Die Entwicklung ab dem Inkrafttreten des neuen Familiengesetzbuches wird in die Untersuchung der gegenwärtig geltenden Regelungen des Instituts der Adoption mit einbezogen und somit Gegenstand des Hauptteils sein.

III. Rechtsvergleichende Betrachtung

Beim Vergleich der deutschen und russischen Adoptionsgesetzgebung des 20. Jahrhunderts fällt zunächst auf, dass die neue Etappe der Adoptionsentwicklung im deutschen Rechtsgebiet bereits Ende des 19. Jahrhunderts mit der

---

292 *Fabritschnaja*, Evolution der Adoption im russischen Recht des XVIII bis XX Jahrhunderts, S. 140.

293 So das Gesetz vom 22. Mai 1990 „Über die Eintragung von Änderungen und Ergänzungen in die Gesetzgebungsakte der UdSSR zu den Fragen bezüglich Frauen, Familie und Kinder".

294 Im Folgenden als FGB RF abgekürzt.

Ausarbeitung des Bürgerlichen Gesetzbuchs begann. Dagegen setzte im russischen Rechtsgebiet der maßgebliche Zeitpunkt für die Weiterentwicklung der Kindesannahme fast 18 Jahre später mit der Oktoberrevolution ein, die zu einer vollständigen Aufhebung der vorrevolutionären Rechtsordnung führte.

Einer der ersten Unterschiede der beiden Rechtsordnungen bestand in der rechtlichen Einordnung der Familienverhältnisse und damit des Instituts der Adoption. Während im deutschen Rechtsgebiet die Adoption sich als „Annahme an Kindes statt" im 4. Buch des BGB wiederfand und das Familienrecht damit einen festen Bestandteil der neuen Zivilrechtskodifikation bildete, wies die sowjetrussische Rechtsordnung diesbezüglich eine andere Gesetzessystematik auf. Die Regelung der Familienverhältnisse erfolgte durch einen außerhalb der zivilrechtlichen Gesetzgebung stehenden selbständigen Rechtszweig, so dass die Unionsrepubliken besondere, die Familienverhältnisse regelnde Gesetzbücher erließen.[295]

Vergleicht man die beiden Rechtsordnungen hinsichtlich der rechtlichen Ausgestaltung des Instituts der Kindesannahme, gelangt man zu dem Ergebnis, dass in den ersten Jahrzehnten des 20. Jahrhunderts die Adoption in Deutschland und Russland sich in zwei vollkommen unterschiedliche Richtungen entwickelte. Trotz ihrer eher seltenen Anwendung in der Praxis wurde die Adoption ins BGB des Jahres 1896 aufgenommen und äußerst detailliert geregelt. Das erste einheitliche Gesetzbuch über Personenstandwesen, Ehe-, Familien- und Vormundschaftsrecht der RSFSR von 1918 enthielt dagegen nicht nur so gut wie keine gesetzlichen Adoptionsbestimmungen, sondern schaffte das Institut der Kindesannahme sogar gänzlich ab. Wie bereits dargestellt, beruhte das Verbot auf der Überlegung, dass Kinder ohne elterliche Sorge ausschließlich in die Obhut des Staates kommen und in Heimen bzw. Erziehungsanstalten untergebracht werden sollten. Von einer ernstzunehmenden Adoptionsgesetzgebung konnte erst mit dem Inkrafttreten des Gesetzbuches über Ehe, Familie und Vormundschaft der RSFSR im Jahre 1927 die Rede sein. Auch wenn der russische Gesetzgeber aufgrund der damals im Land vorherrschenden Situation letztendlich

---

295 Eine ausführliche Begründung für eine solche Vorgehensweise findet sich bei *Tarchow* in den „Vorlesungen über das Sowjetische Zivilrecht", S. 133: Danach wurden in der Zeit vor dem sowjetischen sozialistischen Recht alle Familienverhältnisse in erster Linie als Vermögensverhältnisse definiert, während ihre persönliche Komponente lediglich von untergeordneter Bedeutung war. In der sozialistischen Gesellschaft sollten alle Familienverhältnisse dagegen als persönliche Verhältnisse verstanden werden, auf welche die im Zusammenhang mit den Vermögensverhältnissen stehenden zivilrechtlichen Begriffe nicht anzuwenden waren.

die Notwendigkeit der Einführung dieses Rechtsinstituts erkannt hatte, sah das FGB-1927 im Vergleich zum deutschen Recht dennoch eine sehr knappe Darstellung der Voraussetzungen des Adoptionsverfahrens, der rechtlichen Wirkungen sowie der Aufhebung des Rechtsverhältnisses vor. Sie beschränkte sich gerade einmal auf 11 Artikel.

Obwohl die deutsche Adoptionsgesetzgebung hinsichtlich ihrer umfassenden rechtlichen Grundlage im Vergleich zum russischen Recht deutlich fortschrittlicher zu sein schien, enthielt das FGB-1927 einige gesetzliche Bestimmungen, die denen der deutschen Rechtsordnung zu dem Zeitpunkt um einiges überlegen waren. So war nach Art. 57 FGB-1927 nur die Minderjährigenadoption gestattet und nur im Interesse des anzunehmenden Kindes, während der deutsche Gesetzgeber von 1896 dem römisch-rechtlichen Vorbild entsprechend immer noch von der Volljährigenadoption als Regelfall ausging. Diese Regelung des sowjetrussischen Familienrechts beruhte auf der Überzeugung, dass der Sinn und Zweck der Kindesannahme ausschließlich in der Kindesfürsorge liege. Der Grundsatz der Minderjährigenadoption und damit ihre Einsetzung als reine Fürsorgeeinrichtung spiegelten sich ebenfalls im Zustandekommen des Adoptionsverhältnisses wider. Bereits seit 1927 galt im russischen Recht das sog. Dekretsystem, wonach die Adoption durch eine Beschlussfassung der Vormundschaftsbehörde erfolgte und damit ein reiner Staatsakt war. Im deutschen Rechtsraum begründete man das Adoptionsverhältnis dagegen gemäß § 1741 a.F. BGB durch einen privatrechtlichen Vertrag, an dessen Abschluss ein Minderjähriger nicht unmittelbar beteiligt werden konnte. Damit wurde die grundsätzliche Vorstellung des deutschen Gesetzgebers von der Annahme Erwachsener oder älterer Kinder noch einmal bestätigt. Dabei waren die Zielsetzungen der Kindesannahme in beiden Rechtsordnungen sehr ähnlich. In den Motiven des BGB wurde ausdrücklich betont, dass mittels der Adoption vor allem elternlosen und hilfsbedürftigen Kindern geholfen werden und nicht mehr ausschließlich die Belange der Adoptierenden im Vordergrund stehen sollten. Diese fürsorglich-personale Komponente spiegelte sich jedoch nicht in ausreichendem Maße in den deutschen Adoptionsvorschriften wider, da die Adoption zum einen immer noch auf die Annahme Volljähriger zugeschnitten war und zum anderen die Adoptionsvoraussetzungen wie das Mindestalter des Annehmenden und der verlangte Altersunterschied in erster Linie der Interessenwahrung der Adoptiveltern dienten. Insoweit rechtfertigt es die Annahme, dass die rechtliche Umsetzung der Fürsorgefunktion der Kindesannahme dem sowjetrussischen Gesetzgeber trotz der knapp gehaltenen gesetzlichen Regelungen zumindest teilweise besser gelang als dem deutschen Gesetzgeber. Zum gleichen Ergebnis gelangt man, wenn man den Stellenwert der Kindesinteressen bzw. des Kindeswohls im damaligen russischen und deutschen Recht vergleicht. Während die Kindesinteressen gemäß Art. 57 FGB-1927 zum obersten Grundsatz des russischen Adoptionsrechts gehörten, wurde nach deutschem Recht das Kindeswohl lediglich im Rahmen des Genehmigungsverfahrens berücksichtigt und auch gesetzlich zunächst nicht festgeschrieben.

Gemeinsam war den beiden Rechtsordnungen, dass die rechtlichen Bestimmungen sowie die Adoptionsvermittlungspraxis von den damals jeweils herrschenden Ideologien geprägt waren. Als beispielgebend kann dafür das Recht der Aufhebung des Adoptionsverhältnisses herangezogen werden. In der RSFSR konnte die Klage auf Aufhebung gemäß Art. 66 FGB-1927 von jeder beliebigen Person oder Behörde erhoben werden, wenn die Interessen des Kindes dies erforderten. Zu Recht weist *Kustova* darauf hin, dass durch diese Regelung das wirkliche Ziel, nämlich die Sorge um elternlose Kinder, in den Hintergrund trat und stattdessen die Verwirklichung ideologischer Interessen des Sowjetstaates bezweckt war. So konnte im Falle einer feindlichen Einstellung der Adoptiveltern zur Sowjetmacht das Annahmeverhältnis beendet werden. Im deutschen Adoptionsrecht führte man mit dem Familienrechtsänderungsgesetz von 1938 eine ähnliche Regelung ein. Im Rahmen der Aufhebung war die obere Verwaltungsbehörde ebenfalls antragsberechtigt. Diese Regelung ermöglichte es dem nationalsozialistischen Staat die Verfolgung bevölkerungs- und rassenpolitisch motivierter Ziele zu gewährleisten. Insoweit ist in beiden Rechtsordnungen zu einer von Ideologien beherrschten Zeit eine gewisse Instrumentalisierung des Instituts der Adoption zu beobachten.

Die Entwicklung der Adoptionsgesetzgebung schritt während des Zweiten Weltkrieges und in der Nachkriegszeit im russischen und deutschen Rechtsgebiet dynamisch voran. Eine unterschiedliche rechtliche Ausgestaltung erfuhr das Institut der Adoption in Deutschland und Russland im Hinblick auf die Frage nach dem Erfordernis der Kinderlosigkeit. Während die russische Rechtsordnung zu keinem Zeitpunkt das Fehlen eigener leiblicher Nachkommen seitens der Annehmenden als Voraussetzung für die Zulässigkeit der Kindesannahme forderte, ermöglichte der deutsche Gesetzgeber die Befreiung vom Erfordernis der Kinderlosigkeit erst im Jahr 1950. Auch die Minderjährigenadoption als reine Fürsorgemaßnahme und damit der eigentliche Charakter der Adoption rückten im deutschen Recht erst mit dem Gesetz von 1961, das die Annahme Minderjähriger als Regelfall festlegte, in den Vordergrund. Im Gegensatz zum russischen Recht, das ausschließlich die Annahme minderjähriger Kinder zuließ, wurde die Möglichkeit einer Volljährigenadoption jedoch beibehalten. Das Verbot der Volljährigenadoption in der RSFSR war darauf zurück zu führen, dass die ideologischen Vorstellungen über Ehe und Familie seit der Gründung der Sowjetunion einen großen Einfluss auf das russische Familienrecht ausübten und die Familienverhältnisse im hohen Maße vom Staat mitbestimmt wurden. Mit dem Verbot wollte der Gesetzgeber die Einsetzung der Adoption nur noch als Fürsorgeinstrument sicherstellen. In Deutschland galt jedoch vor allem nach dem Ende der nationalsozialistischen Zeit eine liberale Gestaltung der Familienverhältnisse, die es dem Einzelnen ermöglichte frei von staatlichem Einfluss entweder eine minderjährige oder eine volljährige Person anzunehmen.[296] Die Rechtsfolgen der Kindesannahme und ihre Wandlung in beiden Rechtsordnungen im Laufe der Zeit sind ebenfalls ein interessanter Vergleichspunkt. Sowohl in der deutschen als auch russischen Gesetzgebung ließen die Wirkungen der Adoption eine vollständige Eingliederung des angenommenen Kindes in die Adoptivfamilie zunächst nicht zu.[297] Jedoch ging man in beiden Ländern mit der genannten gesetzlichen Bestimmung unterschiedlich um. In Deutschland wurde diese über Jahrzehnte hin bestehende Rechtslage lange Zeit stark kritisiert und die Nachteile einer solchen Adoption mit schwachen Wirkungen für das Adoptivkind stets hervorgehoben. In der RSFSR herrschte bezüglich der genauen Rechtsfolge der Kindesannahme große Unsicherheit, da es an einer detaillierten Regelung in der sowjetischen Familiengesetzgebung fehlte. Das russische Adoptionsrecht traf keine Aussage darüber, wie eine erfolgte Annahme das Verhältnis des Adoptivkindes zu seiner leiblichen Familie beeinflusste. Wie bereits dargestellt, verfolgte das sowjetische Institut der Adoption ausschließlich das Ziel der Unterbringung eines hilfsbedürftigen Kindes in einer neuen Familie ohne weitergehende Folgen zu berücksichtigen bzw. zu bestimmen. Erst der Erlass von 1943, der die Möglichkeit der Eintragung der Adoptiveltern ins Geburtenregister schuf, löste eine Diskussion über die tatsächlichen Folgen der Kindesannahme aus. Schließlich führte der russische Gesetzgeber den Grundsatz der Volladoption im Rahmen der grundlegenden Reform des sowjetrussischen Familienrechts im Jahr 1969 ein und kam damit dem deutschen Gesetzgeber ein paar Jahre zuvor, der die volle Integration des Kindes in die Adoptivfamilie erst mit dem Adoptionsgesetz von 1976 zuließ. Diese etwas zeitlich versetzten umfassenden Reformen bewirkten jeweils in beiden Rechtsordnungen eine vollständige Neustrukturierung des Adoptionsrechts. Die russische Adoptionsgesetzgebung verfügte in Folge dessen über umfangreiche gesetzliche Bestimmungen, die sich auf bundeseinheitlichen Grundlagen über Ehe und Familie

296 So auch *Knur*, DNotZ 1959, 296.

297 Hierbei ist nur die damalige Bundesrepublik Deutschland gemeint. In der ehemaligen DDR war die Kindesannahme nur in der Form der Volladoption zugelassen.

gründeten. Es vollzog sich auch ein Wandel in der Zielsetzung der Adoption. Es wurden nicht nur die Interessen des Anzunehmenden, sondern auch die der Annehmenden berücksichtigt.[298] Dem deutschen Gesetzgeber gelang es mit der Reform von 1976, die u.a. die Einführung des Dekretsystems und die Abschaffung des Kinderlosigkeitserfordernisses enthielt, die bereits Anfang des 20. Jahrhunderts vorhandene Fürsorgefunktion der Annahme auch rechtlich zu verwirklichen und die Kindesinteressen endgültig in den Mittelpunkt des Adoptionsprozesses zu stellen. Der historische Vergleich führt zwar zu der Erkenntnis, dass die rechtliche Umsetzung der Fürsorgefunktion im russischen Recht deutlich früher eintrat als im deutschen Recht. Dennoch zeigte die sowjetische Anwendungspraxis des Rechtsinstituts eine verhältnismäßig geringe Bedeutung der Kindesannahme für die russische Rechtsordnung. Man versuchte zur Zeit des Adoptionsverbots im Jahr 1918 die Kinderfürsorge vollständig auf den Staat zu übertragen und errichtete zu diesem Zweck eine Vielzahl an Heimen und Erziehungsanstalten für die Aufnahme hilfsbedürftiger und elternloser Kinder. Auch wenn das Institut der Adoption wiedereingeführt wurde und sich weiterentwickelte, gelang es dem sowjetrussischen Gesetzgeber nicht sich von der Vorstellung zu lösen, die institutionelle Unterbringung als die beste Erziehungsform für Kinder ohne elterliche Sorge zu betrachten. Demnach wurde im Laufe der Zeit, trotz der Weiterentwicklung adoptionsrechtlicher Vorschriften, der Akzent weiterhin auf eine Anstaltserziehung und nicht wie im deutschen Recht auf eine Familienpflege gesetzt.

298 Auch hier ist ein Unterschied zu der deutschen Entwicklung der Zielsetzung zu beobachten. Im deutschen Recht standen die Interessen der Annehmenden von Beginn an im Vordergrund und traten erst im Laufe der Zeit zurück.

2. Teil: Die Ausgestaltung der Minderjährigenadoption nach dem heutigen deutschen und russischen Recht

A. Einführung

Nachdem die geschichtliche Entwicklung der Kindesannahme erläutert wurde, erfolgt nunmehr die Darstellung des Adoptionsrechts der beiden Rechtsordnungen in der aktuell geltenden Fassung. Das moderne Adoptionsrecht ist vom Wohl des Kindes als der zentralen Voraussetzung einer jeden Adoption geprägt. Gesetzlich festgeschrieben ist das Kindeswohlprinzip im deutschen Rechtsraum in § 1741 I 1 BGB. Demnach ist die Annahme als Kind nur dann zulässig, wenn sie dem Wohl des Kindes dient. Eine vergleichbare Vorschrift findet sich auch im russischen Recht. Nach Art. 124 P. 2 FGB RF ist die Adoption zulässig für minderjährige Kinder und nur in deren Interesse.

Dieses Kapitel beschäftigt sich mit der Fragestellung, inwieweit in der gegenwärtigen Adoptionsgesetzgebung des deutschen und russischen Rechtssystems das Kindeswohl bzw. die Kindesinteressen als das Leitmotiv des Kindschaftsrechts Berücksichtigung finden. Hierfür bedürfen die Voraussetzungen und Rechtsfolgen der Kindesannahme einer näheren Betrachtung und Auswertung. Im Rahmen der Untersuchung der genannten Aspekte ist für die Beantwortung der gestellten Frage insbesondere zu prüfen, ob eine kindeswohlgerechte Einbeziehung der Interessen und Belange anderer am Adoptionsprozess Beteiligter stattfindet.

B. Voraussetzungen der Adoption

Eine stets präsente und geforderte Wirksamkeitsvoraussetzung der Kindesannahme im deutschen und russischen Recht ist die Einwilligung der leiblichen Eltern in die Annahme ihres Kindes. Daher richtet die folgende Untersuchung ihren Fokus auf die gesetzliche Regelung der elterlichen Einwilligung. Sie bildet den Kernpunkt des Adoptionsgeschehens, der viele Probleme rechtlicher Art aufwirft.

I. Der Wille leiblicher Eltern im Rahmen der Kindesannahme

Die Freigabe zur Adoption stellt eine weitreichende und schwerwiegende Entscheidung dar. Die Kindesannahme schafft nahezu endgültige Rechtsverhältnisse, die nur unter sehr strengen Voraussetzungen wieder aufgelöst werden können. Eine der Hauptaufgaben der Vorschriften über die erforderlichen Einwilligungen besteht daher im Schutz aller Beteiligten eines Adoptionsprozesses, indem eine Übereinstimmung ihres Willens mit der vorzunehmenden Adoption verlangt wird.[299] Im folgenden Abschnitt ist in einem ersten Schritt zu untersuchen, inwieweit eine problemlose Bestimmung der Personen, die als einwilligungsberechtigte Eltern zu qualifizieren sind, nach dem geltenden deutschen und russischen Gesetzesrecht möglich ist. In einem zweiten Schritt gilt es sodann festzustellen, wie weitreichend der Schutz der Einwilligungsvorschriften im Hinblick auf die abgebenden Eltern im Recht der beiden Rechtsordnungen konzipiert ist und inwiefern das Wohl des Kindes dabei Berücksichtigung findet.

1. Die elterliche Einwilligung nach deutschem Recht

Die elterliche Berechtigung zur Einwilligung in die Adoption leitet sich ausschließlich vom verfassungsrechtlich geschützten natürlichen Elternrecht nach Art. 6 II 1 GG ab und ist damit nicht an die Sorgerechtsinhaberschaft gekoppelt.[300] Somit bestehen das Recht und die Notwendigkeit der Einwilligung in eine Kindesannahme selbst nach Entzug der elterlichen Sorge fort. Die Einwilligungsberechtigung erwächst vielmehr aus der „durch Zeugung und Geburt vermittelten verwandtschaftlichen Beziehung".[301] Dennoch kann der entscheidende Anknüpfungspunkt für die elterliche Berechtigung zur Einwilligung nicht ausschließlich in einem durch Blutsverwandtschaft gegründeten Verhältnis gesehen werden, da das Einwilligungserfordernis auch hinsichtlich volljähriger Kinder gelten würde und dadurch nicht im Einklang mit der normalerweise zum Zeitpunkt der Volljährigkeit ausgereiften selbständigen Persönlichkeit eines erwachsenen Kindes stünde.[302] Maßgeblich für eine adoptionsrechtliche Einwilligung

299 *Muscheler*, Familienrecht, § 41 Rn. 714.

300 BVerfG, NJW 1968, 2235; BayObLG, FamRZ 2005, 541; OLG Stuttgart, FamRZ 2005, 544; OLG Hamm, MittRhNotK 1991, 123; *Grob* S. 15; *Lipp*, JZ 2006, 96; Palandt-*Götz* § 1747 Rn. 1; Staudinger-*Frank* § 1747 Rn. 10; Soergel-*Liermann* § 1747 Rn. 11; MüKo-*Maurer* § 1747 Rn. 3; BT-Drs. 7/3061, S. 36.

301 BVerfG, NJW 1968, 2235.

302 Motive zum BGB IV, S. 964 f.

nach § 1747 BGB ist demnach die rechtlich verankerte Befugnis und Pflicht der Eltern die Pflege und Erziehung ihrer Kinder zu gewährleisten.[303]

Gemäß § 1747 BGB ist zur Annahme eines Kindes die Einwilligung der Eltern erforderlich. Ausschlaggebendes Kriterium für die Einwilligungsberechtigung ist hierbei nicht die biologische, sondern die rechtliche Elternschaft, die sich aus §§ 1591, 1592, 1593 BGB ergibt.

Für die Wirksamkeit der Einwilligungserklärung ist gemäß § 1750 I BGB der Zugang beim Familiengericht entscheidend. Neben ihrer Bedingungs- und Befristungsfeindlichkeit ist die einmal erteilte Einwilligung aus Gründen der Rechtssicherheit unwiderruflich, § 1750 II BGB. Ihre Kraft verliert sie gemäß § 1750 IV BGB zum einen, wenn der Antrag zurückgenommen oder die Annahme versagt wird, und zum anderen, wenn das Kind nicht innerhalb von drei Jahren seit dem Wirksamwerden der Einwilligung angenommen wird.

a. Einwilligung der Mutter

Innerhalb des Adoptionsgeschehens ist gerade die Einwilligung der Mutter von zentraler Bedeutung. Wie die Praxis belegt, stehen hinter vielen Fremdadoptionen häufig alleinerziehende Mütter, die aufgrund der neu auftretenden Lebenslage plötzlich mit zahlreichen Problemen sowohl wirtschaftlicher als auch persönlicher Art konfrontiert werden und letztendlich den Abgabeentschluss fassen. Welche Person als einwilligungsberechtigte Mutter zu qualifizieren ist, bestimmt § 1591 BGB. Danach ist Mutter eines Kindes die Frau, die es geboren hat. Die Einführung der Definition des Mutterschaftsbegriffs fand erst mit dem Inkrafttreten des Kindschaftsrechtsreformgesetzes von 1998 statt. Da dank der modernen Fortpflanzungsmedizin ein Auseinanderfallen von genetischer und gebärender Mutter (sog. Ersatzmutterschaft) nunmehr möglich war,[304] wurde die Zuweisung der Elternrechte und des Einwilligungsrechts zunehmend erschwert und somit eine gesetzliche Klarstellung erforderlich.[305]

b. Einwilligung des Vaters

Während die Bestimmung der Person, die als einwilligungsberechtigte Mutter in Betracht kommt, infolge der in § 1591 BGB enthaltenen Definition in der Regel unproblematisch verläuft, wirft die rechtliche Ausgestaltung der Einwilligung des Vaters einige Fragen auf. Wie bereits festgestellt, ist für die

---

303 BVerfG, NJW 1968, 2235.

304 *Gaul*, FamRZ 1997, 1463; *Löhnig*, FamRZ 2015, 807; MüKo-*Maurer* § 1747 Rn. 18.

305 Vgl. BT-Drucks. 13/4899, S. 82; Staudinger-*Frank* Rn. 8.

Einwilligungsberechtigung die rechtliche Elternschaft ausschlaggebend. Welche Person nun als rechtlicher Vater zu werten ist und demnach in eine Adoption einwilligen kann, ergibt sich aus § 1592 BGB. Gemäß § 1592 Nr. 1 BGB wird für die rechtliche Vaterschaft zwischen der Mutter des Kindes und dem Mann zum Zeitpunkt der Geburt eine Ehe vorausgesetzt.[306] In diesem Fall wird die Unerheblichkeit der genetischen Abstammung besonders verdeutlicht, da das Kind selbst dann dem Ehemann der Mutter rechtlich zugeordnet wird, wenn er nicht der Erzeuger des Kindes ist. Für die Väter nichtehelicher Kinder gelten die Regelungen des § 1592 Nr. 2 und 3 BGB. Für die Begründung seiner rechtlichen Vaterschaft steht dem nichtehelichen Vater demnach gemäß § 1592 Nr. 2 BGB zunächst die Möglichkeit der Vaterschaftsanerkennung zur Verfügung. Des Weiteren ergibt sich aus § 1592 Nr. 3 BGB, dass er seine Vaterschaft gerichtlich feststellen lassen kann. Im Gegensatz zu einer Vaterschaftsanerkennung, die zu ihrer Wirksamkeit der Zustimmung der Mutter bedarf, hat ein entgegenstehender Wille der Mutter auf das gerichtliche Vaterschaftsfeststellungsverfahren keinen Einfluss.

Wie die vorangegangene rechtshistorische Untersuchung bereits zeigte, unterzog sich gerade die Rechtsstellung des mit der Mutter des Kindes nicht verheirateten Vaters innerhalb des Adoptionsprozesses im Laufe der Zeit einem sehr starken Wandel. Mit dem Kindschaftsrechtsreformgesetz von 1997 wurde die Unterscheidung zwischen ehelichen und nichtehelichen Vätern endgültig aufgegeben und zum ersten Mal seit dem Inkrafttreten des Bürgerlichen Gesetzbuches auf diese Weise auch dem nichtehelichen Vater des anzunehmenden Kindes die Berechtigung zur Einwilligung in die Annahme gewährt.[307] So normiert § 1747 I BGB das Einwilligungsrecht beider Elternteile, ohne eine Ehe zwischen ihnen vorauszusetzen. Trotz der Aufwertung der Rechtsstellung des nichtehelichen Vaters ist seine Einwilligungsberechtigung in bestimmten Fallkonstellationen nicht selten mit Schwierigkeiten verbunden und bedarf daher einer näheren Untersuchung.

---

306 Diese Regelung leitet sich vom römischen Rechtssatz „pater est, quem nuptiae demonstrant" ab, *Muscheler/Bloch*, FPR 2002, 340.

307 Bis 1977 sah das BGB nur ein Anhörungsrecht nach § 1747 b a.F. vor, danach lediglich die Möglichkeit die Ehelicherklärung des Kindes oder die Annahme des Kindes selbst zu beantragen, vgl. § 1747 II 2 bis 5 a.F.

aa. Das Einwilligungsrecht des glaubhaft gemachten nicht ehelichen Vaters gemäß § 1747 I 2 BGB

In Literatur und Rechtsprechung erregt das Einwilligungsrecht des so genannten Vaterschaftsprätendenten besondere Aufmerksamkeit.

Für einen Mann, zu dessen Gunsten die abstammungsrechtlichen Regelungen des § 1592 BGB nicht greifen, der aber Kenntnis vom Adoptionsverfahren erlangt und daraufhin über eine Berechtigung zur Einwilligung verfügen will, kann sich unter bestimmten Voraussetzungen ein Einwilligungsrecht aus dem durch das KindRG von 1997 neu eingeführten § 1747 I 2 BGB ergeben. Denn der natürliche Vater, auch wenn seine Vaterschaft im Rechtssinne noch nicht festgestellt wurde, ist ebenfalls Träger des Elternrechts aus Art. 6 II GG. Dafür ist zunächst erforderlich, dass keine andere Person nach § 1592 BGB als Vater anzusehen ist. Ist diese Anforderung erfüllt, steht dem Mann das in § 1747 I 2 BGB gewährte Einwilligungsrecht dann zu, wenn er glaubhaft macht der Mutter während der Empfängniszeit beigewohnt zu haben.[308] Wenn dem potenziellen Erzeuger die Glaubhaftmachung der Beiwohnung während der Empfängniszeit gelingt, ist er als eine einwilligungsberechtigte Person zu qualifizieren, auch wenn erhebliche Zweifel an seiner Vaterschaft bestehen. Zu einem solchen Ergebnis kommt man, wenn ausschließlich vom Wortlaut des § 1747 I 2 BGB auszugehen ist. Danach erfasst die Glaubhaftmachung lediglich die Voraussetzung des § 1600 d II BGB, so dass nicht einmal die Äußerung des Mannes, der Erzeuger des Kindes zu sein, für das Einwilligungsrecht nach § 1747 I 1 BGB erforderlich ist.[309] Somit könnte jeder Mann, der mit der Mutter während der Empfängniszeit Geschlechtsverkehr hatte, das Recht der Einwilligung in die Adoption für sich beanspruchen. Dieses allein auf dem Gesetzeswortlaut basierende Ergebnis widerspricht jedoch der Intention des Gesetzgebers den Kreis der Einwilligungsberechtigten möglichst klein zu halten, um die Durchführung der Adoption nicht unnötig zu erschweren.[310] Daher fordert die in der Literatur vertretene Ansicht die Glaubhaftmachung zusätzlich zu der Beiwohnung auf die Vaterschaft als solche auszudehnen.[311] Aus Kindeswohlerwägungen, die einen möglichst reibungslosen Ablauf des Adoptionsprozesses fordern, sei eine solche

308 §§ 1747 I 2, 1600 d II 1 BGB.
309 *Gernhuber/Coester-Waltjen* S. 858; *Helms*, JAmt 2001, S. 58 f.; *Meyer* S. 228.
310 Vgl. BT-Drucks. 7/3061, S. 38.
311 *Gernhuber/Coester-Waltjen* S. 858; *Helms*, JAmt 2001, S. 59; MüKo-*Maurer* § 1747 Rn. 5.

Betrachtungsweise zu begrüßen.[312] Folglich sei für die Gewährung des Einwilligungsrechts nach § 1747 I 2 BGB die überwiegende Wahrscheinlichkeit der Vaterschaft zu verlangen.[313]

Im Zusammenhang mit dem Einwilligungsrecht des Vaterschaftsprätendenten wird in der Literatur intensiv das Erfordernis der Erhebung einer Vaterschaftsfeststellungsklage diskutiert und überwiegend bejaht.[314] Wenn ein Vaterschaftsprätendent sich auf ein Einwilligungsrecht berufe, könne ihm auch zugemutet werden durch Klageerhebung der Ernsthaftigkeit seiner Intention, für sich die Stellung des rechtlichen Vaters zu beanspruchen, Nachdruck zu verleihen, auch wenn die Glaubhaftmachung nach § 1747 I 2 BGB das Betreiben eines gerichtlichen Vaterschaftsverfahrens nicht voraussetze.[315] Man wolle die Inanspruchnahme des Einwilligungsrechts nicht zu einfach gestalten, um einer Beeinflussung des Adoptionsvorgangs durch einen Mann, der nicht der biologische Vater des Kindes sei, möglichst vorzubeugen.[316] Gegen diese Ansicht wird im Schrifttum vorgebracht, dass sich schon aus dem Wortlaut des § 1747 I 2 BGB das Erfordernis der Erhebung einer Vaterschaftsfeststellungsklage nicht herauslesen ließe und auch sonst keine Hinweise darauf ersichtlich seien.[317] Der letztgenannten Auffassung ist insoweit zuzustimmen und eine Klageerhebung abzulehnen. Die Beschränkung auf wirkliche Vaterschaftsprätendenten lässt sich bereits dadurch erreichen, dass die potenziellen Väter im Rahmen der Glaubhaftmachung die überwiegende Wahrscheinlichkeit ihrer Vaterschaft dem Familiengericht darlegen müssen. Würde man die Erhebung einer Vaterschaftsfeststellungsklage verlangen, wären zudem der Wahrnehmung des Einwilligungsrechts nach § 1747 I 2 BGB unverhältnismäßig viele Hürden in den Weg gelegt. Eine solche Auslegungsweise würde auch dem Zweck der Regelung

---

312 *Gernhuber/Coester-Waltjen* S. 858; *Helms*, JAmt 2001, S. 59; MüKo-*Maurer* § 1747 Rn. 5.

313 So auch MüKo-*Maurer* § 1747 Rn. 30; *Maurer*, FPR 2005, 198; Staudinger-*Frank* § 1747 Rn. 18, der die Vaterschaft im Falle von Mehrverkehr der Mutter für unwahrscheinlich hält.

314 Staudinger-*Frank* § 1747 Rn. 18; *Oberloskamp/Hoffmann* S. 163; *Liermann*, FuR 1997, 221; *Frank*, FamRZ 1998, 395; *Willutzki*, KindPrax 1998, 103 f.; *Baer*, ZfJ 1996, 124; Soergel-*Liermann* § 1747 Rn. 9; MüKo-*Maurer* § 1747 Rn. 38.

315 Staudinger-*Frank* § 1747 Rn. 18; *Oberloskamp/Hoffmann* S. 163; *Liermann*, FuR 1997, 221; *Frank*, FamRZ 1998, 395; *Willutzki*, KindPrax 1998, 103 f.; *Baer*, ZfJ 1996, 124; Soergel-*Liermann* § 1747 Rn. 9.

316 Deutscher Juristinnenbund, FPR-Service 04/1997, 10.

317 *Helms*, JAmt 2001, 58.

widersprechen. Dieser besteht darin, dass der potenzielle Erzeuger unabhängig von der Zustimmung der Mutter, die für eine Vaterschaftsanerkennung erforderlich ist und von ihr gemäß § 1595 I BGB verweigert werden kann, und einer gerichtlichen Vaterschaftsfeststellung, die ein langwieriges Verfahren vorsieht, sich auf eine beschränkte Vaterschaftsvermutung berufen kann.[318] Weitere Voraussetzungen, die über die in § 1747 I 2 BGB geregelten hinausgehen, waren vom Gesetzgeber gerade nicht vorgesehen.

In der Praxis kommt die Inanspruchnahme des Einwilligungsrechts nach § 1747 I 2 BGB eher selten vor. Zwar handelt es sich bei den abgebenden Eltern bzw. Elternteilen überwiegend um ledige Personen, die rechtliche Vaterschaft des einwilligenden Mannes ergibt sich jedoch zumeist bereits aus § 1592 Nr. 2 oder Nr. 3.[319] Dennoch verlangt die verfassungsrechtlich geschützte Position des biologischen Vaters insbesondere in Fällen einer Fremdadoption die Gewährung der Möglichkeit auf den weiteren Lebensweg seines Kindes Einfluss nehmen zu können. Insbesondere in Fällen der Fremdadoption kann ein Einwilligungsrecht eine besondere Bedeutung für den leiblichen, rechtlich noch nicht festgestellten Vater haben. Hier wird das Kind im Gegensatz zu einer Verwandten- oder Stiefkindadoption in eine dem natürlichen Vater meist unbekannte Familie abgegeben. Aufgrund des Offenbarungs- und Ausforschungsverbots nach § 1758 BGB wird es dem leiblichen Vater unmöglich gemacht Informationen über das weitere Schicksal seines Kindes zu erhalten.

bb. Das Einwilligungsrecht des unbekannten Vaters / Ermittlungspflicht des Gerichts

Wie die zuvor gemachten Ausführungen zeigen, werden innerhalb eines Adoptionsverfahrens auch die Interessen des natürlichen, rechtlich noch nicht festgestellten Vaters durch die Gewährung des Einwilligungsrechts nach § 1747 I 2 BGB gewahrt. Allerdings stellt sich in diesem Kontext die Frage, wie diese Interessenwahrung gewährleistet werden soll, wenn der biologische Vater von einem etwaigen Adoptionsverfahren keinerlei Kenntnis hat und demnach auch nicht als Vaterschaftsprätendent das Einwilligungsrecht nach § 1747 I 2 BGB in Anspruch nehmen bzw. seine rechtliche Vaterschaft etablieren kann. Die Benachrichtigung des potenziellen leiblichen Vaters durch das Familiengericht zum Zweck der Ermöglichung seiner Beteiligung am Verfahren wird zudem dadurch erschwert, dass die Mutter keine Angaben zu der Person des biologischen Vaters macht,

---

318 BT-Drucks. 13/4899, S. 113; *Frank*, FamRZ 1998, 394; *Wilke* S. 209; *Meyer* S. 233.
319 *Botthof* S. 16.

sei es wegen Unkenntnis seiner Person oder aufgrund ihres Wunsches ihn von Vaterrechten ausschließen zu wollen.[320] Diese Umstände lösten eine Diskussion darüber aus, ob dem Familiengericht die Pflicht obliegt den mutmaßlichen Vater von Amts wegen zu ermitteln und ihn über das Adoptionsverfahren zu unterrichten.

Das Landgericht Stuttgart ging in seiner Entscheidung aus dem Jahr 1992 davon aus, dass die Unterrichtung des unbekannten Vaters nicht notwendig sei, da er seine Unkenntnis über ein Adoptionsverfahren selbst zu verantworten habe.[321] Unterhielt er eine geschlechtliche Beziehung zu einer Frau, habe er sowohl das Recht als auch die Pflicht sich über die Folgen einer solchen Verbindung zu kümmern.[322] Nach Ansicht des Landgerichts beraube sich ein Mann selbst der Rechtsstellung eines nichtehelichen Vaters, wenn er keine eigenen Anstrengungen unternehme, um von der Schwangerschaft und der Geburt des Kindes Kenntnis zu erlangen.[323] Ausgehend von dieser Begründung ist damit eine Ermittlungspflicht des mit der Annahme befassten Gerichts zu verneinen. Schließlich fällt es in den Verantwortungsbereich des potenziellen Vaters sich über die Folgen seiner Beziehung zu informieren.

Überwiegend wird jedoch eine Pflicht des Familiengerichts zur Ermittlung des mutmaßlichen Vaters bejaht, die aus § 26 FamFG abzuleiten ist.[324] Zur Pflicht des Gerichts gehöre es diejenigen Personen ausfindig zu machen, die in eine Kindesannahme einzuwilligen haben.[325] Daher müsse das zuständige Gericht auch den Mann ermitteln, der als biologischer und damit auch als potenzieller rechtlicher Vater infrage komme.[326] Nach Ansicht des BGH verlangen die

---

320 LG Stuttgart, FamRZ 1992, 1469; LG Freiburg, FamRZ 2002, 1647; AG Tempelhof-Kreuzberg, FamRZ 2005, 302; *Maurer*, FPR 2005, 198.

321 LG Stuttgart, NJW 1992, 2898.

322 LG Stuttgart, NJW 1992, 2898.

323 LG Stuttgart, NJW 1992, 2898.

324 AG Tempelhof-Kreuzberg, FamRZ 2005, 302; BGH, NJW 2015, 1822; *Maurer*, FPR 2005, 198; *Wolf*, FPR 2001, 349; Staudinger-*Frank* § 1747 Rn. 14. Nach herrschender Ansicht obliege die gleiche Pflicht auch dem zuständigen Jugendamt, das neben dem rechtlich bereits feststehenden auch den vermuteten Vater nach § 51 III SGB VIII über die Möglichkeit der Inanspruchnahme des Einwilligungsrechts nach § 1747 I 2 BGB durch die Glaubhaftmachung der Voraussetzung des § 1600 d II aufzuklären habe, BayObLG, FamRZ 1999, 1688; Staudinger-*Frank* § 1747 Rn. 14; *Maurer*, FPR 2005, 198; Sörgel-*Liermann* § 1747 Rn. 30.

325 *Maurer*, FPR 2005, 198; Staudinger-*Frank* § 1747 Rn. 14.

326 *Maurer*, FPR 2005, 198; Staudinger-*Frank* § 1747 Rn. 14.

grundrechtlich geschützten Interessen des leiblichen Vaters, dass diesem rechtzeitig vor einer Adoption seines Kindes durch Dritte die Gelegenheit gegeben werde die Position eines rechtlichen Vaters einzunehmen und die durch das Elternrecht vermittelten Befugnisse innerhalb eines Adoptionsprozesses ausüben zu können.[327] Der BGH betonte in seiner Entscheidung, dass die Einwilligung des biologischen Vaters zwar nur dann erforderlich sei, wenn er sich durch eine entsprechende Glaubhaftmachung am Adoptionsverfahren beteilige.[328] Von der Kindesannahme erfahren müsse er aber in jedem Falle, um ihm die Möglichkeit der Glaubhaftmachung zu eröffnen.[329] Damit gehe die Pflicht des Gerichts, seinen Namen und seine Anschrift zu ermitteln, einher.[330]

Nach Meinung einiger Autoren sollen im Rahmen der Ermittlungen Eltern und Bekannte der Mutter befragt werden.[331] Im Mittelpunkt der Befragung steht jedoch die Mutter des abzugebenden Kindes, die am ehesten Angaben zur Identität des biologischen Vaters machen kann. Unproblematisch ist dabei die Fallgestaltung, wenn die Mutter den potenziellen Erzeuger nicht näher kennt und daher keine Auskunft über seine Person liefern kann.[332] Fraglich ist aber die Vorgehensweise des Gerichts, wenn der Mutter der leibliche Vater sehr wohl bekannt ist, sie aber bewusst jede Auskunft verweigert. In der Vergangenheit wurde in diesem Zusammenhang die Verhängung einer Zwangsmaßnahme diskutiert, um die Mutter zur Preisgabe der erforderlichen Information zu bewegen, und teilweise ein Zwangsgeld angedroht.[333] Mittlerweile ist es aber herrschende Ansicht, dass die Ausübung des Zwangs jeglicher Art auf die abgebende Mutter zwecks Offenbarung der Person des möglichen Erzeugers des Kindes gegenüber

---

327 BGH, NJW 2015, 1822; Zwar ist der Vater nach der Rechtsprechung des BVerfG vor dem Einnehmen seiner rechtlichen Vaterstellung noch nicht Träger des Elternrechts aus Art. 6 II 1. Die Grundrechtsnorm vermittelt ihm aber den Schutz seines Interesses in eben diese Stellung einzurücken, vgl. BVerfG, NJW 2003, 2151; NJW 2013, 847.

328 BGH, NJW 2015, 1823.

329 BGH, NJW 2015, 1823. Entgegen der Auffassung des Landgerichts Stuttgart dürfe ihm kein Desinteresse an seinem leiblichen Kind unterstellt werden, nur weil er es versäumt habe sich über die Folgen seiner Verbindung mit der Mutter zu informieren, BGH, NJW 2015, 1821.

330 BGH, NJW 2015, 1822.

331 *Maurer*, FPR 2005, 198; Staudinger-*Frank* § 1747 Rn. 15.

332 Dies ist regelmäßig der Fall, wenn es sich zwischen der Mutter und dem biologischen Vater lediglich um eine flüchtige Bekanntschaft gehandelt hat oder das Kind mittels einer Samenspende gezeugt wurde, *Coester-Waltjen*, FamRZ 2013, 1693.

333 LG Stuttgart, NJW 1992, 2897.

staatlichen Stellen unzulässig ist.[334] Sie könne sich hierbei auf das allgemeine Persönlichkeitsrecht nach Art. 2 I GG berufen, das den Schutz ihrer Intimsphäre gewährleiste, da im Falle des behördlichen Verlangens, einen Geschlechtspartner zu benennen, ein Eingriff in das Grundrecht der Mutter gegeben sei.[335] Eventuell bestehende Interessen des nichtehelichen Vaters gegenüber diesem Recht hätten zurückzutreten.[336] Benennt die Mutter den potenziellen Erzeuger nicht und besteht für das Gericht auch sonst keine Möglichkeit den biologischen Vater über das Adoptionsverfahren in Kenntnis zu setzen, erfolgt die Kindesannahme ohne die an sich erforderliche väterliche Einwilligung.[337] Damit jedoch das Einwilligungserfordernis entfällt, müssen seitens des Gerichts „sämtliche Aufklärungsmöglichkeiten ausgeschöpft" worden sein.[338]

Zwar spricht sich die überwiegende Ansicht für eine Pflicht des Familiengerichts zur Ermittlung des potenziellen Vaters aus. Dennoch könnte eine solche Pflicht gerade im Fall einer Fremdadoption Nachteile für das Wohl des im Mittelpunkt des Adoptionsprozesses stehenden Kindes mit sich bringen. Das zentrale Argument, das gegen eine Ermittlungspflicht angeführt wird, ist die Gefahr der Verzögerung des Adoptionsverfahrens.[339] Insbesondere bei einer frühkindlichen Adoption liege die möglichst schnelle Eingliederung in die neue Familie im Interesse des Adoptivkindes.[340] Dieses Interesse findet auch innerhalb des Gesetzes eine eindeutige Stütze. Das Recht jedes einzelnen Bürgers und folglich auch des Kindes auf eine Entscheidung in angemessener Frist ist in zivilrechtlichen Streitigkeiten nicht nur auf internationaler Ebene durch Art. 6 I EMRK, sondern auch nach ständiger Rechtsprechung des BVerfG anerkannt und wird aus dem Rechtsstaatsprinzip aus Art. 2 I GG i.V.m. Art. 20 III GG abgeleitet.[341]

Es darf jedoch nicht außer Acht gelassen werden, dass die Ermittlung des leiblichen Vaters und seine Beteiligung am Adoptionsverfahren ebenfalls im

---

334 LG Stuttgart, NJW 1992, 2897; LG Freiburg, FamRZ 2002, 1647; AG Tempelhof-Kreuzberg, FamRZ 2005, 302; Staudinger-*Frank* § 1747 Rn. 15; *Mansees*, NJW 1988, 2985; *Muscheler/Bloch*, FPR 2002, 346.

335 LG Stuttgart, NJW 1992, 2898; LG Freiburg, FamRZ 2002, 1647; *Mansees*, NJW 1988, 2985; *Muscheler/Bloch*, FPR 2002, 346; Coester-Waltjen, FamRZ 2013, 1693.

336 LG Stuttgart, NJW 1992, 2898; LG Freiburg, FamRZ 2002, 1647; *Mansees*, NJW 1988, 2985; *Muscheler/Bloch*, FPR 2002, 346; Coester-Waltjen, FamRZ 2013, 1693.

337 *Eckebrecht* Teil V Rn. 35; *Maurer*, FPR 2005, 198; *Coester-Waltjen*, FamRZ 2013, 1694.

338 BGH, NJW 2015, 1823; AG Tempelhof-Kreuzberg, FamRZ 2005, 302.

339 *Helms*, JAmt 2001, 60.

340 *Liermann*, FuR 1997, 221.

341 BVerfG, FamRZ 1997, 872; BVerfG, FamRZ 2001, 753; BVerfG, FamRZ 2004, 689.

Interesse des Kindes liegen könnten. Zudem würde die gänzliche Ablehnung einer Ermittlungspflicht in keinem Verhältnis zu deren gravierenden Folgen für den potenziellen Erzeuger stehen. Der mutmaßliche Vater, der seine Unkenntnis über das Adoptionsverfahren möglicherweise nicht zu verantworten hat, würde durch die Adoption endgültig von der Möglichkeit ausgeschlossen werden, seine Vaterrechte geltend zu machen. Die Bejahung der Ermittlungspflicht bedeutet auch nicht, dass das Gericht solange seiner Pflicht nachkommen muss, bis tatsächlich ein potenzieller Erzeuger ermittelt werden kann. Dieses Vorgehen würde in der Tat unüberschaubar viel Zeit in Anspruch nehmen, wobei der Erfolg nicht garantiert wäre. Es müssen jedoch, wie bereits vom Amtsgericht Tempelhof-Kreuzberg in seiner Entscheidung betont wurde,[342] gebührende Anstrengungen stattgefunden haben. Da das gesamte Adoptionsgeschehen im Zeichen der Kindeswohldienlichkeit steht, haben die Gerichte nach ihrem Ermessen die Angemessenheit der Ermittlungsdauer sicherzustellen. Somit ist auch im Rahmen einer Fremdadoption das Bestehen einer Ermittlungspflicht zu befürworten.

cc. *Das Einwilligungsrecht des leiblichen Vaters bei bestehender rechtlicher Vaterschaft eines anderen Mannes*

Ein nichtehelicher, rechtlich noch nicht festgestellter Vater kann sich auf das Einwilligungsrecht des § 1747 I 1 BGB nur in dem Fall berufen, wenn kein anderer Mann nach § 1592 BGB als Vater anzusehen ist. Würde folglich die rechtliche Vaterschaft eines anderen als des leiblichen Vaters bestehen, gäbe es für diesen keine Möglichkeit auf den Adoptionsvorgang seines Kindes Einfluss zu nehmen. Eben dieser Rechtszustand bestand bis zum Beschluss des BVerfG im Jahr 2003, der die Einführung eines Anfechtungsrechts des leiblichen Vaters im darauf folgenden Jahr bewirkte.[343] Damit eröffnete sich für den biologischen Vater die Möglichkeit die rechtliche Vaterschaft eines anderen Mannes anzufechten, um seine eigene zu begründen.[344] Erst nach einem erfolgreichen Abschluss des Anfechtungsverfahrens konnte er das elterliche Einwilligungsrecht des § 1747 I 1 BGB in Anspruch nehmen.

342 AG Tempelhof-Kreuzberg, FamRZ 2005, 302.

343 Das „Gesetz zur Änderung der Vorschriften über die Anfechtung der Vaterschaft und das Umgangsrecht von Bezugspersonen des Kindes" vom 23.04.2004 führte ein Anfechtungsrecht des leiblichen Vaters des Kindes ein, BGBl. 2004 I S. 598.

344 *Balzer*, StAZ 2012, 364.

Der frühere Ausschluss des leiblichen Vaters von der Anfechtungsberechtigung beruhte auf der Überlegung, dass die soziale Familie bestehend aus Mutter, Ehemann und Kind vor unerwünschter Einmischung von außen zu schützen sei.[345] Auch durch die im Jahr 2004 eingeführte Neuregelung sollte dieser Schutz immer noch gewährleistet werden. Daher machte der Gesetzgeber die Geltendmachung des Anfechtungsrechts des leiblichen Vaters von bestimmten Voraussetzungen abhängig. Eine der schwierigsten Hürden, die sich gemäß der Neuregelung dem leiblichen Vater bei seiner Anfechtung in den Weg stellt, ergibt sich aus § 1600 II BGB. Danach hat die Vaterschaftsanfechtung nur dann Aussicht auf Erfolg, wenn zwischen dem Kind und seinem rechtlichen Vater keine sozial-familiäre Beziehung besteht oder im Zeitpunkt seines Todes bestanden hat. Laut § 1600 IV S. 1 BGB ist darunter das Tragen einer tatsächlichen Verantwortung seitens des Vaters zu verstehen. Nach S. 2 der genannten Vorschrift liegt eine Übernahme tatsächlicher Verantwortung in der Regel dann vor, wenn der Vater im Rechtssinne mit der Mutter des Kindes verheiratet ist oder mit dem Kind längere Zeit in häuslicher Gemeinschaft zusammengelebt hat. Bei der letzteren Regelannahme kommt es entscheidend darauf an, dass der Vater im Sinne des Gesetzes für das Kind nicht lediglich finanziell aufkommt, sondern sich um es auch tatsächlich sorgt.[346] Auch wenn die häusliche Gemeinschaft zum Zeitpunkt der Anfechtung mittlerweile aufgelöst wurde, reicht das immer noch andauernde Bestehen des infolge dieser Gemeinschaft entstandenen Vertrauensverhältnisses zwischen dem rechtlichen Vater und dem Kind für die Bejahung der sozial-familiären Beziehung aus.[347] Wird die Voraussetzung des § 1600 II BGB nicht erfüllt, so kann der biologische Vater auch dann den Ausschluss seines Anfechtungsrechts nicht verhindern, wenn er selbst eine sozial-familiäre Beziehung zum Kind aufgebaut und diese unter Umständen durch Umgangskontakte weiterhin unterhalten hat.[348]

Auch wenn der Ausschluss des Anfechtungsrechts nicht dem Kindeswohl entsprechen sollte, ergeben sich für den biologischen Vater keine weiteren

---

345 MüKo-*Wellenhofer* § 1600 Rn. 1, Rn. 9.

346 Erman-*Hammermann* § 1600 Rn. 12; Palandt-*Brudermüller* § 1600 Rn. 8; MüKo-*Wellenhofer* § 1600 Rn. 30; *Finger*, JR 2005, 139.

347 Dabei kommt es nicht darauf an, ob die rechtlichen Eltern im maßgeblichen Zeitpunkt weiterhin in einer häuslichen Gemeinschaft leben oder sich inzwischen getrennt haben.

348 BVerfG, FamRZ 2015, 817; BVerfG, BeckRS 2013, 59932; BVerfGE 108, 87 f.; *Helms*, FamRZ 2010, 5; BGH, NJW 2018, 947; vgl. dazu einschränkend BVerfG, NZFam 2018, 1141.

Handlungsmöglichkeiten, wenn die Übernahme der tatsächlichen Verantwortung durch den rechtlichen Vater bereits bejaht wurde. Eine Interessenabwägung hat der Gesetzgeber im Rahmen dieser Norm gerade nicht vorgesehen, sondern dem Schutz der sozialen Familie gegenüber den Interessen des leiblichen Vaters generell den Vorrang eingeräumt. Das BVerfG sieht zwar in dem ausnahmslosen Ausschluss des leiblichen Vaters vom Anfechtungsrecht nach § 1600 BGB eine Verletzung des Elternrechts nach Art. 6 II GG, der das Interesse des leiblichen Vaters, seine Vaterposition im rechtlichen Sinne einzunehmen, schützt.[349] Die Verneinung des Anfechtungsrechts im Falle des Bestehens einer sozial-familiären Beziehung zwischen dem rechtlichen Vater und dem Kind erachtet das BVerfG jedoch als mit Art. 6 II GG vereinbar an.[350] Wie bereits erwähnt, lag dieser Entscheidung die Intention zugrunde, den „Schutz der sozialen Familie als dauerhafte Verantwortungsgemeinschaft von Eltern mit Kindern" zu sichern, wobei auch die Interessen der einzelnen Familienmitglieder nicht außer Acht gelassen werden durften.[351] Gewährte man dem leiblichen Vater ohne Einschränkungen ein Anfechtungsrecht und gelänge es ihm anschließend den rechtlichen Vater aus seiner Position zu verdrängen, wäre die Mutter gezwungen das Elternrecht mit einem Mann gemeinsam wahrzunehmen, zu dem sie mittlerweile in keinem sozialen Bezug stünde.[352] Der rechtliche Vater verlöre wiederum das Elternrecht und alle im Zusammenhang damit stehenden Befugnisse, auch wenn er weiterhin sich tatsächlich um das Kind kümmerte.[353] Wenn aber keine sozial-familiäre Beziehung zwischen dem rechtlichen Vater und dem Kind bestehe, seien die Interessen der Familienmitglieder der Bejahung des Anfechtungsrechts nicht entgegenzusetzen.[354]

Der potenzielle biologische Vater, der vom Anfechtungsrecht Gebrauch machen und seine Vaterschaft rechtlich begründen will, trägt indessen die Beweislast. Die Darlegung und der Beweis des Nichtbestehens einer sozial-familiären Beziehung sind insbesondere im Fall der Regelannahme für den anfechtenden biologischen Vater mit sehr großen Schwierigkeiten verbunden. Hier wird die Übernahme der tatsächlichen Verantwortung bereits bei einer

349 BVerfG, NJW 2003, 2153.

350 BVerfG, BeckRS 2013, 59932; BVerfG, NJW 2003, 2154 f.; Anmerkung von *Lack*, NZFam 2014, 45.

351 BVerfG, NJW 2003, 2154.

352 BVerfG, NJW 2003, 2154.

353 BVerfG, NJW 2003, 2154.

354 BVerfG, NJW 2003, 2155.

bestehenden Ehe zwischen der Mutter und dem rechtlichen Vater vermutet.[355] Unerheblich ist dabei, ob innerhalb dieser ehelichen Lebensgemeinschaft der Vater im rechtlichen Sinne mit dem Kind in einer häuslichen Gemeinschaft lebt. Unberücksichtigt bleibt ebenso der Fall, in dem die Mutter mit einem anderen Mann die Ehe allein aus dem Grund schließt den Erzeuger daran zu hindern seine rechtliche Position als Vater einzunehmen. Auch wenn nach Ansicht des BGH eine Scheinehe der Bejahung einer sozial-familiären Beziehung entgegenstehe,[356] wird nach zutreffender Auffassung von *Coester-Waltjen* das Bestehen einer solchen Ehe vom Anfechtenden nur äußerst schwer nachzuweisen sein.[357] Zusammenfassend lässt sich sagen, dass sich in jedem Fall für den anfechtenden leiblichen Vater nicht unerhebliche Beweisschwierigkeiten ergeben.[358]

c. *Frist der Einwilligung*

§ 1747 II 1 BGB bestimmt, dass die elterliche Einwilligung erst dann wirksam erteilt werden kann, wenn das Kind acht Wochen alt ist. Die Vorschrift trägt insbesondere der schwierigen physischen sowie psychischen Situation der Mutter in den ersten Lebenswochen ihres Kindes Rechnung, indem sie diese vor einer übereilten und unüberlegten Entscheidung der Freigabe zur Adoption schützt.[359] Die Frist des § 1747 II 1 BGB darf selbst dann nicht umgangen werden, wenn die Mutter jede Betreuung des Kindes unmittelbar nach der Geburt verweigert. Im Zeitpunkt der elterlichen Einwilligungsentscheidung muss die leibliche Mutter ein gewisses Maß an emotionaler Stabilität aufweisen, um die folgenschweren

---

355 Wie vom BGH hervorgehoben, sind die beiden Regelannahmen als Vermutungen für die Übernahme der tatsächlichen Verantwortung und nicht für das Bestehen einer sozial-familiären Beziehung anzusehen, BGH, NJW 2007, 1680; BGH, NJW 2008, 2985. Um als sozialer Vater qualifiziert werden zu können, muss man die Verantwortung nicht lediglich übernehmen, sondern diese auch nachhaltig tragen, Staudinger-*Rauscher* § 1600 Rn. 42, 44. Auch wenn die Vermutung der Regelannahmen greift und dementsprechend die Übernahme der Verantwortung vorliegt, könnte dem biologischen Vater die Widerlegung der Nachhaltigkeit der Verantwortungstragung und damit der Beweis des Fehlens einer sozial-familiären Beziehung gelingen, so auch Staudinger-*Rauscher* § 1600 Rn. 45. Hinsichtlich der Nachhaltigkeit trifft den rechtlichen Vater jedoch eine sekundäre Darlegungslast, Staudinger-*Rauscher* § 1600 Rn. 45.

356 BGH, NJW 2007, 1677, 1679, 1681.

357 *Coester-Waltjen*, FamRZ 2013, 1695.

358 *Coester-Waltjen*, FamRZ 2013, 1695; Staudinger-*Rauscher* § 1600 Rn. 44 a f.

359 So auch *Dethloff* S. 470.

Wirkungen ihres Handels überblicken zu können. Die Einwilligung ermöglicht letztendlich die Übertragung der gesamten Elternverantwortung auf eine oder mehrere dritte Personen. Der Gesetzgeber geht davon aus, dass die von § 1747 II 1 BGB vorgeschriebenen acht Wochen eine angemessene Frist sind, um sich der vollen Tragweite der Einwilligung in die Adoption bewusst zu werden.

Für den nichtehelichen nichtsorgeberechtigten Vater gilt eine besondere Regelung des § 1747 III BGB, die ihm erlaubt bereits vor der Geburt des Kindes in die Annahme wirksam einzuwilligen. Begründet wird die Möglichkeit einer solchen frühzeitigen Einwilligung mit der in der Regel fehlenden engen Beziehung des bereits feststehenden oder nach § 1747 I 2 BGB glaubhaft gemachten, nichtehelichen Vaters zum Kind, wie sie die Mutter oder auch der eheliche Vater aufweisen und die daher erst nach Ablauf der achtwöchigen Frist ihr Einwilligungsrecht ausüben dürfen.[360]

2. *Die elterliche Einwilligung nach russischem Recht*

Die elterliche Berechtigung in die Annahme ihres leiblichen Kindes einzuwilligen ergibt sich in der russischen Adoptionsgesetzgebung aus Art. 129 P. 1 Abs. 1 FGB RF. Hierbei handelt es sich gemäß P. 9 Abs. 1 des Auslegungsbeschlusses des Obersten Gerichts der Russischen Föderation vom 20.04.2006 N° 8 „Über die Anwendung der Gesetzgebung durch die Gerichte bei der Prüfung von Kinderadoptionen" auch im russischen Recht um eine zwingende Voraussetzung für den Erlass eines Adoptionsbeschlusses.

Art. 129 P. 1 Abs. 2 FGB RF enthält sowohl Bestimmungen zu der Form der elterlichen Einwilligung als auch zu den Stellen, welchen gegenüber eine solche abzugeben ist. Danach muss die Einwilligung der Eltern zur Adoption ihres Kindes in einem Antrag erklärt werden, der notariell oder vom Leiter der Organisation, in der sich das Kind ohne elterliche Sorge aufhält, oder vom Vormundschafts- und Pflegschaftsorgan am Ort der Durchführung der Kindesannahme oder am Ort des Wohnsitzes der Eltern beglaubigt ist, wobei die Einwilligung auch unmittelbar vor Gericht bei der Adoptionsdurchführung geäußert werden kann. Die seitens der Eltern vor Gericht abgegebene Einwilligungserklärung muss laut P. 9 Abs. 3 des Auslegungsbeschlusses vom 20.04.2006 N° 8 sowohl im Gerichtsprotokoll festgehalten als auch von den Eltern höchstpersönlich unterschrieben werden und sich letztendlich im Adoptionsbeschluss widerspiegeln. Wenn die Einwilligung der Eltern in einer Einrichtung, in der sich das Kind

360 *Maurer*, FPR 2005, 197.

befindet, oder gegenüber einem Notar geäußert wird, muss das Gericht sich im Rahmen der Prüfung der Kindesannahme vergewissern, dass die abgebenden Eltern über die Folgen ihrer Entscheidung vom Notar bzw. der jeweiligen Einrichtung in vollem Umfang aufgeklärt wurden.[361] Zu beachten ist weiterhin, dass das Erfordernis der Einwilligungserteilung durch die Eltern auch dann bestehen bleibt, wenn das zu adoptierende Kind sich unter Vormundschaft (Pflegschaft), in einer Pflegefamilie oder in einer anderen die Fürsorge des Kindes gewährleistenden Stelle befindet und seitens der in den genannten Fällen für das Kind verantwortlichen Personen die erforderliche Einwilligung in die Adoption in der von Art. 131 P. 1 FGB RF vorgeschriebenen Form vorliegt.[362]

Des Weiteren findet sich in Art. 129 P. 2 FGB RF eine wichtige Regelung zum Einwilligungsrecht der abgebenden Eltern. Danach haben Eltern das Recht die von ihnen erteilte Einwilligung zur Adoption des Kindes bis zum Erlass der gerichtlichen Adoptionsentscheidung zu widerrufen. Kommt es zum Ausspruch der Kindesannahme durch das zuständige Gericht, erlöschen die Verwandtschaftsverhältnisse zu der Herkunftsfamilie, so dass das Widerrufsrecht nicht mehr ausgeübt werden kann.[363] In der russischen Rechtsordnung gilt demnach das Prinzip der Priorität der elterlichen Rechte, das ihnen erlaubt jederzeit vor dem Adoptionsbeschluss durch die Ausübung des Widerrufsrechts von ihrer Abgabeentscheidung zurückzutreten.[364] Durch die Gewährung des Widerrufsrechts und damit der letzten Chance für die leiblichen Eltern versucht der russische Gesetzgeber ein Auseinanderfallen von Blutsverwandtschaft und

361 Kommentar zu Art. 129 FGB RF, abrufbar unter http://www.pravo174.ru/kommsk129.php (Stand: 20.07.2017).

362 P. 9 Abs. 4 des Auslegungsbeschlusses des Obersten Gerichts der RF vom 20.04.2006 N° 8 „Über die Anwendung der Gesetzgebung durch die Gerichte bei der Prüfung von Kinderadoptionen"; Verweigert der Vormund (Pfleger), die Pflegeeltern oder die Leiter der in Art. 131 Abs. 3 FGB RF genannten Stellen die Einwilligung, so kann das Gericht dennoch die Annahme aussprechen, wenn sie den Kindesinteressen entspricht, Art. 131 P. 2 FGB RF.

363 *Kepova*, Adoption im Gefüge der Unterbringungsformen bei Kindern ohne elterliche Sorge, S. 95.

364 Stepanov-*Schihaljeva*, Kommentar zum Familiengesetzbuch der Russischen Föderation, Art. 129 S. 252; von der Priorität der Elternrechte war bereits im P. 8 Abs. 1 des Auslegungsbeschlusses des Obersten Gerichts der RF vom 04.07.1997 N° 9 „Über die Anwendung der Gesetzgebung durch die Gerichte bei der Prüfung von Kinderadoptionen" ausdrücklich die Rede, der bis zum Inkrafttreten des Auslegungsbeschlusses im Jahr 2006 galt.

Rechtsverhältnissen innerhalb ein und derselben Familiengemeinschaft möglichst zu verhindern.[365]

Während im deutschen Recht die annehmenden Personen zwingend feststehen müssen, jedoch den leiblichen Eltern nicht bekannt zu sein brauchen, sog. Inkognitoadoption, sieht die russische Adoptionsgesetzgebung eine weitere Form von elterlicher Zustimmung, die sog. Blankoeinwilligung, vor.[366] Gemäß Art. 129 P. 3 FGB RF dürfen Eltern ihre Zustimmung zur Adoption des Kindes auch dann erteilen, wenn die Person des Annehmenden zum Zeitpunkt der Abgabe der Einwilligungserklärung noch nicht feststeht. In dem Fall kommt den Vormundschafts- und Pflegschaftsorganen das Recht zu, nach ihrem Ermessen für das Kind die potenziellen Adoptiveltern auszuwählen. Die gesetzliche Zulässigkeit der Blankoeinwilligung in der russischen Rechtsordnung hat demnach zur Folge, dass eine von der Mutter unmittelbar nach der Geburt des Kindes geäußerte Zustimmung in die Annahme im Rahmen eines später stattfindenden gerichtlichen Adoptionsverfahrens nicht ein weiteres Mal erteilt werden muss.[367]

Wie bereits erwähnt, ist in Art. 129 P. 1 Abs. 1 FGB RF geregelt, dass für die Adoption eines Kindes die Einwilligung seiner Eltern erforderlich ist. Um nun im Weiteren eine konkrete Aussage darüber treffen zu können, welche Personen als einwilligungsberechtigte Eltern zu qualifizieren sind, kann sich u.a. eine systematische Auslegung der die elterliche Einwilligung regelnden Norm als sinnvoll erweisen. Dabei ist zu beachten, dass auch Adoptiveltern als einwilligungsberechtigte Personen in Betracht kommen, da in der russischen Rechtsordnung ein Verbot der Kettenadoption, wie dieses in Deutschland gemäß § 1742 BGB besteht, nicht gesetzlich normiert ist.

Einen Hinweis darauf, woraus sich die elterliche Berechtigung zur Einwilligung in die Kindesannahme im russischen Recht ableitet, liefert der unmittelbar

---

365 Stepanov-*Schihaljeva*, Kommentar zum Familiengesetzbuch der Russischen Föderation, Art. 129 S. 252; *Bespalov*, Kommentar zur Gerichtspraxis in Familiensachen, S. 264.

366 Dabei handelt es sich um eine auch im deutschen Recht oft diskutierte und geforderte Form der elterlichen Zustimmung. Gegen die Einführung der Blankoeinwilligung bzw. -adoption wird von der herrschen Meinung als Hauptargument vorgebracht, sie stelle „Kinder zur Disposition staatlicher Einrichtungen“ und sei mit „der Rechtsauffassung vom richtigen Verhältnis des Staates zur Familie“ nicht vereinbar, *Lüderitz*, NJW 1976, 1868; Staudinger-*Frank* § 1747 Rn. 18; BT-Drucks 7/3061, S. 21; 7// 5087, S. 12.

367 P. 9 Abs. 2 des Auslegungsbeschlusses des Obersten Gerichts der RF vom 20.04.2006 N° 8.

auf die Norm über die Einwilligung der Eltern folgende Art. 130 FGB RF. Er normiert die Zulässigkeit der Annahme ohne Zustimmung der Eltern. Dort heißt es, dass Eltern in die Annahme ihres Kindes u.a. dann nicht einzuwilligen brauchen, wenn ihnen die elterlichen Rechte im Rahmen eines gerichtlichen Verfahrens entzogen worden sind. Somit folgt aus dem Umkehrschluss dieser Regelung, dass das Bestehen des Einwilligungsrechts in der Adoptionsgesetzgebung der Russischen Föderation von der Inhaberschaft der elterlichen Rechte, also der elterlichen Sorge, abhängt. Unter elterlichen Rechten ist in Russland die Gesamtheit aller sich auf der Verwandtschaft mit dem Kind gründenden Rechte, mithin auch das Recht, in die Kindesannahme einzuwilligen, zu verstehen.[368]

Folglich verfügen nur diejenigen Eltern über die Berechtigung, in die Annahme ihres Kindes durch eine familienfremde Person einzuwilligen, die Inhaber der elterlichen Rechte sind und damit die elterliche Sorge über ihr Kind ausüben dürfen. Da in der russischen Rechtsordnung die Elternrechte und mithin das Sorgerecht für die Einwilligungsbefugnis eine zwingende Voraussetzung ist, wird im Folgenden auf den Sorgerechtserwerb durch die Mutter und den Vater des Kindes näher einzugehen sein. Die Rechte und Pflichten von Eltern und Kindern sind im vierten Abschnitt des Familiengesetzbuches der Russischen Föderation geregelt. Kapitel 10 enthält Vorschriften zur Feststellung der Abstammung der Kinder. In Art. 47 FGB RF des genannten Kapitels heißt es, dass die Rechte und Pflichten von Eltern und Kindern auf der im gesetzlich festgelegten Verfahren nachgewiesenen Abstammung der Kinder beruhen. Die gesetzliche Feststellung der Abstammung der Kinder dient damit als Grundlage für die Entstehung der elterlichen Rechte, die letztendlich die Berechtigung zur Einwilligung in die Adoption vermitteln.[369] Um im weiteren Verlauf eine Aussage hinsichtlich der Bestimmung der Personen, die als einwilligungsberechtigte Eltern in Frage kommen, treffen zu können, ist eine Analyse der Grundlage für den Erwerb von Elternrechten, nämlich der abstammungsrechtlichen Vorschriften, erforderlich.

Im heutigen russischen Familienrecht knüpfen die Elternrechte in erster Linie an die biologische Elternschaft an.[370] Entscheidend für die Abstammung des

---

368 *Kepova*, Adoption im Gefüge der Unterbringungsformen bei Kindern ohne elterliche Sorge, S. 99.

369 Wie in der deutschen Rechtsordnung ist die Elternstellung in Russland ebenfalls verfassungsrechtlich geschützt, vgl. Art. 36 Verfassung der RF.

370 *Lapina*, Das Entstehen und Erlöschen von elterlichen Rechten und Pflichten, abrufbar unter http://www.justicemaker.ru/view-article.php?id=18&art=1480 (Stand: 25.07.2017).

Kindes ist somit die Blutsverwandtschaft mit einem Mann und einer Frau, die, wie zuvor dargestellt, im gesetzlich vorgeschriebenen Verfahren nachzuweisen ist.

a. *Einwilligung der Mutter*

Für die Beantwortung der Frage, welche Frau als einwilligungsberechtigte Mutter im Sinne des Art. 129 P. 1 Abs. 1 FGB RF anzusehen ist, liefert die Vorschrift des Art. 48 FGB RF über die Feststellung der Abstammung des Kindes nähere Erkenntnisse. Gemäß Art. 48 P. 1 FGB RF wird die Abstammung des Kindes von der Mutter (Mutterschaft) auf der Grundlage von Dokumenten festgestellt, die die Geburt des Kindes durch die Mutter in einer medizinischen Einrichtung bestätigen, und im Falle der Geburt des Kindes außerhalb einer medizinischen Einrichtung auf der Grundlage medizinischer Dokumente, Zeugenaussagen oder auf der Grundlage sonstiger Beweise. Zu berücksichtigen ist hierbei, dass es für die Feststellung der Abstammung des Kindes von einer konkreten Frau unerheblich ist, ob sie zum Zeitpunkt der Geburt verheiratet war oder nicht.[371]

In der Regel ergeben sich bei der Bestimmung der Frau, die über eine Berechtigung zur Einwilligung in die Adoption verfügt, keine Schwierigkeiten. Dennoch sind einige Besonderheiten zu berücksichtigen, die sich im Zusammenhang mit den gesetzlichen Regelungen ergeben. Am einfachsten gestaltet sich die Feststellung der Abstammung von der Mutter, wenn das Kind innerhalb einer medizinischen Einrichtung zur Welt kommt. Die jeweilige Einrichtung stellt die notwendigen, die Geburt des Kindes bestätigenden Dokumente aus. In einer solchen Fallkonstellation erfolgt die Abstammungsbestimmung im Rahmen eines Verwaltungsverfahrens durch das Personenstandsamt, dem die erwähnten Dokumente vorgelegt werden.[372] Wichtig ist in diesem Zusammenhang, dass unbedingt eine Eintragung der Eltern des Kindes nach den Vorgaben des Art. 51 FGB RF im Geburtenregister erfolgt. Diese Eintragung dient als Beweis für die Abstammung des Kindes von den dort genannten Personen und

371 *Alzheva*, Feststellung der Abstammung der Kinder, Abschnitt 1.1, abrufbar unter http://www.to-1.ru/articles/140/ (Stand: 15.07.2017).

372 *Bespalov*, Kommentar zur Gerichtspraxis in Familiensachen, S. 114. Im Rahmen eines besonderen Verfahrens werden medizinische Unterlagen an Adoptivmütter ausgestellt, die mit Hilfe einer Scheinschwangerschaft die Wahrung des Adoptionsgeheimnisses sicherstellen wollen, *Ptschelinzeva*, Das Familienrecht Russlands, S. 258; *Alzheva*, Feststellung der Abstammung der Kinder, Abschnitt 1.1, abrufbar unter http://www.to-1.ru/articles/140/ (Stand: 15.07.2017).

ist im Ergebnis für die Entstehung der elterlichen Rechte und damit für die Einwilligungsberechtigung von entscheidender Bedeutung.[373]

Kam das Kind dagegen außerhalb einer medizinischen Einrichtung zur Welt und nahm die Mutter auch keine medizinische Hilfe unmittelbar nach der Geburt in Anspruch, so dass keine medizinischen Unterlagen vorhanden sind, ist die Aussage einer während der Geburt des Kindes anwesenden Person für die Bestätigung der Abstammung des Säuglings von der gebärenden Frau ausschlaggebend.[374] Die in Art. 48 P. 1 FGB RF aufgeführten Beweise für die Abstammungsfeststellung haben, wie in der Vorschrift dargestellt, keinen abschließenden Charakter. Neben Zeugenaussagen können auch andere Indizien, die die Prozessgesetzgebung zulässt,[375] herangezogen werden.[376] Liegen keine ärztlichen Dokumente vor und sind sonstige Beweise nicht vorhanden, sind die Feststellung der Mutterschaft einer bestimmten Frau und die damit verbundene Gewährung des Einwilligungsrechts zur Adoption im gerichtlichen Verfahren möglich.[377] In der russischen Rechtsordnung ist neben der Vaterschaftsanfechtung auch die Mutterschaftsanfechtung gesetzlich zugelassen. Sind demnach bei der Feststellung der Mutterschaft Fehler unterlaufen und wurde eine andere Frau als die biologische Mutter im Geburtenregister eingetragen, kann die falsche Eintragung gemäß Art. 52 FGB RF im gerichtlichen Verfahren

---

373 P. 17 des Auslegungsbeschlusses des Obersten Gerichts der RF vom 16.05.2017 N° 16 „Über die Anwendung der Gesetzgebung durch die Gerichte bei der Prüfung der Verfahren hinsichtlich der Feststellung der Kindesabstammung"; Stepanov-*Meifat*, Kommentar zum Familiengesetzbuch der Russischen Föderation, Art. 47 S. 109; ausschlaggebend sind hierbei die Vorschriften des Föderalen Gesetzes „Über die Personenstandsakte" vom 15.11.1997, die in Kapitel 2 u.a. Vorgaben zur staatlichen Registrierung der Geburt sowie zum Verfahren der Eintragung der Angaben über die Eltern in die Beurkundung der Geburt des Kindes enthalten.

374 *Nizamijeva*, Kommentar zum Familiengesetzbuch der Russischen Föderation, Art. 48 FGB RF S. 177; *Netschaeva*, Familienrecht der Russischen Föderation, S. 82.

375 Vgl. Art. 55 ZPG RF.

376 Vgl. Art. 48 P. 1 a.E.; *Nizamijeva*, Kommentar zum Familiengesetzbuch der Russischen Föderation, Art. 48 FGB RF S. 178; *Suchareva*, Informationsblatt der Hochschule des Innenministeriums Russlands Woronesch 2017, 183.

377 Gemäß Art. 14 P. 4 des Gesetzes „Über die Personenstandsakte" erfolgt bei Fehlen der Grundlagen für die staatliche Registrierung der Geburt gemäß P. 1 dieses Artikels die staatliche Registrierung auf der Grundlage einer Entscheidung des Gerichts über die Feststellung der Geburt des Kindes durch die jeweilige Frau (Mutter).

angefochten werden.[378] Anfechtungsberechtigt sind sowohl die fälschlicherweise eingetragene Frau als auch die biologische Mutter, die im Falle eines erfolgreichen Anfechtungsverfahrens ihr Einwilligungsrecht trotz der unrichtigen Eintragung durch die Erlangung der Elternrechte begründen kann. Zusammenfassend lässt sich somit sagen, dass die Feststellung der Kindesabstammung von der jeweiligen Frau im gesetzlich festgelegten Verfahren und damit die Erlangung der Einwilligungsberechtigung in der russischen Adoptionsgesetzgebung entscheidend von den Umständen der Geburt und deren Beweisbarkeit abhängen.

Von besonderer Wichtigkeit ist in der russischen Gesetzgebung und Literatur die Einwilligungserteilung durch minderjährige Eltern. Betont wird vor allem die Lage der alleinstehenden minderjährigen Mutter, die aufgrund ihrer zumeist instabilen finanziellen als auch emotionalen Situation am ehesten dazu neigt ihr neugeborenes Kind zur Adoption frei zu geben. Laut Art. 129 P. 1 Abs. 1 S. 2 FGB RF ist bei der Adoption eines Kindes minderjähriger Eltern, die das Alter von 16 Jahren noch nicht erreicht haben, ebenfalls die Einwilligung ihrer Eltern oder Vormünder (Pfleger), und bei Fehlen von Eltern oder Vormündern (Pfleger), die Einwilligung des Vormundschafts- und Pflegschaftsorgans erforderlich. Wenn die gesetzlichen Vertreter der minderjährigen Eltern ihre Einwilligung in die Annahme verweigern, kann das Kind nicht adoptiert werden, auch wenn die leiblichen Eltern mit der Annahme einverstanden sind.[379] Entscheidet sich eine alleinstehende minderjährige Mutter, ihr Kind adoptieren zu lassen, darf die Rolle ihrer Eltern innerhalb des Entscheidungsfindungsprozesses nicht unterschätzt werden. Schließlich könnte der elterliche Einfluss auf die minderjährige Tochter ausschlaggebend für das weitere Schicksal des Kindes sein.[380] In jedem Fall muss die abgebende Mutter umfassend über die Folgen ihrer Handlung durch die Vormundschafts- und Pflegschaftsorgane unterrichtet werden.[381]

b. Einwilligung des Vaters

Während die Feststellung der Mutterschaft überwiegend nicht mit großen Schwierigkeiten verbunden ist, sind die Feststellung der Vaterschaft und damit

378 *Alzheva*, Feststellung der Abstammung der Kinder, Abschnitt 1.1, abrufbar unter http://www.to-1.ru/articles/140/ (Stand: 15.07.2017); *Nizamijeva*, Kommentar zum Familiengesetzbuch der Russischen Föderation, Art. 48 FGB RF S. 178.

379 *Nizamijeva*, Kommentar zum Familiengesetzbuch der Russischen Föderation, Art. 129 FGB RF S. 432; *Ptschelinzeva*, Das Familienrecht Russlands, S. 533.

380 *Ptschelinzeva*, Das Familienrecht Russlands, S. 534.

381 *Ptschelinzeva*, Das Familienrecht Russlands, S. 534.

die Beantwortung der Frage nach der Einwilligungsberechtigung des Vaters deutlich komplexer. Wie bereits dargestellt, fußt das russische Familienrecht auf dem Prinzip der biologischen Elternschaft, die jedoch allein nicht ausreicht. Vielmehr muss sie auch im rechtlichen Sinne ihre Bestätigung finden, indem sie die gesetzlich aufgestellten Anforderungen erfüllt. Der entscheidende Anknüpfungspunkt für die Qualifizierung des Mannes als ein einwilligungsberechtigter Elternteil ist sein Status. Die Feststellung der Abstammung des Kindes vom jeweiligen Mann, die zur Entstehung seiner Elternrechte führt und ihm dadurch ein Einwilligungsrecht gewährt, hängt im Gegensatz zu einer Mutterschaftsbestimmung maßgeblich davon ab, ob er mit der Mutter des Kindes verheiratet ist oder nicht.[382]

Neben dem Erwerb der elterlichen Verantwortung durch den Mann, der mit der Mutter des Kindes in einer registrierten Ehe lebt, ist der Schwerpunkt der weiteren Ausführungen insbesondere auf den Sorgerechtserwerb durch den nichtehelichen Vater zu legen, dessen Rechtsstellung mit der Zeit immer mehr an Bedeutung gewinnt. In der heutigen russischen Literatur wird man zunehmend darauf aufmerksam gemacht, dass sich das traditionelle Bild der Familie, in der beide Elternteile miteinander verheiratet sind, in einer Krise befindet.[383] Immer mehr junge Menschen geben ihren beruflichen Zielen vor der Planung und Gründung einer Familie den Vorzug. Auch die wirtschaftliche Situation der Frauen hat sich spürbar gebessert, so dass sie heutzutage nicht zwingend auf eine Ehe angewiesen und durchaus in der Lage sind ihr Kind allein großzuziehen.[384] Diese Entwicklung führt dazu, dass in den letzten Jahrzehnten die Anzahl der außerhalb einer Ehe geborenen Kinder drastisch angestiegen ist.[385] Die nichteheliche Lebensgemeinschaft erfreut sich einer immer größeren Beliebtheit. Die Zahl der registrierten Ehen ist bereits im Jahr 2000 im Vergleich zu 1990 um fast

382 *Krasnova/Alekseeva*, Informationsblatt der Universität Perm. Rechtswissenschaften. 2016, 430.

383 *Neprina/Ponomareva*, Wissenschaftsforum der Jugend: Geisteswissenschaften 2014 N° 12 (18), abrufbar unter https://nauchforum.ru/archive/MNF_humanities/12(18).pdf (Stand 20.07.2017); *Netschaeva*, Familienrecht der Russischen Föderation, S. 82.

384 Eine Befragung von 100 Frauen hat ergeben, dass 50 % von ihnen nicht mehr mit einer Heirat rechnen und sich auch über ein außerehelich geborenes Kind freuen würden und bereit wären alle notwendigen Bedingungen für eine optimale Erziehung des Kindes zu schaffen, *Netschaeva*, Familienrecht der Russischen Föderation, S. 82.

385 *Neprina/Ponomareva*, Wissenschaftsforum der Jugend: Geisteswissenschaften 2014 N° 12 (18), abrufbar unter https://nauchforum.ru/archive/MNF_humanities/12(18).pdf (Stand 20.07.2017).

ein Drittel zurück gegangen.[386] Diese Tendenz setze sich im Laufe der folgenden Jahre fort. So sind zum Beispiel im Jahr 2012 24 % aller Kinder als uneheliche Kinder zur Welt gekommen.[387] Die gegenwärtige Gesetzgebung ermöglicht es einem Mann, der nicht mit der Mutter des Kindes verheiratet ist, seiner Stellung als Vater Rechtskraft zu verleihen und neben der Mutter die Elternrechte auch für sich zu beanspruchen. Dabei handelt es sich um eine Rechtslage, die der russisch-sowjetischen Familiengesetzgebung lange Zeit fremd war. Die Rechtsstellung des nichtehelichen Vaters unterzog sich im sowjetischen Russland einem ständigen Wandel. Zu erwähnen ist in diesem Kontext insbesondere der Erlass des Präsidiums des Obersten Sowjets der UdSSR vom 8. Juli 1944, der die Rechtsbeziehungen nur zwischen der Mutter und dem Kind begründete, während die Feststellung der Abstammung des Kindes von einem unehelichen Vater untersagt wurde.[388] Für den nichtehelichen Vater bestand keine Möglichkeit das Sorgerecht für sich in Anspruch zu nehmen und damit auch die Einwilligungsberechtigung zu erlangen.[389] Dieser sowohl für die Mutter als auch für den außerehelichen Vater, der den Wunsch hatte, für sein Kind die Sorge zu tragen, äußerst nachteilige Zustand dauerte bis zum Inkrafttreten der Grundlagen im Jahre 1968 an.[390]

386 Stepanov-*Meifat*, Kommentar zum Familiengesetzbuch der Russischen Föderation, Art. 48 S. 113.

387 *Ivanova*, Russland – Das Land nichtehelicher Kinder, abrufbar unter http://newsland.com/news/detail/id/392908/ (Stand 14.07.2017). Seit dem Jahr 2010 wird jedes vierte Kind außerehelich geboren, vgl. Konzept der staatlichen Familienpolitik der Russischen Föderation bis zum Jahr 2025, abrufbar unter http://www.komitet2-6.km.duma.gov.ru/site.xp/050049124053056052.html (Stand: 06.10.2016).

388 Erlass „Über die Erweiterung der staatlichen Hilfe für schwangere Frauen, für kinderreiche und alleinstehende Mütter, die Erhöhung des Mutter- und Kinderschutzes, über die Einführung des Ehrentitels „Mutterheldin“ und die Stiftung des Ordens „Mutterruhm“ und der „Mutterschaftsmedaille“, Nachrichtenblatt des Obersten Sowjets der UdSSR 1944, Nr. 37. Vor dem Erlass von 1944 war es für die Eltern des Kindes, unabhängig davon ob sie miteinander verheiratet waren oder nicht, in einem vereinfachten Verfahren möglich den Vater des Kindes feststellen zu lassen, *Alzheva*, Feststellung der Abstammung der Kinder, Abschnitt 2.2, abrufbar unter http://www.to-1.ru/articles/140/ (Stand: 15.07.2017).

389 *Krasnova/Alekseeva*, Informationsblatt der Universität Perm. Rechtswissenschaften. 2016, 428.

390 *Alzheva*, Feststellung der Abstammung der Kinder, Abschnitt 2.2, abrufbar unter http://www.to-1.ru/articles/140/ (Stand: 15.07.2017).

Aufgrund der Koppelung der Einwilligungsbefugnis an das Sorgerecht im russischen Recht wird, wie anfangs erwähnt, im Weiteren eine Analyse des Sorgerechtserwerbs durch eheliche und uneheliche Väter in Russland vorgenommen. Zu diesem Zweck ist eine nähere Darstellung der abstammungsrechtlichen Vorschriften hinsichtlich des Vaters des abzugebenden Kindes erforderlich.

Im Folgenden wird zunächst auf die Einwilligungsberechtigung des in einer Ehe mit der Mutter des Kindes lebenden Vaters eingegangen. Anschließend werden Voraussetzungen aufgezeigt, die ein nichtehelicher Vater für die Begründung seiner Berechtigung zur Einwilligung in die Kindesannahme erfüllen muss.

aa. Vaterschaftsvermutung eines verheirateten Mannes, Art. 48 P. 2 FGB RF

Vorgaben für die Feststellung der Vaterschaft eines mit der Mutter des Kindes verheirateten Mannes ergeben sich in der gegenwärtigen Familiengesetzgebung der Russischen Föderation aus Art. 48 P. 2 FGB RF. Wenn laut der erwähnten Vorschrift das Kind von Personen geboren wurde, die miteinander verheiratet sind, oder innerhalb von 300 Tagen seit dem Zeitpunkt der Auflösung der Ehe, deren Ungültigkeitserklärung oder seit dem Zeitpunkt des Todes des Ehemanns der Kindesmutter geboren wurde, gilt als Vater des Kindes der Ehemann (ehemalige Ehemann) der Mutter, wenn das Gegenteil nicht bewiesen wurde (Art. 52 dieses Gesetzbuches). Die Vaterschaft des Ehemannes der Kindesmutter wird durch die Registrierung ihrer Ehe nachgewiesen. Bei der Regelung des Art. 48 P. 2 FGB RF handelt es sich um eine der wichtigsten Vermutungen der Familiengesetzgebung. Ähnlich wie im deutschen Recht[391] erleichtert die Vaterschaftsvermutung die Feststellung der Vaterschaft und die Erlangung des Sorgerechts hinsichtlich des Mannes, der mit der Kindesmutter in einer rechtsgültigen Ehe lebt bzw. im Falle der Anwendung der 300 Tage Frist gelebt hat.[392] Für die Wirkung der Vaterschaftsvermutung kommt es nicht darauf an, dass zwischen den Eheleuten zum Zeitpunkt der Geburt des Kindes auch tatsächlich eine häusliche Lebensgemeinschaft besteht.[393] Leben die Eltern bereits schon vor der Geburt des Kindes getrennt, wird die Vaterschaft des mit der Kindesmutter verheirateten

391 Vgl. § 1592 Nr. 1 BGB.

392 Die jeweiligen Regelungen der russischen und deutschen Rechtsordnungen gehen auf das Römische Recht zurück, dem die Figur der Vaterschaftsvermutung ebenfalls bekannt war, vgl. *Rabez*, Familien- und Mietrecht 2016, 20.

393 *Nizamijeva*, Kommentar zum Familiengesetzbuch der Russischen Föderation, Art. 48 FGB RF S. 180.

Mannes dennoch weiterhin vermutet.[394] Allein die Tatsache, dass eine rechtsgültige Ehe besteht oder im Falle der Auflösung aus den in der Vorschrift genannten Gründen vor nicht mehr als 300 Tagen bestand, ist für die Vermutung ausreichend.[395] Weitere Beweise müssen seitens der Eheleute nicht erbracht werden.[396]

Kann der jeweilige Mann seine Vaterschaft dank der Vermutung rechtlich begründen, darf die Rolle der Eintragung im Geburtenregister nicht unterschätzt werden. Bei verheirateten Eltern des Kindes richtet sich die Eintragung in das Geburtenbuch nach Art. 51 P. 1 FGB RF, die auf Antrag eines jeden von ihnen stattfinden kann. Erst die Registrierung des festgestellten Vaters als solchen führt zur Entstehung seiner elterlichen Rechte.[397]

Auch wenn die Vermutungswirkung dem Mann, der mit der Kindesmutter in einer Ehe verbunden ist bzw. war, die Etablierung seines rechtlichen Status als Vater und damit den mit der Entstehung der Elternrechte einhergehenden Erwerb der Einwilligungsbefugnis enorm erleichtert, wird in Russland viel Kritik an der dargestellten Vorschrift geübt. Gebe die Mutter demnach bei der Registrierung ihres (ehemaligen) Ehemannes als Vater an, dass der biologische Vater des Kindes ein anderer Mann sei, bleibe diese Auskunftserteilung vom Personenstandsamt unberücksichtigt.[398] Nichts anderes gelte ebenfalls in Bezug auf die Erklärung seitens des (ehemaligen) Ehemannes oder des biologischen Vaters.[399] In der Vorschrift des Art. 48 P. 2 FGB RF heißt es zwar, dass die Vermutung widerlegt werden kann, gleichzeitig wird jedoch auf das gerichtliche Anfechtungsverfahren nach Art. 52 FGB RF verwiesen. Hierbei verkennt der Gesetzgeber, dass sich mit der Zulassung eines solchen Antrags seitens der Beteiligten eine möglichst schnelle Klärung der Rechtsverhältnisse zwischen dem Kind und seinem Elternteil eher erreichen lässt als mit einem aufwendigen und zumeist langwierigen Gerichtsverfahren. Als Beispiel für die Aufnahme einer Regelung, die diesem Wertungswiderspruch entgegenzuwirken vermag, könnten die in den Familiengesetzbüchern anderer Republiken der ehemaligen

---

394 *Nizamijeva*, Kommentar zum Familiengesetzbuch der Russischen Föderation, Art. 48 FGB RF S. 180.

395 *Ptschelinzeva*, Kommentar zum Familiengesetzbuch der Russischen Föderation, Art. 48 FGB RF S. 212.

396 *Ptschelinzeva*, Kommentar zum Familiengesetzbuch der Russischen Föderation, Art. 48 FGB RF S. 212.

397 *Krasnova/Alekseeva*, Universitätsblatt Perm. Rechtswissenschaften. 2016, 429.

398 *Jurtschenko*, Das moderne Recht 2012, 92. Eine Rechtslage, die sich auch im deutschen Recht aufgrund der Regelung des § 1592 Nr. 1 BGB ergibt.

399 *Rabez*, Familien- und Mietrecht 2016, 20.

Sowjetunion enthaltenen Vorschriften dienen. Diese geben sowohl der Mutter als auch ihrem Ehepartner die Gelegenheit eine Erklärung dahingehend abzugeben, dass der mit der Mutter verheiratete Mann nicht der biologische Vater des Kindes ist. In einem solchen Fall erfolgt die Feststellung der Vaterschaft auf einen gemeinsamen Antrag der Mutter und des Mannes hin, der sich als Vater des Kindes anerkennt. Fehlt es an einem gemeinsamen Antrag, kommt erst dann ein gerichtliches Feststellungsverfahren in Betracht.[400] Erwähnenswert ist in diesem Kontext, dass Art. 48 FGB RF vor dem Inkrafttreten des Föderalen Gesetzes „Über die Personenstandsakte" im Jahr 1997 eine vergleichbare Regelung enthielt, die infolge der vorgenommenen Änderungen weggefallen ist.[401]

Für ein weiteres Problem, das die gesetzliche Vaterschaftsvermutung mit sich bringt, liefert die Familiengesetzgebung Russlands ebenfalls keine Lösung. Infolgedessen wird der Erwerb der Einwilligungsbefugnis durch den potenziellen Vater des Kindes im Falle einer bevorstehenden Adoption maßgeblich erschwert. Es handelt sich hierbei um die sog. Konkurrenz der Vermutungen.[402] Lässt sich die Frau scheiden und geht daraufhin eine weitere Ehe ein, stellt sich die Frage, ob die Vaterschaft zu Gunsten des ehemaligen oder des neuen Ehemannes der Kindesmutter vermutet wird, wenn das Kind noch vor Ablauf der 300 Tage Frist geboren wurde. Wendet man die Vorschrift des Art. 48 P. 2 FGB RF sachgemäß an, werden sowohl der ehemalige als auch der neue Ehemann von der Vermutungswirkung der gesetzlichen Bestimmung erfasst.[403] Die Wahrscheinlichkeit der Entstehung einer derartigen Konfliktsituation hat der russische Gesetzgeber bei der Formulierung der Regelung nicht bedacht.[404] In der Literatur wird immer häufiger vorgeschlagen beim auftretenden Problem der Konkurrenz der Vermutungen die Vaterschaft des zweiten Ehemannes der

400 Vgl. Art. 1188 Zivilgesetzbuch Georgiens, Art. 51 FGB Weissrusslands, Art. 46 FGB Kasachstans, Art. 51 P. 3 FGB Kirgistans, Art. 122 P. 2 FGB der Ukraine.

401 *Rabez*, Familien- und Mietrecht 2016, 21; *Krascheninnikov*, Kommentar zum Familiengesetzbuch der Russischen Föderation, Art. 48 FGB RF S. 128.

402 *Jaritschev*, Grundlagenforschung 2014, 1824; *Matvejeva*, Familien- und Mietrecht 2014, 39; *Krascheninnikov*, Kommentar zum Familiengesetzbuch der Russischen Föderation, Art. 48 FGB RF S. 128.

403 *Matvejeva*, Familien- und Mietrecht 2014, 39; *Rabez*, Familien- und Mietrecht 2016, 21.

404 Im deutschen Recht ergibt sich im Zusammenhang mit der Vaterschaftsvermutung das gleiche Problem, das vom Gesetzgeber jedoch hinsichtlich einer Fallkonstellation in § 1593 S. 3 BGB gelöst wird. Ansonsten ist es der Kindesmutter nicht gestattet vor Ablauf der für die Vermutung maßgeblichen Frist eine erneute Ehe einzugehen.

Kindesmutter anzunehmen.[405] Begründet wird dieser Lösungsvorschlag mit den Interessen des Kindes, denen eine Eimischung des ehemaligen Mannes in die durch eine weitere Heirat der Mutter neu entstandene Familiengemeinschaft zuwiderlaufen würde.[406] Zum Schutz der Kindesinteressen wird außerdem eine Einschränkung des Anfechtungsrechts des biologischen Vaters in zeitlicher Hinsicht vorgebracht. So soll für die Ausübung des Anfechtungsrechts die Einhaltung einer sechsmonatigen Frist beginnend am Tag der Geburt des Kindes verlangt werden.[407]

bb. Vaterschaftserklärung des nichtehelichen Vaters gemäß Art. 48 P. 3 FGB RF

Ein Mann, der mit der Mutter nicht in einer Ehe verbunden ist, wird nicht ausnahmslos vom Kreis der Einwilligungsberechtigten ausgeschlossen. Vielmehr ist die Einhaltung eines vom russischen Gesetzgeber vorgeschriebenen Verfahrens für die Inanspruchnahme der elterlichen Berechtigung zur Einwilligung in eine Adoption erforderlich.

Der uneheliche Vater kann in der russischen Rechtsordnung eine Erklärung abgeben, um seinem Vaterschaftsstatuts auch im rechtlichen Sinne Geltung zu verleihen und infolge dessen die elterliche Sorge für das Kind neben der Mutter für sich beanspruchen zu können. Art. 48 P. 3 HS. 1 FGB RF besagt zunächst, dass die Vaterschaft der Person, die nicht mit der Kindesmutter verheiratet ist, aufgrund der Einreichung eines gemeinsamen Antrags des Vaters und der Mutter des Kindes beim Personenstandsamt festgestellt wird. Dieses Verfahren zur Verleihung des Status eines Elternteils hinsichtlich des nicht mit der Mutter verheirateten Vaters ist aufwendiger ausgestaltet als bei verheirateten Personen.[408] Der potenzielle Vater kann seinen Antrag laut Art. 50 P. 1 des Gesetzes über die Personenstandsakte ausschließlich in schriftlicher Form stellen, während der Antrag der miteinander verheirateten Eltern auch in mündlicher Form zulässig ist.[409] Die wichtigste Voraussetzung für die Wirksamkeit einer Vaterschaftserklärung

405 *Hudjakova*, Medizinrecht 2009, 55; *Jaritschev*, Grundlagenforschung 2014, 1825; *Purge*, Eurasische Juristische Zeitschrift 2011 N° 10 (41), abrufbar unter https://www.eurasialaw.ru (Stand: 13.07.2017).

406 *Hudjakova*, Medizinrecht 2009, 55.

407 *Hudjakova*, Medizinrecht 2009, 55.

408 *Nizamijeva*, Kommentar zum Familiengesetzbuch der Russischen Föderation, Art. 48 FGB RF S. 183.

409 Vgl. Art. 16 P. 1 des Gesetzes über die Personenstandsakte.

des nichtehelichen Mannes ist die Zustimmung der Mutter des Kindes, da die gesetzliche Regelung eindeutig einen gemeinsamen Antrag der Eltern verlangt. In dem Antrag haben zum einen der potenzielle Erzeuger unmissverständlich seinen Willen seine biologische Vaterschaft auch rechtlich feststellen zu lassen kund zu tun und zum anderen die Mutter die biologische Abstammung ihres Kindes vom Antragsteller schriftlich zu bestätigen und ihr Einverständnis mit der Vaterschaftsfeststellung zu erteilen.[410] Der mütterlichen Zustimmung misst man in der russischen Literatur eine wichtige Bedeutung zu, da die Kindesmutter berechtigte Gründe für ihre Weigerung haben könnte.[411] Das Zustimmungserfordernis diene auf diese Weise dem Schutz der Kindesinteressen.[412]

In der Praxis wird die Möglichkeit der gemeinsamen Antragstellung der unverheirateten Eltern zur Erlangung der elterlichen Rechte durch den nichtehelichen Mann von den Vertretern beinahe aller Altersgruppen nicht selten wahrgenommen.[413] Sowohl junge Männer, deren Gefühle für die Kindesmutter noch sehr frisch sind, als auch Männer reiferen Alters, die aus unterschiedlichen Gründen ihre vollwertige Stellung als Vater bezwecken, beantragen die Feststellung der Vaterschaft gemeinsam mit der Mutter des Kindes.[414]

War dem Antragsteller jedoch bekannt, dass er nicht der biologische Vater des Kindes ist und hat er dennoch das Verfahren der gemeinsamen Antragstellung betrieben, bleibt ihm der spätere Weg der Vaterschaftsanfechtung aufgrund der Regelung des Art. 52 P. 2 FGB RF verwehrt. Im adoptionsrechtlichen Kontext spielt die erwähnte Vorschrift insoweit eine wichtige Rolle. In der Praxis kommt es nicht selten vor, dass ein Mann seine Vaterschaft mit Zustimmung der Mutter trotz des Wissens um eine fehlende biologische Abstammung des

410 *Nizamijeva*, Kommentar zum Familiengesetzbuch der Russischen Föderation, Art. 48 FGB RF S. 183; *Purge*, Eurasische Juristische Zeitschrift 2011 N° 10 (41), abrufbar unter https://www.eurasialaw.ru (Stand: 13.07.2017); *Krascheninnikov*, Kommentar zum Familiengesetzbuch der Russischen Föderation, Art. 48 FGB RF S. 128.

411 *Lapina*, Das Entstehen und Erlöschen von elterlichen Rechten und Pflichten, abrufbar unter http://www.justicemaker.ru/view-article.php?id=18&art=1480 (Stand: 25.07.2017).

412 *Lapina*, Das Entstehen und Erlöschen von elterlichen Rechten und Pflichten, abrufbar unter http://www.justicemaker.ru/view-article.php?id=18&art=1480 (Stand: 25.07.2017).

413 *Netschaeva*, Familienrecht der Russischen Föderation, S. 84.

414 *Netschaeva*, Familienrecht der Russischen Föderation, S. 84.

Kindes von dem jeweiligen Mann anerkennt.[415] Auf diese Weise strebt man die Umgehung des aufwendigen Prozesses der Adoption an.[416] Ein solches Vorgehen würde u. U. zu einer Gefährdung der Kindesinteressen führen.[417] Schließlich könnte das Kind von einem Mann großgezogen werden, der von vornherein kein Recht hätte im Sinne des Art. 127 FGB RF ein Adoptivelternteil zu sein.[418] Mit einer derartigen Vaterschaftsfeststellung könnten die Beteiligten zudem den Ausschluss des tatsächlichen Erzeugers von der Geltendmachung seines Einwilligungsrechts bezwecken, der in einem solchen Fall auf das zeitaufwendige gerichtliche Verfahren von Art. 52 FGB RF angewiesen wäre. Die aufgeführten Vorgehensweisen stellen einen klaren Verstoß gegen Art. 48 P. 3 Abs. 1 HS. 1 FGB RF dar, dem Art. 52 P. 2 FGB RF entgegenwirken soll.

Der Gesetzgeber ermöglicht es zwar dem nichtehelichen Vater auch für sich ein Einwilligungsrecht zu beanspruchen, um auf die bevorstehende Adoption seines leiblichen Kindes Einfluss nehmen zu können. Inwieweit aber das Vorgehen des mutmaßlichen Vaters im Rahmen des Art. 48 P. 3 Abs. 1 HS. 1 FGB RF Erfolg haben wird, hängt entscheidend von dem Willen der Kindesmutter ab, die ihr Einverständnis ohne Angabe von Gründen jederzeit verweigern kann. Eine Ausnahme von diesem Grundsatz bildet Art. 48 P. 3 Abs. 1 HS. 2 FGB RF. Danach stellt die mütterliche Zustimmung in den vom Gesetz bestimmten Fällen keine zwingende Voraussetzung für die Feststellung der Vaterschaft eines mit der Mutter nicht verheirateten Mannes und damit für die Verfügung über eine Einwilligungberechtigung dar. Gemäß Art. 48 P. 3 Abs. 1 HS. 2 FGB RF wird die Vaterschaft im Falle des Ablebens der Mutter, der Erklärung ihrer Geschäftsunfähigkeit, der Unmöglichkeit der Feststellung des Aufenthaltsortes der Mutter oder im Falle des Entzuges ihrer elterlichen Rechte auf Antrag des Vaters des Kindes mit Zustimmung des Vormundschafts- und Pflegschaftsorgans und bei Fehlen dieser Zustimmung durch Gerichtsentscheidung festgestellt. Will der Vaterschaftsprätendent den Status eines Elternteils auch ohne das Einverständnis

415 *Alzheva*, Feststellung der Abstammung der Kinder, Abschnitt 2.2, abrufbar unter http://www.to-1.ru/articles/140/ (Stand: 15.07.2017); *Krasnova/Alekseeva*, Informationsblatt der Universität Perm. Rechtswissenschaften. 2016, 433.

416 *Alzheva*, Feststellung der Abstammung der Kinder, Abschnitt 2.2, abrufbar unter http://www.to-1.ru/articles/140/ (Stand: 15.07.2017); *Krasnova/Alekseeva*, Informationsblatt der Universität Perm. Rechtswissenschaften. 2016, 433.

417 *Krasnova/Alekseeva*, Informationsblatt der Universität Perm. Rechtswissenschaften. 2016, 428.

418 *Krasnova/Alekseeva*, Informationsblatt der Universität Perm. Rechtswissenschaften. 2016, 428.

der Kindesmutter verliehen bekommen, trägt er die Beweislast für die dafür erforderlichen Voraussetzungen.[419] Der russische Gesetzgeber lässt jedoch auch in einer derartigen Konstellation die Kindesinteressen nicht außer Acht. Im Fall einer Entbehrlichkeit der mütterlichen Zustimmung muss wiederum das Vormundschafts- und Pflegschaftsorgan seine Einwilligung erklären,[420] das im Vorfeld der Zustimmungserteilung die Kindeswohldienlichkeit einer solchen Vaterschaftsfeststellung und der Erlangung der Elternrechte durch den jeweiligen Mann zu prüfen hat. Kommt die zuständige Behörde zum Ergebnis, dass die bevorstehende Vaterschaftsfeststellung nicht mit dem Ziel sich um das Kind und seine Erziehung zu kümmern, sondern aufgrund anderer mit den Kindesinteressen unvereinbarer Motive angestrebt wird, steht dem Vormundschafts- und Pflegschaftsorgan ebenfalls wie der Kindesmutter das Recht der Zustimmungsverweigerung zu.[421] In einem solchen Fall führt P. 3 des Auslegungsbeschlusses des Obersten Gerichts der Russischen Föderation vom 25. Oktober 1996 aus, dass das Gericht berechtigt ist auf Antrag des Mannes, der mit der Mutter nicht in einer Ehe verbunden ist, seine Vaterschaft festzustellen.[422] Dafür müssen die gesetzlichen Voraussetzungen erfüllt sein.[423] Im Übrigen ist gemäß Art. 48 P. 3 Abs. 2 FGB RF eine Antragstellung zur Vaterschaftsfeststellung schon während der Schwangerschaft der Mutter möglich, wenn die Einreichung eines gemeinsamen Antrages der unverheirateten Eltern nach der Geburt des Kindes sich als unmöglich oder kompliziert erweisen könnte. Auf diese Weise kann sich der uneheliche Vater das maßgebliche Einverständnis der Mutter für die künftige Entstehung seiner Elternrechte und die damit einhergehende Begründung seiner Einwilligungsberechtigung schon frühzeitig sichern, wenn sie den Antrag

419 Vgl. Art. 51 des Gesetzes über die Personenstandsakte; *Ptschelinzeva*, Das Familienrecht Russlands, S. 264.

420 *Ptschelinzeva*, Das Familienrecht Russlands, S. 264.

421 Art. 48 P. 3 Abs. 1 HS. 2 FGB RF; *Krascheninnikov*, Kommentar zum Familiengesetzbuch der Russischen Föderation, Art. 48 FGB RF S. 128; *Netschaeva*, Familienrecht der Russischen Föderation, S. 82.

422 Auslegungsbeschluss des Obersten Gerichts der Russischen Föderation vom 25. Oktober 1996 N° 9 „Über die Anwendung des Familiengesetzbuches der Russischen Föderation durch die Gerichte bei der Prüfung der Vaterschaftsfeststellungs- und Unterhaltssachen".

423 Auslegungsbeschluss des Obersten Gerichts der Russischen Föderation vom 25. Oktober 1996 N° 9 „Über die Anwendung des Familiengesetzbuches der Russischen Föderation durch die Gerichte bei der Prüfung der Vaterschaftsfeststellungs- und Unterhaltssachen".

bis zur Registrierung der Geburt des Kindes nicht zurück nimmt.[424] Wird die Vaterschaft des potenziellen Erzeugers in der von Art. 48 P. 3 Abs. 1 FGB RF vorgeschriebenen Form festgestellt, erfolgt seine Eintragung nach Maßgabe des Art. 51 P. 2 FGB RF.

cc. *Vaterschaftsfeststellung im gerichtlichen Verfahren*

Lehnt die Mutter des Kindes die Einreichung eines gemeinsamen Antrags ab oder verweigert das Vormundschafts- und Pflegschaftsorgan im Falle des Art. 48 P. 3 Abs. 1 HS. 2 FGB seine Zustimmung, kommt für den potenziellen Erzeuger, der mit der Kindesmutter nicht in einer rechtsgültigen Ehe steht, nur der gerichtliche Weg der Begründung der rechtlichen Vaterschaft in Betracht. Art. 49 S. 1 FGB RF bestimmt, dass im Falle der Geburt des Kindes von Eltern, die nicht miteinander verheiratet sind, und bei Fehlen eines gemeinsamen Antrags der Eltern die Abstammung des Kindes von einer bestimmten Person (Vaterschaft) im gerichtlichen Verfahren auf Antrag eines Elternteils, des Vormunds (Pflegers) oder auf Antrag der Person, die den Unterhalt für das Kind erbringt, sowie auf Antrag des Kindes selbst bei dessen Erreichen der Volljährigkeit festgestellt wird. Auch wenn ein gerichtliches Vaterschaftsfeststellungsverfahren in den meisten Fällen auf die Initiative der Kindesmutter zurückzuführen ist,[425] kann ein solches Verfahren auch vom potenziellen Vater zwecks Erwerbs der Einwilligungsberechtigung bei einer anstehenden Adoption seines Kindes angestrebt werden. Gemäß S. 2 der genannten Vorschrift zieht das Gericht dabei alle Beweise in Betracht, die die Abstammung des Kindes von einer bestimmten Person mit Gewissheit bestätigen. Art. 55 ZPG RF zählt die Mittel der Beweiserbringung, die in einem Gerichtsverfahren zugelassen sind, auf. Die Regelung der gerichtlichen Vaterschaftsfeststellung, die die heranzuziehenden Beweise nicht näher bezeichnet, geht auf P. 2 des Auslegungsbeschlusses des Obersten Gerichts der Russischen Föderation vom 25.10.1996 N° 9 „Über die Anwendung des Familiengesetzbuches der Russischen Föderation durch die Gerichte bei der Prüfung

---

424 Sowohl der uneheliche Vater als auch die Mutter können ihren Antrag zur Vaterschaftsfeststellung nur bis zum Zeitpunkt der Registrierung der Geburt zurücknehmen, *Nizamijeva*, Kommentar zum Familiengesetzbuch der Russischen Föderation, Art. 48 FGB RF S. 184.

425 *Levuschkin*, Jurist 2011, 24; *Loginova*, Informationsblatt der Udmurtischen Universität 2009, 229; *Netschaeva*, Familienrecht der Russichen Föderation, S. 85; *Ptschelinzeva*, Das Familienrecht Russlands, S. 268; *ders.*, Kommentar zum Familiengesetzbuch der Russischen Föderation, Art. 49 FGB RF S. 221.

der Vaterschaftsfeststellungs- und Unterhaltssachen" zurück. Sie ist auf nach dem Inkrafttreten des neuen Familiengesetzbuches geborene Kinder anwendbar. Obwohl laut Art. 67 Abs. 2 ZPG RF keinem zu der Sache erhobenen Beweis bereits vorab eine stärkere Aussagekraft beigemessen werden darf und die Beweise stets im Zusammenhang mit den anderen Beweismitteln zu bewerten sind,[426] zeichnet sich in der russischen Gerichtspraxis die Tendenz ab gerade der genetischen Untersuchung eine unstreitige Beweiskraft zuzusprechen.[427]

Der vor der Einführung des Familiengesetzbuches im Jahr 1996 geltende Art. 48 FGB-1969, der zum ersten Mal seit 25 Jahren eine gerichtliche Vaterschaftsfeststellung hinsichtlich des nichtehelichen Vaters möglich machte,[428] beinhaltete vom Gesetzgeber konkret formulierte Kriterien, die das Gericht bei seiner Entscheidung zu berücksichtigen hatte. Nach der früher geltenden Vorschrift kam es demnach darauf an, ob die Mutter des Kindes mit dem Mann, dessen Vaterschaft festzustellen war, gemeinsam gelebt und eine gemeinsame Hauswirtschaft geführt hat oder beide für die Erziehung und den Unterhalt des Kindes gesorgt haben oder Beweise erbracht wurden, die die Anerkennung der Vaterschaft durch den jeweiligen Mann glaubwürdig bestätigen.[429] Für die Begründung der rechtlichen Vaterschaft des potenziellen Erzeugers musste zumindest einer dieser Umstände erfüllt sein.[430] Mit dem Inkrafttreten des neuen Familiengesetzbuches ist das Gericht bei seiner Entscheidung über die Feststellung der Vaterschaft eines bestimmten Mannes zwar nicht mehr an

---

426 So wurden zum Beispiel mit einem Auslegungsbeschluss des Obersten Gerichts der Republik Tatarstan Gerichtsentscheidungen der nachgeordneten Instanzen zur Vaterschaftsfeststellung aufgehoben, die sich ausschließlich auf einer genetischen Untersuchung und den Aussagen der Klägerin sowie ihrer Verwandten gründete, während die Aussage des Mannes, dass er nicht nur einmal verheiratet war und jede seiner Ehen aufgrund des fehlenden Nachwuchses in die Brüche gegangen seien, vom Gericht als unerhebliche Behauptungen bewertet wurden. Eine erneute genetische Untersuchung und die Vorlage medizinischer Unterlagen, die das Vorhandensein von die Unfruchtbarkeit verursachenden Krankheiten bestätigten, rechtfertigten die Annahme einer fehlenden objektiven Beurteilung seitens der Gerichte, Auslegungsbeschluss des Obersten Gerichts der Republik Tatarstan vom 23. Mai 2007 N° 44-Г-160.

427 *Krascheninnikov*, Gerichtspraxis in Familiensachen, S. 401 f; *Kuznetsova*, Informationsblatt der Staatlichen Juristischen Akademie Saratow 2016, 74.

428 Siehe Erlass vom 08.07.1944.

429 Siehe Art. 48 Abs. 2 FGB-1969.

430 *Lapina*, Das Entstehen und Erlöschen von elterlichen Rechten und Pflichten, abrufbar unter http://www.justicemaker.ru/view-article.php?id=18&art=1480 (Stand: 25.07.2017); Ptschelinzeva, Das Familienrecht Russlands, S. 269.

das Vorhandensein solcher Kriterien gebunden. Dennoch findet Art. 48 FGB-1969 heutzutage immer noch auf diejenigen Kinder Anwendung, die vor dem 1. März 1996 geboren wurden.[431] Zudem können die genannten Kriterien auch im Rahmen des Vaterschaftsfeststellungsverfahrens hinsichtlich der nach dem maßgeblichen Datum geborenen Kinder Beachtung finden, haben jedoch hierbei keinen zwingenden Charakter mehr für das Gericht.[432] Bei der Darstellung des Regelungsinhalts der beiden Vorschriften fällt jedoch auf, dass die zeitliche Begrenzung des Anwendungsbereichs des Art. 49 FGB RF und die entsprechende Anwendung des Art. 48 FGB-1969 auf die vor dem 1. März 1996 nicht ehelich geborenen Kinder eine Benachteiligung dieser darstellt.[433] Da vom Gericht in solchen Fällen die gemeinsame Haushaltsführung bzw. Erziehung als ausschlaggebende Beweismittel herangezogen werden, wird die Vaterschaftsfeststellung hinsichtlich der Kinder, die aus einer einmaligen Verbindung zwischen Mann und Frau entstanden sind, nahezu unmöglich gemacht.[434]

Die gerichtlichen Verfahren zur Vaterschaftsfeststellung zeichnen sich durch eine besonders langwierige Verfahrensdauer aus und sind zudem sehr aufwendig und oftmals mit hoher emotionaler Belastung für die Beteiligten des Verfahrens verbunden.[435] Dennoch scheint man in der Praxis immer öfter auf diese Möglichkeit der Erlangung der elterlichen Sorge zurückzugreifen. Es ist ein Anstieg der Anzahl gerichtlicher Vaterschaftsfeststellungsverfahren zu verzeichnen.[436] Ebenfalls wie im Rahmen der Vaterschaftsfeststellung nach Art. 48 P. 3 FGB RF erfolgt die Eintragung des im gerichtlichen Verfahren festgestellten Vaters nach Maßgabe des Art. 51 P. 2 FGB RF. Sie führt schließlich zur Entstehung von Rechten und Pflichten zwischen dem Kind und dem jeweiligen Elternteil.

dd. Rechtliche Vaterschaft eines Dritten

Wenn der leibliche Vater Kenntnis von der bevorstehenden Adoption erlangt, könnte sich die Begründung seiner Einwilligungsberechtigung vor allem dann als besonders problematisch darstellen, wenn bereits eine rechtliche Vaterschaft

---

431 *Krascheninnikov*, Kommentar zum Familiengesetzbuch der Russischen Föderation, Art. 49 FGB RF S. 132; *Bespalov*, Kommentar zur Gerichtspraxis in Familiensachen, S. 119.

432 *Ptschelinzeva*, Das Familienrecht Russlands, S. 275.

433 *Netschaeva*, Familienrecht der Russischen Föderation, S. 86.

434 Siehe auch *Bespalov*, Kommentar zur Gerichtspraxis in Familiensachen, S. 119.

435 *Ptschelinzeva*, Das Familienrecht Russlands, S. 269; *ders.*, Kommentar zum Familiengesetzbuch der Russischen Föderation, Art. 49 FGB RF S. 221.

436 Gerichtliche Statistik für die Jahre 2000–2003, Russische Justiz 2002 S. 68 / 2003 S. 74.

eines Dritten besteht. Liegt ein Auseinanderfallen von leiblicher und rechtlicher Vaterschaft vor, sieht das russische Familienrecht die Möglichkeit der Vaterschaftsanfechtung gemäß Art. 52 FGB RF vor. Danach kann diejenige Person, die tatsächlich der Vater des Kindes ist, die Eintragung des rechtlichen Vaters im Geburtenregister im Rahmen eines gerichtlichen Verfahrens anfechten. Im Vergleich zu der früher herrschenden Rechtslage hat das neue Familiengesetzbuch den Kreis der Anfechtungsberechtigten deutlich erweitert, indem unter anderem auch dem biologischen Vater das Recht gewährt wurde durch eine Anfechtung der juristischen Vaterschaft seine eigene rechtlich zu begründen.[437]

Das russische Familienrecht geht von dem Grundsatz aus, dass die Familiengemeinschaft vor der Einmischung Dritter zu schützen ist. Der Gesetzgeber sieht dieses Ziel jedoch bereits durch die in Art. 52 P. 1 FGB RF vorgenommene Eingrenzung des Kreises der Anfechtungsberechtigten erreicht. Die gesetzliche Regelung beinhaltet zwar einige Einschränkungen in P. 2 und 3, allerdings beziehen sie sich auf die rechtliche Elternschaft. Den Ausschluss des Anfechtungsrechts des biologischen Vaters aufgrund einer bestehenden sozial-familiären Beziehung zwischen dem rechtlichen Vater und dem Kind sieht das russische Recht nicht vor. Dennoch ist das Gericht gehalten, wie der Auslegungsbeschluss vom 16.5.2017 ausführt, auch solche Umstände wie die Dauer der zwischen dem rechtlichen Vater und dem Kind entstandenen Familienverhältnisse sowie die emotionale Verbindung zwischen den beiden bei seiner Entscheidung zu berücksichtigen.[438] Das Gericht ist sogar berechtigt trotz der Feststellung der biologischen Abstammung vom Anfechtenden die Klage abzuweisen, wenn mit der Anfechtung der Vaterschaft nicht gleichzeitig die Feststellung derselben hinsichtlich des biologischen Vaters begehrt wird und die gerichtliche Entscheidung den Kindesinteressen am besten entspricht.[439]

---

437 Vgl. hierzu Art. 49 FGB-1969; dabei ist zu beachten, dass der Gesetzgeber auch hier zwischen den vor und nach dem Inkrafttreten des neuen Familiengesetzbuches geborenen Kindern unterscheidet. Während nach neuem Recht die Ausübung des Anfechtungsrechts zeitlich nicht begrenzt ist, enthält das alte Recht in Art. 49 Abs. 5 FGB-1969 eine Anfechtungsfrist von einem Jahr, die immer noch im Falle eines vor dem 1. März 1996 geborenen Kindes Anwendung findet.

438 P. 28 des Auslegungsbeschlusses des Obersten Gerichts der RF vom 16.05.2017 N° 16 „Über die Anwendung der Gesetzgebung durch die Gerichte bei der Prüfung der Verfahren hinsichtlich der Feststellung der Abstammung der Kinder".

439 P. 28 des Auslegungsbeschlusses des Obersten Gerichts der RF vom 16.05.2017 N° 16 „Über die Anwendung der Gesetzgebung durch die Gerichte bei der Prüfung der Verfahren hinsichtlich der Feststellung der Abstammung der Kinder".

ee. *Ermittlungspflicht des Vormundschafts- und Pflegschaftsorgans oder des Gerichts bei Unkenntnis des biologischen, rechtlich nicht festgestellten Vaters?*

Die russischen Gerichte haben sich bisher noch nicht ausdrücklich mit der Frage auseinander gesetzt, ob im Rahmen eines eingeleiteten Adoptionsverfahrens eine Pflicht des zuständigen Gerichts zur Ermittlung des mutmaßlichen, rechtlich noch nicht festgestellten Vaters besteht, wenn die Mutter eine Auskunft über den biologischen Vater verweigert oder dieser aus anderen Gründen nicht bekannt ist, um ihm die Möglichkeit der Begründung seiner rechtlichen Vaterschaft und der Ausübung seines Einwilligungsrechts zu geben. Ganz im Gegenteil geht man in Russland davon aus, dass in einer solchen Fallkonstellation das Kind im juristischen Sinne keinen Vater hat und auch keine Nachforschungen bezüglich seiner Person stattzufinden haben.[440] Erteilt die leibliche Mutter ihre Einwilligung bzw. wird ihr die elterliche Sorge entzogen, so dass ihre Einwilligung in die bevorstehende Annahme nicht erforderlich ist, ist das anzunehmende Kind als ein Kind ohne elterliche Sorge zu qualifizieren und kann ohne das Erfordernis der Einholung weiterer Einwilligungen durch Dritte adoptiert werden.[441]

Die Frage nach der etwaigen Ermittlungspflicht der Vormundschafts- und Pflegschaftsorgane sowie des zuständigen Gerichts bei der Durchführung des Adoptionsverfahrens spielt in einer Vielzahl von Sachverhalten eine sehr bedeutende Rolle. Dies wird insbesondere aufgrund der in der russischen Literatur häufig geschilderten Fälle deutlich. So trug sich in der Stadt Tjumen im Jahr 2015 folgender Sachverhalt zu, bei dem es sich sicherlich um keinen Einzelfall handelt:[442] Ein Mann erbat um rechtliche Unterstützung beim Schutz und bei der Verwirklichung seiner Elternrechte. Dazu führte er aus, dass er mit seiner Lebenspartnerin und ihrem gemeinsamen minderjährigen Kind jahrelang zusammenlebte, ohne eine rechtsgültige Ehe mit der Kindesmutter einzugehen. Ebenso erfolgte keine Feststellung der Vaterschaft des Mannes hinsichtlich des gemeinsamen Kindes. Im Mai 2015 musste der Mann eine längere Geschäftsreise an das andere Ende des Landes antreten. Bei seiner Rückkehr wurde ihm

---

440 Ausführungen des Rechtsanwalts *Anton Zharov*, abrufbar unter http://zharov.info/teoriya-i-nauka/adoption/kuda-rebenka (Stand: 15.07.2017).

441 Ausführungen des Rechtsanwalts *Anton Zharov*, abrufbar unter http://zharov.info/teoriya-i-nauka/adoption/kuda-rebenka (Stand: 15.07.2017).

442 Dargestellt bei *Krasnova/Alekseeva*, Informationsblatt der Universität Perm. Rechtswissenschaften. 2016, 428.

mitgeteilt, dass seine Frau verstorben sei und sein Kind adoptiert wurde. Mit dem Hinweis auf die Wahrung des Adoptionsgeheimnisses gemäß Art. 139 FGB RF verweigerten ihm die zuständigen Behörden jegliche Auskunft bezüglich der Adoptivfamilie und des Aufenthaltsortes seines Kindes. Zudem ist es dem Mann auch nicht gelungen Beweise dafür zu erbringen, dass er tatsächlich der biologische Vater des zur Adoption freigegebenen Kindes ist.

An dem dargestellten Beispiel erkennt man, wie verheerend die Folgen einer gänzlich fehlenden Ermittlungspflicht hinsichtlich der Klärung der Frage, wer als biologischer und damit potenzieller rechtlicher Vater des Kindes in Betracht kommt, seitens der Behörden sowie des Gerichts sein können. Der biologische Vater, der jahrelang in einer häuslichen Gemeinschaft mit seinem Kind gelebt hat und voraussichtlich auch nach dem Tod der Mutter sich um das Kind weiterhin sorgen würde, hat nun nach einer erfolgten Adoption keine Möglichkeit mehr an dem Leben seines eigenen Kindes teil zu nehmen. Die Ermittlung des biologischen Vaters wurde im vorliegenden Fall zwar durch den Tod der Mutter erschwert. Die Vormundschafts- und Pflegschaftsorgane hätten dennoch im Vorfeld der Vorbereitung der Adoption und das zuständige Gericht unmittelbar im Adoptionsverfahren selbst Bekannte und Verwandte der Familie zur Person des potenziellen Erzeugers befragen können.

Der einzige äußerst konstruiert klingende Fall, in dem eine Ermittlungspflicht des Gerichts im Rahmen eines Adoptionsverfahrens gemäß der aktuellen Gesetzeslage denkbar wäre, ergibt sich im Zusammenhang mit der gerichtlichen Vaterschaftsfeststellung. Laut Art. 49 FGB RF haben auch Vormünder (Pfleger) sowie Personen, die für den Unterhalt des Kindes aufkommen, das Recht eine Vaterschaftsfeststellungsklage zu erheben. Ist der Aufenthalt des Mannes, dessen Feststellung der Vaterschaft hierbei begehrt wird, unbekannt, so ist das Gericht gemäß Art. 120 ZGB RF verpflichtet seine Ermittlung zu veranlassen. Steht die Adoption des Kindes unmittelbar bevor, könnten der Vormund (Pfleger) oder die Personen, die für das Kind sorgen, damit das Ziel verfolgen dem mutmaßlichen Vater die Gelegenheit zu geben die Einwilligungsbefugnis zu erlangen und dadurch die bevorstehende Kindesannahme zu verhindern.

c. *Frist der Einwilligung*

Gemäß Art. 129 P. 3 S. 2 FGB RF kann die Einwilligung der Eltern zur Adoption des Kindes erst nach dessen Geburt erteilt werden. Eine pränatale Einwilligungserteilung ist damit zwar unzulässig, die Eltern des Kindes können jedoch schon unmittelbar nach der Geburt der Annahme zustimmen und sind an keine Fristen gebunden.

In der russischen Literatur wird dem Vorbild Deutschlands sowie einiger anderer europäischer Länder folgend vermehrt vorgeschlagen zumindest der Mutter bei der Erteilung ihrer Einwilligung durch die Einführung der entsprechenden Norm eine bestimmte Frist zu setzen, in der sich die Frau der Tragweite ihrer Abgabeentscheidung bewusst werden kann und deren Ablauf sie abwarten muss, bis eine Zustimmung zur Adoption wirksam erteilt werden kann.[443] Die Aufnahme einer solchen Frist in das Familiengesetzbuch Russlands diene vor allem als zusätzlicher Schutz des Rechts eines jeden Neugeborenen innerhalb seiner Ursprungsfamilie aufzuwachsen.[444]

3. *Rechtsvergleichende Betrachtung*

Mit den Einwilligungsvorschriften in der heute geltenden Fassung, die in der nationalen Adoptionsgesetzgebung beider Länder enthalten sind, kommen sie einer den Mitgliedstaaten der Vereinten Nationen durch das Übereinkommen über die Rechte des Kindes aus dem Jahre 1989 auferlegten Pflicht, die Eltern von ihren Kindern nicht gegen deren Wunsch zu trennen, nach. Damit schützen sowohl die internationalen Vorgaben als auch die nationalen gesetzlichen Bestimmungen nicht nur die Rechte der Kinder, sondern auch das Recht der Eltern ihre Kinder selbst zu erziehen.[445]

Bevor die konkrete Ausgestaltung der Einwilligungsvorschriften der beiden Länder im Vergleich zu erörtern sein wird, ist zunächst auf eine besondere Einwilligungsform des russischen Rechts einzugehen, die bereits im Rahmen der Darstellung der elterlichen Einwilligung nach russischem Recht kurz erwähnt wurde. Gemäß Art. 129 P. 3 FGB RF können Eltern ihre Einwilligung zur Adoption des Kindes auch ohne die Angabe der konkreten Person erklären. Hierbei handelt es sich um die sog. Blankoeinwilligung, deren Einführung im deutschen Recht zwar oft diskutiert, jedoch immer wieder verworfen wurde. In Russland findet diese Form der Einwilligungserteilung dagegen häufig Anwendung und

---

443 *Tatarinzeva*, Über die Wirksamkeitsvoraussetzungen der elterlichen Einwilligung zur Adoption des Kindes in der Russischen Föderation und den europäischen Ländern, abrufbar unter http://отрасли-права.рф/article/2564 (Stand: 19.07.2017).

444 *Tatarinzeva*, Über die Wirksamkeitsvoraussetzungen der elterlichen Einwilligung zur Adoption des Kindes in der Russischen Föderation und den europäischen Ländern, abrufbar unter http://отрасли-права.рф/article/2564 (Stand: 19.07.2017).

445 *Tatarinzeva*, Über die Wirksamkeitsvoraussetzungen der elterlichen Einwilligung zur Adoption des Kindes in der Russischen Föderation und den europäischen Ländern, abrufbar unter http://отрасли-права.рф/article/2564 (Stand: 19.07.2017).

übt erheblichen Einfluss auf die gängige Praxis der Institutionen, die die Fürsorge elternloser Kinder und Kinder ohne elterliche Sorge sicherzustellen haben, aus. Die Zulässigkeit der Blankoeinwilligung ermöglicht es der Verwaltung einer institutionellen Erziehungsanstalt bereits bei der Aufnahme eines Kindes, deren Eltern seiner Erziehung und Pflege aus unterschiedlichen Gründen nicht mehr nachkommen wollen, die elterliche Einwilligung in die künftige Annahme durch Dritte zu erlangen,[446] auch wenn zum Zeitpunkt der Zustimmungsabgabe die potenziellen Adoptiveltern noch nicht feststehen.

Im Gegensatz zum deutschen Recht ist die Erklärung der Einwilligung gegenüber dem zuständigen Gericht nicht zwingend erforderlich.[447] Art. 129 P. 1 Abs. 2 FGB RF bestimmt, dass die Einwilligung der Eltern zur Adoption ihres Kindes in einem Antrag erklärt werden muss, der notariell oder vom Leiter der Organisation, in der sich das Kind ohne elterliche Sorge aufhält, oder vom Vormundschafts- und Pflegschaftsorgan am Ort der Durchführung der Kindesannahme oder am Ort des Wohnsitzes der Eltern beglaubigt ist, wobei die Einwilligung auch unmittelbar vor Gericht bei der Adoptionsdurchführung erklärt werden kann. Zudem weist die Einwilligungserklärung nach russischem Recht eine besondere Eigenschaft auf, wodurch sie sich grundlegend von der Erklärung dieser Art im deutschen Recht unterscheidet. Während in Deutschland die Einwilligung eines Elternteils gemäß § 1750 IV BGB schon dann ihre Kraft verliert, wenn das Kind nicht innerhalb von drei Jahren seit ihrem Wirksamwerden angenommen wird, bleibt die Wirksamkeit der elterlichen Einwilligung nach Art. 129 FGB RF vom etwaigen Zeitablauf unberührt. Somit ist nach einer einmal erteilten Einwilligung keine erneute Einholung der Zustimmung unmittelbar vor der Kindesannahme erforderlich.[448] Kommt es erst nach einer beträchtlichen Zeit seit der Einwilligungserteilung zur Annahme des Kindes, müssen die leiblichen Eltern vor der Durchführung der Adoption nicht mehr in Kenntnis darüber gesetzt werden.[449] Liegt folglich die elterliche Einwilligung in die Adoption bereits bei der Aufnahme des Kindes in die Erziehungsanstalt vor, wird dadurch die Durchführung der Adoption, sobald die passenden

---

446 *Ptschelinzeva*, Das Familienrecht Russlands, S. 535.

447 Vgl. § 1750 I BGB.

448 Wie bereits erwähnt bestimmt P. 9 des Auslegungsbeschlusses des Obersten Gerichts der RF vom 20.04.2006 N° 8, dass eine in der gesetzlich vorgeschriebenen Form erteilte elterliche Einwilligung im Rahmen des gerichtlichen Verfahrens der Kindesannahme nicht mehr erklärt werden muss.

449 *Ptschelinzeva*, Das Familienrecht Russlands, S. 535; *Nizamijeva*, Kommentar zum Familiengesetzbuch der Russischen Föderation, Art. 129 S. 432.

Adoptiveltern gefunden sind, erheblich erleichtert und der an sich langwierige Prozess der Kindesannahme maßgeblich beschleunigt. Es bleibt nur zu hoffen, dass bei der Auswahl der Adoptiveltern durch die Vormundschafts- und Pflegschaftsorgane vollkommen ohne Einflussnahme der leiblichen Eltern den Interessen des Kindes im hinreichenden Maße genüge getan wird. Es darf jedoch nicht außer Acht gelassen werden, dass der russische Gesetzgeber den leiblichen Eltern ein Widerrufsrecht gewährt, das sie zu jedem Zeitpunkt ohne Angabe von Gründen vor dem Ausspruch der Annahme durch das Gericht ausüben dürfen. Dieses Recht wird den abgebenden Eltern in Deutschland aufgrund des bereits erwähnten Interesses der Rechtssicherheit verwehrt.

Für die Einwilligungsberechtigung im russischen Recht ist die biologische Elternschaft von entscheidender Bedeutung. Die biologische Abstammung an sich vermittelt jedoch nicht zwangsläufig das Einwilligungsrecht in die Annahme. Vielmehr ist die Einhaltung von wesentlichen vom Gesetz vorgeschriebenen Schritten notwendig, damit die biologische Abstammung zur Entstehung von Elternrechten, die letztendlich das Recht zur Einwilligung beinhalten, führt. In dem hier untersuchten Kontext des Erwerbs der Befugnis zur Einwilligung in die Adoption ist die rechtliche Anerkennung der Elternschaft daher von großer Wichtigkeit. In der russischen Rechtsordnung müssen Eltern, denen die elterliche Verantwortung im Rahmen eines gesetzlich festgelegten Verfahrens entzogen wurde, auch nicht in die Annahme ihres Kindes einwilligen und werden in ihren Rechten nicht verletzt, wenn ihre Zustimmung für die bevorstehende Adoption nicht eingeholt wird.[450] Betrachtet man das Gesamtbild der elterlichen Einwilligungsberechtigung im deutschen und russischen Recht, scheint die Erlangung des Einwilligungsrechts in beiden Rechtssystemen nach einem ähnlichen Prinzip abzulaufen. Ebenso wie im deutschen Recht ist auch in Russland für die Berechtigung zur Einwilligung die Feststellung der Mutterschaft und Vaterschaft ausschlaggebend, der die biologische Abstammung zugrunde gelegt wird. Zwar wird wiederholt betont, dass für das deutsche Einwilligungsrecht nach § 1747 I 1 BGB allein die rechtliche Elternschaft nach §§ 1591, 1592, 1593 BGB ausschlaggebend sei, während die biologische Elternschaft ohne Belang bleibe. Dennoch folgt die rechtliche Zuordnung ebenfalls wie im russischen Recht der biologischen Abstammung. Der grundlegende Unterschied ergibt sich letztendlich daraus, dass in Russland mit der rechtlichen Anerkennung der Elternschaft das Sorgerecht entsteht, das für die elterliche Einwilligungsberechtigung von

450 Kommentar zu Art. 129 FGB RF, abrufbar unter http://www.pravo174.ru/kommsk129.php (Stand: 20.07.2017).

entscheidender Bedeutung ist. Ein weiterer Schritt für die Erlangung des Sorgerechts, wie das deutsche Recht es vorsieht, ist damit auch für den unehelichen Vater nicht erforderlich. Sobald der potenzielle Erzeuger den rechtlichen Vaterschaftsstatus erlangt, wird er im gleichen Moment Inhaber der elterlichen Sorge und folglich der Berechtigung zur Einwilligung in die Adoption seines Kindes. Wird, wie oben dargestellt, den Eltern das Sorgerecht entzogen, verlieren sie auch gleichzeitig ihr Recht der Annahme ihres eigenen Kindes zuzustimmen, während im deutschen Recht ein etwaiger Sorgerechtsentzug auf die Einwilligungsberechtigung zunächst keinen Einfluss hat. Durch die Regelung des russischen Familienrechts ist der Kreis der Einwilligungsberechtigten somit enger gefasst als jener des deutschen Rechts, wonach es nicht darauf ankommt, ob die Eltern zum Zeitpunkt der Einwilligungserteilung immer noch Inhaber der elterlichen Sorge sind oder es jemals waren. Erst im Rahmen der Einwilligungsersetzung wird die Frage nach der Inhaberschaft des Sorgerechts in der deutschen Gesetzgebung relevant.

Des Weiteren fällt beim Vergleich der gesetzlichen Regelungen der beiden Rechtsordnungen auf, dass sich die Bestimmung der Personen, die zum Kreis der einwilligungsberechtigten Eltern gehören, insbesondere im Hinblick auf den potenziellen Vater, zum Teil einfacher gestaltet als im russischen Recht. Den Grund für diese Annahme liefern vor allem abstammungsrechtliche Vorschriften der beiden Länder über die Vaterschaftsvermutung, die für die Einwilligungsbefugnis des Mannes von entscheidender Bedeutung sind. So bestimmt § 1592 Nr. 1 BGB, dass es für die Bejahung der Vaterschaft eines Mannes auf den Bestand der Ehe zwischen dem Mann und der Kindesmutter zum Zeitpunkt der Geburt des Kindes ankommt. Eine Ausnahmeregelung enthält § 1593 BGB, der § 1592 Nr. 1 BGB im Falle der Geburt des Kindes innerhalb von 300 Tagen nach Auflösung der Ehe durch Tod des Vaters gelten lässt. Im russischen Recht findet sich eine ähnliche Regelung, die die 300 Tage Frist jedoch nicht nur bei der Auflösung der Ehe durch Tod, sondern auch bei einer Scheidung oder Ungültigkeitserklärung anwendet. Dadurch wird zwar eine höhere Anzahl von Personen von der Vaterschaftsvermutung umfasst als im deutschen Recht, was sich ebenfalls auf die Einwilligungsberechtigung der potenziellen Väter auswirkt. Dennoch löst nur das deutsche Recht das Problem, das sich infolge der Eingehung einer weiteren Ehe durch die Mutter vor Ablauf der 300 Tage Frist ergibt.[451] Auch wenn die russische Gesetzgebung die Geltung der Vaterschaftsvermutung auf weitere Fälle ausdehnt, um auf diese Weise u.a. mehr Männern die Möglichkeit zu geben die

451 Vgl. 1593 S. 3 BGB.

Elternrechte für das Kind auch für sich beanspruchen zu können, ohne dabei auf die Zustimmung der Mutter bzw. das langwierige Gerichtsverfahren angewiesen zu sein, ist die Bestimmung des Kreises der einwilligungsberechtigten Väter aufgrund der infolge dieser Regelungen entstehenden und von der russischen Rechtsordnung ungelösten Probleme mit Schwierigkeiten verbunden.

Hinsichtlich des Kreises der Einwilligungsberechtigten ist außerdem anzumerken, dass sich dieser in Russland zwar ebenfalls wie im deutschen Adoptionsrecht fast ausschließlich mit wenigen Ausnahmen auf die leiblichen bzw. abgebenden Eltern beschränkt. Dennoch wird in der russischen Literatur wiederholt betont, dass die übrigen Verwandten und ihre Rolle im Leben des Anzunehmenden im Rahmen des Adoptionsprozesses nicht vollständig außer Acht gelassen werden sollten, auch wenn ihr Einwilligungsrecht in beiden Rechtsordnungen gesetzlich nicht vorgeschrieben ist.

Ein weiterer grundlegender Unterschied, der sich im Zusammenhang mit den Einwilligungsvorschriften der beiden Rechtsordnungen ergibt, ist auf die im deutschen Recht enthaltene Regelung des § 1747 I 2 BGB zurückzuführen. Diese erkennt ein Einwilligungsrecht desjenigen Mannes an, der die Voraussetzungen des § 1600 d II S. 1 BGB glaubhaft macht. Der russischen Adoptionsgesetzgebung ist die Möglichkeit der Inanspruchnahme eines Einwilligungsrechts durch einen rechtlich noch nicht festgestellten Vater, also einen Vaterschaftsprätendenten, vollkommen unbekannt. Möchte der biologische uneheliche Vater die Einwilligungsberechtigung erlangen und auf ein bevorstehendes Adoptionsverfahren seines leiblichen Kindes Einfluss nehmen, muss er seine Vaterschaft auch rechtlich etablieren. Bleibt ihm dabei die mütterliche Zustimmung versagt, ist er zwangsläufig auf das gerichtliche Vaterschaftsfeststellungsverfahren angewiesen. In der deutschen Rechtsordnung nimmt man dagegen gerade die bestehende Gesetzessystematik, wonach ebenfalls wie im russischen Recht bei Geburt automatisch nur eine Vater-Kind-Zuordnung zum Ehemann der Mutter erfolgt, für die Berücksichtigung des Vaterschaftsprätendenten bei den Einwilligungserfordernissen zum Anlass.[452] Da in den meisten Fällen, in denen die Mutter ihr Kind zur Adoption freigibt, der rechtliche Vater aber nicht feststeht, wird die verfassungsrechtlich geschützte Position des natürlichen Vaters durch die Schaffung des an bestimmte Voraussetzungen geknüpften Einwilligungsrechts des Vaterschaftsprätendenten gewahrt. Durch die Einführung dieser originellen, der russischen Rechtsordnung unbekannten Regelung sollte vor allem die Situation verhindert werden, in der nach bisherigem Recht das Wohl des Kindes darüber

452 *Gernhuber/Coester-Waltjen* S. 858.

entschied, ob die Adoption bis zur Feststellung der Vaterschaft auszusprechen oder zu verzögern war.[453] An der deutschen Rechtsordnung wurde in der Vergangenheit zunehmend kritisiert, dass durch das väterliche Einwilligungsrecht nach § 1747 I 2 BGB das Kind unter Umständen der Einflussnahme eines mit ihm in keiner leiblichen Verwandtschaftsbeziehung stehenden Mannes ausgesetzt werde. Durch die Inanspruchnahme eines Einwilligungsrechts nach § 1747 I 2 BGB könne ein Mann bereits mittels der Glaubhaftmachung der Voraussetzungen des § 1600 d II S. 1 BGB eine Adoption erheblich verzögern.[454] Dagegen lässt sich anführen, dass die Regelung nicht nur dem Interesse eines potenziellen Erzeugers dient und verhindert, dass er im Falle einer abgeschlossenen Adoption ohne seine Mitwirkung vor vollendete Tatsachen gestellt wird, sondern vor allem dem zu adoptierenden Kind zugutekommen soll. Es entspricht dem Kindeswohl auch den vermuteten biologischen Vater zu beteiligen. Außerdem ist anzumerken, dass dem Vaterschaftsprätendenten im Vergleich zum bereits festgestellten Vater eine schwächere Rechtsstellung mit weniger weitreichenden Rechtswirkungen zukommt. So kann er keinen Antrag auf Übertragung der elterlichen Sorge gemäß § 1747 III Nr. 3 BGB stellen und damit den Adoptionsvorgang blockieren. Diese Befugnis steht ausschließlich einem bereits festgestellten rechtlichen Vater zu.[455] Dadurch lässt sich die Gefahr, dass nicht der wahre Erzeuger einen zu großen Einfluss auf den Adoptionsprozess nehmen kann, weitestgehend verringern und ein gesetzlich tragbarer Kompromiss aushandeln.

Wie bereits dargestellt, fehlt in der russischen Familiengesetzgebung im Gegensatz zum deutschen Recht die Möglichkeit der Erlangung einer Einwilligungsbefugnis durch den rechtlich nicht festgestellten Vater, da die Einwilligungsberechtigung ausnahmslos an die Inhaberschaft des Sorgerechts gekoppelt wird, der die rechtliche Anerkennung der Elternschaft vorausgeht. Der russische Gesetzgeber verkennt jedoch, dass die Inhaberschaft der elterlichen Sorge in bestimmten Fallkonstellationen wenig Aussagekraft hinsichtlich der tatsächlichen Beziehung des Vaters zu seinem Kind aufweist. Ein biologischer Vater, der keine Gelegenheit dazu hatte, seine Elternschaft rechtzeitig vor der Durchführung der Adoption rechtlich begründen zu lassen, sei es aufgrund der fehlenden mütterlichen Zustimmung oder des zeitaufwendigen gerichtlichen

453 Soergel-*Liermann* § 1747 Rn. 11.

454 *Frank*, FamRZ 1998, 394.

455 *Frank*, FamRZ 1998, 394; *Coester-Waltjen*, FamRZ 2013, 1697; *Gernhuber/Coester-Waltjen* § 68 Rn. 63; *Sörgel-Liermann* § 1747 Rn. 9; *Meyer* S. 232.

Feststellungsverfahrens,[456] könnte eine sehr intensive Rolle im Leben des Kindes spielen und eine viel engere Bindung zu ihm haben als ein rechtlicher Vater. Ein an bestimmte Voraussetzungen geknüpftes und daher für eine überschaubare Anzahl von Fällen zugelassenes Einwilligungsrecht des leiblichen Vaters ohne rechtlichen Status, wie es bereits in der deutschen Rechtsordnung vorzufinden ist, würde daher sowohl den Interessen des Kindes als auch seines leiblichen Elternteils entsprechen.

Ein weiterer zu erwähnender Unterschied, der beim Vergleich der beiden Rechtsordnungen auffällt, ergibt sich im Zusammenhang mit der Regelung des Anfechtungsrechts des leiblichen Vaters bei bestehender rechtlicher Vaterschaft eines Dritten. Dabei hebt sich die deutsche Vorschrift durch den in § 1600 II BGB geregelten Ausschluss des Anfechtungsrechts des leiblichen Vaters bei bestehender sozial-familiärer Beziehung zwischen dem rechtlichen Vater und dem Kind hervor. Auf den ersten Blick scheint das damit verfolgte Ziel, die bereits bestehende Familiengemeinschaft vor Einwirkung Dritter zu schützen, optimal erreicht. Dennoch wird dem deutschen Gesetzgeber zu Recht vorgeworfen nicht bedacht zu haben, dass diese Einschränkung in einigen Fallkonstellationen nicht gerechtfertigt zu sein mag. Gelingt dem biologischen Vater der Beweis des Nichtbestehens einer sozial-familiären Beziehung nicht, bleibt auch der Umstand unberücksichtigt, wenn er seinerseits zu dem Kind bereits eine sozial-familiäre Beziehung aufgebaut hat oder aufbauen wollte, dieses ihm jedoch verwehrt wurde.[457] Insbesondere die Fälle, in denen bereits eine enge Verbindung zwischen dem biologischen Vater und dem Kind bestand und auch nach deren Beendigung der Kontakt weiterhin aufrechterhalten geblieben ist, sollten vom Gesetzgeber im Hinblick auf das Kindeswohl anders gehandhabt werden. Ein Beispiel hierfür liefert insbesondere die Entscheidung des AG Herford, wonach eine bereits existierende sozial-familiäre Beziehung zum rechtlichen Vater ein Anfechtungsrecht des leiblichen Vaters nicht ausschließt, wenn zwischen ihm und dem Kind ebenfalls eine solche Beziehung besteht.[458] Eine derartige Vorgehensweise könnte insbesondere im Zusammenhang mit einer

---

456 In den Materialien zum russischen Adoptionsrecht finden sich nirgendwo Angaben dazu, dass ein eingeleitetes gerichtliches Vaterschaftsfeststellungsverfahren zur Aussetzungen des Adoptionsverfahrens führt. Von einer etwaigen Aussetzung ist demnach nicht auszugehen, da sie, wie bereits im Rahmen der Ausführungen zur deutschen Rechtsordnung dargestellt, dem Schutz des Adoptionsrechts zuwiderliefe, vgl. BT-Drucks. 13/4899, S. 113.

457 Vgl. *Coester-Waltjen*, FamRZ 2013, 1695.

458 AG Herford, FamRZ 2008, 1270.

bevorstehenden Adoption eine wichtige Rolle spielen und vor allem eine hinreichende Berücksichtigung des Kindeswohls ermöglichen. Lässt man das Anfechtungsrecht des leiblichen Vaters zu und sollte sich hierbei herausstellen, dass der biologische Vater sehr wohl gewillt und in der Lage wäre für sein eigenes Kind zu sorgen, könnte dies eine geplante Adoption sogar überflüssig machen. Wenn der rechtliche Vater bereit ist in die Annahme seines Kindes durch fremde ihm zumeist unbekannte Personen einzuwilligen, wie es in der Regel bei Fremdadoptionen der Fall ist, verdeutlicht er damit, dass er seine Elternschaft aufgeben will. Ficht aber der möglicherweise leibliche Vater des Kindes dessen Vaterschaft an und hat damit Erfolg, und verweigert er anschließend die Einwilligung in die Annahme, so könnte es sein, dass es dem Wohl des Kindes besser entspricht, bei einer Person untergebracht zu werden, zu der er bereits eine sozial-familiäre Beziehung aufgebaut hat und die ihm vertraut ist, anstatt in eine fremde Familie eingegliedert zu werden. Wenn der leibliche Vater ein solches zeitaufwendiges Verfahren wie das Anfechtungsverfahren betreibt, geschieht es meist nicht mit der Intention, seine Einwilligung in die Annahme zu erteilen und jede Bindung zum Kind abzureißen. Im Vergleich dazu sieht das russische Recht eine interessengerechtere Lösung vor, indem es keinen pauschalen Ausschlusstatbestand regelt, sondern die Berücksichtigung der Umstände des Einzelfalls zulässt.

Die aufgezeigten Unterschiede und Gemeinsamkeiten liefern zwar einen hinreichend anschaulichen Einblick in die Einwilligungssystematik der beiden Rechtsordnungen, eine vollumfängliche rechtsvergleichende Bewertung der elterlichen Einwilligungsberechtigung in der russischen und deutschen Adoptionsgesetzgebung kann jedoch erst im Zusammenhang mit der Darstellung der gesetzlichen Bestimmungen über die Möglichkeit der Kindesannahme ohne bzw. gegen den Willen der abgebenden Eltern vorgenommen werden.

II. Kindesannahme ohne und gegen den Willen der Eltern

Die Existenz der Einwilligungsvorschriften in der deutschen und russischen Adoptionsgesetzgebung wirft die entscheidende Frage auf, ob eine im Rahmen des Kindeswohls gebotene Adoption am entgegenstehenden Willen ungeeigneter Eltern scheitern kann. Die Antwort hierauf liefern die gesetzlichen Bestimmungen beider Rechtssysteme. Dem Institut der Kindesannahme in Deutschland und Russland liegt in erster Linie der Gedanke der Fürsorge zugrunde, der ein Hinwegsetzen über den elterlichen Willen oder die Entbehrlichkeit der Einwilligungserklärung in bestimmten Fallkonstellationen rechtfertigt. Daher erschöpft sich die gesetzliche Regelung der Einwilligungsvorschriften der deutschen als auch der russischen Rechtsordnung nicht in der bloßen Darstellung der

Voraussetzungen, unter denen die Zustimmung zur Adoption eines Kindes erteilt werden kann, sondern legt auch das Vorgehen im Falle einer Einwilligungsverweigerung bzw. die Anforderungen für ihre gänzliche Entbehrlichkeit fest.

1. Entbehrlichkeit und Ersetzung der elterlichen Einwilligung in eine Annahme nach deutschem Recht

Im deutschen Recht sind sowohl die Voraussetzungen für die Entbehrlichkeit der Einwilligung als auch für deren Ersetzung gesetzlich normiert. Während der Entbehrlichkeit lediglich § 1747 IV BGB gewidmet ist, enthält § 1748 BGB eine ausführliche, bis ins Detail gehende Regelung der Einwilligungsersetzung eines Elternteils. Wie bereits im Rahmen der Darstellung der rechtsgeschichtlichen Entwicklung der Kindesannahme aufgezeigt, führte erst das Familienrechtsänderungsgesetz von 1961 mit § 1747 III BGB a.F. eine Regelung ein, die die vormundschaftsgerichtliche Ersetzung der Einwilligung eines Elternteils in die Adoption auf Antrag des Kindes zuließ. Im Laufe der Zeit unterzog sich die gesetzliche Regelung der Einwilligungsersetzung einigen Veränderungen. Die Einwilligungsersetzungsgründe in dem heute geltenden Umfang existieren erst seit dem Kindschaftsrechtsreformgesetz von 1998, das den Kreis der Einwilligungsberechtigten durch die Einführung des § 1748 IV BGB um den nichtehelichen Vater erweiterte.

Ein Hinwegsetzen über den elterlichen Willen, das nun infolge der gerichtlichen Ersetzungsentscheidung grundsätzlich möglich ist, stellt einen schwerwiegenden Eingriff in das verfassungsrechtlich geschützte Eltern-Kind-Verhältnis dar. Daher gehen die Gerichte davon aus, dass die Einwilligungsersetzung „an eng begrenzte Voraussetzungen gebunden und nur dann zulässig ist, wenn das Eltern-Kind-Verhältnis so sehr von der Norm abweicht, dass die Elternverantwortung als das Korrelat des Elternrechts dieser nicht mehr gegenübersteht".[459] Im Mittelpunkt der gesetzlichen Bestimmungen zur elterlichen Einwilligungsersetzung steht vor allem der Schutz des beteiligten Kindes, das uneingeschränkt als Grundrechtsträger zu betrachten ist.[460] Auch wenn es sich bei der Ersetzungsentscheidung um einen massiven Eingriff in das verfassungsrechtlich geschützte Elternrecht handelt, dürfen die Grundrechte des Kindes hierbei keinesfalls außer Acht gelassen werden. Zu deren Schutz und Wahrung ist der Staat unter

---

459 BayObLG, FamRZ 1982, 1131; FamRZ 1984, 939; FamRZ 1994, 1349; BVerfG, FamRZ 1988, 807; BGH, FamRZ 1986, 462.

460 *Willutzki*, ZKJ 2007, 19; Soergel-*Liermann* § 1748 Rn. 4.

anderem in den Fällen schwerwiegenden Versagens der Eltern in ihrer Funktion als Träger der Verantwortung und Sorge für ihr Kind berufen.[461] Daher sind den Elternrechten nach Art. 6 II 2 GG durch das Wächteramt der staatlichen Gemeinschaft insoweit Grenzen zu setzen. Verhalten sich die Eltern verantwortungs- und lieblos gegenüber ihrem Kind oder erweisen sie sich aus einem anderen Grund als erziehungsunfähig, genießt das Wohl des Kindes Vorrang vor dem Elternrecht. Dennoch darf nicht unberücksichtigt bleiben, dass nicht jedes elterliche Versagen oder jede Nachlässigkeit den staatlichen Eingriff in Form der Einwilligungsersetzung rechtfertigt. Wie bereits erwähnt, muss vielmehr eine gravierende Abweichung des Eltern-Kind-Verhältnisses von der Norm gegeben sein.[462] Da sich in einem Ersetzungsverfahren regelmäßig Grundrechte der Eltern und des Kindes gegenüber stehen, ist der vom Bundesverfassungsgericht immer wieder betonte Grundsatz der Verhältnismäßigkeit, wonach die widerstreitenden Interessen von leiblichem Elternteil und Kind gegeneinander abzuwägen sind, strikt anzuwenden.[463]

Im Folgenden werden zunächst die Einwilligungsersetzungsgründe des § 1748 BGB dargestellt, ehe gesondert auf die Vorschrift des § 1747 IV BGB eingegangen wird, die die Voraussetzungen für die Entbehrlichkeit der elterlichen Einwilligung regelt.

a. Zulässigkeit der Einwilligungsersetzung nach § 1748 I bis III BGB

aa. Erfordernis des elterlichen Fehlverhaltens i.S.d. § 1748 I BGB

Die Ersetzungsgründe in § 1748 BGB sind abschließend geregelt. In § 1748 I 1 BGB sind die anhaltend gröbliche Pflichtverletzung und die Gleichgültigkeit gegenüber dem Kind geregelt, deren Feststellung bei Vorliegen der zusätzlichen Anforderung des unverhältnismäßigen Nachteils für das Kind bei Ausbleiben der Adoption die Ersetzung der elterlichen Einwilligung rechtfertigt. Beide

---

461 Staudinger-*Frank* § 1748 Rn. 9; Soergel-*Liermann* § 1748 Rn. 2; MüKo-*Maurer* § 1748 Rn. 24 ff; *Willutzki*, ZKJ 2007, 19.

462 Siehe oben.

463 Bereits nach der erstmaligen Einführung der gesetzlichen Bestimmung zur Einwilligungsersetzung in § 1747 III BGB a. F., wonach eine Ersetzung eine gröbliche Pflichtverletzung oder die Verwirkung der elterlichen Gewalt, die böswillige Verweigerung der Einwilligung seitens des Elternteils sowie das Vorliegen des unverhältnismäßigen Nachteils für das Kind bei Unterbleiben der Annahme verlangte, forderte das Gericht für das Merkmal des unverhältnismäßigen Nachteils eine strenge Verhältnismäßigkeitsprüfung, vgl. BVerfG, NJW 1968, 2235.

Fallvarianten des § 1748 I 1 BGB setzen elterliches Fehlverhalten voraus, das als Beleg für ein schwerwiegendes Versagen der Eltern, Verantwortung für das Kind zu tragen und ihm eine seine Entwicklung fördernde Erziehung zu gewährleisten, dient.[464] Bei der im Fokus stehenden Vorschrift handelt es sich um einen zweigliedrigen Tatbestand, der neben dem Vorliegen eines massiven elterlichen Fehlverhaltens auch, sollte die Annahme nicht stattfinden, den Eintritt eines unverhältnismäßigen Nachteils für das Kind verlangt und damit die Berücksichtigung der Kindesperspektive zwingend voraussetzt.[465]

Eine gröbliche Pflichtverletzung i.S.d. § 1748 I 1 BGB umfasst im Wesentlichen solche Verhaltensweisen, die einen Sorgerechtsmissbrauch bzw. eine Vernachlässigung nach § 1666 BGB darstellen.[466] Das elterliche Fehlverhalten muss zu einer derartigen Störung des Eltern-Kind-Verhältnisses geführt haben, die nicht mehr rückgängig zu machen ist.[467] Für die Qualifizierung der Pflichtverletzung als gröblich ist allein ihre Art und Erheblichkeit ausschlaggebend, während die Dauer des Pflichtverstoßes darauf schließen lässt, ob der Verstoß auch anhaltend im Sinne des Gesetzes ist.[468] Mit diesem Merkmal wird vorausgesetzt, dass die gröbliche Pflichtverletzung mit einer gewissen Kontinuität stattgefunden haben muss, während ein einmaliger Pflichtverstoß nicht ausreichend ist.[469] Dennoch lässt sich keine generelle Aussage darüber treffen, wie lange die Pflichtverletzung gedauert haben muss, um sie als anhaltend einstufen zu können. Vielmehr ist eine Einzelfallbewertung anhand der Art und Schwere der Verletzung erforderlich.[470] Es muss jedoch nicht angenommen werden, dass auch in Zukunft gröbliche Verstöße stattfinden werden.[471] Auch wenn für die Bestimmung der anhaltend gröblichen Pflichtverletzung objektive Kriterien heranzuziehen sind, muss für den Elternteil selbst erkennbar sein, dass sein Verhalten als eine Pflichtverletzung zu werten ist.[472] Weder ein individueller Schuldvorwurf

---

464 BayObLG, FamRZ 2004, 1814; Staudinger-*Frank* § 1748 Rn. 9.

465 BayObLG, NJW-RR 2004, 580; *Gernhuber/Coester-Waltjen* S. 863; *Willutzki*, ZKJ 2007, 20.

466 BayObLG, FamRZ 2005, 541.

467 *Willutzki*, ZKJ 2007, 21.

468 Soergel-*Liermann* § 1748 Rn. 14.

469 *Willutzki*, ZKJ 2007, 21.

470 BayObLG, FamRZ 1984, 938; *Oberloskamp*, ZBLJugR 1980, 584; Bamberger/Roth-*Enders* § 1748 Rn. 9.1; Staudinger-*Frank* § 1748 Rn. 24; MüKo-*Maurer* § 1748 rn. 16.

471 BayObLG, FamRZ 1988, 872.

472 BayObLG, FamRZ 1988, 873; FamRZ 1984, 938; FamRZ 1982, 1931; *Oberloskamp*, ZBLJugR 1980, 585.

noch eine „Böswilligkeit“, wie sie dem alten Recht bekannt war, werden nach der heute geltenden Rechtslage gefordert.[473]

Weiterhin ist im Rahmen der Feststellung des für die Einwilligungsersetzung erforderlichen elterlichen Fehlverhaltens zu beachten, dass ein Elternteil nur dann eine Pflicht verletzen kann, wenn sie ihm auch obliegt.[474] Der Vorwurf der Pflichtverletzung ist hinsichtlich eines Elternteils, der Inhaber des Sorgerechts ist, daher im Vergleich zu einem nichtsorgeberechtigten Elternteil eher wahrscheinlicher. Handelt es sich um die Ersetzung der Einwilligung eines nichtsorgeberechtigten Elternteils, so kommt nur eine Verletzung der Unterhaltspflicht sowie der im Zusammenhang mit dem Umgang stehenden Pflichten in Betracht.[475] Dabei wird häufig die Frage diskutiert, ob die bloße Nichtzahlung von Unterhalt für die Bejahung der groblichen Pflichtverletzung ausreicht. Inzwischen wird mehrheitlich die Meinung vertreten, dass für die Begründung einer gröblichen Pflichtverletzung Verstöße gegen die Unterhaltspflicht mit einer tatsächlichen Kindeswohlgefährdung einhergehen müssen.[476] Kommt somit ein Elternteil trotz bestehender Leistungsfähigkeit seiner Unterhaltspflicht gegenüber dem Kind nicht nach, stellt dieses Verhalten nach überwiegender Ansicht nur dann einen Pflichtverstoß im Sinne des § 1748 I BGB dar, wenn das Kind durch die Nichtzahlung Not leidet.[477] Nach der Rechtsprechung liegt auch dann keine Pflichtverletzung vor, wenn der Unterhalt des Kindes durch Dritte oder seine Pflegeeltern gesichert wird und damit nachteilige Auswirkungen der Nichtzahlung für das Kind ausbleiben.[478]

---

473 MüKo-*Maurer* § 1748 Rn. 17; *Oberloskamp*, ZBLJugR 1980, 585.

474 BayObLG, FamRZ 2002, 1142; FamRZ 1998, 55; FamRZ 1994, 1348; FamRZ 1990, 1150; FamRZ 1984, 419; FamRZ 1979, 1078; OLG Frankfurt, FamRZ 1985, 831; FamRZ 1983, 531; OLG Hamm, ZfJ 1984, 370.

475 BayObLG, FamRZ 2005, 541; FamRZ 2002, 1143 f.; FamRZ 1984, 937; FamRZ 1983, 649.

476 BayObLG, FamRZ 2005, 541; FamRZ 2002, 1143 f.; FamRZ 1984, 937; FamRZ 1983, 649.

477 BayObLG, FamRZ 2005, 541; FamRZ 2004, 397 f., FamRZ 2002, 2242; FamRZ 1998, 55; FamRZ 1984, 935; FamRZ 1984, 419; OLG Schleswig, FamRZ 1994, 1351; OLG Frankfurt, FamRZ 1985, 831; FamRZ 1969, 171.

478 OLGZ, FamRZ 1985, 831; OLG Düsseldorf, DAVorm 1977, 758; in der rechtswissenschaftlichen Literatur stößt diese Auffassung auf Kritik, da der nichtzahlende Elternteil sich jederzeit darauf berufen könnte, dass das Kind durch öffentliche Mittel versorgt wurde und dadurch in jedem Fall dem Vorwurf einer Pflichtverletzung bei Nichtzahlung des Unterhalts entgehen, vgl. Staudinger-*Frank* § 1748 Rn. 19.

Wie bereits erwähnt, muss die gröbliche Pflichtverletzung anhaltend sein. Dagegen berechtigt ein einmaliger Pflichtverstoß nur unter den Voraussetzungen des § 1748 I 2 BGB das Familiengericht auf Antrag des Kindes die Einwilligung des sich weigernden Elternteils zu ersetzen. Es muss sich hierbei zwar nicht um einen anhaltenden aber einen besonders schweren Pflichtverstoß handeln. Ein solcher liegt vor, wenn das elterliche Fehlverhalten mit einer kriminellen Handlung, wie diese beispielsweise bei schweren Körperverletzungen oder seelischen Mißhandlungen zu Lasten des Kindes zu finden ist, gleichgesetzt werden kann.[479] Eine Besonderheit besteht bei Straftaten, die der Elternteil gegenüber Dritten verübt hat. Sie stellen nur dann eine besonders schwere Pflichtverletzung dar, wenn sie mit konkreten Folgen für das Kind einhergehen.[480] Im Gegensatz zu den beiden Fallvarianten des § 1748 I 1 BGB besteht bei der Fallgruppe des § 1748 I 2 BGB nicht das Erfordernis eines unverhältnismäßigen Nachteils. Vielmehr müssen die Umstände des Falls darauf schließen lassen, dass das Kind voraussichtlich dauernd nicht mehr der Obhut des Elternteils anvertraut werden kann.[481] Schwierigkeiten bereitet indessen die Abgrenzung der besonders schweren zur anhaltend gröblichen Pflichtverletzung. Entscheidend ist hierbei, dass ein einmaliges Ereignis ein so massives elterliches Fehlverhalten darstellt, dass ein Aufwachsen des Kindes bei seinen leiblichen Eltern nicht mehr in Erwägung gezogen werden kann.[482]

Neben der anhaltend gröblichen und besonders schweren Pflichtverletzung beinhaltet § 1748 I eine weitere Fallgruppe, die die Gleichgültigkeit eines Elternteils gegenüber seinem Kind beschreibt. Nach einhelliger Auffassung verhält sich ein Elternteil dann gleichgültig, wenn er dem Kind und seiner Entwicklung gänzlich teilnahmslos gegenübersteht.[483] Dies ist insbesondere dann der Fall, wenn er zu dem Kind über längere Zeit keinen Kontakt pflegt und ihn das Kind und dessen Schicksal nicht interessieren.[484] Bei diesem Tatbestandsmerkmal handelt es sich um eine subjektive Einstellung des Elternteils gegenüber seinem Kind, die jedoch durch objektiv feststellbare Tatsachen nach außen hin

479 Soergel-*Liermann* § 1748 Rn. 19; BayObLG, NJW-RR 1990, 776.

480 BayObLGZ 1978, 109; ZfJ 1983, 238.

481 Vgl. § 1748 I 2 BGB.

482 BayObLG, FamRZ 1984, 939; OLG Zweibrücken, JAmt 2001, 431; LG Essen, DAVorm 1979, 525.

483 BayObLG, FamRZ 2005, 542; FamRZ 2004, 398; FamRZ 1998, 55; FamRZ 1994, 1348; OLG Karlsruhe, DAVorm 1991, 777.

484 BayObLG, FamRZ 2005, 542; FamRZ 2004, 398; FamRZ 1998, 55; FamRZ 1994, 1348; OLG Karlsruhe, DAVorm 1991, 777.

erkennbar sein muss und unter Zugrundelegung der Lebenserfahrung sowie nach einer Gesamtwürdigung des Elternverhaltens auf Gleichgültigkeit schließen lässt.[485] Wenn jedoch ein Elternteil den Kontakt zum Kind auf Antraten des Jugendamtes einschränkt oder gänzlich meidet, ist eine solche Verhaltensweise nicht als Gleichgültigkeit zu werten, wenn sie dem Kindeswohl am besten entspricht.[486] Eine wichtige Voraussetzung, die neben dem Erfordernis des unverhältnismäßigen Nachteils erfüllt sein muss, um die elterliche Einwilligung aufgrund der Gleichgültigkeit ersetzen zu können, enthält § 1748 II BGB. Die genannte Vorschrift macht die Zulässigkeit der Ersetzung in diesem Fall von der Belehrung und Beratung durch das Jugendamt abhängig. Während die Belehrung, die den Zweck verfolgt, die Eltern mit der gerichtlichen Ersetzungsentscheidung nicht überraschend zu konfrontieren und ihnen eine Chance zu geben durch die Änderung ihrer Einstellung zum Kind den Vorwurf der Gleichgültigkeit auszuräumen, zwingend zu erfolgen hat, handelt es sich bei der Beratungspflicht um kein zwingendes Erfordernis für die Ersetzung. Allerdings ist im Rahmen des erwähnten Erfordernisses stets eine Abgrenzung der Gleichgültigkeit von der anhaltend gröblichen Pflichtverletzung vorzunehmen. Bei Vorliegen der letzteren entfallen die zusätzlichen Anforderungen des § 1748 II BGB. Die gröbliche Pflichtverletzung zeichnet sich dadurch aus, dass die Verhaltensweise des Elternteils zu einer irreparablen Störung des Eltern-Kind-Verhältnisses geführt hat.[487] Auch eine Änderung der subjektiven elterlichen Einstellung kann die bereits eingetretene Kindeswohlgefährdung nicht mehr aus der Welt schaffen.[488] Gerade diese Eigenschaft der gröblichen Pflichtverletzung dient als maßgebliches Abgrenzungskriterium. Denn wenn die Wiederherstellung eines echten Eltern-Kind-Verhältnisses noch im Machtbereich des Elternteils liegt, handelt es sich um Gleichgültigkeit als eine besondere Ausprägung des elterlichen Fehlverhaltens.[489]

485 BayObLG, FamRZ 2005, 542; FamRZ 2004, 397; FamRZ 1998, 56; LG Bochum, FamRZ 2012, 1152 Oberloskamp, BLJugR 1980, 589.

486 BayObLG, FamRZ 1984, 419; *Finger*, DAVorm 1990, 397; *Finger*, FuR 1990, 188.

487 BayObLG, FamRZ 2004, 1812; FamRZ 1994, 1350; FamRZ 1982, 1130; OLG Köln, FamRZ 1987, 204.

488 BayObLG, FamRZ 2004, 1812; FamRZ 1994, 1350; FamRZ 1982, 1130; OLG Köln, FamRZ 1987, 204.

489 BayObLG, FamRZ 2004, 1812; FamRZ 1994, 1350; FamRZ 1982, 1130; OLG Köln, FamRZ 1987, 204.

bb. Unverhältnismäßiger Nachteil als zusätzliche Anforderung

Wurde eine anhaltend gröbliche Pflichtverletzung oder Gleichgültigkeit seitens eines oder beider Elternteile festgestellt, kann die Einwilligung dennoch erst dann ersetzt werden, wenn das Unterbleiben der Annahme dem Kind zum unverhältnismäßigen Nachteil gereichen würde.[490] Neben der Untersuchung der Elternebene hinsichtlich eines etwaigen Fehlverhaltens ist somit notwendigerweise auch die Berücksichtigung der Kindesperspektive erforderlich.[491] Bei dem Tatbestandsmerkmal des unverhältnismäßigen Nachteils handelt es sich um einen vollständig gerichtlich überprüfbaren unbestimmten Rechtsbegriff, der sicherstellen soll, dass eine Ersetzungsentscheidung nur unter Berücksichtigung des Verhältnismäßigkeitsgrundsatzes ergehen darf.[492] Demnach muss die Kindesannahme zunächst eine geeignete Maßnahme zur Verhinderung bzw. Beseitigung einer drohenden oder bereits eingetretenen Kindeswohlgefährdung darstellen.[493] Um dieses Ziel zu erreichen, muss die Einwilligungsersetzung zudem als das letzte mögliche Mittel anzusehen sein. Als weniger einschneidendes Mittel werden hierbei vor allem die Maßnahmen nach den §§ 1666 ff. BGB herangezogen. Sie lassen die Erforderlichkeit der Ersetzung der Einwilligung dann entfallen, wenn sie der Wahrung der Kindesinteressen in einem ausreichenden Maße gerecht werden können.[494] Eine entscheidende Rolle innerhalb der Prüfung des Verhältnismäßigkeitsgrundsatzes hinsichtlich der Einwilligungsersetzung kommt der vorzunehmenden Abwägung der Eltern- und Kindesinteressen gegeneinander zu. Zunächst ist anhand einer Gesamtbewertung aller Umstände des Einzelfalls festzustellen, ob und wie gravierend der Nachteil für das Kind ausfällt, wenn es nicht zu einer Adoption kommt.[495] Dieser Nachteil, den die Nichtvornahme der Adoption für das Kind darstellt, ist sodann in Beziehung zum schwerwiegenden Eingriff des Verlustes der Elternstellung in das Elternrecht, den der Ausspruch der Annahme mit sich bringt, zu setzen.[496]

---

490 Vgl. § 1748 I 1 BGB.

491 *Willutzki*, ZKJ 2007, 23.

492 BVerGE 24, 146; BayObLG, FamRZ 2002, 486; FamRZ 1997, 515; OLG Frankfurt, FamRZ 2008, 297; OLG Karlsruhe, FamRZ 1999, 1687.

493 OLG Frankfurt, FamRZ 2008, 297; OLG Karlsruhe, FamRZ 1999, 1686.

494 BVerfG 24, 146; *Willutzki*, ZKJ 2007, 20; Staudinger-*Frank* § 1748 Rn. 38.

495 MüKo-*Maurer* § 1748 Rn. 37; BGH, FamRZ 1986, 462; BayObLG, FamRZ 1975, 232 ff.; Zweibrücken, FamRZ 1976, 469.

496 BVerfG, FamRZ 2006, 94; BGH, FamRZ 1986, 462; *Willutzki*, ZKJ 2007, 23.

Vom Überwiegen der Kindesinteressen kann man dann ausgehen, wenn der Nachteil, der beim Ausbleiben der Annahme entsteht, für das Kind so gravierend ist, dass die Eltern sich in Anbetracht ihres Fehlverhaltens mit dem durch die Adoption verursachten Eingriff abfinden müssen.[497] In der Rechtsprechung werden mehrere Sachverhaltskonstellationen diskutiert, die die Frage nach dem Vorhandensein eines unverhältnismäßigen Nachteils aufwerfen. Unbestritten ist ein solcher Nachteil gegeben, wenn das Kind ohne die Adoption seine Pflegestelle verlieren würde.[498] Muss das Kind somit infolge der Unzulässigkeit der Einwilligungsersetzung aus seiner Pflegestelle herausgelöst und in einem Heim untergebracht werden, in dem es regelmäßig an einer festen Bezugsperson mangelt, könnte das Kind dadurch in seiner Entwicklung geschädigt werden.[499] Schwierigkeiten ergeben sich dagegen im Zusammenhang mit der Frage, ob die Einwilligungsersetzung schon dann auszuschließen ist, wenn eine gute Unterbringung des Kindes in einer Dauerpflegestelle gesichert ist und die Pflegeeltern somit bereit sind das Kind auch bei ausbleibender Adoption bei sich zu behalten.[500] Während nach der älteren Rechtsprechung ein unverhältnismäßiger Nachteil überwiegend zu verneinen war, wenn das Kind bei Pflegeeltern auch ohne die Adoption bleiben konnte,[501] ist die neuere Rechtsprechung gegen die grundsätzliche Unzulässigkeit der Einwilligungsersetzung in einem solchen Fall.[502] Dies hänge nicht nur damit zusammen, dass eine Adoption eine bessere Integration des Kindes in einen Familienverband als ein Pflegeverhältnis gestatte.[503] Vielmehr verschaffe die Annahme einem Kind Klarheit bezüglich seiner familiären Verhältnisse und eine sichere rechtliche Position, indem sie eine auf Dauer angelegte unwiderrufliche Zuordnung zur Adoptivfamilie bewirke, wo hingegen ein Pflegeverhältnis aufgehoben werden könne.[504]

---

497 Staudinger-*Frank* § 1748 Rn. 38.

498 OLG Düsseldorf, DAVorm 1977, 751; LG Ellwangen, DAVorm 1976, 160.

499 Staudinger-*Frank* § 1748 Rn. 41; MüKo-*Maurer* § 1748 Rn. 92; *Willutzki*, ZKJ 2007, 24; LG München, DAVorm 1980, 126.

500 Soergel-*Liermann* § 1748 Rn. 25.

501 OLG Schleswig, FamRZ 1994, 1351; OLG Frankfurt, FamRZ 1986, 601.

502 BVerfG, FamRZ 2002, 535; BGH, FamRZ 1997, 85; BayObLG, FamRZ 2004, 1812; FamRZ 1994, 1350; FamRZ 1988, 872; FamRZ 1976, 240; OLG Stuttgart, FamRZ 2005, 542; OLG Saarbrücken, FamRZ 2005, 1586; OLG Karlsruhe, FamRZ 1999, 1688; OLG Brauschweig, FamRZ 1997, 514; OLG Hamm, ZfJ 1984, 367 f.

503 OLG Karlsruhe, FamRZ 1997, 99.

504 BVerfG, FamRZ 2002, 535; BGH, FamRZ 1997, 85; BayObLG, FamRZ 2004, 1812; FamRZ 1994, 1350; FamRZ 1988, 872; FamRZ 1976, 240; OLG Stuttgart, FamRZ 2005, 542; OLG Saarbrücken, FamRZ 2005, 1586; OLG Karlsruhe, FamRZ 1999, 1688; OLG

cc. Einwilligungsersetzungsgrund gemäß § 1748 III BGB

Der Ersetzungsgrund des § 1748 III BGB zeichnet sich dadurch aus, dass er im Gegensatz zu § 1748 I BGB kein elterliches Fehlverhalten voraussetzt. Die Berechtigung für eine Einwilligungsersetzung liefert dabei die dauernde Pflege- und Erziehungsunfähigkeit eines Elternteils aufgrund einer besonders schweren psychischen Krankheit oder einer besonders schweren geistigen oder seelischen Behinderung. Es handelt sich demnach um ein den Eltern nicht zurechenbares Versagen, das den Gesetzgeber dazu veranlasste wegen der mit dem Verlust des Kindes infolge der Adoption verbundenen besonderen Härte die Grenzen für ein Übergehen des elterlichen Willens bewusst enger zu ziehen und dieses in nur ganz seltenen Ausnahmefällen zuzulassen.[505] Bei den Tatbestandsmerkmalen der besonders schweren psychischen Krankheit bzw. geistigen oder seelischen Behinderung handelt es sich um Begriffe, denen ein funktionales Verständnis zugrunde gelegt wird.[506] Eine sichere diagnostische Einordnung ist daher nicht erforderlich.[507] Entscheidend ist, dass der betroffene Elternteil infolge auftretender geistiger oder seelischer Anomalie zur Pflege und Erziehung seines Kindes dauernd unfähig ist.[508]

Auch im Rahmen des Ersetzungsgrundes nach § 1748 III BGB darf das Verhältnismäßigkeitsprinzip nicht außer Acht gelassen werden. Dieser Grundsatz wird von der genannten Norm dahingehend konkretisiert,[509] dass die Ersetzung der Einwilligung eines Elternteils nur dann stattfinden kann, wenn das Kind bei Ausbleiben der Adoption nicht in einer Familie aufwachsen könnte und dadurch in seiner Entwicklung schwer gefährdet wäre. Eine zusätzliche Prüfung unter dem Aspekt des unverhältnismäßigen Nachteils findet dagegen nicht statt. Ist demnach ein Aufwachsen des Kindes bei Verwandten oder Pflegeeltern sichergestellt, ist ein Hinwegsetzen über den elterlichen Willen nicht möglich.[510]

Brauschweig, FamRZ 1997, 514; OLG Hamm, ZfJ 1984, 367 f.; LG Bochum, FamRZ 2012, 1152.

505 BayObLG, NJWE-FER 2000, 147; OLG Karlsruhe, FamRZ 1999, 1688; MüKo-*Maurer* § 1748 Rn. 103.

506 BT-Drs. 11/4528 S. 116; BayObLG, FamRZ 1999, 1688; FamRZ 1984, 201; Erman-*Saar* § 1748 Rn. 24; Soergel-*Liermann* § 1748 Rn. 38; a.A. AG Melsungen, FamRZ 1996, 53.

507 BT-Drs. 11/4528 S. 116; BayObLG, FamRZ 1999, 1688; FamRZ 1984, 201; Erman-*Saar* § 1748 Rn. 24; Soergel-*Liermann* § 1748 Rn. 38; a.A. AG Melsungen, FamRZ 1996, 53.

508 BayObLG, FamRZ 1999, 1689; FamRZ 1984, 202; StAZ 1977, 257; OLG Hamm, DAVorm 1978, 378.

509 Staudinger-*Frank* § 1748 Rn. 57.

510 BGH, FamRZ 1997, 85; BayObLG, FamRZ 1999, 1688; AG Melsungen, FamRZ 1996, 53; a.A. OLG Karlsruhe, FamRZ 1990, 95, wonach die im Rahmen der Auslegung des

Insoweit besteht ein Unterschied zur Auslegung des unverhältnismäßigen Nachteils im Sinne des § 1748 I 1 BGB, wonach trotz der Möglichkeit des Aufwachsens des Kindes in einem Familienverband bei Unterbleiben der Annahme die Einwilligungsersetzung dennoch nicht grundsätzlich ausgeschlossen ist.

Für den Ersetzungsgrund der schicksalhaften Erziehungsunfähigkeit im Rahmen einer Fremdadoption gilt, dass im Gegensatz zu einem Stiefkindadoptionsfall, bei dem es sich regelmäßig um die Ersetzung der Einwilligung des externen leiblichen Elternteils handelt und das Kind auch ohne die Adoption in der Stieffamilie aufwachsen kann, hierbei sehr wohl Fallkonstellationen denkbar sind, in denen dieser Grund für die im Raum stehende Einwilligungsersetzung eine wichtige Rolle spielen kann.

b. Einwilligungsersetzung eines nichtehelichen Vaters nach § 1748 IV BGB

Der Ersetzungstatbestand des § 1748 IV BGB beinhaltet erleichterte Bedingungen, unter denen der entgegenstehende Wille eines nichtehelichen Vaters übergangen werden kann. Laut § 1748 IV BGB kann das Familiengericht die Einwilligung des Vaters ersetzen, wenn das Unterbleiben der Annahme dem Kind zum unverhältnismäßigen Nachteil gereichen würde. Allerdings findet dieser Ersetzungsgrund nur auf diejenigen Väter Anwendung, die neben ihrem außerehelichen Status zudem zu keinem Zeitpunkt Träger der elterlichen Sorge für das Kind waren. Die Besonderheit der genannten Vorschrift besteht darin, dass nur im Rahmen der Einwilligungsersetzung eines nichtehelichen und nichtsorgeberechtigten Vaters der Grundsatz der Unabhängigkeit von Einwilligungsvorschriften von der etwaigen Inhaberschaft der elterlichen Sorge durchbrochen wird. Gerade das fehlende Sorgerecht wird vom Gesetzgeber als eine hinreichende Rechtfertigung für die Ersetzungserleichterung angesehen.[511] Denn die Inhaberschaft der elterlichen Sorge bedeutet nach Ansicht des Gesetzgebers in erster Linie, dass der jeweilige Elternteil auch tatsächlich Verantwortung für das Kind getragen hat.[512] Folgerichtig sollte ein nichtsorgeberechtigter Vater, der niemals Träger der Verantwortung war, sich nicht ohne Weiteres der

unverhältnismäßigen Nachteils nach § 1748 I 1 BGB vorgenommenen Wertungen auch auf § 1748 III BGB zu übertragen sind, und somit eine Ersetzung nach Abs. 3 auch dann zu rechtfertigen sein kann, wenn das Kind bei Ausbleiben der Annahme dennoch weiterhin bei seiner Pflegefamilie untergebracht werden kann.

511 BT-Drucks. 13/4899, 114.

512 BT-Drucks. 13/4899, 114.

Adoption seines Kindes in den Weg stellen können.[513] Diese Überlegung war das ursprüngliche Motiv für die Einführung der Regelung. Da es sich bei der Adoption schon ohnehin um einen langwierigen Prozess handelte, konnte man zumindest bei nichtehelichen Kindern, hinsichtlich derer man generell ein mangelndes Interesse seitens ihrer Väter annahm, eine schnellere Abwicklung der Annahme dank der weniger strengen Voraussetzungen der Einwilligungsersetzung bewirken.[514]

Im Laufe der Zeit wurde die Regelung zunehmend kritisiert und als verfassungsrechtlich bedenklich eingestuft.[515] Es könne nicht sein, dass die Sorgerechtszuständigkeit allein als Maßstab für die tatsächlich getragene Verantwortung für das Kind herangezogen werden konnte.[516] Es seien durchaus Fälle vorstellbar, in denen ein sorgeberechtigter Vater sich in gar keiner Weise um sein Kind gekümmert habe, während ein nichtsorgeberechtigter Vater die volle Verantwortung für sein Kind getragen habe.[517] Der nichteheliche und nichtsorgeberechtigte Vater könne seine Rechtsposition zwar stärken, um auf diese Weise der weniger strengen Voraussetzungen unterworfenen Einwilligungsersetzung zu entgehen. Dies gelinge ihm vor allem durch die Beantragung des Sorgerechts und die damit verbundene Übernahme der tatsächlichen Verantwortung für das Kind. Die Situation des nichtsorgeberechtigten Vaters sei jedoch vor allem dadurch erschwert, dass er bei der Erlangung der elterlichen Sorge nach § 1626 a I BGB a.F. auf den Willen der Kindesmutter angewiesen war und somit keine Veränderung seines Status aus eigener Kraft bewirken konnte.[518] Es läge somit eine ungerechtfertigte Besserstellung eines sorgeberechtigten Vaters vor.[519]

---

513 BT-Drucks. 13/4899, 114.

514 *Willutzki*, ZKJ 2007, 27.

515 *Frank*, FamRZ 1998, 394 f.; *Finger*, JR 2005, 141 f.; *Liermann*, FamRZ 2003, 1523.

516 Staudinger-*Frank* § 1748 n. 59; Soergel-*Liermann* § 1748 Rn. 41; *Lipp*, JZ 2006, 97; *Finger*, JR 2005, 142.

517 *Lipp*, JZ 2006, 97.

518 Nach der aktuellen Rechtslage ist die Erlangung des Sorgerechts für den nichtehelichen Vater deutlich einfacher geworden. Mittlerweile ist die Übertragung der elterlichen Sorge auf Antrag des Vaters auch gegen den Willen der Mutter möglich, wenn die Übertragung dem Kindeswohl nicht widerspricht, vgl. § 1626 a I Nr. 3, II BGB. Die Stellung eines solchen Antrages auf Übertragung der alleinigen oder gemeinsamen Sorge löst eine Sperrwirkung für das Adoptionsverfahren aus, so dass das Familiengericht vor dem Entscheid über den Antrag nicht über die Kindesannahme entscheiden kann, vgl. § 1747 III Nr. 3 BGB.

519 *Gernhuber/Coester-Waltjen* S. 866; Staudinger-*Frank* § 1748 Rn. 59; *Frank*, FamRZ 1998, 394; Soergel-*Liermann* § 1748 Rn. 41.

Besondere Schwierigkeiten bereitete im Rahmen des Ersetzungsgrundes nach § 1748 IV BGB die Auslegung des bereits aus § 1748 I 1 BGB bekannten Begriffs des unverhältnismäßigen Nachteils. Insbesondere beschäftigte man sich mit der Frage, wie die Interessen des nichtehelichen und nichtsorgeberechtigten Vaters im Rahmen der Entscheidung über die Ersetzung seiner Einwilligung zu gewichten waren.

Die frühere Rechtsprechung ging davon aus, dass ein väterliches Fehlverhalten bei einer Einwilligungsersetzung nach der im Mittelpunkt der Untersuchung stehenden Vorschrift nicht vorausgesetzt werde. Dies folge aus dem Umkehrschluss des § 1748 I bis III BGB, wo ausdrücklich von einem Fehlverhalten bzw. einem gesundheitlichen Defizit eines Elternteils die Rede ist. Im Rahmen des § 1748 IV BGB verzichte der Gesetzgeber dagegen auf eine zusätzliche Anforderung dieser Art. Vielmehr sei das Erfordernis eines unverhältnismäßigen Nachteils bereits dann erfüllt, „wenn das Unterbleiben der Adoption für das Kind nachteilig ist und wenn die Abwägung der Interessen des Kindes und des Vaters zu dem Ergebnis führt, dass das Interesse des Kindes am Ausspruch der Adoption überwiegt".[520] Zwischenzeitlich wurde von den Gerichten zur Bejahung des Ersetzungstatbestands neben dem bloßen Überwiegen der Kindesinteressen verlangt, dass der unverhältnismäßige Nachteil, der beim Ausbleiben der Adoption eintreten würde, für das Kind im Verhältnis zum Kindeswohl besonders groß sein müsse.[521] Diese Ansicht wurde vom BayObLG zurückgewiesen, das stattdessen die für den Begriff des unverhältnismäßigen Nachteils nach § 1748 I 1 hergeleiteten Kriterien auch für den Absatz 4 der Vorschrift gelten ließ.[522] Somit war eine Entscheidung unter Einbeziehung aller Umstände des Einzelfalls und eine anschließende umfassende Abwägung der Eltern- und Kindesinteressen vorzunehmen, ohne jedoch auf das Erfordernis eines väterlichen Fehlverhaltens abzustellen.[523] Bereits die Entscheidung des BayObLG betonte die Notwendigkeit einer umfassenden Abwägung und ließ das bloße Überwiegen der Kindesinteressen für die Rechtfertigung einer Einwilligungsersetzung des nichtehelichen Vaters nicht mehr ausreichen.[524]

In der Folgezeit ergingen zwei Leitentscheidungen des BGH und des BVerfG, die genaue Vorgaben für eine verfassungskonforme Auslegung des Abs. 4

520 OLG Karlsruhe, FGPrax 2000, 195.
521 OLG Karlsruhe, FGPrax 2000, 195.
522 BayObLG, FamRZ 2002, 487; FPR 2004, 474.
523 BayObLG, FamRZ 2002, 487; FPR 2004, 474.
524 BayObLG, FamRZ 2002, 487.

enthielten. Es sollte vor allem dem vielfach geäußerten Vorwurf einer Ungleichbehandlung von sorgeberechtigten und nichtsorgeberechtigten Vätern entgegengewirkt werden.[525] Im Gegensatz zu der früheren Rechtsprechung waren bei der Feststellung eines unverhältnismäßigen Nachteils im Sinne des § 1748 IV BGB nicht die gleichen Auslegungskriterien anzuwenden wie im Rahmen des Abs. 1.[526] Der BGH hat in seiner Entscheidung vom 23.03.2005 ausgeführt, dass für die Rechtfertigung einer Einwilligungsersetzung nach vereinfachten Anforderungen mehr als ein einfaches Überwiegen von Kindesinteressen erforderlich sei.[527] Vielmehr gereiche nach Ansicht des Gerichts, dessen Rechtsauffassung in den darauf folgenden Entscheidungen des BVerfG bestätigt wurde,[528] die Adoption dem Kind nach der verfassungsrechtlich gebotenen Abwägung von Vater- und Kindesinteressen dann zu einem unverhältnismäßigen Nachteil, „wenn die Adoption einen so erheblichen Vorteil für das Kind bieten würde, dass ein sich verständig um sein Kind sorgender Elternteil auf der Erhaltung des Verwandtschaftsbandes nicht bestehen würde".[529] Auch ist nach Ansicht der neueren Rechtsprechung das Vorverhalten des Vaters bei einer Gesamtbetrachtung bewertend zu berücksichtigen, ohne dass ausdrücklich eine Pflichtverletzung verlangt werden müsse.[530]

Allerdings gelten die ursprünglich vom BGH entwickelten und vom BVerfG bestätigten und weiter ausgeführten Grundsätze für eine verfassungskonforme Auslegung des unverhältnismäßigen Nachteils nur für den Fall einer Stiefkindadoption, während im Rahmen einer Drittadoption die strengeren Voraussetzungen der Einwilligungsersetzung gemäß § 1748 IV BGB keine Anwendung finden.[531] Die Rechtfertigung für eine derartige Differenzierung sieht die Rechtsprechung in der unterschiedlichen Sorgerechtserlangung. Denn im Gegensatz zum leiblichen Vater bei einer Dritt- oder Fremdadoption benötige der leibliche Vater bei einer Stiefkindadoption für die Übertragung des Sorgerechts die Einwilligung der Mutter gemäß §§ 1751 II i.V.m. 1751 I 6 BGB a.F.[532] Diese Begründung trifft in der Literatur nicht nur auf Zustimmung. Man sieht keinen Grund für die Besserstellung eines Vaters, der die elterliche Sorge nicht übernehmen

---

525 Staudinger-*Frank* § 1748 Rn. 59; BVerfG, NJW 2006, 827; NJW 2006, 2470.

526 BVerfG, FamRZ 2006, 1355; FamRZ 2006, 94; BGH, FamRZ 2005, 891.

527 BGH, FamRZ 2005, 891.

528 BVerfG, FamRZ 2006, 1355 f.; FamRZ 2006, 94 ff.

529 BGH, FamRZ 2005, 891; so auch BVerfG, NJW 2006, 827.

530 BVerfG, NJW 2006, 828; NJW 2006, 2471; ebenso OLG Köln, FamRZ 2012, 1153.

531 BGH, NJW 2005, 1781.

532 BGH, NJW 2005, 1783.

könne oder wolle, nur weil es sich um eine Stiefkindadoption handle.[533] Zudem wird betont, dass in beiden Fällen trotz der Geltung der strengeren Voraussetzungen nur für die Steifkindadoption eine umfassende Interessenabwägung durchgeführt werden müsse.[534] Die unterschiedliche Sorgerechtserlangung sei je nach Umständen des Einzelfalls umfassend zu würdigen.[535]

c. Entbehrlichkeit der Einwilligung gemäß § 1747 IV BGB

§ 1747 IV 1 BGB bestimmt, dass die Einwilligung eines Elternteils nicht erforderlich ist, wenn er zur Abgabe einer Erklärung dauernd außerstande oder sein Aufenthalt dauernd unbekannt ist. Grundsätzlich wird von der Norm vorausgesetzt, dass der einwilligungsberechtigte Elternteil bekannt ist.[536] Ist ein Elternteil unbekannt, findet die gesetzliche Regelung keine Anwendung, da sie die Existenz eines Einwilligungsrechts und damit die Feststellung der Elternschaft voraussetzt.[537] Unbekannten Eltern kommt die Einwilligungsberechtigung zwar zu, diese kann von ihnen jedoch nicht in Anspruch genommen werden, wenn es dem Familiengericht nicht gelingt spätestens im Annahmeverfahren die Eltern zu ermitteln.[538] Im Ergebnis führt ein erfolgloser Ermittlungsversuch zu einer Nichtberücksichtigung des Einwilligungsrechts, so dass es einer Anwendung des § 1747 IV BGB nicht bedarf. Hiervon umfasst sind sowohl die Babyklappen-Fälle und die Findelkinder als auch eine verweigerte Auskunftserteilung zur Vaterschaft seitens der Mutter.[539]

Wichtigster Fall dauernder Verhinderung an der Abgabe einer Erklärung, die zur Entbehrlichkeit der Einwilligung führt, ist die Geschäftsunfähigkeit, bei der eine Änderung des Zustandes in absehbarer Zeit nicht zu erwarten ist.[540] Dauernd außerstande zur Abgabe einer Erklärung ist man im Sinne der Vorschrift auch dann, wenn der Berechtigte sich auf unbestimmte Zeit in einem Zustand der Bewusstlosigkeit befindet oder sonst weder schriftlich noch mündlich in der Lage ist seinen Willen kundzutun, ohne dass sich eine Zustandsänderung voraussagen lässt.[541]

---

533 *Muscheler*, Familienrecht, S. 370.
534 Lipp, JZ 2006, 98.
535 Lipp, JZ 2006, 98.
536 Soergel-*Liermann* § 1747 Rn. 33; MüKo-*Maurer* § 1747 Rn. 96.
537 LG Stuttgart, NJW 1992, 2897.
538 MüKo-*Maurer* § 1747 Rn. 97.
539 MüKo-*Maurer* § 1747 Rn. 96
540 BayObLG, FamRZ 1999, 1689.
541 Staudinger-*Frank* § 1747 Rn. 46; Soergel-*Liermann* § 1747 Rn. 32.

Ist die Identität der Eltern zwar bekannt, kann ihr Aufenthalt jedoch innerhalb einer Frist von 6 Monaten von den Ordnungsbehörden trotz angemessener Nachforschungen nicht ermittelt werden, ist die elterliche Einwilligung für die Wirksamkeit der Annahme gemäß § 1747 IV BGB nicht erforderlich.[542] Zu beachten ist in diesem Zusammenhang, dass der Aufenthalt beispielsweise des möglichen Vaters dann nicht mehr als unbekannt im Sinne der Norm gilt, wenn den Annehmenden und der Mutter die Identität und der Aufenthalt des möglichen Vaters bekannt sind, sie sich jedoch weigern diese preiszugeben.[543] Geht man aber von der Systematik der Vorschrift aus, ist in einem solchen Fall, wie bereits oben festgestellt, § 1747 IV gar nicht anwendbar, da ein möglicher Vater gar nicht als solcher im rechtlichen Sinne festgestellt wurde. Hierbei geht es vielmehr um den Fall des unbekannten Vaters und um die Frage, ob das Gericht diesen ermitteln muss und die Mutter zur Auskunftserteilung zwingen kann. An dieser Stelle wird auf die Ausführungen oben verwiesen.

Schließlich ist in § 1747 IV 2 BGB die Vermutung des dauernd unbekannten Aufenthalts geregelt. Danach gilt der Aufenthalt der Mutter eines gemäß § 25 I des Schwangerschaftskonfliktgesetztes vertraulich geborenen Kindes als dauernd unbekannt, bis sie gegenüber dem Familiengericht die für den Geburtseintrag ihres Kindes erforderlichen Angaben macht.

In einigen Fällen können sich Überschneidungen zwischen § 1747 IV 1 und § 1748 BGB ergeben, die zu Abgrenzungsfragen mit erheblichen praktischen Auswirkungen führen. Die Entscheidung über das Vorliegen der Voraussetzungen des Abs. 4 trifft das Gericht inzident mit dem Ausspruch über die Annahme.[544] Eine zu Unrecht festgestellte Entbehrlichkeit der Einwilligung kann die Aufhebung des Annahmeverhältnisses gemäß § 1760 I iVm V BGB zur Folge haben. Dagegen kann die Aufhebung der Annahme nicht auf Gründe gestützt werden, auf denen der Ersetzungsbeschluss beruht, da dieser in Rechtskraft erwächst.[545] Handelt es sich demnach um Fälle, in denen sowohl § 1747 IV BGB als auch § 1748 BGB herangezogen werden kann, empfiehlt es sich aus Gründen der Rechtssicherheit die Ersetzung vorzuziehen.[546]

---

542 OLG Köln, DAVorm 1998, 936; *Oberloskamp*, ZBlJugR 1980, 592; MüKo-*Maurer* § 1747 Rn. 21; *Bach*, ZfJ 1995, 473.

543 BGH, NJW 2015, 1823.

544 Soergel-*Liermann* § 1747 Rn. 32.

545 Staudinger-*Frank* § 1747 Rn. 49.

546 Staudinger-*Frank* § 1747 Rn. 49; MüKo-*Maurer* § 1747 Rn. 101.

2. *Regelung der Kindesannahme ohne elterliche Einwilligung nach russischem Recht*

Trotz des absoluten Schutzes der elterlichen Rechte und Interessen hat auch der russische Gesetzgeber die Möglichkeit einer Kindesannahme ohne Einwilligungserteilung seitens der leiblichen Eltern vorgesehen. In den Fällen, in denen die leiblichen Eltern ihrer Erziehungs- und Verantwortungspflicht nicht nachkommen, können sie nach der Adoptionsgesetzgebung Russlands keinen gesetzlichen Schutz ihrer Rechte und Interessen für sich beanspruchen. Der russische Gesetzgeber geht demnach davon aus, dass die Annahme ohne Einwilligung dann dem Kindesinteresse entspricht, wenn die leiblichen Eltern nicht die Absicht haben ihr Kind persönlich zu erziehen.[547] Aus der Weigerung der Eltern an der Erziehung ihres Kindes teilzunehmen folgt der faktische Verlust all ihrer Rechte, die sie in Bezug auf ihr leibliches Kind geltend machen können. Dieser Umstand dient als Rechtfertigung für eine den Willen der leiblichen Eltern übergehende Adoption.[548]

Die gesetzliche Regelung der Ausnahme vom allgemein gültigen Grundsatz des Einwilligungserfordernisses ist im Adoptionsrecht der Russischen Föderation in Art. 130 FGB RF enthalten. Die Vorschrift zählt insgesamt vier Fallgruppen auf, bei deren Vorliegen die elterliche Einwilligung keine zwingende Voraussetzung für den Ausspruch einer wirksamen Kindesannahme bildet. Dabei handelt es sich um gesetzlich abschließend geregelte Fallgruppen, so dass eine Adoption ohne die in der Regel zwingend erforderliche Zustimmung aus anderen als in Art. 130 FGB RF geregelten Gründen nicht vorgenommen werden kann. Dass im Rahmen eines Gerichtsverfahrens eine Entscheidung auch ohne die elterliche Einwilligung ergehen kann, muss laut der Zivilprozessordnung der Russischen Föderation anhand entsprechender Unterlagen, die das Vorliegen der Voraussetzungen des Art. 130 FGB RF belegen, bestätigt werden.[549]

Im Folgenden werden die gesetzlich abschließend geregelten Fallgruppen näher erläutert, die eine Adoption nach dem russischen Recht ohne die elterliche Einwilligung zulassen.

---

547 *Scherstnjeva*, Juristische Zeitschrift Leningrad 2007, 132.

548 *Scherstnjeva*, Juristische Zeitschrift Leningrad 2007, 133.

549 Vgl. Art. 272 ZPG RF; *Bespalov*, Russische Justiz 1997, 40.

a. Unbekannte und geschäftsunfähige Eltern

Gemäß der ersten und zweiten Fallgruppe des Art. 130 FGB RF ist die Zustimmung der Eltern des Kindes zu dessen Adoption nicht erforderlich, wenn sie unbekannt oder vom Gericht als verschollen erklärt worden sind oder das Gericht die leiblichen Eltern für geschäftsunfähig befindet.

Kann weder die Identität der Mutter noch des Vaters festgestellt werden, sind die leiblichen Eltern des Kindes als unbekannt im Sinne des Gesetzes zu qualifizieren.[550] Hierher gehören vor allem Babyklappen-Fälle und Findelkinder. Wird ein Kind ohne jegliche Hinweise auf seine Herkunft aufgefunden, halten die zuständigen Behörden diesen Umstand schriftlich in einem Dokument fest, das in einem möglichen späteren Adoptionsverfahren als Nachweis für die Entbehrlichkeit der elterlichen Einwilligung dienen könnte.[551] Im Falle eines aufgefundenen Kindes leiten die zuständigen Strafverfolgungsbehörden zunächst ein Strafverfahren und die für die Identitätsfeststellung der leiblichen Eltern erforderlichen Maßnahmen ein. Führen diese Maßnahmen nach Ablauf einer sechsmonatigen Frist nicht zu einem Erfolg, wird das Kind zur Adoption freigegeben.[552] Nicht selten sind jedoch auch Fälle, in denen zumindest die Identität der Mutter bekannt ist, ihre Einwilligung dennoch nicht erforderlich ist. Dabei handelt es sich überwiegend um alleinstehende Frauen, die ihr Kind unmittelbar nach der Geburt in der jeweiligen medizinischen Einrichtung zurücklassen, ohne eine offizielle Erklärung zum weiteren Schicksal ihres Kindes abzugeben.[553] Hierbei ist ebenfalls eine sechsmonatige Frist entscheidend, innerhalb derer eine Mutter die Möglichkeit hat in Erscheinung zu treten und sich zu ihrem Kind

---

550 *Ptschelinzeva*, Das Familienrecht Russlands, S. 516; *ders.*, Kommentar zum Familiengesetzbuch der Russischen Föderation, Art. 130 FGB RF S. 542.

551 Die staatliche Registrierung der Geburt eines gefundenen (ausgesetzten) Kindes ist in Art. 19 des Gesetzes „Über die Personenstandsakte" geregelt. Danach ist das Organ für innere Angelegenheiten, das Vormundschafts- und Pflegschaftsorgan, die medizinische Organisation, die Erziehungsanstalt oder die Organisation für den sozialen Schutz der Bevölkerung, in der das Kind untergebracht ist, verpflichtet, die staatliche Registrierung der Geburt eines aufgefundenen (ausgesetzten) Kindes, dessen Eltern unbekannt sind, nicht später als nach Ablauf von sieben Tagen seit dem Tage des Auffindens des Kindes anzumelden; vgl. P. 9 des Auslegungsbeschlusses des Obersten Gerichts der RF vom 04.07.1997 N° 9.

552 *Schangareev*, Probleme in der russischen Gesetzgebung. Juristische Zeitschrift 2013, 82.

553 *Schangareev*, Probleme in der russischen Gesetzgebung. Juristische Zeitschrift 2013, 82.

zu bekennen.[554] Tut sie dies nicht und können die Vormundschafts- und Pflegschaftsorgane ihren aktuellen Aufenthaltsort nicht ermitteln, steht einer Kindesannahme ohne elterliche Einwilligung nichts mehr im Wege.[555]

Die Geschäftsunfähigkeit, die ebenfalls zur Entbehrlichkeit der Einwilligungserteilung führt, ist in Art. 29 ZGB RF geregelt. Danach kann ein Bürger vom Gericht für geschäftsunfähig erklärt werden, wenn er infolge einer psychischen Erkrankung nicht die Bedeutung seiner Handlungen verstehen oder sie kontrollieren kann. Allerdings ist zu beachten, dass beschränkt geschäftsfähige Eltern für eine wirksame Adoptionsentscheidung der Annahme ihres leiblichen Kindes zwingend zustimmen müssen.[556] Diese Schlussfolgerung ergibt sich aus Art. 30 ZGB RF, wonach sich die Beschränkung ausschließlich auf Vermögensrechte des Bürgers erstreckt. Der Ausschluss geschäftsunfähiger Eltern von der Einflussnahme auf ein Adoptionsverfahren wird in der Literatur überwiegend befürwortet.[557] Schließlich sei es nachvollziehbar, dass solche Eltern aufgrund ihrer Erkrankung sowohl ihren Erziehungspflichten in dem erforderlichen Maße nicht nachkommen könnten als auch nicht in der Lage seien ihren Willen im Rahmen eines Adoptionsprozesses kund zu tun. Dennoch wird an der gesetzlichen Regelung des Art. 130 FGB RF zunehmend Kritik geübt, da diese die Rechte und Interessen geschäftsunfähiger Eltern praktisch vollständig übergehe.[558] Es sei nicht nur ihre Einwilligung nicht erforderlich, zusätzlich spiele auch der Wille des anzunehmenden Kindes keine Rolle, das zu seinen leiblichen Eltern trotz ihrer psychischen Erkrankungen eine enge Beziehung aufgebaut haben könnte.[559]

---

554 *Schangareev*, Probleme in der russischen Gesetzgebung. Juristische Zeitschrift 2013, 82.

555 *Schangareev*, Probleme in der russischen Gesetzgebung. Juristische Zeitschrift 2013, 82.

556 *Sutjagina*, Adoption, Pflegefamilie, das Institut der Vormundschaft, S. 14.

557 Vgl. *Ptschelinzeva*, Das Familienrecht Russlands, S. 517; *Krascheninnikov*, Kommentar zum Familiengesetzbuch der Russischen Föderation, Art. 130 FGB RF S. 300; *Kepova*, Adoption im Gefüge der Unterbringungsformen bei Kindern ohne elterliche Sorge, S. 99; *Nizamijeva*, Kommentar zum Familiengesetzbuch der Russischen Föderation, Art. 130 FGB RF S. 434.

558 *Eliseeva*, Zeitschrift des russischen Rechts 2010, N3, 86.

559 Zusätzlich wird kritisiert, dass auch der Wille des in solchen Fällen in der Regel bestellten Vormunds ebenfalls außer Acht gelassen wird, vgl. *Eliseeva*, Zeitschrift des russischen Rechts 2010, N3, 86.

Die Voraussetzungen einer Verschollenheitserklärung, die die Möglichkeit der Kindesannahme ohne elterliche Einwilligung eröffnet, sind in Art. 42 ZGB RF enthalten. Danach kann laut P. 1 der genannten Vorschrift ein Bürger vom Gericht auf Antrag interessierter Personen für verschollen erklärt werden, wenn an seinem Wohnsitz während eines Jahres keine Nachricht über seinen Verbleib eingegangen ist. Wenn es nicht gelingt den Tag, an dem eine letzte Auskunft über den Bürger erhalten wurde, zu ermitteln, so beginnt der Lauf der Frist für die Verschollenheitserklärung mit dem ersten des Monats, der auf den Monat folgt, in dem eine letzte Auskunft über den Verschollenen eingegangen ist und bei Unmöglichkeit der Feststellung dieses Monats mit dem ersten Januar des darauffolgenden Jahres. Eine Person ist dann als verschollen anzusehen, wenn sie ohne die dafür ersichtlichen Gründe plötzlich verschwindet und ihr Schicksal den Menschen in ihrer Umgebung unbekannt ist.[560] Das Institut der Verschollenheitserklärung stellt eine juristische Fiktion dar, das unter anderem den Schutz der Interessen Antragsberechtigter gewährleisten soll.[561] Allerdings enthält die russische Gesetzgebung diesbezüglich eine äußerst lückenhafte gesetzliche Regelung, die in der Konsequenz Verständnis- und Auslegungsfragen aufwirft.[562] So wird in Art. 42 ZGB RF ff. nicht näher ausgeführt, wer explizit vom Kreis der interessierten Personen umfasst und damit antragsberechtigt ist. In der Gerichtspraxis wird daher versucht eine am Einzelfall orientierte Definition des fraglichen Begriffs herzuleiten.[563] Hilfreich sind hierbei die Angaben, die ein Antrag nach Art. 42 FGB RF enthalten muss. Der Antragsteller muss darlegen, aus welchem Grund er die Verschollenheitserklärung bezüglich einer bestimmten Person begehrt.[564] Anhand dieser Angaben kann das Gericht feststellen, inwieweit es sich bei dem Antragsteller um eine „interessierte Person" im Sinne der genannten Vorschrift handelt. Im Rahmen eines Adoptionsprozesses kommen als antragsberechtigte Personen zunächst die künftigen Adoptiveltern selbst in Betracht, die ein großes Interesse an der Verschollenheitserklärung

560 *Scheidullina*, Informationsblatt der Wirtschaft, des Rechts und der Soziologie 2012, 180.

561 *Scheidullina*, Informationsblatt der Wirtschaft, des Rechts und der Soziologie 2011, 234.

562 *Scheidullina*, Informationsblatt der Wirtschaft, des Rechts und der Soziologie 2011, 236.

563 *Scheidullina*, Informationsblatt der Wirtschaft, des Rechts und der Soziologie 2011, 236.

564 Onlinezeitschrift „Das Alphabet des Rechts", abrufbar unter http://azbuka.consultant.ru/cons_doc_PBI_222895 (Stand: 07.122017).

eines oder beider leiblicher Elternteile des anzunehmenden Kindes haben, um nicht auf die gesetzlich vorgeschriebene elterliche Einwilligung angewiesen zu sein und somit einen zeitnahen Ausspruch der Kindesannahme erreichen zu können. Neben den anzunehmenden Eltern ist auch das Vormundschafts- und Pflegschaftsorgan als interessierte Person im Sinne der Vorschrift zu qualifizieren, das einem Kind ohne elterliche Sorge auf diesem Wege zu einer möglichst schnellen Unterbringung in einer Familie verhelfen kann.

Eine gerichtliche Verschollenheitserklärung führt zu einer Rechtsstatusveränderung der betroffenen Person.[565] Im adoptionsrechtlichen Kontext bedeutet es das Erlöschen der Elternrechte eines vom Gericht für verschollen erklärten Bürgers.[566] Zu diesem Ergebnis gelangt man bei näherer Untersuchung des Art. 130 FGB RF, wonach u.a. das Kind eines Verschollenen ohne seine Einwilligung adoptiert werden kann. Da die Elternrechte das Recht zur Einwilligung in die Kindesannahme mitumfassen, erlischt infolge der Verschollenheitserklärung auch dieses Recht. Eine lückenhafte gesetzliche Regelung macht sich ebenfalls im Zusammenhang mit den Rechtsfolgen der Verschollenheitserklärung bemerkbar. Vom Gesetzgeber nicht geregelt ist der Fall, wenn die Kindesannahme unter Verweis auf Art. 130 1. Fallgruppe, 2. Alt. ohne elterliche Einwilligung ausgesprochen wird, die verschollene Person nach erfolgter Adoption jedoch erscheint.[567] Unklar ist, ob das Erscheinen des Betroffenen zu einer Adoptionsaufhebung führen könnte, die in der Praxis in vielerlei Hinsicht nicht unerhebliche Probleme nach sich ziehen würde. Es ist davon auszugehen, dass der Gesetzgeber die Lösung dieses Folgeproblems bewusst den Gerichten überlassen hat, die eine einzelfallorientierte, alle Umstände des Falls berücksichtigende Entscheidung zu treffen hätten.[568]

Die zentrale Voraussetzung für eine Verschollenheitserklärung ist die fehlende Nachricht über den Verbleib einer Person an ihrem Wohnort innerhalb

565 *Agureev*, Informationsblatt der Tomsker Staatsuniversität 2008, 111.

566 *Agureev*, Informationsblatt der Tomsker Staatsuniversität 2008, 111.

567 *Scheidullina*, Informationsblatt der Wirtschaft, des Rechts und der Soziologie 2012, 182; *Agureev*, Informationsblatt der Tomsker Staatsuniversität 2008, 111; *Tsybizova*, Informationsblatt der Staatlichen Universität Kemerovo 2015, 273.

568 Vgl. *Scheidullina*, Informationsblatt der Wirtschaft, des Rechts und der Soziologie 2012, 182; *Agureev*, Informationsblatt der Tomsker Staatsuniversität 2008, 111; diese Intention spiegelt sich in der sehr allgemein gehaltenen Formulierung des Art. 141 P. 2 FGB RF wieder, wonach das Gericht berechtigt ist die Adoption eines Kindes auch aus anderen als in P. 1 dieser Vorschrift genannten Gründe aufzuheben, ausgehend von seinen Interessen und unter Berücksichtigung der Meinung des Kindes.

der gesetzlich geregelten Frist. Wichtig ist hierbei die Unmöglichkeit der Aufenthaltsermittlung trotz eingeleiteter Maßnahmen.[569] Für den Erfolg des Antrages spielt die Ergreifung der Maßnahmen, die der Auffindung einer verschollenen Person dienen soll, eine große Rolle. Nicht selten wurde durch das Gericht ein Antrag auf Verschollenheitserklärung abgelehnt mit der Begründung, es hätten seitens des Antragstellers keine ausreichenden Bemühungen zur Auffindung der gesuchten Person stattgefunden.[570] Zusätzlich muss der Antragsteller darlegen und beweisen, dass es sich bei dem angegebenen Ort um den tatsächlichen Wohnort der gesuchten Person handelt und dass im Laufe eines Jahres an eben diesem Ort keine Nachricht über den Verbleib der Person eingegangen ist.[571] Eine Analyse der Gerichtspraxis zeigt jedoch, dass die zuständigen Gerichte nicht immer eine vollständige und korrekte Feststellung der für die Verschollenheitsentscheidung relevanten Umstände vornahmen.[572] Bekannt sind allerdings auch Gerichtsentscheidungen, die Angaben zu einem möglichen Aufenthalt der gesuchten Person enthielten, das Gericht jedoch keine Schlussfolgerungen aus diesem Umstand gezogen und dem Antrag stattgegeben hatte.[573] Bedenkt man die Tatsache, dass das Kind einer für verschollen erklärten Person ohne ihre Einwilligung adoptiert werden kann, zieht dieser gerichtliche Fehler gravierende Folgen nach sich.

b. Entzug der elterlichen Rechte nach Art. 69 FGB RF

Spricht das Gericht die Kindesannahme, ohne im Vorfeld die elterliche Einwilligung eingeholt zu haben, aus, wird in den meisten Fällen die Entbehrlichkeit der Einwilligung auf Art. 130 Abs. 4 gestützt. Danach ist die Zustimmung der Eltern des Kindes zu dessen Adoption nicht erforderlich, wenn ihnen vom Gericht

569 Allein aufgrund des Umstandes der Abwesenheit vom Wohnort kann eine Person nicht für verschollen erklärt werden, wenn sie zu weiteren Personen in Kontakt steht.

570 Vgl. Entscheidung des Oberlandesgerichts Rjasan vom 08.01.2003, N° 33-9; *Scheidullina*, Informationsblatt der Wirtschaft, des Rechts und der Soziologie 2012, 181.

571 *Scheidullina*, Informationsblatt der Wirtschaft, des Rechts und der Soziologie 2012, 181.

572 Ausgehend von den gesetzlichen Bestimmungen des Art. 42 ZGB RF muss eine Gerichtsentscheidung Angaben zum Wohnort des betroffenen Bürgers sowie die Feststellung einer fehlenden Nachricht über den Verbleib des Bürgers an diesem Wohnort enthalten; vgl. Übersicht der Gerichtspraxis der Kassationsinstanz des Oberlandesgerichts Samara in Zivilsachen für den Zeitraum September bis Oktober 2005, P. 15; *Agureev*, Informationsblatt der Tomsker Staatsuniversität 2008, 111.

573 *Agureev*, Informationsblatt der Tomsker Staatsuniversität 2008, 111.

(unter Einhaltung der Erfordernisse des Art. 71 P. 6 dieses Gesetzbuches) die elterlichen Rechte entzogen worden sind. Beim Entzug der Elternrechte handelt es sich um eines der wichtigsten Institute des Familienrechts, das als Reaktion auf ein Nichterfüllen bzw. unzureichendes Erfüllen der Elternrechte fungiert. Der Entzug der elterlichen Rechte führt zu einer Rechtsstatusveränderung des Kindes, das infolgedessen von der Kategorie der Kinder ohne elterliche Sorge umfasst und den Kindern, deren Eltern verstorben sind, gleichgestellt wird. Der Entzug der Elternrechte ist demnach nicht nur für die Ermöglichung einer Kindesannahme ohne elterliche Einwilligung von entscheidender Bedeutung, sondern auch allgemein für die Zulässigkeit einer bevorstehenden Adoption, wenn nicht schon ein anderer Fall des Nichtvorhandenseins der elterlichen Fürsorge besteht.[574] Denn nach Art. 124 P. 1 FGB RF handelt es sich bei der Adoption um eine vorrangige Unterbringungsform gerade für Kinder ohne elterliche Fürsorge.

Ein besseres Verständnis dieser Fallgruppe der Einwilligungsentbehrlichkeit liefert im Folgenden eine nähere Betrachtung der Voraussetzungen des Entzugs der elterlichen Rechte, die sich nach Art. 69 FGB RF richten. Der Elternrechtsentzug ist eine nur in absoluten Ausnahmefällen einzusetzende Maßnahme zum Schutz der Kindesinteressen und ist ausschließlich aus den in Art. 69 abschließend geregelten Gründen zulässig.

aa. Nichtausübung der elterlichen Pflichten

Gemäß Art. 69 Abs. 2 FGB RF können einem oder beiden Elternteilen die elterlichen Rechte entzogen werden, wenn sie sich ihren elterlichen Pflichten entziehen, einschließlich des böswilligen Entzugs der Leistung von Unterhaltsbeiträgen. Unter dem Sichentziehen im Sinne der Vorschrift ist eine vorsätzliche, wiederholte bzw. sich über einen längeren Zeitraum erstreckende im Zusammenhang mit der Erziehung eines Kindes stehende Nichtausübung der elterlichen Pflichten zu verstehen.[575] Eine solche Verhaltensweise zeichnet sich insbesondere durch eine gleichgültige Einstellung der Eltern gegenüber dem Wohlergehen ihres leiblichen Kindes aus.[576] Es handelt sich in erster Linie um Familien, in denen die Eltern sich weder für die physische noch für die psychische Entwicklung ihres

574 Vgl. Art. 121 Abs. 1 FGB-RF.

575 Bespalov/Gordejuk/Egorova-*Bespalov*, Kommentar zum Familiengesetzbuch der Russischen Föderation, Art. 69 S. 178; *Grischaev*, Kommentar zum Familiengesetzbuch der Russischen Föderation, Art. 69, abrufbar unter http://www.consultant.ru (Stand: 03.06.2020).

576 *Levuschkin*, Nachrichten der Staatlichen Pädagogischen Universität Pensa 2011, 122.

Kindes interessieren sowie die Befriedigung der Grundbedürfnisse wie die notwendige Versorgung mit Lebensmitteln, Kleidung und die Ermöglichung einer angemessenen Bildung vollkommen außer Acht lassen.[577] Wie bereits erwähnt, ist eine systematische, d.h. eine mehrfache Nichterfüllung der elterlichen Pflichten erforderlich. Wenn die Eltern jedoch aufgrund schwerer Lebensumstände wie beispielsweise einer chronischen Erkrankung, auf die sie selbst keinen Einfluss haben, ihren Pflichten nicht nachgehen können, kann ihnen das Sorgerecht nicht entzogen werden.[578]

Eine Fallkonstellation der Nichtausübung elterlicher Verpflichtungen besteht im böswilligen Entzug der Leistung von Unterhaltsbeiträgen, die in Art. 69 Abs. 2 FGB RF gesondert genannt wird. Eine Definition des Merkmals Böswilligkeit ist in der aktuellen russischen Gesetzgebung nicht vorhanden.[579] In der Literatur wird versucht anhand von Beispielen eine Begriffsbestimmung des gesetzlichen Merkmals herzuleiten. So liegt ein böswilliger Entzug von Unterhaltsbeiträgen dann vor, wenn ein mit dem Kind zusammenlebender Elternteil die dem Kind vom Staat zur Verfügung gestellten finanziellen Mitteln für sich selbst beansprucht.[580] Viele Eltern führen als Grund für einen Unterhaltsentzug ihre Zahlungsunfähigkeit oder schlicht den fehlenden Wunsch einer Berufstätigkeit nachzugehen an.[581] Ob die Nichtleistung von Unterhaltsbeiträgen böswillig oder infolge von nachvollziehbaren objektiven Umständen erfolgte, bedarf letztendlich einer einzelfallbezogenen Prüfung und muss durch das Gericht festgestellt werden.[582]

Obwohl Art. 69 Abs. 2 FGB RF die Nichtausübung der elterlichen Pflichten für den Entzug der Elternrechte ausreichen lässt, folgt aus der Rechtsprechungsauswertung das Erfordernis weiterer Umstände für den Erfolg des entsprechenden

---

577 Bespalov/Gordejuk/Egorova-*Bespalov*, Kommentar zum Familiengesetzbuch der Russischen Föderation, Art. 69 S. 178; Stepanov-*Zwjaginzeva*, Kommentar zum Familiengesetzbuch der Russischen Föderation, Art. 69 S. 158.

578 Bespalov/Gordejuk/Egorova-*Bespalov*, Kommentar zum Familiengesetzbuch der Russischen Föderation, Art. 69 S. 175.

579 *Zabotkin*, Staatsberater 2014 N° 4, 8.

580 *Levuschkin*, Notar 2005, 12; *Zharov*, Fragen der Jugendgerichtsbarkeit 2010, 10.

581 *Saljahova*, Das intellektuelle Potenzial des 21. Jahrhunderts: Stufen der Erkenntnis 2014, 156.

582 *Zabotkin*, Staatsberater 2014, 8.; *Savtschenko*, Nachrichten TRTU 2005, 186; *Ladotschkina*, Informationsblatt der Saratower Staatlichen Juristischen Akademie 2014, 93; vgl. dazu Berufungsentscheidung des Moskauer OLG vom 22.06.2015 in der Rechtssache N° 33-14455.

Antrags. Der Grund hierfür liegt im ultima ratio – Charakter dieser Maßnahme. In derartigen Fällen kann der Schutz der Kindesinteressen meistens auf eine andere Weise erreicht werden, die im Vergleich zum Entzug des Sorgerechts einen weniger einschneidenden Eingriff in die Rechtsposition der leiblichen Eltern darstellt.[583]

bb. Ablehnung des Kindes

Eine weitere Fallkonstellation, die einen Elternrechtsentzug nach sich ziehen kann, ist in Art. 69 Abs. 3 FGB RF aufgeführt. Danach ist es erforderlich, dass einer bzw. beide Elternteile es ohne triftige Gründe ablehnen, ihr Kind aus einem Entbindungsheim (-station) oder aus einer medizinischen Einrichtung, Bildungseinrichtung, Einrichtung des Sozialen Dienstes oder aus anderen entsprechenden Einrichtungen zu nehmen. Der Gesetzgeber führt nicht aus, welche Gründe als triftig im Sinne der Vorschrift anzusehen sind und die Ablehnung des Kinds demnach rechtfertigen. Die Literatur sieht z.B. eine schwere Erkrankung der Eltern, fehlende Unterkunft sowie finanzielle Mittel zum Bestreiten des Lebensunterhalts als triftigen Grund für die Ablehnung des Kindes an, während schwierige Lebensbedingungen an sich ohne eine nähere Betrachtung aller Umstände dieses Merkmal nicht zwingend erfüllen.[584]

Weiterhin existieren gesetzlich geregelte Fälle, die einem bzw. beiden Elternteilen ausdrücklich das Recht zubilligen die Abholung ihres Kindes aus einer in

583 Vgl. Berufsentscheidung des Obersten Gerichts der Republik Burjatien vom 30.07.2012 in der Rechtssache N° 33-2028 sowie des Moskauer Stadtgerichts vom 14.04.2015 in der Rechtssache N° 33-12281: In diesen Fällen konnte dem Beklagten jeweils die Nichtausübung seiner elterlichen Verpflichtungen zwar nachgewiesen werden, er äußerte jedoch den Wunsch den Kontakt zu seinen Kindern wieder herzustellen und sie auch finanziell zu unterstützen; Berufungsentscheidung des OLG Rjasan vom 10.06.2015 in der Rechtssache N° 33-1177: Trotz des Vorliegens des Entziehungsgrundes nach Art. 69 Abs. 2 FGB RF sah das Gericht keine Notwendigkeit für den Sorgerechtsentzug; zusammenfassend ist festzuhalten, dass für einen Elternrechtsentzug eine Kombination aus einer Nichterfüllung elterlicher Verpflichtungen sowie einer gleichgültigen, verantwortungslosen und negativen Einstellung der leiblichen Eltern ihren Kindern gegenüber vorliegen muss, vgl. dazu Berufungsentscheidung des OLG Rjasan vom 02.05.2012 in der Rechtssache N° 33-740; Berufungsentscheidung des Moskauer Stadtgerichts vom 08.12.2014 in der Rechtssache N° 33-45969/14.

584 *Bolschakova*, Wissenschaftsnotizen 2012, 53; *Savtschenko*, Nachrichten TRTU 2005, 186; *Levuschkin*, Nachrichten der Staatlichen Pädagogischen Universität Pensa 2011, 122.

Art. 69 Abs. 3 FGB RF genannten Einrichtung zu verweigern. So wird gemäß Art. 24 P. 5 der Gesetzgebungsgrundlagen der Russischen Föderation „Über den Gesundheitsschutz der Bürger“ die Unterbringung Minderjähriger mit einer physischen oder psychischen Entwicklungsstörung in einer Einrichtung des sozialen Schutzes auf Antrag der Eltern bzw. der gesetzlichen Vertreter explizit gestattet. Wird es in diesem Fall von den Eltern abgelehnt das Kind aus einer solchen Einrichtung zu nehmen, führt dieser Umstand nicht zu einem Sorgerechtsentzug. Ein weiterer gesetzlich geregelter Fall, der eine Kindesablehnung rechtfertigt, findet sich in Art. 14 P. 3 des Gesetzes „Über die Grundlagen des Systems zur Verhinderung von Vernachlässigung und Kriminalität von Minderjährigen“. Hierbei wird einem alleinerziehenden Elternteil das Recht gewährt das Kind vorübergehend, jedoch nicht länger als für ein Jahr, in einer spezialisierten Einrichtung unterzubringen. Liegt somit einer dieser gesetzlich vorgesehenen Fälle vor, handelt es sich um einen triftigen Grund im Sinne des Art. 69 Abs. 3 FGB RF, so dass die leiblichen Eltern weiterhin Inhaber des Sorgerechts bleiben.

Uneinigkeit herrscht darüber, ob die Einwilligung in die Annahme als Kindesablehnung zu qualifizieren ist, die eine Entziehung der elterlichen Rechte zur Folge haben könnte. Die russische Gesetzgebung gewährt den biologischen Eltern nicht das Recht eines Verzichts auf ihre elterlichen Rechte, auch wenn es sich bei einer Einwilligung in die Adoption faktisch um einen derartigen Verzicht handelt.[585] Die leiblichen Eltern können der Rechte und Pflichten ihrem Kind gegenüber nur im Rahmen eines gerichtlichen Verfahrens verlustig werden.[586] Dennoch wird die Ansicht vertreten, dass eine Kindesablehnung im juristischen Sinne nichts anderes als eine Einwilligung in die Annahme sei, die, wie bereits oben festgestellt, in der Form einer Blankoeinwilligung erteilt werden könne.[587]

---

585 Vgl. dazu *Bolschakova*, Wissenschaftsnotizen 2012, 53, die wiederum auf die Ausführungen von *Antokolskaja* verweist, jedoch ohne eine genaue Quellenangabe.

586 Vgl. Art. 70 P. 1 FGB RF.

587 Vgl. dazu Ausführungen des Rechtsanwalts *Anton Zharov*, abrufbar unter http://zharov.info/teoriya-i-nauka/adoption/lishenie-roditelskih-prav-otkaznik (Stand: 15.07.2017); Entscheidung des Newelsker Stadtgerichts vom 07.09.2011 in der Rechtssache N° 2-866/2011: Nachdem die Mutter nach der Entbindung es ablehnte ihren Sohn mitzunehmen und gleichzeitig eine Blankoeinwilligung erteilte, entzog ihr das Gericht das Sorgerecht. Zur Begründung wurde ausgeführt, die Gründe für die Ablehnung des neugeborenen Kindes seien nicht triftig im Sinne der Vorschrift gewesen; in der Praxis handelt es sich überwiegend um Fälle, in denen eine alleinstehende Mutter unmittelbar nach der Geburt ihr Kind im Krankenhaus zurücklässt, wobei sie in schriftlicher Form ihren Verzicht auf das Kind sowie die Einwilligung in eine mögliche Annahme äußert.

Gegen diese Ansicht spricht jedoch die Tatsache, dass es sich bei dem Einwilligungsrecht in eine Kindesannahme um ein nach Art. 129 FGB RF gesetzlich etabliertes Elternrecht handelt. Allein der Umstand einer Einwilligungserteilung darf nicht per se als Ablehnung ohne einen triftigen Grund zu bewerten sein, der als Rechtfertigung für einen Elternrechtsentzug dienen würde.[588] Allerdings stellt sich in diesem Zusammenhang die Frage, warum ein Elternrechtsentzug überhaupt angestrebt werden sollte, wenn die elterliche Einwilligung in eine mögliche Annahme bereits erteilt worden ist. Schließlich besteht für die Anwendung des Art. 130 Abs. 4 FGB RF keine Notwendigkeit, wenn die für die Wirksamkeit einer Adoption erforderlichen Voraussetzungen des Art. 129 P. 1 FGB RF schon erfüllt sind. In der Praxis kommt es nicht selten vor, dass der Wunsch potenzieller Adoptiveltern, ein ihnen bekanntes Kind adoptieren zu wollen, vom Vormundschafts- und Pflegschaftsorgan mit der Begründung abgelehnt wird, das Kind besitze keinen Status.[589] Gemeint ist damit, dass die leiblichen Eltern des Kindes, das sich in dem Moment etwa in einer Kindereinrichtung befindet, immer noch Träger des Sorgerechts sind.[590]

Das Verlangen eines Elternrechtsentzugs wird wiederholt sowohl seitens der Vormundschafts- und Pflegschaftsorgane als auch der Mitarbeiter verschiedener Kindereinrichtungen sowie auch nicht selten seitens der Richter selbst geäußert.[591] Wenn aber die leiblichen Eltern – in der Regel handelt es sich um eine alleinstehende Mutter – ihre Einwilligung erteilt haben, erlangt das Kind den Status eines Kindes ohne elterliche Fürsorge im Sinne des Art. 121 FGB RF und kann jederzeit adoptiert werden. Für das Erfordernis eines Elternrechtsentzugs in einem solchen Fall fehlt daher jede rechtliche Grundlage. Begründet wird das Verlangen den Eltern, die ihr Kind zurückgelassen und mit seiner Annahme einverstanden sind, ihre elterlichen Rechte dennoch zu entziehen mit dem Hinweis auf die Notwendigkeit der Schaffung klarer Verhältnisse bzgl. des Rechtsstatus

---

588 So auch *Nagaev*, Schutz der Mutterschafts- und Kindschaftsrechte – sozialrechtliche Kommentare, S. 115; diesem Argument wird in der Literatur jedoch entgegengehalten, dass es keinen Grund dafür gibt jegliche Rechtsbeziehungen zwischen dem Kind und seinen leiblichen Eltern, die ihr Kind nicht wollen und bereit sind es zur Adoption freizugeben, künstlich aufrechtzuerhalten, vgl. dazu *Bolschakova*, Wissenschaftsnotizen 2012, 55.

589 *Zharov*, Fragen der Jugendgerichtsbarkeit 2010, 9.

590 *Zharov*, Fragen der Jugendgerichtsbarkeit 2010, 9.

591 Vgl. dazu Ausführungen des Rechtsanwalts *Anton Zharov*, abrufbar unter http://zharov.info/teoriya-i-nauka/adoption/lishenie-roditelskih-prav-otkaznik (Stand: 15.07.2017).

eines Kindes.[592] Eine solche Vorgehensweise räumt den zuständigen Behörden mehr Freiheiten bei der Unterbringung eines Kindes in einer Adoptivfamilie ein. Außerdem würde man auf diese Weise die Gefahr einer Geltendmachung des Widerrufsrechts nach Art. 129 P. 2 FGB RF durch die leiblichen Eltern umgehen.[593] Allerdings ist zu beachten, dass die Forderung den Eltern der Kinder ohne elterliche Fürsorge die Elternrechte trotz zuvor erteilter (Blanko-)Einwilligung zu entziehen zu einer nicht unerheblichen Verzögerung des Adoptionsprozesses führen kann. Nach Art. 71 P. 6 FGB RF ist eine Adoption erst nach Ablauf von sechs Monaten vom Tage des Erlasses des Gerichtsbeschlusses über den Entzug der elterlichen Rechte der Eltern an zulässig. Insbesondere bei bereits feststehenden Adoptiveltern widerspricht eine solche Adoptionssperre den Interessen des anzunehmenden Kindes, das infolgedessen weitere sechs Monate auf ein Leben innerhalb einer Familie als vollwertiges Familienmitglied verzichten muss.[594] Die gesetzliche Regelung dient dazu den biologischen Eltern eine letzte Chance zum Überdenken und Ändern ihres bisherigen Verhaltens zwecks einer möglichen Wiedervereinigung mit ihren Kindern zu geben.[595] Schließlich ist die Wiedererlangung der Elternrechte nach einem erfolgten Annahmeausspruch nicht mehr zulässig.[596]

Gleichwohl spricht man sich trotz der aufgeführten Nachteile auch im Falle einer schon erteilten Zustimmung zur Annahme überwiegend für einen

---

592 *Frolov*, Entzug der elterlichen Rechte. Beschränkung der elterlichen Rechte, S. 18.

593 Es ist durchaus nachvollziehbar, dass potenzielle Adoptiveltern eher dazu tendieren sich im Rahmen des Adoptionsprozesses für ein Kind zu entscheiden, dessen Eltern das Sorgerecht entzogen wurde. Schließlich müssen sie in dem Fall nicht befürchten ggf. unmittelbar vor dem Ausspruch der Annahme das anzunehmende Kind aufgeben zu müssen, da die leiblichen Eltern ihre Meinung doch noch ändern und von ihrem Widerrufsrecht Gebrauch machen könnten. Die Annahme der Kinder, deren Eltern das Sorgerecht verloren haben, ist in der Praxis daher mit weniger Schwierigkeit verbunden. Es muss weder geprüft werden, ob eine bereits erteilte Einwilligung möglicherweise zwischenzeitlich widerrufen wurde, noch besteht das Risiko einer späteren Geltendmachung des Widerrufsrechts, so auch *Zharov*, Fragen der Jugendgerichtsbarkeit 2010, 9.

594 Vgl. dazu Ausführungen des Rechtsanwalts *Anton Zharov*, abrufbar unter http://zharov.info/teoriya-i-nauka/adoption/lishenie-roditelskih-prav-otkaznik (Stand: 15.07.2017).

595 *Wischnjakova*, Kommentar zum Familiengesetzbuch der Russischen Föderation, Art. 71.

596 *Wischnjakova*, Kommentar zum Familiengesetzbuch der Russischen Föderation, Art. 71.

zwingenden Elternrechtsentzug aus, sobald es sich um ein von den leiblichen Eltern abgelehntes Kind handelt und die Ablehnungsgründe nicht als triftig zu qualifizieren sind.[597] Das russische Gesetz gewährt den Kindesinteressen insoweit den Vorrang, die letztendlich die Notwendigkeit begründen, den Personen, die ihr Kind ohne elterliche Fürsorge zurück lassen, trotz vorheriger erteilter Einwilligung das Sorgerecht zu entziehen. Schließlich werden dadurch klare Verhältnisse hinsichtlich des Rechtsstatus eines Kindes geschaffen und eine möglichst unkomplizierte Eingliederung in einer Adoptionsfamilie gewährleistet.[598]

cc. Missbrauch der Elternrechte und grausamer Umgang

Gemäß Art. 69 Abs. 4 und 5 können die elterlichen Rechte entzogen werden, wenn die Eltern bzw. ein Elternteil ihre Rechte missbrauchen und/oder wenn sie grausam mit ihren Kindern umgehen, einschließlich der Ausübung physischer und psychischer Gewalt gegenüber den Kindern, der Verletzung ihrer geschlechtlichen Unantastbarkeit.

Unter Missbrauch im Sinne der Vorschrift ist die Ausübung der Elternrechte zum Nachteil der Kindesinteressen zu verstehen.[599] Der Missbrauch elterlicher Rechte kann durch unterschiedliche Verhaltensweisen zum Ausdruck kommen wie beispielsweise durch Schaffung von Hindernissen bei der Erlangung der allgemeinen Bildungsreife, Untersagung einer Kontaktaufnahme mit anderen Verwandten, Verleitung zum Betteln, Diebstahl oder Konsum von Betäubungsmitteln bzw. alkoholischen Getränken usw.[600] Für die rechtliche Begründung eines Elternrechtsentzugs ist der Grad des Schadens, den man dem Kind infolge des missbräuchlichen Verhaltens zufügt, von entscheidender Bedeutung.[601] In der Regel ist für die Anwendung der Maßnahme nach Art. 69 FGB RF mehr als eine der genannten Handlungen erforderlich, da in den meisten Fällen der Schutz der Kindesinteressen mit weniger radikalen Mitteln als dem Sorgerechtsentzug erreicht werden kann.[602] Für die Feststellung des Missbrauchscharakters einer Handlung ist die Begutachtung aller Umstände des Falls wie der konkreten

597 *Zharov*, Fragen der Jugendgerichtsbarkeit 2010, 10; Bolschakova, Wissenschaftsnotizen 2012, 55.

598 So auch *Zharov*, Fragen der Jugendgerichtsbarkeit 2010, 10; *Frolov*, Entzug der elterlichen Rechte. Beschränkung der elterlichen Rechte, S. 18.

599 *Krascheninnikov*, Familienrecht, Kapitel 5 § 3.

600 P. 11 des Auslegungsbeschlusses des Obersten Gerichts vom 27.05.1998.

601 *Frolov*, Entzug der elterlichen Rechte. Beschränkung der elterlichen Rechte, S. 19.

602 Vgl. Berufungsentscheidung des OLG Moskau vom 20.08.2014 in der Rechtssache N° 33-16393.

familiären Situation, in der sich ein Kind befindet, zwingend erforderlich. So ist eine strenge Erziehungsweise nicht unbedingt als ein Missbrauch der elterlichen Rechte zu bewerten, wenn es hierbei zu keiner Beeinträchtigung der physischen und psychischen Gesundheit des Kindes kommt.[603]

Der grausame Umgang mit Kindern äußert sich nicht nur in der Ausübung physischer und psychischer Gewalt, sondern auch in der Anwendung verbotener Erziehungsmethoden, die zu einer groben und abwertenden Behandlung der Kinder führen.[604] Während unter physischer Gewalt die Zufügung eines körperlichen Schadens zu verstehen ist, kann die psychische Gewalt in Form von Drohungen, Herbeiführung eines Angstzustandes und Unterdrückung jeglichen Willens des Kindes in Erscheinung treten.[605] In der Regel ist grausamer Umgang mit Kindern in Kombination mit anderen zum Elternrechtsentzug berechtigenden Gründen wie der Nichtausübung elterlicher Rechte und Pflichten anzutreffen.[606]

dd. Chronische Erkrankung und Begehung einer Straftat

Gemäß Art. 69 Abs. 6 FGB RF führt eine chronische Alkoholerkrankung oder Drogenabhängigkeit zum Elternrechtsentzug. Diese Erkrankungen stellen bereits von sich aus eine Gefahr für das Kind dar, da sie in der Regel die Ursache für das Eintreten anderer den Elternrechtsentzug rechtfertigender Gründe bilden.[607] Die genannten Erkrankungen müssen durch ein ärztliches Gutachten nachgewiesen werden.[608] In der Praxis ist diese Anforderung nicht selten mit einigen Schwierigkeiten verbunden, da eine medizinische Zwangsbegutachtung in Zivilsachen unzulässig ist.[609] Wenn es sich jedoch um ein Verfahren zum Entzug der elterlichen Rechte handelt, kann sich die Antragstellung auf Einholung eines entsprechenden Gutachtens aus berechtigtem Anlass für die Beteiligten als sinnvoll erweisen.[610] Lehnt nämlich der Beklagte die Durchführung einer

---

603 *Frolov*, Entzug der elterlichen Rechte. Beschränkung der elterlichen Rechte, S. 19.

604 P. 11 des Auslegungsbeschlusses des Obersten Gerichts vom 27.05.1998.

605 Stepanov-*Zwjaginzeva*, Kommentar zum Familiengesetzbuch der Russischen Föderation, Art. 69 S. 158; *Krascheninnikov*, Familienrecht, Kapitel 5 § 3.

606 Vgl. Entscheidung des Gerichts Kimry vom 13.08.2010; Entscheidung des Stadtgerichts Koroljow vom 09.06.2010.

607 *Savtschenko*, Nachrichten TRTU 2005, 187.

608 P. 11 des Auslegungsbeschlusses des Obersten Gerichts vom 27.05.1998.

609 *Frolov*, Entzug der elterlichen Rechte. Beschränkung der elterlichen Rechte, S. 22.

610 *Frolov*, Entzug der elterlichen Rechte. Beschränkung der elterlichen Rechte, S. 22.

solchen Begutachtung ab, kann das Gericht aufgrund des Art. 79 Abs. 3 ZPG RF die Tatsache, die es im Gutachten festzustellen galt, für erwiesen erachten.

Weiterhin können nach Art. 69 Abs. 7 FGB RF den Eltern bzw. einem Elternteil die elterlichen Rechte entzogen werden, wenn sie eine vorsätzliche Straftat gegen das Leben oder die Gesundheit ihrer Kinder, des anderen Elternteils, des Ehegatten, einschließlich desjenigen, der nicht ein Elternteil des Kindes ist, oder gegen das Leben oder die Gesundheit eines anderen Familienmitglieds verübt haben. Der Umstand der Begehung einer vorsätzlichen Straftat muss durch ein rechtskräftiges Urteil festgestellt werden.[611] Als Beispiele für eine Straftat im Sinne des Art. 69 Abs. 7 FGB RF werden meistens Körperverletzung, Verleitung zum Suizid sowie versuchter Mord bzw. Totschlag angeführt.[612] Wird eine Straftat nicht gegenüber dem Kind selbst, sondern einer in der Vorschrift aufgeführten Person begangen, ist die Anwesenheit des Kindes ausgehend vom Sinn und Zweck des Familiengesetzbuches für die Bejahung des Entzugsgrundes nach Art. 69 Abs. 7 FGB RF hierbei nicht erforderlich.[613]

ee. Gerichtspraxis

Die Gerichtspraxis auf dem Gebiet des Elternrechtsentzugs lässt deutlich erkennen, dass neben den in Art. 69 FGB RF ausdrücklich genannten Voraussetzungen für den Erfolg der Klage zwei weitere unbenannte Voraussetzungen zwingend vorliegen müssen: schuldhaftes Handeln der Eltern sowie die Unmöglichkeit der Vornahme einer anderen Maßnahme als der Entziehung des Sorgerechts, die den Schutz der Kindesinteressen gleichermaßen im erforderlichen Umfang gewährleisten würde.[614]

In Russland werden jährlich an die hunderttausend Kinder ohne elterliche Fürsorge registriert.[615] Die meisten dieser Fälle sind gekennzeichnet durch ein gleichgültiges und in hohem Maße verantwortungsloses Verhalten der Eltern ihren Kindern gegenüber.[616] In der Regel wird der Entzug der Elternrechte nicht

---

611 *Zabotkin*, Staatsberater 2014, 9; *Savtschenko*, Nachrichten TRTU 2005, 188.

612 *Zabotkin*, Staatsberater 2014, 9.

613 *Savtschenko*, Nachrichten TRTU 2005, 188.

614 Die beschriebene Gerichtspraxis steht im Einklang mit den Ausführungen des Obersten Gerichts der Russischen Föderation, die im Auslegungsbeschluss vom 27.05.1998 N° 10 „Über die Anwendung der Gesetzgebung durch die Gerichte bei der Verhandlung der im Zusammenhang mit der Kindeserziehung stehenden Streitsachen“ enthalten sind.

615 *Ukolova/Krasnova*, Informationsblatt der Staatlichen Universität Tjumen 2012, 145.

616 *Ukolova/Krasnova*, Informationsblatt der Staatlichen Universität Tjumen 2012, 145.

(ohne weiteres) gleich im ersten Anlauf vom Gericht ausgesprochen, besonders wenn die betroffenen Kinder in einer staatlichen Einrichtung untergebracht sind und ihre Versorgung gewährleistet ist.[617] Denn zunächst führt das Gericht ein Aufklärungsgespräch mit allen Verfahrensbeteiligten durch, in dem die Eltern noch einmal ausdrücklich vor den Folgen eines Rechtsentzugs gewarnt werden.[618] Im Rahmen eines solchen Gesprächs soll ebenfalls festgestellt werden, ob die staatliche Unterbringung der betroffenen Kinder rechtmäßig unter Beachtung der entsprechenden Verfahrensvorschriften stattfand, da ein Kind der Fürsorge der jeweiligen Einrichtung nur mit Einwilligung seiner Eltern zugeführt werden darf.[619] Stellt sich im Gespräch heraus, dass die Übergabe des Kindes durch die Eltern freiwillig erfolgte, wird von ihnen nicht selten behauptet, diese Entscheidung allein aufgrund des Drucks seitens der Vormundschafts- und Pflegschaftsorgane bzw. der Polizei getroffen zu haben.[620]

Die statistischen Erhebungen sprechen jedoch dafür, dass dem Antrag auf Elternrechtsentzug in den meisten Fällen letztendlich entsprochen wird.[621] Wie die herrschende Gerichtspraxis zeigt, sind die Lebensumstände eines Kindes für den Entzug der elterlichen Rechte von zentraler Bedeutung. Allein die Tatsache, dass das Kind in einer für seine Erziehung noch günstigeren Umgebung untergebracht werden könnte, rechtfertigt es nicht das Kind seinen biologischen Eltern wegzunehmen.[622] Vielmehr müssen weitere Umstände in der Form einer konkreten Gefahr für die Gesundheit und das Leben des Kindes hinzukommen.[623]

c. Fehlende Sorge und Verantwortungstragung für das Kind seitens der leiblichen Eltern

Gemäß der letzten Fallgruppe des Art. 130 FGB RF ist die Zustimmung der Eltern des Kindes zu dessen Adoption nicht erforderlich, wenn sie aus Gründen,

---

617 *Schangareev*, Business im Recht 2013, 21.

618 *Schangareev*, Business im Recht 2013, 21.

619 *Schangareev*, Business im Recht 2013, 21.

620 *Schangareev*, Business im Recht 2013, 21.

621 In den Jahren 2008 bis 2010 gab es in Russland durchschnittlich etwa 70 000 Verfahren über den Entzug der elterlichen Rechte, davon kam es in 92 % der Fälle zu einem Urteil, wobei in 91,5 % der Fälle die Klage Erfolg hatte, vgl. *Zlobina*, Informationsblatt der Krasnodar Universität des Innenministeriums Russlands 2013, 21; *Grigorieva*, Theorie und Praxis der Gemeinschaftsentwicklung 2013, 23.

622 Diese Praxis entspricht der Position des Europäischen Gerichts für Menschenrechte, vgl. EGMR, Haase gegen Deutschland.

623 *Schangareev*, Business im Recht 2013, 21.

die vom Gericht als nicht stichhaltig anerkannt worden sind, mehr als sechs Monate nicht mit dem Kind zusammengelebt und sich dessen Erziehung und Unterhalt entzogen haben. Ausgehend vom Inhalt des Art. 130 Abs. 5 FGB RF müssen die in der Norm genannten Voraussetzungen für eine Einwilligungsentbehrlichkeit kumulativ vorliegen. Hiervon erfasst sind Fälle, in denen sich Kinder dauerhaft bei anderen Personen wie ihren Großeltern, Geschwistern usw. aufhalten oder in einer staatlichen Einrichtung untergebracht sind und von ihren leiblichen Eltern ohne einen nachvollziehbaren Grund nicht einmal besucht werden.[624] Denkbar sind auch Fallkonstellationen, in denen die Eltern aus objektiven Gründen nicht mit ihren Kindern zusammenleben und sich um ihre Erziehung kümmern können, wie beispielsweise aufgrund einer stationären medizinischen Behandlung oder eines Aufenthaltes in einer Freiheitsentzugsanstalt.[625] In solchen Fällen bleibt das Erfordernis der elterlichen Einwilligung bestehen.[626] Die Stichhaltigkeit der Gründe wird vom Gericht im Rahmen des Adoptionsverfahrens aufgrund einer umfassenden Begutachtung und Wertung aller hierfür vorgelegten Beweise festgestellt.[627] Die Unterlagen, die das Vorliegen der Voraussetzungen für eine Kindesannahme ohne die elterliche Einwilligung bestätigen, werden dem an das Gericht gerichteten Gutachten des Vormundschafts- und Pflegschaftsorgans über die Vereinbarkeit der Adoption mit den Kindesinteressen beigefügt.[628] In der Literatur wird die beschriebene Vorgehensweise zunehmend kritisiert, da die Feststellung der Stichhaltigkeit der Gründe und die Prüfung des Annahmeantrages im gleichen Verfahren erfolgen.[629] Auf diese Weise würden Informationen über Kinder zur Kenntnis der potenziellen Adoptiveltern gelangen, bevor das Gericht die Umstände ermittelt habe, die eine Einwilligungsentbehrlichkeit nach Art. 130 Abs. 5 FGB RF begründen könnten.[630] Daher wird gefordert die Feststellung der Voraussetzungen der

---

624 *Kepova*, Adoption im Gefüge der Unterbringungsformen bei Kindern ohne elterliche Sorge, S. 100; *Ptschelinzeva*, Das Familienrecht Russlands, S. 518.

625 *Ptschelinzeva*, Das Familienrecht Russlands, S. 518.

626 *Ptschelinzeva*, Das Familienrecht Russlands, S. 518.

627 *Krascheninnikov*, Kommentar zum Familiengesetzbuch der Russischen Föderation, Art. 130 FGB RF S. 300; *Nizamijeva*, Kommentar zum Familiengesetzbuch der Russischen Föderation, Art. 130 FGB RF S. 434.

628 Vgl. Art. 272 ZPG.

629 *Kepova*, Adoption im Gefüge der Unterbringungsformen bei Kindern ohne elterliche Sorge, S. 101; *Letova*, Adoption in der Russischen Föderation und rechtliche Probleme, S. 27.

630 *Kepova*, Adoption im Gefüge der Unterbringungsformen bei Kindern ohne elterliche Sorge, S. 101.

genannten Vorschriften vor dem eigentlichen Adoptionsverfahren vorzunehmen.[631] Dementsprechend ginge die Entscheidung über die Stichhaltigkeit der Gründe im Sinne des Art. 130 Abs. 5 FGB RF der gerichtlichen Entscheidung über den Ausspruch der Kindesannahme voraus.[632]

Eine Rechtsprechungsauswertung auf dem Gebiet der Annahme ohne elterliche Zustimmung legt den Schluss nahe, dass dem Gericht bei seiner Entscheidung über das Vorliegen der Voraussetzungen im Sinne des Art. 130 Abs. 5 FGB RF nicht selten Fehler unterlaufen. So wird zwar festgestellt, dass die Gründe, aus denen die leiblichen Eltern mit ihrem Kind mehr als sechs Monate nicht zusammenleben und sich dessen Erziehung und Unterhalt entziehen, nicht stichhaltig sind. Allerdings erfolgt diese Feststellung ohne Angabe der Beweise, auf denen sie beruht bzw. es werden erst gar nicht Beweise dafür gesammelt, dass sich das elterliche Fehlverhalten über mehr als sechs Monate erstreckt.[633]

Im Gegensatz zu einer früheren Regelung, die in Art. 101 FGB-1969 enthalten war, sind die Vormundschafts- und Pflegschaftsorgane nach der aktuellen Gesetzeslage nicht dazu verpflichtet die biologischen Eltern über die Notwendigkeit einer Änderung ihres bisherigen Verhaltens gegenüber ihren Kindern und über die Rechtsfolgen ihrer Untätigkeit zu unterrichten.[634]

3. *Rechtsvergleichende Betrachtung*

Bei einer rechtsvergleichenden Betrachtung der gesetzlichen Bestimmungen im deutschen und russischen Adoptionsrecht, die die Voraussetzungen einer Annahme ohne bzw. gegen den Willen der abgebenden Eltern festlegen, fallen trotz einiger Gemeinsamkeiten grundlegende Unterschiede auf. Einer der wohl wichtigsten Unterschiede besteht darin, dass der russischen Rechtsordnung das im deutschen Adoptionsrecht geregelte Instrument der Einwilligungsersetzung gänzlich unbekannt ist. Da aber auch in Russland das Adoptionsrecht im Dienste

---

631 *Kepova*, Adoption im Gefüge der Unterbringungsformen bei Kindern ohne elterliche Sorge, S. 101; *Letova*, Adoption in der Russischen Föderation und rechtliche Probleme, S. 27.

632 *Kepova*, Adoption im Gefüge der Unterbringungsformen bei Kindern ohne elterliche Sorge, S. 101; *Letova*, Adoption in der Russischen Föderation und rechtliche Probleme, S. 27.

633 Vgl. Übersicht der Gerichtspraxis des OLG Swerdlowsk in Zivilsachen für das erste Quartal 2007; Bescheinigung des OLG der Region Kemerowo vom 01.01.2005, N 01–03/19–35.

634 *Ptschelinzeva*, Das Familienrecht Russlands, S. 519.

der Kindesinteressen steht und vom Leitgedanken der Fürsorge bestimmt ist, sieht die russische Gesetzgebung ebenfalls die Möglichkeit eines Adoptionsausspruchs trotz des entgegenstehenden Willens der leiblichen Eltern vor, wenn es um einen Wechsel des Kindes aus der für seine Entwicklung ungünstigen natürlichen Verwandtschaft in die für das Kind in jeder Beziehung förderliche Adoptionsfamilie geht.

Verweigert ein Elternteil seine Einwilligung in die Annahme, obwohl diese den Kindesinteressen im konkreten Fall am besten entspricht, ist die Umgehung des entgegenstehenden Willens im russischen Recht nur mit Hilfe einer Norm zu bewältigen. Das Pendant zu der Ersetzungsvorschrift des § 1748 BGB als auch der Regelung zur Einwilligungsentbehrlichkeit nach § 1747 IV BGB in der deutschen Rechtsordnung bildet im russischen Adoptionsrecht Art. 130 FGB RF. Demnach ist dem russischen Rechtssystem im Gegensatz zum deutschen Recht nur ein Weg bekannt im Falle einer fehlenden elterlichen Zustimmung einen dem Kindesinteresse entsprechenden Adoptionsausspruch zu erreichen. Dieser besteht darin die Erteilung der Einwilligung als von Anfang an für entbehrlich zu erklären. Hierin liegt eine wichtige Gemeinsamkeit der beiden Rechtsordnungen, da die Entbehrlichkeit der elterlichen Einwilligung sowohl im deutschen als auch im russischen Recht gesetzlich vorgesehen ist. Während jedoch die deutsche Regelung lediglich beim dauernden Unvermögen sowie dauernd unbekannten Aufenthalt die Zustimmung zur Adoption für nicht erforderlich hält, ist die entsprechende Norm im russischen Recht deutlich umfangreicher gefasst. Diese sieht insgesamt vier Fallgruppen der Einwilligungsentbehrlichkeit vor. Die ersten beiden Fallkonstellationen entsprechen im Wesentlichen der gesetzlichen Regelung in der deutschen Gesetzgebung. Im deutschen Recht bildet die Geschäftsunfähigkeit der leiblichen Eltern den wichtigsten Fall des dauernden Unvermögens, die in Art. 130 FGB RF explizit genannt ist und gleichermaßen zur Entbehrlichkeit der Einwilligung führt.

Der unbekannte Aufenthalt der biologischen Eltern ist als solcher in der russischen Vorschrift im Gegensatz zu § 1747 IV BGB nicht aufgeführt, jedoch ist die Feststellung des unbekannten Aufenthalts für die gerichtliche Verschollenheitserklärung, die eine Annahme ohne elterliche Zustimmung ermöglichen soll, zwingende Voraussetzung. Sowohl die Einwilligungsentbehrlichkeit bei unbekanntem Aufenthalt nach § 1747 IV BGB als auch die Kindesannahme ohne elterliche Zustimmung infolge einer Verschollenheitserklärung nach Art. 130 Abs. 2 FGB RF erfordern die Ergreifung hinreichender Nachforschungsmaßnahmen zur Auffindung der gesuchten Person. Während in Deutschland die Nichterforderlichkeit der Zustimmung bereits nach sechs Monaten erfolgloser Suche festgestellt wird, ist die russische Regelung an eine zwölfmonatige Frist geknüpft.

Denn ein Bürger kann gemäß § 42 ZGB RF nur dann für verschollen erklärt werden, wenn während eines Jahres keine Nachricht über seinen Verbleib eingegangen ist. Solange die Frist nicht abgelaufen ist, ist die elterliche Einwilligung weiterhin als zwingende Wirksamkeitsvoraussetzung für den Ausspruch der Adoption einzuholen. Die genannte Vorschrift berücksichtigt zwar hinreichend die Interessen der biologischen Eltern, bringt für das anzunehmende Kind allerdings nicht unerhebliche Nachteile mit sich. Das Kind muss schließlich während der gesamten Zeitspanne trotz u.U. bereits vorhandener Adoptiveltern in ungeregelten familiären und rechtlichen Verhältnissen verbleiben.

Von einigen Autoren[635] wird vorgeschlagen die Verschollenheitserklärung nicht vom Ablauf einer Frist abhängig zu machen. Je mehr Zeit seit der letzten Nachricht über den Verbleib der gesuchten Person vergehe, desto wahrscheinlicher sei die Vermutung ihres Ablebens.[636] In der Regel komme es mit der Zeit nicht zu einer Mehrung der Beweise, auf die sich die Todesvermutung stützen würde.[637] Entscheidend sei demnach nicht das Verstreichen einer bestimmten Zeitspanne, sondern der Aussagegehalt der Beweise für die Vermutung.[638] Aus diesem Grund solle dem Gericht die Möglichkeit eröffnet werden einzelfallbezogen darüber entscheiden zu können, wie aussagekräftig und überzeugend die Umstände seien, die auf ein Ableben der gesuchten Person hindeuten würden.[639] Die beschriebene Vorgehensweise würde eine hinreichende Berücksichtigung der Kindesinteressen gewährleisten, indem eine unnötige Verzögerung des Adoptionsprozesses infolge der Bindung an den Ablauf einer gesetzlich vorgesehenen Frist vermieden wäre, und zugleich dem Interesse der biologischen Eltern dienen.

Zudem handelt es sich bei der Verschollenheitserklärung um ein faktisch „vereinfachtes Verfahren" zum Entzug der Elternrechte. Werden die biologischen Eltern vom Gericht als verschollen erklärt, führt dies zum Erlöschen ihrer Elternrechte ohne auf das Verfahren nach Art. 69 ff. FGB RF angewiesen zu sein.

---

635 Vgl. *Prjanischnikov*, Jurisprudenz 1990, 25; *Schaidullina*, Informationsblatt der Wirtschaft, des Rechts und der Soziologie 2011, 236.

636 *Prjanischnikov*, Jurisprudenz 1990, 25; *Schaidullina*, Informationsblatt der Wirtschaft, des Rechts und der Soziologie 2011, 236.

637 *Prjanischnikov*, Jurisprudenz 1990, 25; *Schaidullina*, Informationsblatt der Wirtschaft, des Rechts und der Soziologie 2011, 236.

638 *Prjanischnikov*, Jurisprudenz 1990, 25; *Schaidullina*, Informationsblatt der Wirtschaft, des Rechts und der Soziologie 2011, 236.

639 *Prjanischnikov*, Jurisprudenz 1990, 25; *Schaidullina*, Informationsblatt der Wirtschaft, des Rechts und der Soziologie 2011, 236.

Im Gegensatz zur Entbehrlichkeitsvorschrift im deutschen Recht findet die russische Regelung auch bei unbekannten Eltern Anwendung, deren Einwilligung zur Annahme nach einer erfolglosen Identitätsermittlung für die Wirksamkeit der Adoption im Sinne des Art. 130 Abs. 2 nicht erforderlich ist.

Wie bereits oben ausgeführt, ist einer der wohl wichtigsten Unterschiede im Rahmen der Einwilligungssystematik der beiden Rechtsordnungen die Koppelung der Einwilligungsberechtigung an die Inhaberschaft des Sorgerechts im russischen Recht. Eine logische Konsequenz dieses Grundsatzes bildet die gesetzliche Regelung des Art. 130 Abs. 4 FGB RF. Da die elterlichen Rechte auch das Recht der biologischen Eltern, der Annahme ihres Kindes zuzustimmen, umfassen, führt ihr Entzug zu einem Verlust dieses Rechts und begründet damit die Entbehrlichkeit der Einwilligungserteilung nach Art. 130 Abs. 4 FGB RF. Ist der die Einwilligung verweigernde Elternteil bereits zu Beginn des Adoptionsprozesses nicht mehr Inhaber des Sorgerechts, sind die Voraussetzungen des Art. 130 Abs. 4 FGB RF unproblematisch erfüllt. Deutlich schwieriger gestaltet sich der Fall eines die Einwilligung verweigernden sorgeberechtigten Elternteils. Sind die übrigen Gründe des Art. 130 FGB RF für die Nichterforderlichkeit der Zustimmung nicht einschlägig, sind die Beteiligten des Adoptionsverfahrens gezwungen den Weg über den Entzug der elterlichen Rechte im Sinne des Art. 69 ff. FGB RF zu gehen.

Zwar kennt das russische Adoptionsrecht die Ersetzung der Einwilligung eines Elternteils nicht, der Entzug der elterlichen Rechte nach Art. 69 ff. FGB RF, wodurch eine Annahme ohne die Zustimmung der Eltern ermöglicht wird, kann jedoch nur im Rahmen eines Gerichtsverfahrens vom zuständigen Gericht ausgesprochen werden. Hierin besteht der Anknüpfungspunkt für einen Vergleich mit dem deutschen Recht, das für eine Einwilligungsersetzung ebenfalls ein gerichtliches Verfahren vorsieht. Über die Ersetzung einer Einwilligung kann sowohl in einem Zwischenverfahren zum Annahmeverhältnis als auch in einem selbständigen Verfahren, etwa vor Stellung eines Adoptionsantrages, entschieden werden. Es handelt sich dabei um eine selbständige Endentscheidung. Sowohl die Ersetzungsgründe in § 1748 BGB als auch die Gründe für einen Sorgerechtsentzug in Art. 69 FGB RF sind abschließend geregelt. Somit rechtfertigt in beiden Rechtsordnungen nicht jedes Fehlverhalten der leiblichen Eltern ein Übergehen ihres Willens bei der Kindesannahme. Die gesetzlich normierten Gründe der beiden Rechtsordnungen, die eine Kindesannahme ohne bzw. gegen den Willen der leiblichen Eltern zulassen, sei es infolge der gerichtlichen Ersetzung in der deutschen Rechtsordnung oder der Feststellung der Einwilligungsentbehrlichkeit im russischen Adoptionsrecht, weisen einige Gemeinsamkeiten auf. Nach Art. 69 Abs. 2 FGB RF führt die Nichtausübung der elterlichen Rechte, die sich überwiegend in einer gleichgültigen Einstellung der leiblichen Eltern ihren Kindern gegenüber äußert, zum Entzug der Elternrechte und damit automatisch zum Verlust des Einwilligungsrechts. Die Gleichgültigkeit eines Elternteils seinem Kind gegenüber spielt ebenfalls im deutschen Recht im Rahmen der Kindesannahme gegen den Willen der biologischen Eltern eine wichtige Rolle, da es sich um einen der Ersetzungsgründe im Sinne des § 1748 I BGB handelt. Auch der Ersetzungsgrund der anhaltend gröblichen Pflichtverletzung ähnelt der russischen Regelung in Art. 69 Abs. 4 FGB RF, wonach der Missbrauch der Elternrechte zu deren Entzug führen kann und dadurch die Anwendbarkeit des Art. 130 FGB RF begründet wird.

Der maßgebliche Unterschied besteht demnach darin, dass in der deutschen Adoptionsgesetzgebung das beschriebene elterliche Fehlverhalten auf Antrag des Kindes zur Ersetzung der Einwilligung eines Elternteils führt und im Ergebnis eine dem Kindeswohl entsprechende Annahme ermöglicht, während in der russischen Rechtsordnung die Vormundschafts- und Pflegschaftsorgane bzw. die potenziellen Adoptiveltern für die Feststellung der Nichterforderlichkeit der Einwilligung den Weg über den Entzug der Elternrechte gehen müssen, wenn sich die Kindesannahme ohne elterliche Zustimmung nicht auf andere Gründe des Art. 130 FGB RF stützen lässt. Dennoch handelt es sich sowohl bei der Einwilligungsersetzung nach § 1748 BGB als auch der Entziehung der Elternrechte nach Art. 69 ff. FGB RF um selbständige gerichtliche Verfahren, die dem eigentlichen Adoptionsverfahren vorgeschaltet sind. Zu Recht wird in der russischen Literatur der Umstand kritisiert, dass sowohl die Vormundschafts- und Pflegschaftsorgane als auch die zuständigen Gerichte für eine Annahme ohne elterliche Zustimmung in vielen Fällen unnötigerweise auf dem langwierigen Gerichtsverfahren des Elternrechtsentzugs beharren. Diese Erwägung betrifft diejenigen Fallkonstellationen, in denen bereits die Voraussetzungen des Art. 130 Abs. 5 FGB RF erfüllt sind, so dass das zeitaufwendige Verfahren nach Art. 69 FGB RF und die damit verbundene Rechtsfolge des Art. 71 P. 6 FGB RF vermieden werden könnten.

C. Wirkungen der Adoption

Nachdem die Voraussetzungen der Kindesannahme im deutschen und russischen Adoptionsrecht auf ihre Gemeinsamkeiten und Unterschiede hin untersucht wurden, ist der Blick im Weiteren auf die Wirkungen der Annahme zu richten.

Sowohl das russische als auch das deutsche Recht der Kindesannahme folgen dem Prinzip der Volladoption, d.h. dass die Fremdadoption eines Minderjährigen mit starken Wirkungen ausgestattet ist.

Im deutschen Recht kommen diese Wirkungen in § 1754 und § 1755 BGB zum Ausdruck. Danach vermittelt die Annahme dem Adoptivkind die rechtliche Stellung eines gemeinschaftlichen Kindes im Falle der Adoption durch ein Ehepaar, in den übrigen Fällen die rechtliche Stellung eines Kindes des Annehmenden und führt zum Erlöschen von Verwandtschaftsverhältnissen des Kindes und seiner Abkömmlinge zu den bisherigen Verwandten. Eine vergleichbare Vorschrift in der russischen Adoptionsgesetzgebung findet sich in Art. 137 FGB RF. Der P. 1 der genannten Regelung besagt, dass die angenommenen Kinder und deren Nachkommenschaft im Verhältnis zu den Annehmenden und deren Verwandten und die Annehmenden und deren Verwandten im Verhältnis zu den angenommenen Kindern und deren Nachkommenschaft in persönlichen nichtvermögenswerten und vermögenswerten Rechten und Pflichten den Verwandten aufgrund Abstammung gleichgestellt sind. Gemäß Art. 137 P. 2 FGB RF verlieren die angenommenen Kinder im Verhältnis zu ihren Eltern (ihren Verwandten) die persönlichen nichtvermögenswerten und vermögenswerten Rechte und sind von den Verpflichtungen ihnen gegenüber befreit.[640] Im Gegensatz zu den §§ 1754, 1755 BGB[641] werden in der russischen Vorschrift nicht nur das Erlöschen der Verwandtschaftsverhältnisse zur Herkunftsfamilie, sondern auch das gleichzeitige Entstehen der Verwandtschaft und Schwägerschaft mit sämtlichen Verwandten und Verschwägerten der Annehmenden ausdrücklich geregelt.

Mit Ausspruch der Adoption wird das Kind somit aus seiner bisherigen Familie herausgelöst und in die neue Familie integriert. Im Ergebnis der Volladoption erhält der Minderjährige die Rechtsstellung eines leiblichen Kindes mit allen sich daraus ergebenden Rechtsfolgen bis hin zum Unterhalts- und Erbrecht, die sich im Übrigen auch auf andere Rechtsgebiete wie z.B. Strafrecht, Steuerrecht, Beamtenrecht, Sozialversicherungsrecht oder Insolvenzrecht erstrecken.[642] Der primäre Zweck der Volladoption besteht in der Gewährleistung einer umfassenden

640 In beiden Rechtsordnungen sind auch Ausnahmen vom Erlöschen der bisherigen Verwandtschaftsverhältnisse gesetzlich geregelt, vgl. § 1756 BGB, Art. 137 P. 3–5 FGB RF.

641 Vgl. dazu Kaiser/Schnitzler/Friederici/Schilling-*Dahm* § 1754 Rn. 7.

642 BGH, FamRZ 2001, 217; BayObLGZ 1995, 246; OLG Stuttgart, BeckRS 2012, 23633; *Krause*, NotBZ 2006, 273; vgl. auch *Kepova*, Adoption im Gefüge der Unterbringungsformen bei Kindern ohne elterliche Sorge, S. 147.

rechtlichen Integration des angenommenen Kindes in seine Adoptivfamilie, die ausgehend vom Fürsorgegedanken des Instituts der Adoption nach der in beiden Rechtsordnungen herrschenden Ansicht dem Kindeswohl dient.[643] Nach einer erfolgten Adoption kann das Kind sowohl in rechtlicher als auch tatsächlicher Hinsicht in möglichst sicheren Familienverhältnissen aufwachsen und ungestört von der Herkunftsfamilie stabile Bindungen zu seinen Adoptiveltern entwickeln.[644] Im Grundsatz der Volladoption spiegelt sich das gewandelte Verständnis vom Sinn und Zweck der Kindesannahme wider, die nicht mehr zur Sicherung des Fortbestands des Namens und des Vermögens kinderloser Ehepaare dienen soll.[645] Die aktuelle Adoptionsgesetzgebung der beiden Rechtsordnungen stellt auch im Hinblick auf die Wirkungen der Annahme unzweifelhaft das Wohl des Kindes in den Vordergrund.

I. Inkognitoadoption und Adoptionsgeheimnis

Trotz vieler Gemeinsamkeiten, die die deutsche und russische Adoptionsgesetzgebung in den Rechtsfolgen der Kindesannahme aufweisen, sind einige signifikante Unterschiede bei der Umsetzung des Ziels des aktuellen Adoptionsrechts festzustellen. Wie bereits dargestellt, bezweckt es vorrangig eine umfassende rechtliche und tatsächliche Verdrängung der Herkunftsfamilie. Diese soll durch die sowohl im deutschen als auch im russischen Recht gesetzlich geregelte Inkognitoadoption sowie das in beiden Rechtsordnungen ebenfalls gesetzlich etablierte Adoptionsgeheimnis erreicht werden.[646] Zwecks Vornahme einer vergleichenden Betrachtung der genannten Rechtsinstitute widmen sich die folgenden Ausführungen der Darstellung ihrer rechtlichen Ausgestaltung im deutschen und russischen Adoptionsrecht unter der besonderen Berücksichtigung der Kindeswohldienlichkeit. Darauffolgend werden alternative, nicht gesetzlich geregelte Adoptionsformen geschildert und auf ihre gesellschaftliche Akzeptanz in der deutschen und russischen Adoptionsrealität hin untersucht.

---

643 Erman-*Saar* § 1755 Rn. 2; Soergel-*Liermann* vor § 1741 Rn. 2; BT-Drucks. 7/3061, 15; OLG Brauschweig, FamRZ 1997, 514; *Kepova*, Adoption im Gefüge der Unterbringungsformen bei Kindern ohne elterliche Sorge, S. 147.

644 OLG Stuttgart, BWNotZ 2006, 22; OLG Brauschweig, FamRZ 1997, 514; BVerfG, FPR 2002, 265; BVerfG, NJW 2013, 852 f.; BT-Drucks. 7/3061, 15; *Gräfin von Schlieffen* S. 116 ff.; *Röchling*, ZfJ 2000, 216; *Jordan*, FPR 2004, 469; *Willutzki*, ZKJ 2007, 28.

645 Soergel-*Liermann* vor § 1741 Rn. 2.

646 MüKo-*Maurer* vor §§ 1741 Rn. 38.

1. Rechtslage in Deutschland

a. Gesetzliche Regelung der Inkognitoadoption

Bereits vor der Neufassung des Adoptionsrechts im Jahr 1976 hatte sich in der Praxis für den typischen Fall der Adoption fremder Kinder längst die Möglichkeit der Inkognitoadoption durchgesetzt, die von der Rechtsprechung gebilligt wurde.[647] Eine eindeutige gesetzliche Regelung und damit die ausdrückliche Anerkennung dieser Adoptionsform erfolgten erst mit dem Inkrafttreten des Adoptionsänderungsgesetzes im Jahr 1977, das damit der Forderung von Art. 20 I EuAdoptÜbEink nachkam.[648] In der aktuell geltenden Adoptionsgesetzgebung ist die Inkognitoadoption als besondere Form der Kindesannahme in § 1747 II 2 BGB vorgesehen. Danach ist die Einwilligung auch dann wirksam, wenn der Einwilligende die schon feststehenden Annehmenden nicht kennt. Dabei handelt es sich um ein einseitiges Inkognito, bei welchem den leiblichen Eltern Name und Wohnort der Adoptiveltern nicht mitgeteilt wird, während umgekehrt eine Informationspreisgabe auf keine Bedenken stößt.[649] Der Grund für die Regelung wird zum einen in dem Recht des Kindes auf Kenntnis seiner Abstammung und zum anderen in der Sicherstellung der Erlangung notwendiger Informationen über die leiblichen Eltern im Falle einer Erkrankung des Kindes gesehen.[650] Bei einer verdeckten Annahme erhalten die leiblichen Eltern zwar keine Informationen, die zu einer Identifizierung der Adoptivfamilie führen könnten. Gleichwohl können sie einige allgemeine Daten über die Lebensverhältnisse der neuen Familie sowie das künftige soziale Umfeld ihres leiblichen Kindes erfahren.[651]

Das einseitige Inkognito, bei dem die Identität der Annehmenden den leiblichen Eltern gegenüber verschleiert wird, dient primär dazu die ungestörte Entwicklung eines Eltern-Kind-Verhältnisses zwischen dem Angenommenen und den Annehmenden zu gewährleisten.[652] Dieser Zweck wird vor allem dadurch

---

647 BGHZ 2, 287, 290 f.; BGHZ 5, 344, 349f.; BGH, FamRZ 1960, 229.

648 Danach sind Anordnungen zu treffen, damit ein Kind angenommen werden kann, ohne dass seiner Familie aufgedeckt wird, wer der Annehmende ist.

649 Staudinger-*Frank* § 1747 Rn. 35; Soergel-*Liermann* § 1747 Rn. 20; Empfehlungen zur Adoptionsvermittlung der Bundesarbeitsgemeinschaft der Landesjugendämter, S. 16; *Dörwald* S. 11.

650 Staudinger-*Frank* § 1747 Rn. 35.

651 *Giuliani*, Freiburger FrauenStudien 1/00, 129; *Muscheler*, FPR 2008, 496; Empfehlungen zur Adoptionsvermittlung der Bundesarbeitsgemeinschaft der Landesjugendämter, S. 16; Informationen für Adoptionsbewerber vom Staatsministerium für Soziales und Verbraucherschutz, S. 21.

652 Staudinger-*Frank* § 1747 Rn. 34.

erreicht, dass das angenommene Kind vor einer schädlichen Einflussnahme seitens der Herkunftsfamilie abgeschirmt wird.[653] Somit schützt die Inkognitoadoption das Adoptivkind vor möglichen Interventionen aus der Ursprungsfamilie, die zu einer Beeinträchtigung der mit der Annahme bezweckten positiven Entwicklung für das Kind führen könnte.[654] Bis zum Anfang der 80er Jahre haben die deutschen Adoptionsvermittlungsstellen fast ausschließlich Inkognitoadoptionen durchgeführt, die eine wichtige Schutzfunktion für alle an einem Adoptionsprozess Beteiligten erfüllten.[655] Alleinstehende Frauen konnten auf diese Weise eine uneheliche Geburt verbergen, die Adoptiveltern eine biologisch gegründete Familie vortäuschen und elternlose Kinder in einer harmonischen Familie aufwachsen.[656]

b. Offenbarungs- und Ausforschungsverbot

Neben der ausdrücklichen gesetzlichen Regelung der verdeckten Kindesannahme führte das Adoptionsgesetz von 1976 eine Vorschrift ein, die die Wahrung des Inkognitos nach Abschluss des Annahmeverfahrens und damit den Zweck der Inkognitoadoption sichern sollte.[657] Hierbei handelt es sich um § 1758 I BGB, wonach Tatsachen, die geeignet sind, die Annahme und ihre Umstände aufzudecken, ohne Zustimmung des Annehmenden und des Kindes nicht offenbart oder ausgeforscht werden dürfen, es sei denn, dass besondere Gründe des öffentlichen Interesses dies erfordern. Vom Schutzbereich des § 1758 BGB umfasst ist sowohl das Elternrecht nach Art. 6 II 1 GG als auch das Persönlichkeitsrecht der Annehmenden und des Kindes nach Art. 2 I iVm Art. 1 I GG.[658] Schließlich obliegt es den Adoptiveltern selbstverantwortlich über den Zeitpunkt und die Form der Aufklärung des Kindes über seine Herkunft zu entscheiden. Eine Ausforschung der Besonderheiten der verwandtschaftlichen Beziehungen zwischen dem Kind und seiner neuen Familie durch Außenstehende oder eine Offenbarung ihnen gegenüber soll dagegen verhindert werden.[659] Dies gilt auch dann, wenn das Kind über seine Herkunft aufgeklärt worden ist.

---

653 BT-Drucks. 7/3061, S. 21, 38, 46 (Nr. 2).

654 Staudinger-*Frank* § 1747 Rn. 34; Positionspapier der Bioethik-Kommission der Bayerischen Staatsregierung S. 33.

655 *Textor*, Inkognitoadoption und offene Formen der Adoption im Freistaat Bayern, Teil I, S. 57; *Giuliani*, Freiburger FrauenStudien 1/00, 129

656 *Giuliani*, Freiburger FrauenStudien 1/00, 129.

657 Soergel-*Liermann* § 1758 Rn. 1; BT-Drucks 7/3061, S. 46; 7/5087, S. 18 f.

658 Vgl. LG Freiburg, FamRZ 2002, 1647; *Gernhuber/Coester-Waltjen* § 68 Rn. 119.

659 Staudinger-*Frank* § 1758 Rn. 3; Soergel-*Liermann* § 1758 Rn. 2.

Die Vorschrift enthält zwei Verbote, die ein Aufdecken aller im Zusammenhang mit der Adoption stehenden Tatsachen und Umstände verhindern und dadurch die Herauslösung des Kindes aus seiner Ursprungsfamilie und die Einbindung in die neue Familie auch nach erfolgter Annahme gewährleisten. Das Adoptionsgeheimnis bezieht sich folglich nicht nur auf die Tatsache der Annahme selbst, sondern auch auf alle subjektiven und objektiven Hintergründe und Verfahrensgänge, die für den Ausspruch der Annahme erforderlich waren.[660]

Das Offenbarungsverbot, das die Bekanntmachung der genannten Tatsachen und Umstände verhindern soll, richtet sich an Dritte, die Annehmenden und den Angenommenen sowie dessen leibliche Eltern.[661] Vom Verbot betroffen sind neben Privatpersonen auch Behörden und Gerichte, die mit der Adoption in irgendeiner Weise befasst waren. Verstößt der letztgenannte Personenkreis gegen das Offenbarungsverbot, sieht die deutsche Rechtsordnung in den Fällen des § 203 I Nr. 2, 4, 4a und 5, II Nr. 1 und 2 StGB[662] sogar eine strafrechtliche Sanktion vor. Das Ausforschungsverbot richtet sich ebenfalls an jedermann und soll alle Ermittlungen von Privaten und in behördlichen oder gerichtlichen Verfahren verhindern.[663] Das Verbot bezieht sich auch auf zeitlich vor der Annahme liegende Fakten, wenn sie geeignet sind die Tatsache der Adoption bekanntzumachen.[664] Werden Adoptiveltern gezielt gefragt, ob es sich um ein leibliches oder angenommenes Kind handelt, obliegt ihnen das Recht und die Pflicht das Kind als ihr leibliches Kind zu bezeichnen ohne die Tatsache einer stattgefundenen Adoption zu erwähnen.[665] Demnach sind Annehmende berechtigt wahrheitswidrige Angaben zu machen, ohne rechtliche Konsequenzen befürchten zu müssen.[666] Die Geheimhaltung der Annahme wurde dank der Einführung der Volladoption und der damit verbundenen Gleichstellung mit einem leiblichen Kind wesentlich erleichtert. Für Behörden, Arbeitgeber usw. erübrigt

660 Staudinger-*Frank* § 1758 Rn. 10.

661 Kaiser/Schnitzler/Friederici/Schilling-*Dahm* § 1758 Rn. 7.

662 Die Adoption ist ein zum persönlichen Lebensbereich gehörendes Geheimnis im Sinne der Vorschrift.

663 Erman-*Holzhauer* § 1758 Rn. 6; Staudinger-*Frank* § 1758 Rn. 9.

664 Staudinger-*Frank* § 1758 Rn. 10.

665 *Baer/Groß*, Adoption und Adoptionsvermittlung, S. 102; Erman-*Holzhauer* § 1758 Rn. 6; MüKo-*Maurer* § 1758 Rn. 24; Soergel-*Liermann* § 1758 Rn. 4.

666 *Baer/Groß*, Adoption und Adoptionsvermittlung, S. 102; Erman-*Holzhauer* § 1758 Rn. 2; MüKo-*Maurer* § 1758 Rn. 24; Soergel-*Liermann* § 1758 Rn. 4; BeckOGK-*Löhnig* § 1758 Rn. 18.

sich nunmehr das Erfordernis der Nachfrage nach der Abstammung des Kindes in etwaigen Formularen.[667] Wird innerhalb einer Behörde vom Annahmeverhältnis Kenntnis erlangt, besteht wiederum die Pflicht bei der Speicherung von Daten jegliche Informationen, die auf die Tatsache der Adoption hindeuten könnten, nicht anzugeben.[668] Die Einhaltung der Geheimhaltungspflicht durch Behörden als auch Hoheitsträger können die Adoptiveltern und das Kind durch u.a. Dienstaufsichtsbeschwerde und Leistungsklage als Unterlassungsklage erreichen.[669]

Eine wichtige Schutzvorschrift, die das Einhalten des Adoptionsgeheimnisses gewährleistet und gleichzeitig einen Widerspruch zum Akteneinsichtsrecht vermeidet, ist § 13 II 2 FamFG. Dabei handelt es sich um eine spezielle Regelung, die auf das Adoptionsverfahren vor dem Familiengericht Anwendung findet. Gemäß der genannten Vorschrift ist Personen, die an dem Verfahren nicht beteiligt sind, die Einsicht zu versagen, wenn ein Fall des § 1758 BGB vorliegt. Sind demnach leibliche Eltern am Adoptionsverfahren beteiligt, steht ihnen das Recht auf Einsicht in Gerichtsakten zu, ohne dass Grundsätze des § 1758 BGB diesem Recht entgegenstehen. Etwas anderes ergibt sich, wenn schwerwiegende Interessen eines Beteiligten oder eines Dritten die Versagung des Einsichtsrechts rechtfertigen.[670] Wird eine Inkognitoadoption durchgeführt, gehören leibliche Eltern und andere Verwandte nicht zum Kreis der Beteiligten und können demnach bei einem Fall des § 1758 BGB keine Einsicht in Gerichtsakten verlangen.[671]

Bei Zustimmung der Annehmenden und des Kindes zur Aufdeckung des Annahmeverhältnisses entfällt die Geheimhaltungspflicht. Allerdings müssen hierfür die Zustimmungen der Betroffenen kumulativ vorliegen.[672] Im Verhältnis zwischen den Adoptiveltern und dem Kind findet § 1758 BGB zwar keine Anwendung, so dass die Verbote einer Aufklärung des Kindes durch die Adoptiveltern nicht entgegenstehen.[673] Ist das Kind bereits über seine Abstammung aufgeklärt worden und wollen die Adoptiveltern die Tatsache der Annahme

---

667 Vgl. BT-Drucks. 7/3061, 46; Staudinger-*Frank* § 1758 Rn. 9.

668 Soergel-*Liermann* § 1758 Rn. 4; vgl. auch Nied, StAZ 1982, 257; *Sachse*, StAZ 1985, 25.

669 BVerwGE 14, 323 ff, 328 ff; 26, 23 ff; 40, 332.

670 Vgl. dazu *Reinhardt*, JAmt 2011, 632.

671 Versagt wird nicht nur das Recht auf Einsicht in Akten des Adoptionsverfahrens, sondern auch bzgl. der Akteninhalte anderer Verfahren, die sich mit der Adoption in irgendeiner Form befasst haben, Keidel-*Sternal* § 13 FamFG Rn. 44.

672 BayObLG, FamRZ 1996, 1436; VG Stuttgart, BeckRS 2015, 55621; Palandt-*Götz* § 1758 Rn. 2.

673 BeckOKBGB-*Hau/Poseck* § 1758 Rn. 2.

offenlegen, bedürfen sie hierfür in der Konsequenz der gesetzlichen Regelung der Zustimmung des Angenommenen, im umgekehrten Fall der Zustimmung der Annehmenden.[674]

Haben die Adoptivfamilie und das angenommene Kind einer Aufdeckung des Annahmeverhältnisses nicht zugestimmt, ist die Offenbarung und Ausforschung von adoptionswesentlichen Tatsachen nur dann gerechtfertigt, wenn besondere Gründe des öffentlichen Interesses es erfordern. Die Erforderlichkeit im Sinne der Vorschrift ist stets zu bejahen, wenn kein anderes Mittel zur Verfügung steht, das das Geheimhaltungsinteresse der Beteiligten weniger beeinträchtigt als die Offenbarung und Ausforschung der adoptionsbezogenen Umstände.[675] Zu den besonderen Gründen des öffentlichen Interesses zählen vor allem strafbare Vorgänge wie das Inzestverbot gemäß § 173 StGB oder das Eheverbot der Verwandtschaft gemäß § 1307 BGB, für die die leibliche Abstammung weiterhin relevant ist.[676] Die Zeugnisverweigerungsrechte aufgrund Verwandtschaft[677] rechtfertigen die Aufdeckung der Adoption allerdings nur ausnahmsweise, zum Beispiel bei der Aufklärung schwerer Delikte.[678]

§ 1758 II BGB normiert die Vorwirkung des Adoptionsgeheimnisses, wodurch der Schutz der Norm auf den Zeitpunkt der Einwilligungserteilung nach § 1747 BGB verschoben wird. Das Familiengericht kann darüber hinaus nach § 1758 II 2 BGB anordnen, dass das Verbot bereits wirksam wird, wenn ein Antrag auf Ersetzung der Einwilligung eines Elternteils gestellt worden ist.

c. Ansprüche des Adoptivkindes auf Auskunft über die leiblichen Eltern

Wie jedes Kind hat auch das Adoptivkind das Recht darauf zu erfahren, wer seine leiblichen Eltern sind. Obwohl im Grundgesetz keine ausdrückliche Normierung enthalten ist, wird dieses früher heftig diskutierte Recht seit Ende der 80er Jahre des letzten Jahrhunderts in Rechtsprechung und Literatur überwiegend anerkannt.[679] Das Recht auf Kenntnis der eigenen Abstammung war

674 BayObLG, FamRZ 1996, 1436; VG Stuttgart, BeckRS 2015, 55621; Palandt-*Götz* § 1758 Rn. 2.

675 BeckOKBGB-*Hau/Poseck* § 1758 Rn. 6.1; Staudinger-*Frank* § 1758 Rn. 12.

676 *Donhauser* S. 154.

677 Vgl. § 383 I Nr. 3 ZPO, § 52 I Nr. 3 StPO.

678 Soergel-*Liermann* § 1758 Rn. 7; *Roth-Stielow* § 1758 Rn. 8.

679 *Schuhmacher*, FamRZ 1987, 319 ff.; *Laufs*, JZ 1986, 772; *Mansees*, NJW 1988, 2987; *Eidenmüller*, JuS 1998, 785; *Sethe*, Die Durchsetzbarkeit des Rechts auf Kenntnis der eigenen Abstammung aus der Sicht des Kindes, S. 111; OLG Hamm, FamRZ 1991, 1229; LG Stuttgart, NJW 1992, 2899.

Gegenstand mehrerer Entscheidungen des Bundesverfassungsgerichts.[680] Ausschlaggebend für die Bejahung eines grundrechtlich geschützten Rechts eines jeden Menschen auf Kenntnis seiner genetischen Abstammung war die Entscheidung des Bundesverfassungsgerichts vom 31.01.1989.[681] Das Gericht stellte fest, dass das aus Art. 2 I iVm Art. 1 I GG abgeleitete allgemeine Persönlichkeitsrecht auch das Recht auf Kenntnis der eigenen Abstammung umfasse.[682] Den Grund für diese Schlussfolgerung sah das BVerfG im engen Zusammenhang der Persönlichkeit eines Menschen mit der Kenntnis um die eigene Abstammung und Herkunft.[683] Laut wissenschaftlichen Untersuchungen ist das Wissen um die Herkunft für den Einzelnen ein entscheidender Faktor für die angestrebte Selbsterkenntnis und gehört als Individualisierungsmerkmal zur Persönlichkeit eines Menschen.[684] Mit der verfassungsmäßigen Anerkennung des lange Zeit umstrittenen Rechts kam die Bundesrepublik gleichzeitig ihrer durch Art. 7 I, 9 UN-Kinderrechte-Charta vorgegebenen und durch Ratifikation übernommenen Verpflichtung nach, für Kinder eine Möglichkeit zu schaffen die Identität ihrer leiblichen Eltern zu erfahren.[685] Bereits ein Jahr vor seiner Grundsatzentscheidung befasste sich das BVerfG mit der Thematik im Zusammenhang mit der Frage nach dem Anspruch eines nichtehelichen Kindes gegen die Mutter auf Nennung seines leiblichen Vaters.[686] Letztendlich bejahte das Gericht das Recht des Kindes auf Kenntnis des leiblichen Vaters, sah allerdings dieses Recht nicht nur im Rahmen des allgemeinen Persönlichkeitsrechts geschützt, sondern stützte es auch auf Art. 6 V GG.[687] Mit dem Beschluss von 1988 zeichnete das BVerfG die Argumentation in der Entscheidung von 1989 schon vorsichtig vor.[688]

Zwar wurde das Recht des Kindes auf Kenntnis der eigenen Abstammung vom BVerfG ausdrücklich bejaht, jedoch finden sich nur im Bereich der Adoption zumindest teilweise gesetzliche Regelungen zu Ansprüchen auf Verschaffung von Informationen über die leibliche Abstammung.[689] Neben einem

---

680 BVerfG, NJW 1988, 3010; BVerfGE 79, 256; BVerfGE 96, 76.

681 BVerfGE 79, 258.

682 BVerfGE 79, 258.

683 BVerfGE 79, 258.

684 *Muscheler/Bloch*, FPR 2002, 343; MüKo-*Maurer* vor § 1741 Rn. 35; *Bradshaw*, Familiengeheimnisse, S. 34, 68; *Swientek*, Wer sagt mir, wessen Kind ich bin, S. 22.

685 *Rotax*, Praxis der Kinderpsychologie und Kinderpsychiatrie 2007, 150.

686 BVerfG, NJW 1988, 3010 ff.

687 BVerfG, NJW 1988, 3010 ff.

688 *Muscheler/Bloch*, FPR 2002, 343.

689 *Rotax*, Praxis der Kinderpsychologie und Kinderpsychiatrie 2007, 164.

starken Streben nach Identifikation begeben sich adoptierte Kinder auch aufgrund materieller Interessen auf die Suche nach ihren leiblichen Eltern.[690] Denn schließlich werden gemäß § 1755 I 2 BGB Ansprüche des Kindes, die bis zur Annahme entstanden sind, insbesondere auf Renten, Waisengeld und andere entsprechende wiederkehrende Leistungen, ausgenommen die Unterhaltsansprüche, durch die Annahme nicht berührt.

aa. Das Recht auf Einsicht in die Personenstandsregister und in den Herkunftsnachweis im Falle einer vertraulichen Geburt

Sein verfassungsmäßig anerkanntes Recht auf Kenntnis der eigenen Abstammung kann das angenommene Kind zunächst mithilfe seines Auskunftsanspruchs gegen die die Personenstandsbücher führende Stelle durchsetzen.[691] § 63 I 1 PStG besagt, dass bei einer Kindesannahme abweichend von § 62 ein beglaubigter Registerausdruck aus dem Geburtseintrag nur den Annehmenden, deren Eltern, dem gesetzlichen Vertreter des Kindes und dem über 16 Jahre alten Kind selbst erteilt werden darf. Somit kann das adoptierte Kind mit Vollendung des sechzehnten Lebensjahres auch gegen den Willen der Adoptiveltern Einsicht in das Personenstandsregister nehmen und sich auf diese Weise eigenständig Kenntnis über die Tatsache der Annahme und die Identität seiner leiblichen Eltern verschaffen.[692] Grundsätzlich werden gemäß § 21 I Nr. 4 PStG die Vornamen und die Familiennamen der Eltern im Geburtenregister beurkundet.

Wird die begehrte Information von der zuständigen Stelle zur Verfügung gestellt, liegt darin kein Verstoß gegen die Geheimhaltungspflicht des § 1758 BGB und damit auch keine unzulässige Informationserteilung durch Dritte, da es als „Kenntnis aus eigener Sache“ zu verstehen ist.[693] Der Zweck des Adoptionsgeheimnisses besteht letztendlich nicht darin das Adoptivkind an der Kenntniserlangung über seine genetische Abstammung dauerhaft zu hindern.[694] Um eine Geheimhaltung der Adoption zu ermöglichen, wurde nach der alten Rechtslage zwischen Geburtsurkunden und Abstammungsurkunden unterschieden.[695]

---

690 *Donhauser* S. 156; *Swientek*, Wer sagt mir, wessen Kind ich bin, S. 22; *Bradshaw*, Familiengeheimnisse, S. 34, 68.

691 *Rotax*, Praxis der Kinderpsychologie und Kinderpsychiatrie 2007, 165; MüKo-*Maurer* § 1758 Rn. 52.

692 *Muscheler*, FPR 2008, 496; Staudinger-*Frank* § 1758 Rn. 11; BeckOKBGB-*Hau/Poseck* § 1758 Rn. 11; Kaiser/Schnitzler/Friederici/Schilling-*Dahm* § 1758 Rn. 12.

693 Soergel-*Liermann* § 1758 Rn. 1; *Lüderitz*, NJW 1976, 1870.

694 OLG München, NJW 2005, 1668.

695 *Krause*, NotBZ 2006, 277; vgl. § 62 I, II PStG aF.

Während man in der Geburtsurkunde die Adoptiveltern als Eltern angab, lieferte die Abstammungsurkunde Auskunft über die leiblichen Verwandtschaftsverhältnisse. Ein als Minderjähriger adoptiertes Kind musste diese Urkunde zwecks Vermeidung von Inzestehen vorlegen.[696] Mit der Reform des Personenstandsrechts wurden Abstammungsurkunden abgeschafft.[697]

Für das adoptierte Kind ist es somit dank der nach § 21 I Nr. 4 PStG vorzunehmenden Eintragung möglich im Zuge der Einsichtnahme in das Personenstandsregister die Identität der Herkunftsfamilie zu erfahren. Für Fälle der vertraulichen Geburt ist in § 21 II a PStG eine Ausnahme von diesem Grundsatz vorgesehen.[698] Einem vertraulich geborenen Kind steht jedoch ein Einsichtsrecht in den in solchen Fällen erstellten Herkunftsnachweis über die Abstammung zu, das ebenfalls wie bei der Einsicht in die Personenstandsregister mit Vollendung des 16. Lebensjahres geltend gemacht werden kann. Geregelt ist dieses Recht in § 31 des Schwangerschaftskonfliktgesetzes, in das mit dem Inkrafttreten des Gesetzes zum Ausbau der Hilfen für Schwangere und zur Regelung der vertraulichen Geburt[699] ein Abschnitt über die vertrauliche Geburt eingefügt wurde. Unter den Voraussetzungen des § 31 II SchKG kann die leibliche Mutter allerdings Belange vorbringen, die dem Einsichtsrecht des Kindes entgegenstehen. Wird von der zuständigen Stelle die Einsicht in den Herkunftsnachweis tatsächlich verweigert, entscheidet gemäß § 32 I 1 SchKG das Familiengericht auf Antrag des Kindes über dessen Einsichtsrecht.

bb. Aufklärungspflicht der Adoptiveltern

Es ist mittlerweile allgemein anerkannt, dass zur Pflicht der elterlichen Sorge der Adoptiveltern eine Aufklärungspflicht gegenüber dem angenommenen Kind hinsichtlich der Tatsache der Adoption gehört. Denn wie bereits oben dargestellt, erstreckt sich das Offenbarungs- und Ausforschungsverbot nach § 1758 BGB nicht auf das Adoptionsverhältnis zwischen Adoptiveltern und Adoptivkind.[700]

---

696 Vgl. §§ 5 I, 62 II PStG aF (gültig bis zum 1.1.2009); BT-Drucks. 16/1831, S. 36.

697 In der Praxis führte die Vorlage der Abstammungsurkunde indes nicht zur Aufdeckung von Eheverbotsfällen. Zudem erwies sie sich als überflüssig, da sich die Einhaltung der Eheverbote auch über eine beglaubigte Abschrift des Geburtseintrags sicherstellen ließ, Kaiser/Schnitzler/Friederici/Schilling-*Dahm* § 1758 Rn. 18.

698 Danach werden bei einer vertraulichen Geburt nach § 25 I des Schwangerschaftskonfliktgesetzes nur die in Absatz 1 Nummer 1 bis 3 vorgeschriebenen Angaben aufgenommen.

699 BGBl I 2013, S. 3458 ff.

700 Soergel-*Liermann* vor § 1741 Rn. 35; MüKo-*Maurer* § 1758 Rn. 51; Staudinger-*Frank* § 1758 Rn. 23.

Das OLG Karlsruhe führte in seiner Entscheidung aus dem Jahr 1996 aus, dass bei jeder Adoption eines Kleinkindes die frühzeitige und behutsame Aufklärung des adoptierten Kindes über seine biologische Abstammung eine wichtige elterliche Aufgabe im Rahmen ihrer Erziehungspflicht darstelle, um einer möglichen Offenbarung durch außenstehende Personen und der damit sicherlich verbundenen Schockreaktion des Adoptivkindes zu entgehen.[701] Dieser Sichtweise schließen sich auch die für die Adoptionsvermittlung zuständigen Fachkräfte an. Daher sind den Empfehlungen der Bundesarbeitsgemeinschaft der Landesjugendämter zur Adoptionsvermittlung folgende Ausführungen zu entnehmen: „Es ist Aufgabe der Fachkräfte, bei den Adoptiveltern die Einsicht dafür wachzuhalten bzw. zu wecken, wie elementar wichtig es ist, dass das Kind „seine Geschichte" von seinen Adoptiveltern erfährt. Eine Aufdeckung der Adoption, die zu spät, in kritischen Situationen oder durch Dritte erfolgt, erschüttert das Vertrauen der Adoptierten und kann zu schweren Störungen im Familiensystem führen".[702] Da dem Kind unter anderem ein Recht auf Einsicht in die Personenstandsregister zusteht, wird ein dauerhaftes Verschweigen der wahren Herkunft den Adoptiveltern ohnehin nicht gelingen.[703] Auch wenn die Geburtsurkunde nur die Namen der Adoptiveltern enthält, so ist für die Eheschließung die Vorlage eines Abstammungsnachweises erforderlich, der gegebenenfalls dem Kind seine Herkunft offenbaren würde.

Wann und in welcher Form die Eltern letztendlich ihre Aufklärungspflicht erfüllen, liegt allein in ihrer eigenen Verantwortung.[704] Bereits in der Gesetzesbegründung wurde darauf hingewiesen, dass Eingriffe von außen in dieses Erziehungsproblem zu unterbleiben hätten.[705] Die beste Herangehensweise an die Aufklärung des Adoptierten wird darin gesehen, das Kind mit dem Wissen

---

701 OLG Karlsruhe, NJWE-FER 1996, 5; so auch *Oeschger*, Die Pflege- und Adoptivkinderversorgung, S. 166 ff.; *Kleinecke*, Das Recht auf Kenntnis der eigenen Abstammung, 264 ff.; *Hartleib*, Für und Wider der Volladoption, 99 f.; *Haag*, Fremdes Kind wird eigenes Kind, 43 f.; *Lange*, Das alleinstehende Kind und seine Versorgung, 38 f.; *Textor*, ZfJ 1990, 12 f.; *Bohmann/Sigvardsson*, Psychotherapie mit Kindern, Jugendlichen und Familien 1984, 162 f.; *Ebertz* S. 94 ff.; *Hoffmann-Riem* S. 221 ff.; Paulitz-*Hoksbergen* S. 65 ff.; *Napp-Peters* S. 125 ff.

702 Empfehlungen der Bundesarbeitsgemeinschaft der Landesjugendämter zur Adoptionsvermittlung Rn. 9.2, 8. Auflage, 2019.

703 *Stalinski*, FamRZ 2005, 856; Staudinger-*Frank* § 1758 Rn. 23; *Textor*, ZfJ 1990, 11.

704 *Gernhuber/Coester-Waltjen* § 68 Rn. 122–124; Soergel-*Liermann* § 1758 Rn. 8; Staudinger-*Frank* § 1758 Rn. 23; *Frank*, FamRZ 1988, 117.

705 BT-Drucks 7/3061, S. 46.

um die Umstände der Annahme aufwachsen zu lassen, es also von seiner frühesten Kindheit an die Tatsache seiner biologischen Abstammung zu gewöhnen.[706] Auf diese Weise soll eine Stresssituation und eine zu befürchtende Loslösung von der Adoptivfamilie im Erwachsenenalter vermieden werden.[707] Bedauerlicherweise ist es keine Seltenheit, dass Adoptiveltern dem angenommenen Kind die Information über seine genetische Abstammung vorenthalten.[708] Erlangt das Kind dennoch Kenntnis von der Adoption, so begegnen Adoptiveltern den Nachforschungen des Kindes oft mit Angst, Wut und Ablehnung.[709]

Die Aufklärungspflicht der Adoptiveltern korrespondiert mit dem Anspruch des Kindes, den es gegen die Annehmenden auf Aufklärung über seine Abstammung und seine Herkunft hat.[710] Für den Fall eines rechtlich der leiblichen Mutter zugeordneten Kindes sah die Rechtsprechung in § 1618 a BGB i.V.m. Art. 2 I, 1 I GG die Anspruchsgrundlage für einen Anspruch gegen die Mutter auf Nennung des leiblichen Vaters. Dieser Anspruch diente der Durchsetzung des Rechts auf Kenntnis der eigenen Abstammung.[711] Bei § 1618 a BGB handelt sich um eine im Jahr 1979 durch das Sorgerechtsgesetz[712] eingefügte Generalklausel, nach der Eltern und Kinder einander Beistand und Rücksicht schulden.[713] Inwieweit die Auskunft tatsächlich verweigert werden darf, wird im Rahmen einer umfassenden Interessenabwägung entschieden.[714] Dabei ist zum einen das Interesse der Mutter an der Wahrung ihres Selbstbestimmungsrechts aus Art. 2 I GG und zum anderen das Interesse des Kindes auf Wahrung seines Rechts auf Kenntnis der eigenen Abstammung zu berücksichtigen.[715]

---

706 *Bohmann/Sigvardsson* S. 162 f.; *Ebertz* S. 94 ff.; *Hoffmann-Riem* S. 221 ff.; Paulitz-*Hoksbergen* S. 65 ff.; *Napp-Peters* S. 125 ff.

707 *Bohmann/Sigvardsson* S. 162 f.; *Ebertz* S. 94 ff.; *Hoffmann-Riem* S. 221 ff.; Paulitz-*Hoksbergen* S. 65 ff.; *Napp-Peters* S. 125 ff.

708 *Textor*, ZfJ 1990, 11.

709 *Textor*, ZfJ 1990, 11.

710 BVerfG, NJW 1994, 2475; BVerfG, NJW 1989, 891; OLG München, NJW 2005, 1667; LG Freiburg BeckRS 2002, 12235; *Hassenstein*, FamRZ 1988, 120; *Frank*, FamRZ 1988, 113; *Kleineke*, Das Recht auf Kenntnis der eigenen Abstammung, S. 10 ff.

711 LG Passau, NJW 1988, 144; LG Münster, FamRZ 1990, 1032 f.; LG Bremen, NJW 1999, 729; OLG Hamm, FamRZ 1991, 1229; BVerfG, NJW 1997, 1769.

712 BGBl I 1979, S. 1061.

713 Staudinger-*Coester* § 1618 a Rn. 6: „Generalklausel des Kindschaftsrechts".

714 BVerfG, NJW 1989, 891; BVerfG, NJW 1997, 869, wonach stets eine Abwägung zu erfolgen hat, ohne dass man einem Recht von vornherein eine größere Bedeutung beimisst; dazu auch Smid, JR 1990, 222.

715 BVerfG, NJW 1989, 891; BVerfG, NJW 1997, 869; *Frank/Helms*, FamRZ 1997, 1260.

Ausgehend von der rechtlichen Stellung des Angenommenen als gemeinschaftliches Kind der Annehmenden ist die Anwendbarkeit der Generalklausel des § 1618 a BGB, aus der ein Auskunftsanspruch abgeleitet wird, auch im Verhältnis zwischen Adoptiveltern und Adoptivkind zu bejahen.[716] Hierbei sind jedoch bei der Interessenabwägung die Besonderheiten einzubeziehen, die ein infolge einer Kindesannahme begründetes Verwandtschaftsverhältnis in der Regel mit sich bringt.[717] Im Zuge der Abwägung darf insbesondere nicht außer Acht gelassen werden, dass Adoptiveltern unmittelbar nach der erfolgten Annahme ein starkes Bedürfnis nach einer ungestörten Entwicklung eines Eltern-Kind-Verhältnisses haben. Die Festigung einer neu entstandenen Familienbande soll schließlich nicht durch eine vorzeitige Informationsfreigabe gefährdet werden. Besteht eine solche Gefahr nicht mehr, steht dem Auskunftsbegehren eines adoptierten Kindes nichts mehr im Wege. Dennoch hat eine Klage auf Auskunft gegen die Adoptiveltern in den meisten Fällen keine Aussicht auf Erfolg, da dem Adoptivkind regelmäßig einfachere Wege der Informationserlangung wie beispielsweise die Einsicht in Adoptionsvermittlungsakten, zur Verfügung stehen.[718]

cc. Einsichtnahme bei der Adoptionsvermittlungsstelle

Ähnlich wie sich das Adoptivkind Kenntnis von den Eintragungen im Personenstandsregister verschaffen kann, steht ihm ab Vollendung des sechzehnten Lebensjahres zur Durchsetzung seines Rechts auf Kenntnis der genetischen Abstammung und Herkunft ebenfalls das Recht auf Einsicht in die Vermittlungsakten zu.[719] Der Einsichtnahme steht auch nicht das Offenbarungs- und Ausforschungsverbot des § 1758 BGB entgegen, da dem Verlangen des Kindes, Auskunft über die leiblichen Eltern zu erhalten, Kenntnis von der Tatsache der Adoption vorausgeht.[720] Das Einsichtsrecht ist in § 9 b II 1 des Gesetzes über die Vermittlung der Annahme als Kind und das Verbot der Vermittlung von Ersatzmüttern (Adoptionsvermittlungsgesetz) geregelt. Soweit die Vermittlungsakten die Herkunft und die Lebensgeschichte des Kindes betreffen oder ein sonstiges berechtigtes Interesse besteht, ist nach der genannten Vorschrift dem gesetzlichen Vertreter des Kindes und, wenn das Kind das sechzehnte Lebensjahr

---

716 Staudinger-*Frank* § 1754 Rn. 9; MüKo-*v. Sachsen Gessaphe* § 1618 a Rn. 4.
717 Vgl. dazu LG Freiburg, BeckRS 2002, 12235.
718 *Rotax*, ZFE 2007, 9.
719 Staudinger-*Frank* § 1758 Rn. 11.
720 MüKo-*Maurer* Anh. § 1744 Rn. 82; Staudinger-*Frank* § 1758 Rn. 11.

vollendet hat, auch diesem selbst auf Antrag unter Anleitung einer Fachkraft Einsicht zu gewähren. Demnach darf das Adoptivkind nur diejenigen Aktenteile sichten, die Auskunft über seine Abstammung und seinen Werdegang enthalten.[721] Nach § 9 b I AdVermG beträgt die Aufbewahrungszeit für die Vermittlungsakten eines jeden Vermittlungsfalles ab Geburt des Kindes 100 Jahre. Die Adoptionsvermittlungsstellen verfügen über alle Aufzeichnungen und Unterlagen, die auch Gesprächsvermerke mit subjektiven Einschätzungen der am Adoptionsprozess Beteiligten enthalten. Zu finden sind auch detaillierte Fragebögen, die von den künftigen Adoptiveltern auszufüllen waren und folglich viele private Angaben offenbaren.[722] Die gesetzlich vorgeschriebene fachliche Anleitung soll vor allem sicherstellen, dass Adoptivkinder mit einer unter Umständen infolge der Sichtung der Vermittlungsakten hervorgerufenen seelischen Erschütterung nicht allein gelassen werden.[723]

Gemäß § 9 b II 2 AdVermG ist die Einsichtnahme jedoch zu versagen, soweit überwiegende Belange eines Betroffenen entgegenstehen. Gemeint sind hiermit zunächst die Interessen der leiblichen Eltern, die gegen das Recht des Kindes auf Kenntnis der eigenen Abstammung abzuwägen sind.[724] Handelt es sich allerdings um solche persönlichen Lebensumstände der leiblichen Eltern, die bereits im Vermittlungsverfahren offenbart wurden, wird in der Gesetzesbegründung darauf hingewiesen, dass sie auf diesem Weg den rein privaten Bereich der Herkunftsfamilie verlassen haben und das Kenntnisinteresse des Kindes daher Vorrang genießt.[725] Betroffen im Sinne der Vorschrift können auch die Interessen der Annehmenden sein, soweit die relevanten Aktenteile Informationen zu ihrer Eignung als Erziehungspersonen oder zu den Gründen der Kinderlosigkeit enthalten.[726] Stehen dem Einsichtsrecht des Adoptivkindes tatsächlich überwiegende Belange der Betroffenen entgegen, wird der Inhalt der Vermittlungsakten dem Adoptivkind nicht gänzlich vorenthalten.[727] Es wird eine beschränkte Einsichtnahme in die Akten zugelassen, indem dem Kind gegenüber wesentliche Informationen mitgeteilt werden, ohne die von der Geheimhaltungspflicht betroffenen Abschnitte offen zu legen.[728]

---

721 MüKo-*Maurer* Anh. § 1744 Rn. 81.
722 *Stalinski*, FamRZ 2005, 858.
723 *Stalinski*, FamRZ 2005, 858.
724 BT-Drucks. 14/6011, S. 56.
725 BT-Drucks. 14/6011, S. 55; aA MüKo-*Maurer* Anh. § 1744.
726 Staudinger-*Frank* § 1758 Rn. 11.
727 *Stalinski*, FamRZ 2005, 858.
728 *Stalinski*, FamRZ 2005, 858; BT-Drucks. 14/6011, S. 56.

dd. Anspruch des adoptierten Kindes auf Nennung des Vaters

Die Praxis zeigt, dass in vielen Fällen Kinder von alleinstehenden unverheirateten Müttern aufgrund ihrer instabilen emotionalen und finanziellen Lage zur Adoption freigegeben werden.[729] Nimmt das Kind nun Einsicht in das Personenstandsregister bzw. die Adoptionsvermittlungsakten, erfährt er daher häufig nur die Identität der leiblichen Mutter. Somit stellt sich in diesem Zusammenhang die Frage, ob das adoptierte Kind einen Anspruch gegen seine leibliche Mutter auf Nennung seines biologischen Vaters hat, falls die Einsichtnahme bei den zuständigen Stellen nicht zur Identität des leiblichen Vaters führt. Wie bereits oben ausgeführt, wird ein Auskunftsanspruch des Kindes gegen seine Eltern aus der Generalklausel des § 1618 a BGB abgeleitet, wenn die rechtliche Verwandtschaft zwischen den Beteiligten zu bejahen ist. Mit dem Ausspruch der Annahme wird jedoch die rechtliche Zuordnung des Kindes zu seinen leiblichen Eltern gemäß § 1755 BGB beendet, so dass die Voraussetzung für den Auskunftsanspruch nach § 1618 a BGB nicht mehr gegeben ist.

Zwischenzeitlich wurde daher diskutiert das allgemeine Persönlichkeitsrecht des Adoptivkindes als mögliche Anspruchsgrundlage gegen die leibliche Mutter auf Nennung des Vaters heranzuziehen.[730] Dieser Lösungsansatz wird jedoch verworfen, da nach herrschender Auffassung Grundrechte nur im Verhältnis Staat-Bürger gelten.[731] Käme man nun zu dem Ergebnis, dass dem Adoptivkind gegen die leibliche Mutter mangels eines rechtlichen Eltern-Kind-Verhältnisses kein Anspruch auf Nennung des biologischen Vaters zusteht, würde es eine Ungleichbehandlung und damit einen Verstoß gegen Art. 3 I GG bedeuten.[732] Denn ein seiner Mutter rechtlich zugeordnetes Kind kann im Gegensatz zum Adoptivkind einen Auskunftsanspruch gelten machen.[733] Damit auch der Angenommene die Möglichkeit erhält den Vatersnamen zu erfahren, wird für die Begründung seines Auskunftsanspruchs auf § 242 BGB zurückgegriffen. Die Rechtsprechung hat gelegentlich Auskunftsansprüche aus der einschlägigen Norm bei Vorliegen der entsprechenden Voraussetzungen bejaht.[734] Angewendet auf die vorliegende Fallkonstellation ist für die Geltendmachung des Anspruchs aus § 242 BGB eine

---

729 Vgl. *Frank*, FamRZ 1988, 117; Paulitz-*Hoksbergen* S. 49 ff.

730 *Muscheler/Bloch*, FPR 2002, 347; *Muscheler*, FPR 2008, 497.

731 BVerfG, NJW 1958, 257.

732 *Muscheler*, FPR 2008, 497.

733 *Muscheler*, FPR 2008, 497.

734 BGH, NJW 1954, 70; BGH, NJW 1981, 2000; BGH, NJW 2014, 2571; BGH, NJW 2012, 450; OLG Hamm, NJW 2013, 1168.

Rechtsverbindung zwischen dem Kind und der leiblichen Mutter erforderlich, die von der Rechtsprechung auch als rechtliche Sonderverbindung beschrieben wird.[735] Da aber alle rechtlichen Bande zu der leiblichen Mutter durch die Adoption gelöst werden, käme man letztendlich zum gleichen Ergebnis wie bei der Herleitung des Auskunftsanspruchs nach § 1618 BGB. Um eine Schlechterstellung des Adoptivkindes im Vergleich zu einem seiner leiblichen Mutter rechtlich zugeordneten Kind zu verhindern, wird daher vorgeschlagen, ausgehend von einem im weitesten Sinne zu verstehenden Begriff der Sonderverbindung,[736] im vorliegenden Fall die biologische Sonderverbindung zwischen Adoptivkind und leiblicher Mutter für einen Auskunftsanspruch nach § 242 BGB als ausreichend anzusehen.[737]

Als weitere Voraussetzung des Anspruchs ist die Zumutbarkeit der Auskunftserteilung für die Mutter zu beachten.[738] Hierbei ist im Rahmen einer Abwägung festzustellen, inwieweit das Interesse des Kindes auf Wahrung seines Kenntnisrechts höherrangig einzustufen ist als das allgemeine Persönlichkeitsrecht der Mutter.[739] In den meisten Fällen wird dem Kenntnisrecht des Kindes Vorrang eingeräumt, es sein denn die Mutter kann ein besonderes Geheimhaltungsinteresse darlegen und beweisen.[740]

ee. Informationsrecht der leiblichen Eltern unter Wahrung des Inkognitos

Wie bereits oben ausgeführt, können sich leibliche Eltern an die Adoptionsvermittlungsstellen mit der Bitte wenden ihnen allgemeine Informationen über die Lebensumstände, unter denen ihr leibliches Kind aufwächst, zukommen zu lassen, wenn hierdurch die Anonymität der Adoptivfamilie nicht gefährdet wird. Da es insbesondere leiblichen Müttern sehr schwer fällt ihre Freigabeentscheidung zu verarbeiten und zu akzeptieren, kann für sie der Erhalt von Informationen über die persönlichen Verhältnisse des Kindes eine wichtige Hilfestellung bedeuten.[741] Während die Weitergabe von Informationen durch Annehmende ohne weiteres gestattet ist, wird die Frage nach einem allgemeinen Anspruch der

735 BGH, NJW 2014, 2571; Palandt-*Heinrichs* § 242 Rn. 6.
736 Palandt-*Heinrichs* § 242 Rn. 6.
737 *Muscheler*, FPR 2008, 497.
738 BGH, NJW 2014, 2572.
739 Vgl. BVerfG, NJW 1989, 891; BVerfG, NJW 1997, 1769.
740 BGH, NJW 2014, 2572.
741 *Gräfin von Schlieffen* S. 156.

leiblichen Eltern auf Auskunft über die persönlichen Verhältnisse des Kindes uneinheitlich beantwortet.

Maurer vertritt die Auffassung, dass ein Auskunftsanspruch der leiblichen Eltern gegen die Adoptionsbewerber sich aus § 1686 BGB ergebe und bis zum rechtskräftigen Ausspruch der Annahme unter Wahrung des Inkognitos fortbestehe.[742] Schließlich sei nach erteilter elterlicher Einwilligung weiterhin die Gefahr einer Zurückweisung oder Zurücknahme des Annahmeantrages gegeben, so dass die vorher übermittelten Informationen über die Lebensumstände des Kindes es den leiblichen Eltern erleichtern sollen im Fall einer nicht erfolgten Annahme die elterliche Sorge wieder auszuüben.[743] Das BVerfG befürwortete bereits in seiner Entscheidung aus dem Jahr 1968 eine Auskunftserteilung über die persönlichen Verhältnisse des Kindes an die leiblichen Eltern, ohne sich jedoch mit der Frage nach einer möglichen Anspruchsgrundlage auseinanderzusetzen: „Die Inkognitoadoption bedeutet nur, dass die Eltern den Namen und die Anschrift der Adoptiveltern nicht erfahren; eine Unterrichtung der Eltern über die allgemeinen Verhältnisse der Adoptiveltern (Staatsangehörigkeit, Konfession, wirtschaftliche und soziale Lage) ist dadurch nicht ausgeschlossen und wird in der Regel geboten sein."[744] Eine andere Auffassung verneint die Anwendbarkeit des § 1686 BGB als Anspruchsgrundlage für Auskunftsansprüche der leiblichen Eltern gegen die Adoptivpflegeeltern.[745] Die Vorschrift greife nicht im Adoptionsverfahren, sondern sei nur für den Auskunftsanspruch des einen leiblichen Elternteils gegen den anderen leiblichen Elternteil heranzuziehen.[746] Der EGMR betont zudem, ein Umgangs- oder Auskunftsrecht der leiblichen Eltern sei den deutschen Vorschriften zum gesetzlichen Regelfall der Inkognitoadoption, die den Schutz des Privat- und Familienlebens des Adoptivkindes bezwecken, gänzlich unbekannt.[747]

Folgt man der erstgenannten Ansicht, muss allerdings beachtet werden, dass ein Ausspruch der Annahme das Erlöschen des Auskunftsrechts aus § 1686 BGB bewirkt.[748] Die biologischen Eltern seien infolge der Adoption nicht mehr als „Eltern" im Sinne der Vorschrift anzusehen.[749]

---

742 MüKo-*Maurer* § 1751 Rn. 69; ebenso BeckOGK-*Löhnig* § 1751 Rn. 27.
743 MüKo-*Maurer* § 1751 Rn. 69.
744 BVerfG, NJW 1968, 2237.
745 Kaiser/Schnitzler/Friederici/Schilling-*Dahm* § 1751 Rn. 7; Erman-*Saar* § 1751 Rn. 6.
746 Kaiser/Schnitzler/Friederici/Schilling-*Dahm* § 1751 Rn. 7.
747 EGMR, NJW 2015, 2322.
748 MüKo-*Maurer* Vor § 1741 Rn. 34.
749 MüKo-*Maurer* Vor § 1741 Rn. 34.

Mit der Frage des Auskunftsbegehrens eines leiblichen Verwandten hatten sich vor einigen Jahren zwei Verwaltungsgerichte zu befassen.[750] Hierbei handelte es sich um eine Klage auf Auskunft bzw. Akteneinsicht in die Akten einer Adoptionsvermittlungsstelle eines Jugendamts. Im Ergebnis leitete man einen Auskunftsanspruch aus dem allgemeinen Persönlichkeitsrecht der leiblichen Verwandten ab, die über solche Umstände zu unterrichten waren, deren Kenntnis für die Wahrnehmung verfassungsrechtlich geschützter Rechtspositionen der leiblichen Verwandten notwendig war.[751]

2. *Rechtslage in Russland*

a. *Gesetzliche Regelung der verdeckten Kindesannahme nach Art. 129 P. 3 FGB RF*

Gemäß Art. 129 P. 3 FGB RF können die Eltern ihre Zustimmung zur Adoption des Kindes durch eine bestimmte Person oder ohne die Benennung einer bestimmten Person erklären. Die gesetzliche Regelung ist dahingehend zu verstehen, dass der Einwilligende bei der Abgabe seiner Zustimmung die Annehmenden nicht nur nicht zu kennen braucht, diese müssen zum Zeitpunkt der Einwilligungserteilung nicht einmal feststehen. Insoweit unterscheidet sich die vom russischen Gesetzgeber zugelassene Blankoadoption von der Inkognitoadoption, die für die Wirksamkeit der elterlichen Einwilligung schon feststehende Annehmende voraussetzt, auch wenn die Identität der Annehmenden den leiblichen Eltern verborgen bleibt. Willigen die biologischen Eltern in die Annahme ihres Kindes durch noch nicht feststehende Personen ein und suchen in der Folgezeit die Vormundschafts- und Pflegschaftsorgane für das abgegebene Kind potenzielle Adoptiveltern aus, bleibt ihre Identität den leiblichen Eltern unbekannt. Diese Regelung gilt erst Recht, wenn die Annehmenden bereits feststehen.[752] Aus der Auswertung der russischen Fachliteratur geht jedoch nicht eindeutig hervor, ob umgekehrt den Adoptiveltern die Namen und Adressen der leiblichen Eltern, soweit bekannt, mitgeteilt werden und es sich hierbei folglich um ein einseitiges Inkognito handelt.

Zur Zulässigkeit der Blankoadoption in der russischen Rechtsordnung und ihrer Auswirkung auf das weitere Adoptionsgeschehen sei an dieser Stelle auf die

750 VG Stuttgart, BeckRS 2015, 55621; VG Neustadt (Weinstraße), FamRZ 2016, 148 ff.

751 Vgl. VG Neustadt (Weinstraße), FamRZ 2016, 150 f., wonach es einem potenziellen leiblichen Vater ermöglicht werden sollte, in einem Verfahren die Abstammung eines Kindes von ihm klären und feststellen zu lassen.

752 https://www.kommersant.ru/doc/3720796.

Ausführungen im Rahmen der Analyse gesetzlicher Vorschriften der elterlichen Einwilligung verwiesen.[753]

b. Adoptionsgeheimnis

Das Adoptionsgeheimnis wurde erstmals im Familiengesetzbuch der RSFSR von 1969 in Art. 110 gesetzlich geregelt.[754] Die Vorschrift enthielt eine Reihe an Maßnahmen, die das Geheimnis der Kindesannahme gewährleisten sollten. Hierzu zählten die Möglichkeit einer Änderung des Datums und des Ortes der Geburt des angenommenen Kindes sowie das Verbot, ohne Zustimmung der Annehmenden und im Falle ihres Ablebens ohne Zustimmung der Vormundschafts- und Pflegschaftsorgane irgendwelche Angaben über die Adoption mitzuteilen oder Auszüge aus dem Personenstandsregister auszuhändigen, aus deren Inhalt erkennbar war, dass die Annehmenden nicht die leiblichen Eltern des Angenommenen waren. Sofern Personen gegen das aufgestellte Verbot verstießen und gegen den Willen der Annehmenden das Geheimnis der Kindesannahme offenbarten, wurden sie laut Art. 110 FGB-1969 gemäß dem gesetzlich festgelegten Verfahren zur Verantwortung gezogen.

Die gesetzliche Regelung des Adoptionsgeheimnisses in der aktuell geltenden Fassung ist in Art. 139 FGB RF enthalten. Gemäß P. 1 Abs. 1 der genannten Vorschrift wird das Geheimnis der Adoption eines Kindes vom Gesetz geschützt. Abs. 2 besagt, dass die Richter, welche die Entscheidung über die Adoption eines Kindes erlassen haben, oder die Amtspersonen, welche die staatliche Registrierung der Adoption vorgenommen haben, sowie Personen, die in sonstiger Weise von der Adoption Kenntnis erworben haben, verpflichtet sind, das Geheimnis der Adoption des Kindes zu wahren. P. 2 des Art. 139 FGB-RF regelt schließlich, dass die in P. 1 dieses Artikels genannten Personen, welche das Geheimnis der Adoption eines Kindes gegen den Willen der Annehmenden offenbaren, gemäß dem gesetzlich festgelegten Verfahren zur Verantwortung gezogen werden.

Den primären Zweck des Adoptionsgeheimnisses sieht der russische Gesetzgeber in der Schaffung der Voraussetzungen, die für die Entwicklung einer „wahrhaft familiären Beziehung" zwischen dem angenommenen Kind und den Adoptiveltern erforderlich sind.[755] Außerdem soll die Stabilität einer

---

753 Siehe 2. Teil, B.2.

754 *Manankova/Lipovskih*, Informationsblatt der Tomsker Staatsuniversität. Recht. 2017, 123; *Grigorjeva*, Ökonomie. Recht. Stempel. 2013, 39.

755 *Letova*, Adoption in der Russischen Föderation und rechtliche Probleme, S. 40; *Bespalov*, Kommentar zur Gerichtspraxis in Familiensachen, S. 267; Golowistikova/

stattgefundenen Adoption sowie eine ungestörte Kindeserziehung gewährleistet werden.[756] Ausgehend von dieser Zielsetzung kommt es in der russischen Adoptionsgesetzgebung demnach entscheidend darauf an, dass mit Hilfe der vorhandenen gesetzlichen Regelungen innerhalb der Adoptionsfamilie solche Verwandtschaftsverhältnisse geschaffen werden, die denen auf einer biologischen Sonderverbindung beruhenden Familienverhältnissen möglichst ähnlich sind. Nach dem herrschenden Verständnis des Adoptionsgeheimnisses im russischen Rechtsraum handelt es sich um ein Rechtsinstitut, welches eine unverzichtbare Grundlage für die normale Existenz der infolge der Annahme neu entstandenen Familie, für die ungestörte Entwicklung des Adoptivkindes sowie für den inneren Frieden der Adoptivfamilie darstellt.[757]

Da das Familiengesetzbuch der Russischen Föderation keine ausdrückliche inhaltliche Erläuterung zum Begriff des Adoptionsgeheimnisses liefert, besteht in der Literatur große Unsicherheit darüber, welche Adoptionsvorgänge und -angaben der Geheimhaltung unterliegen.[758] Zieht man zwecks Begriffserklärung den Gesetzestext des Art. 139 P. 1 Abs. 2 FGB RF heran, gelangt man zu dem Schluss, dass das Adoptionsgeheimnis lediglich die Angaben über die gerichtliche Entscheidung umfasst.[759] Ausgehend von diesem Auslegungsergebnis stellt sich im Folgenden die Frage, wie in dem Fall zu verfahren wäre, wenn potenzielle Annehmende von Beginn an, d.h. bereits mit der Äußerung ihres Adoptionswunsches gegenüber den Vormundschafts- und Pflegschaftsorganen, um Geheimhaltung bitten, das Adoptionsgeheimnis gemäß der aus dem Gesetzeswortlaut abgeleiteten Definition sich jedoch nicht auf außergerichtliche

---

Grudzina/Malischev/Spektor-*Spektor*, Kommentar zum Familiengesetzbuch der Russischen Föderation, Art. 139 P. 1 FGB RF.

756 *Letova*, Adoption in der Russischen Föderation und rechtliche Probleme, S. 40; *Bespalov*, Kommentar zur Gerichtspraxis in Familiensachen, S. 267; Golowistikova/Grudzina/Malischev/Spektor-*Spektor*, Kommentar zum Familiengesetzbuch der Russischen Föderation, Art. 139 P. 1 FGB RF.

757 *Letova*, Adoption in der Russischen Föderation und rechtliche Probleme, S. 40.

758 *Ganzha/Varencova*, Informationsblatt der KGU 2019, 176; Ribalka, Jurist-Rechtswissenschaftler 2018, 32; *Mikheykina*, Elektronische Wissenschaftszeitschrift „Wissenschaft. Gesellschaft. Staat“, 2018, N° 4, abrufbar unter http://esj.pnzgu.ru (Stand: 15.07.2020).

759 *Letova*, Adoption in der Russischen Föderation und rechtliche Probleme, S. 40; *Zhiljaeva/Rakov*, Informationsblatt der Wirtschaftssicherheit 2018, 53.

Vorgänge und die vorgerichtliche Vorbereitung der Kindesannahme erstreckt.[760] Um das Problem um den Schutzbereich des Adoptionsgeheimnisses zu lösen, wurde in der Literatur mehrfach der Versuch unternommen eine die Interessen aller am Adoptionsprozess Beteiligter berücksichtigende Begriffserläuterung des fraglichen Rechtsinstituts herzuleiten. Dadurch sollte ein entscheidender Beitrag zu mehr Rechtssicherheit auf dem Gebiet der Kindesannahme geleistet werden.

So geht *Nemezhikov* davon aus, die Geheimhaltung der Adoption erstrecke sich auf jegliche Informationen, die erkennen ließen, dass die (potenziellen) Adoptiveltern nicht die biologischen Eltern des angenommenen bzw. des noch anzunehmenden Kindes seien. Demnach seien nicht nur die gerichtliche Entscheidung und die staatliche Registrierung der Annahme an sich erfasst, sondern auch der Adoptionsantrag und alle beigefügten Dokumente, die Eintragungen in Registrierungsbüchern nach Antragseingang, die Speicherung des Antrages in elektronischer Form sowie das Zivilverfahren mit dem Sitzungsprotokoll der Gerichtsverhandlung.[761] Auf Grundlage der Analyse familienrechtlicher Vorschriften kommen *Zhilyaev* und *Rakov* zwar zu einem ähnlichen Ergebnis, nehmen jedoch im Gegensatz zu *Nemezhikov* keine nähere Konkretisierung der Adoptionsvorgänge, auf die sich die Geheimhaltungspflicht erstrecken soll, vor. Danach schließe das Adoptionsgeheimnis ebenfalls alle Angaben ein, die die Erkenntnis liefern, dass die annehmenden Personen nicht die biologischen Eltern des angenommenen Kindes seien, und die den zur Geheimhaltung verpflichteten Personen im Rahmen der Ausübung ihres Berufs oder unter anderen Umständen bekannt geworden seien.[762] *Letova* bejaht die Pflicht der Vormundschafts- und Pflegschaftsorgane zur Geheimhaltung, nachdem sie über einen etwaigen Adoptionsprozess in Kenntnis gesetzt wurden, weist allerdings gleichzeitig darauf hin, dass der Gesetzgeber ausgehend vom Wortlaut des Art. 139 P. Abs. 2 FGB RF die Informationen über die außergerichtliche Vorbereitung der Kindesannahme nicht als Gegenstand des Adoptionsgeheimnisses ansieht.[763]

760 *Letova*, Adoption in der Russischen Föderation und rechtliche Probleme, S. 40; *Kepova*, Adoption im Gefüge der Unterbringungsformen bei Kindern ohne elterliche Sorge, S. 112.

761 *Nemezhikov*, Adoptionsgeheimnis. Wird es bei der Annahme von Anträgen vor Gericht eingehalten?, abrufbar unter http://www.supcourt.khakasnet.ru (Stand: 15.07.2020); so auch *Antonov*, Russische Justiz 2018, 19.

762 *Zhiljaeva/Rakov*, Informationsblatt der Wirtschaftssicherheit 2018, 53.

763 *Letova*, Adoption in der Russischen Föderation und rechtliche Probleme, S. 40.

Daher sei in diesem Zusammenhang die Frage nach der Geheimhaltungspflicht nicht aus rechtlicher, sondern eher aus ethischer Sicht zu beantworten.[764]

aa. Gesetzliche Regelungen zum Schutz des Adoptionsgeheimnisses

Dem Vorbild des FGB-1969 folgend enthält auch das aktuell geltende Familiengesetzbuch der Russischen Föderation mehrere gesetzliche Vorschriften, die die Wahrung des Adoptionsgeheimnisses ermöglichen und deren Inhalt zum Teil der Vorgängernorm ähnelt. Um das Geheimnis einer Kindesannahme zu schützen, sieht der russische Gesetzgeber in Art. 134 P. 2 FGB RF vor, dass dem angenommenen Kind auf Antrag des Annehmenden der Familienname des Annehmenden sowie der von ihm bestimmte Vorname verliehen werden kann.[765] Die Notwendigkeit einer Namensänderung ist vor allem dann zu bejahen, wenn die Adoptiveltern beabsichtigen sich für die Entstehung des Anscheins einer biologischen Abstammung bei den zuständigen Behörden als leibliche Eltern des adoptierten Kindes eintragen zu lassen.[766] Der entsprechende Antrag der Adoptiveltern kann jedoch abgelehnt werden, wenn nach Ansicht des Gerichts die Verleihung eines anderen Namens für das Kind ungünstige Folgen nach sich ziehen würde.[767] Für die Entscheidungsfindung sind in erster Linie die Kindesinteressen maßgeblich.[768] Stellt sich demnach die Sachlage so dar, dass die leiblichen Eltern nach der Einwilligung in die Annahme ihres Kindes nicht mit der bevorstehenden Namensänderung einverstanden sind, berücksichtigt das Gericht bei seiner Entscheidung ausschließlich die Belange des Anzunehmenden und der

---

764 *Letova*, Adoption in der Russischen Föderation und rechtliche Probleme, S. 40.

765 *Krascheninnikov*, Kommentar zum Familiengesetzbuch der Russischen Föderation, Art. 134 FGB RF S. 303 betont, dass die in der maßgeblichen Norm enthaltene Maßnahme primär der Sicherung des Adoptionsgeheimnisses dient.

766 *Grischajev*, Familiengesetzbuch der Russischen Föderation, Art. 134 P. 2 FGB RF; *Krascheninnikov*, Kommentar zum Familiengesetzbuch der Russischen Föderation, Art. 134 FGB RF S. 303.

767 *Bespalov*, Kommentar zur Gerichtspraxis in Familiensachen, S. 265; Egorova-*Bespalov/Gordejuk/Egorova*, Kommentar zum Familiengesetzbuch der Russischen Föderation, Art. 134 FGB RF, S. 370; *Botchaeva*, Aktuelle Probleme des russischen Rechts 2012, 184; a.A. Golowistikova/Grudzina/Malischev/Spektor-*Spektor*, Kommentar zum Familiengesetzbuch der Russischen Föderation, Art. 139 P. 2 FGB RF, danach soll in jedem Fall dem Wunsch der Annehmenden nach Namensänderung entsprochen werden. Die einzige Ausnahme von diesem Grundsatz sei Art. 134 P. 2 FGB RF.

768 *Nizamijeva*, Kommentar zum Familiengesetzbuch der Russischen Föderation, Art. 134 FGB RF S. 438.

(potenziellen) Adoptiveltern.[769] Der ausdrückliche Wille des Kindes ist für das Gericht nur dann verpflichtend, wenn es das zehnte Lebensjahr erreicht hat. In diesem Fall kann die Änderung des Familiennamens, des Vornamens und des Vatersnamens eines angenommenen Kindes gemäß Art. 134 P. 4 FGB RF nur mit dessen Zustimmung erfolgen. Der Wille des Kindes kann vom Gericht nur dann übergangen werden, wenn das Kind vor dem Einreichen des Antrages auf Adoption in der Familie des Annehmenden gelebt hat, diesen als seinen Elternteil betrachtet und der Nachweis der erforderlichen Umstände in der Gerichtsverhandlung erbracht wurde.[770] Dennoch ist es wichtig auch bei einer solchen Sachverhaltskonstellation die Motive zu erforschen, die hinter einer Weigerung des Kindes, den Namen seiner Adoptiveltern anzunehmen, stehen.[771] Die Weigerung kann ggf. nicht nur die Ablehnung des Antrages auf Namensänderung, sondern auch die Unzulässigkeit der Adoption selbst begründen.[772]

Wird das Kind von einer unverheirateten Person angenommen, auch wenn diese Form der Annahme in der Gerichtspraxis nicht bevorzugt wird, erfolgt gemäß Art. 134 P. 3 FGB RF auf Antrag dieser Person die Eintragung des Familiennamens, des Vornamens und des Vatersnamens der Mutter (des Vaters) des angenommenen Kindes in das Geburtenbuch nach Angabe des Annehmenden. Mit der genannten Maßnahme wird ausdrücklich der Schutz des Adoptionsgeheimnisses bezweckt. Der Rechtsstatus des Adoptivkindes soll sich nicht vom Status eines Kindes unterscheiden, das in einer Familie mit beiden Elternteilen aufwächst.[773] Folglich kann der Annehmende jeden beliebigen Namen nennen, unabhängig von der wahren Existenz dieser Person, da diese Angaben keine Rechtsfolgen auslösen.[774]

Eine weitere Maßnahme, die die Geheimhaltung der Annahme bezweckt, ist in Art. 135 FGB RF geregelt. Im Gegensatz zu Art. 134 FGB RF wird hierbei der verfolgte Zweck im Gesetzeswortlaut explizit genannt. Nach Art. 135 P. 1 Abs. 1 FGB RF können zur Gewährleistung des Adoptionsgeheimnisses auf Antrag des Annehmenden der Geburtsort des angenommenen Kindes sowie

---

769 *Bespalov*, Kommentar zur Gerichtspraxis in Familiensachen, S. 265; Egorova-*Bespalov/Gordejuk/Egorova*, Kommentar zum Familiengesetzbuch der Russischen Föderation, Art. 134 FGB RF, S. 370

770 Vgl. Art. 132 FGB RF; Egorova-*Bespalov/Gordejuk/Egorova*, Kommentar zum Familiengesetzbuch der Russischen Föderation, Art. 134 FGB RF, S. 370.

771 *Bespalov*, Kommentar zur Gerichtspraxis in Familiensachen, S. 265.

772 *Bespalov*, Kommentar zur Gerichtspraxis in Familiensachen, S. 265.

773 *Grischajev*, Familiengesetzbuch der Russischen Föderation, Art. 134 P. 3 FGB RF.

774 *Grischajev*, Familiengesetzbuch der Russischen Föderation, Art. 134 P. 3 FGB RF.

sein Geburtsdatum geändert werden, aber um nicht mehr als drei Monate. Ausgehend vom Wortlaut der Norm können die gewünschten Änderungen ausschließlich mit dem Ziel der Verhinderung einer Adoptionsoffenlegung vorgenommen werden. Eine andere Zielsetzung sieht der Gesetzgeber nicht vor. Die Änderung des Geburtsortes hilft unter Umständen eine stattgefundene Adoption zu verschleiern, da der tatsächliche Geburtsort des Kindes nicht immer mit dem ständigen Wohnsitz der Annehmenden übereinstimmt.[775] Es sind durchaus Fallkonstellationen vorstellbar, in denen die Einhaltung des Adoptionsgeheimnisses durch eine Ortsänderung überhaupt erst ermöglicht wird. Schließlich kann es sich bei dem Geburtsort des Adoptivkindes um eine Gegend handeln, in der sich die Annehmenden niemals zuvor aufgehalten haben und sich auch nie hätten aufhalten können.[776] Eine solche Widersprüchlichkeit kann sich negativ auf die Gewährleistung des Adoptionsgeheimnisses auswirken.

Beantragen die Annehmenden eine Änderung des Geburtsdatums, müssen neben den Voraussetzungen des P. 1 Abs. 1 der maßgeblichen Vorschrift auch die Vorgaben des Abs. 2 beachtet werden. Art. 135 P. 1 Abs. 2 FGB RF wurde Ende des Jahres 2004 reformiert. Danach ist die Änderung des Geburtsdatums in der aktuell geltenden Fassung nur bei der Adoption eines Kindes im Alter bis zu einem Jahr zulässig. Aus Gründen, die durch das Gericht als bedeutsam anerkannt wurden, ist auch die Änderung des Geburtsdatums eines Kindes, das ein Jahr und älter ist, möglich. Vor der Normreform durfte in Russland eine Geburtsdatumsänderung nur bei der Adoption eines Kindes im Alter bis zu einem Jahr vorgenommen werden. Nach der alten Rechtslage ließ der Gesetzgeber keine Ausnahmen von dem Grundsatz zu,[777] bis das Oberste Gericht der RF zu dem Ergebnis kam, dass sich in jedem konkreten Fall die Entscheidung über eine Änderung des Geburtsdatums vordergründig an den Kindesinteressen zu orientieren habe und eine ausnahmslose Altersbegrenzung, wie sie das Gesetz bisher kannte, vor allem im Widerspruch zur Verfassung der Russischen Föderation stünde.[778] Infolgedessen sah Art. 135 FGB RF keine gesetzliche Festlegung

775 Golowistikova/Grudzina/Malischev/Spektor-*Spektor*, Kommentar zum Familiengesetzbuch der Russischen Föderation, Art. 135 P. 1 FGB RF; *Wlasova*, Kommentar zum Familiengesetzbuch der Russischen Föderation, Art. 135 P. 1 FGB RF.

776 Golowistikova/Grudzina/Malischev/Spektor-*Spektor*, Kommentar zum Familiengesetzbuch der Russischen Föderation, Art. 139 P. 2 FGB RF.

777 *Trinchenko*, Sozialwissenschaften. Recht (Informationsblatt der Hochschuleinrichtungen. Wolga-Region) 2015, 49.

778 Oberstes Gericht der Russischen Föderation, Rechtsprechungsbericht N° 4 von 2003, abrufbar unter http://www.vsrf.ru/vscourt_detale.php (Stand: 05.06.2020).

der Altersobergrenze mehr vor. Die Entscheidung über eine Geburtsdatumsänderung bei einem Kind, das älter war als ein Jahr, wurde nun ins Ermessen des Gerichts gestellt.[779] Dem entsprechenden Antrag der Annehmenden wird nach der aktuellen Rechtslage nur dann stattgegeben, wenn es sich aus Sicht des Gerichts um bedeutsame Gründe für die Änderung im Sinne des Art. 135 P. 1 Abs. 2 FGB RF handelt.

In der Gerichtspraxis werden unter anderem folgende Gründe als bedeutsam qualifiziert: Wenn die annehmende Frau eine Schwangerschaft vortäuscht, muss das Geburtsdatum des annehmenden Kindes in etwa dem Stichtag der vorgetäuschten Schwangerschaft entsprechen;[780] des Weiteren besteht die Notwendigkeit einer Datumsänderung, wenn in der Adoptivfamilie leibliche Kinder vorhanden sind und die Altersdifferenz zum angenommenen Kind weniger als neun bzw. zehn Monate beträgt.[781] Im Ergebnis wird versucht durch die Beeinflussung des Geburtsdatums den Anschein einer Blutsverwandtschaft zu erwecken.[782] Ohne die Verschiebung des Geburtsdatums würde es in den dargestellten Fallkonstellationen zu einer nicht unerheblichen Gefährdung des Adoptionsgeheimnisses kommen, die es mit Hilfe der gesetzlich vorgesehenen Maßnahmen zu vermeiden gilt.[783] Wird zwecks Gewährleistung des Adoptionsgeheimnisses das Geburtsdatum eines Kindes geändert, das das zehnte Lebensjahr bereits vollendet hat, muss nach dem allgemein gültigen Grundsatz seine Meinung zwingend berücksichtigt werden.[784] Schließlich ist beim Antrag der Adoptiveltern die zeitliche Begrenzung der Vorschrift zu beachten, wonach das Geburtsdatum um nicht mehr als drei Monate geändert werden darf. Allerdings sind in der Praxis immer häufiger Gerichtsentscheidungen anzutreffen, die sich

---

779 *Trinchenko*, Sozialwissenschaften. Recht (Informationsblatt der Hochschuleinrichtungen. Wolga-Region) 2015, 50.

780 *Nizamijeva*, Kommentar zum Familiengesetzbuch der Russischen Föderation, Art. 135 FGB RF S. 440; *Kraschenіnnikov*, Kommentar zum Familiengesetzbuch der Russischen Föderation, Art. 135 FGB RF S. 305.

781 *Nizamijeva*, Kommentar zum Familiengesetzbuch der Russischen Föderation, Art. 135 FGB RF S. 440; *Krascheninnikov*, Kommentar zum Familiengesetzbuch der Russischen Föderation, Art. 135 FGB RF S. 305.

782 *Kepova*, Adoption im Gefüge der Unterbringungsformen bei Kindern ohne elterliche Sorge, S. 114.

783 Vgl. *Nizamijeva*, Kommentar zum Familiengesetzbuch der Russischen Föderation, Art. 135 FGB RF S. 440

784 Vgl. Art. 57 FGB RF.

nicht an die gesetzlichen Vorgaben halten und das Geburtsdatum um mehr als drei Monate verschieben.[785]

Auch die gesetzliche Regelung des Art. 136 FGB RF verfolgt unter anderem das Ziel der Gewährleistung des Adoptionsgeheimnisses. Gemäß P. 1 der erwähnten Norm kann auf Antrag der Annehmenden das Gericht eine Entscheidung über die Eintragung der Annehmenden als Eltern des von ihnen angenommenen Kindes in das Geburtenbuch treffen. Zu berücksichtigen ist hierbei, dass das Gericht nicht verpflichtet ist dem Antrag der Annehmenden stattzugeben.[786] Für die Entscheidung der Eintragung der annehmenden Personen als Eltern des Adoptivkindes sind sowohl die Kindesinteressen als auch die Umstände des konkreten Falls maßgeblich.[787] Die Gerichtspraxis zeigt jedoch, dass in den meisten Fällen eine für die Adoptiveltern positive Entscheidung getroffen wird, da die Eintragung der Annehmenden als Eltern des angenommenen Kindes für den Schutz des Adoptionsgeheimnisses von essenzieller Bedeutung ist.[788] Das Personenstandsamt nimmt die entsprechenden Änderungen vor und stellt eine neue Geburtsurkunde aus, die die Identität der Annehmenden als Eltern des Kindes ausweist.[789] Die ausgehändigten Unterlagen dürfen keinen Hinweis auf die tatsächliche Herkunft des Kindes enthalten.[790] Die Angaben über die biologischen Eltern bleiben im Geburtenregister jedoch weiterhin erhalten.[791]

Aus der vorgenommenen Analyse der Gerichtspraxis ergibt sich, dass die annehmenden Personen recht häufig gesetzlich zugelassene Änderungen in der Biographie des Adoptivkindes beantragen.[792] Dieses Ergebnis hebt noch einmal hervor, wie wichtig die Gewährleistung des Adoptionsgeheimnisses in der

785 Egorova-*Bespalov/Gordejuk/Egorova*, Kommentar zum Familiengesetzbuch der Russischen Föderation, Art. 135 FGB RF, S. 373.

786 *Wlasova*, Kommentar zum Familiengesetzbuch der Russischen Föderation, Art. 136 P. 1 FGB RF.

787 Egorova-*Bespalov/Gordejuk/Egorova*, Kommentar zum Familiengesetzbuch der Russischen Föderation, Art. 136 FGB RF, S. 374; *Wlasova*, Kommentar zum Familiengesetzbuch der Russischen Föderation, Art. 136 P. 1 FGB RF.

788 Golowistikova/Grudzina/Malischev/Spektor-*Spektor*, Kommentar zum Familiengesetzbuch der Russischen Föderation, Art. 136 P. 1 FGB RF.

789 Egorova-*Bespalov/Gordejuk/Egorova*, Kommentar zum Familiengesetzbuch der Russischen Föderation, Art. 136 FGB RF, S. 375.

790 *Wlasova*, Kommentar zum Familiengesetzbuch der Russischen Föderation, Art. 136 P. 3 FGB RF.

791 Vgl. dazu Beschluss des OLG Woronesch in der Rechtssache N° 44g-335.

792 *Ganzha/Varencova*, Informationsblatt der KGU 2019, 177.

russischen Gesellschaft für jede einzelne Familie ist, die sich für die Annahme eines Kindes entschließt.[793]

Des Weiteren misst der russische Gesetzgeber der Registrierung der Adoption als einer Maßnahme zur Gewährleistung des Adoptionsgeheimnisses besondere Bedeutung zu.[794] Die Registrierung der Kindesannahme vollzieht sich im Rahmen eines komplexen Verfahrens, das sich nach dem Gesetz über die Personenstandsakte richtet und von der zuständigen Abteilung des Standesamtes durchgeführt wird. Dabei ist sowohl bei der staatlichen Registrierung der Adoption, der Eintragung von Änderungen in die Beurkundung der Geburt eines angenommenen Kindes, der Aufbewahrung von Büchern über die Registrierung der Adoption und Geburt Angenommener als auch aller Unterlagen, die im Zusammenhang mit der Kindesannahme stehen, die Einhaltung des Adoptionsgeheimnisses streng vorgeschrieben.[795] In Art. 47 des Gesetzes über die Personenstandsakte ist die Gewährleistung des Adoptionsgeheimnisses durch die Standesämter ausdrücklich geregelt. P. 1 der erwähnten Norm besagt, dass das Adoptionsgeheimnis gesetzlich geschützt ist. Gemäß Art. 47 P. 2 sind die Mitarbeiter der Personenstandsämter nicht berechtigt, ohne Zustimmung der Annehmenden (des Annehmenden) irgendwelche Angaben über die Adoption mitzuteilen und Dokumente auszuhändigen, aus deren Inhalt erkennbar ist, dass die Annehmenden (der Annehmende) nicht die Eltern (einer der Elternteile) des angenommenen Kindes sind.

Weiterhin ist in Registrierungsbüchern der Unterbringungsanstalten für elternlose Kinder sowie anderen Dokumenten, die eine Auflistung zur Adoption freigegebener Kinder enthalten, lediglich die Tatsache der Annahme ohne die Preisgabe der Namen und der Adresse annehmender Personen vermerkt.[796] Bescheinigungen oder sonstige Informationen über eine stattgefundene Annahme können nur auf Anfrage der Adoptiveltern selbst oder der Staatsanwaltschaft, weiterer Ermittlungsorgane und des Gerichts erteilt werden.[797]

Gesetzlich verankert ist die Geheimhaltung der Annahme auch im prozessualen Recht. Gemäß Art. 273 ZGB RF wird der Adoptionsantrag vor Gericht in einer nicht öffentlichen Sitzung unter zwingender Beteiligung der Annehmenden (des Annehmenden), des Vormundschafts- und Pflegschaftsorgans,

793 *Ganzha/Varencova*, Informationsblatt der KGU 2019, 177.
794 *Botchaeva*, Aktuelle Probleme des russischen Rechts 2012, 186.
795 *Botchaeva*, Aktuelle Probleme des russischen Rechts 2012, 186.
796 *Botchaeva*, Aktuelle Probleme des russischen Rechts 2012, 186.
797 *Botchaeva*, Aktuelle Probleme des russischen Rechts 2012, 186.

des Staatsanwalts, des Kindes, welches das vierzehnte Lebensjahr erreicht hat, sowie in notwendigen Fällen der Eltern, anderer interessierter Personen und des Kindes selbst im Alter ab zehn bis vierzehn Jahren, geprüft. P. 6 des Auslegungsbeschlusses vom 20.04.2006 N° 8 enthält bezüglich der eben zitierten Vorschrift folgende Ausführungen: „Mit dem Ziel der Gewährleistung des vom Gesetz geschützten Adoptionsgeheimnisses werden entsprechend Art. 273 ZGB RF alle Rechtssachen dieser Kategorie vom Gericht in der nicht öffentlichen Sitzung geprüft, einschließlich der Entscheidungsverkündung. Mit dem gleichen Ziel müssen alle Verfahrensbeteiligten über die Notwendigkeit der Geheimhaltung ihnen bekannt gewordener adoptionsbezogener Informationen sowie über die Möglichkeit einer strafrechtlichen Verfolgung wegen einer Offenlegung des Adoptionsgeheimnisses gegen den Willen der Annehmenden in den in Art. 155 StGB RF vorgesehenen Fällen aufgeklärt werden. Dies wird im Sitzungsprotokoll festgehalten und durch die Unterschriften der erwähnten Personen bestätigt.“

In der Literatur wird vermehrt Kritik an der dargestellten Norm geübt.[798] So nehme Art. 273 ZGB RF potenziellen Adoptiveltern die Möglichkeit bei einer gerichtlichen Prüfung des Adoptionsantrages anwesend zu sein, um einen ersten Eindruck von den mit einem Adoptionsvorhaben verbundenen Herausforderungen erhalten zu können.[799] Die Erfahrung anderer annehmender Personen, von der potenzielle Adoptiveltern ohne die gesetzliche Einschränkung Kenntnis erlangen könnten, würde ihnen wiederum ihre eigene Entscheidung hinsichtlich der Adoption eines Kindes enorm erleichtern.[800] Ein weiterer Kritikpunkt betrifft die sich mittlerweile etablierte Praxis dem Gericht eine schriftliche Versicherung über die Geheimhaltung der Tatsache der Adoption sowie jeglicher im Rahmen des Adoptionsprozesses bekanntgewordenen Information vorzulegen, die die Unterschrift aller Verfahrensbeteiligter trägt.[801] Auf diese Weise würden die zuständigen Richter ein weiteres Geheimnis, nämlich das Sitzungsgeheimnis, schaffen, das nicht nur im Widerspruch zum geltenden Recht stehe, sondern

---

798 *Jaroschenko*, Informationsblatt der Baltischen Bundesuniversität benannt nach I. Kant 2011, 62 ff.; *Bujanova*, Prozessuale Besonderheiten der gerichtlichen Prüfung der Adoption und der Aufhebung der Adoption, S. 158 ff.; Welichkova/Schemeneva-*Schemeneva*, Familienrechtsverhältnisse: Fragen der Theorie und Praxis, S. 235; *Parschutkin/Lvova*, Russische Justiz 1999, 27.

799 Welichkova/Schemeneva-*Schemeneva*, Familienrechtsverhältnisse: Fragen der Theorie und Praxis, S. 235.

800 Welichkova/Schemeneva-*Schemeneva*, Familienrechtsverhältnisse: Fragen der Theorie und Praxis, S. 235.

801 *Parschutkin/Lvova*, Russische Justiz 1999, 27.

auch zur Entstehung weiterer Geheimnisse führe, die zum Adoptionsgeheimnis keinen Bezug aufweisen würden.[802] Denn ausgehend vom Sinn und Zweck des Art. 139 FGB RF umfasse das Adoptionsgeheimnis lediglich die Tatsache der Annahme eines konkreten Kindes durch konkrete Personen.[803] Folglich würden nach der Intention des Gesetzgebers nicht alle Informationen, die Gegenstand des Gerichtsverfahrens geworden sind, der Geheimhaltung unterliegen.[804] Ein anderes Begriffsverständnis würde zu einer Ausuferung der strafrechtlichen Verantwortung führen.[805] Jede Person, die z.B. den Beruf oder die Vermögensverhältnisse der Annehmenden offenbaren würde, müsste eine Strafbarkeit nach Art. 155 StGB RF befürchten, obwohl diese Art von Informationen in keinem Zusammenhang mit dem Inhalt des Adoptionsgeheimnisses stünde.[806]

Die gesetzlichen Anforderungen zwecks Gewährleistung des Adoptionsgeheimnisses auf prozessualer Ebene werden in der Praxis nicht selten missachtet. Beispielhaft hierfür sind Fälle, in denen das Gerichtsprotokoll weder Angaben zur Durchführung einer nicht öffentlichen Sitzung noch zu einer stattgefundenen Aufklärung der Verfahrensbeteiligten bzgl. einer strafrechtlichen Verantwortung bei Verstoß gegen das Adoptionsgeheimnis enthält.[807]

bb. Strafrechtliche Sanktion bei Verstößen gegen das Adoptionsgeheimnis

(1) Norminhalt

Wie bereits ausgeführt, sieht Art. 139 P. 2 FGB RF vor, dass die Personen nach P. 1 dieses Artikels, welche das Geheimnis der Adoption eines Kindes gegen den Willen seiner Annehmenden offenbaren, gemäß dem gesetzlich festgelegten Verfahren zur Verantwortung gezogen werden. Damit wird in erster Linie auf Art. 155 StGB RF verwiesen, der im Jahr 1970 im Strafgesetzbuch der Russischen

---

802 *Parschutkin/Lvova*, Russische Justiz 1999, 27.

803 *Bujanova*, Prozessuale Besonderheiten der gerichtlichen Prüfung der Adoption und der Aufhebung der Adoption, S. 159.

804 *Bujanova*, Prozessuale Besonderheiten der gerichtlichen Prüfung der Adoption und der Aufhebung der Adoption, S. 160.

805 *Bujanova*, Prozessuale Besonderheiten der gerichtlichen Prüfung der Adoption und der Aufhebung der Adoption, S. 160.

806 *Bujanova*, Prozessuale Besonderheiten der gerichtlichen Prüfung der Adoption und der Aufhebung der Adoption, S. 160.

807 Analyse der Gerichtspraxis in Adoptionssachen der Stadt Perm aus dem 1. Halbjahr 2004, abrufbar unter http://ovolgfo.consultant.ru/ (Stand: 10.05.2020); Archiv des Amtsgerichts Kovrovsk: Rechtssache N° 2-89/07.

Föderation zum ersten Mal aufgenommen wurde.[808] Die strafrechtliche Verantwortung für die Offenbarung des Adoptionsgeheimnisses sieht der russische Gesetzgeber als Maßnahme zum Schutz der Familien- und Kindesinteressen an.[809] Dem Verstoß gegen die Geheimhaltungspflicht wird in der russischen Rechtsordnung ein hohes Maß an öffentlicher Gefahr zugeschrieben. Schließlich kann ein solches Handeln zu einem schweren seelischen Trauma sowohl des Angenommenen als auch der Annehmenden und zu einer Instabilität des Familienbundes mit tragischen Folgen führen.[810]

Art. 155 StGB RF besagt, dass die Offenbarung des Adoptionsgeheimnisses gegen den Willen des Annehmenden, die von einer zur Wahrung der Tatsache der Adoption als Dienst- oder Berufsgeheimnis verpflichteten Person oder von einer sonstigen Person aus Gewinnsucht oder aus sonstigen niedrigen Beweggründen begangen wurde, mit Geldstrafe in Höhe von bis zu achtzigtausend Rubeln oder in Höhe des Arbeitsentgelts oder eines sonstigen Einkommens des Verurteilten für die Zeit von bis zu sechs Monaten, mit Pflichtarbeit für die Dauer von bis zu dreihundertsechzig Stunden, mit Besserungsarbeit für die Dauer von bis zu einem Jahr oder mit Arrest für die Dauer von bis zu vier Monaten in Verbindung mit Entzug des Rechts zur Ausübung bestimmter Ämter oder zur Ausübung einer bestimmten Tätigkeit für die Dauer von bis zu drei Jahren oder ohne einen solchen Rechtsentzug bestraft wird. Die Offenbarung des Adoptionsgeheimnisses, die zum objektiven Tatbestand der Norm gehört, wird als Mitteilung von Informationen über eine in der Vergangenheit stattgefundene Adoption an eine Person, einschließlich des adoptierten Kindes, ohne die Einwilligung der Annehmenden definiert.[811] Unerheblich für die Tatbestandserfüllung ist der Umstand, ob die Informationsmitteilung mündlich oder schriftlich erfolgt ist, so dass in jedem Fall bei Vorliegen weiterer Voraussetzungen die Strafbarkeit nach Art. 155 StGB RF zu bejahen wäre.[812] Die Vorschrift setzt allerdings nicht

---

808 *Schangareev*, Gesellschaftspolitische Wissenschaften 2013, 41; *Manankova/Lipovskih*, Informationsblatt der Tomsker Staatsuniversität 2017, 124.

809 *Chuchaev/Rozhnov*, Rechtmäßigkeit 2002, 15.

810 *Chuchaev/Rozhnov*, Rechtmäßigkeit 2002, 15.

811 *Chuchaev*, Kommentar zum Strafgesetzbuch der Russischen Föderation, Art. 155 P. 4 StGB RF; *Selesnjeva*, Informationsblatt der Staatlichen Universität Tscheljabinsk, 57; *Jesakova*, Kommentar zum Strafgesetzbuch der Russischen Föderation, Art. 155 P. 1 StGB RF.

812 *Kapinus*, Kommentar zum Strafgesetzbuch der Russischen Föderation, Art. 155 P. 1 StGB RF; *Selesnjeva*, Informationsblatt der Staatlichen Universität Tscheljabinsk, 57.

voraus, dass die unter Strafe gestellte Handlung zum tatsächlichen Eintritt der sozial gefährlichen Folgen führen muss.[813]

Für die Wirksamkeit der Kindesannahme ist die Einhaltung des Adoptionsgeheimnisses keine zwingende Anforderung.[814] Dennoch versuchen in den meisten Fällen die Annehmenden bei der Aufnahme eines Kindes in ihrer Familie die Tatsache der Adoption vor Dritten zu verheimlichen.[815] Wenn das angenommene Kind wegen seines jungen Alters oder aufgrund anderer Umstände keine Kenntnis von seiner Adoption hatte, hängt die Offenbarung des Adoptionsgeheimnisses ausschließlich vom Willen der Adoptiveltern ab.[816] Nach der Intention des Gesetzgebers entspricht ein Eingreifen von außen zwecks Offenlegung der genetischen Herkunft des Kindes weder den Kindesinteressen noch den Interessen der Adoptiveltern.[817] Wenn die Annehmenden eigenständig den Angenommenen über die Tatsache der Adoption unterrichten, ist der Tatbestand des Art. 155 StGB RF nicht erfüllt.[818] Allerdings schließt die Kenntnis des Angenommenen über seine biologische Abstammung nicht die Strafbarkeit einer Person aus, die das Adoptionsgeheimnis gegen den Willen der Annehmenden offenbart hat.[819] Eine Form der Einwilligungserteilung seitens der Adoptiveltern wird vom Gesetz nicht vorgeschrieben, so dass dieser Umstand mit Hilfe aller verfügbaren Beweise bestätigt werden kann. In einigen Fällen wie einer staatsanwaltschaftlichen Ermittlung ist die Zustimmung zur Informationserlangung jedoch entbehrlich.[820]

---

813 *Kapinus*, Kommentar zum Strafgesetzbuch der Russischen Föderation, Art. 155 P. 1 StGB RF.

814 *Chuchaev*, Kommentar zum Strafgesetzbuch der Russischen Föderation, Art. 155 P. 2 StGB RF.

815 *Kapinus*, Kommentar zum Strafgesetzbuch der Russischen Föderation, Art. 155 P. 1 StGB RF.

816 *Jesakova*, Kommentar zum Strafgesetzbuch der Russischen Föderation, Art. 155 P. 1 StGB RF.

817 *Chuchaev*, Kommentar zum Strafgesetzbuch der Russischen Föderation, Art. 155 P. 2 StGB RF.

818 *Kolmakova*, Innovationen und Investitionen 2014, N° 9, 175; *Zahwatkina*, Warum das Gesetz über das Adoptionsgeheimnis reformiert werden muss, abrufbar unter https://www.asi.org.ru/article/2019/09/09/tajna-usynovleniya/.

819 *Chuchaev/Rozhnov*, Rechtmäßigkeit 2002, N° 3, 17.

820 *Chuchaev*, Kommentar zum Strafgesetzbuch der Russischen Föderation, Art. 155 P. 4 StGB RF.

Auf der subjektiven Ebene wird Vorsatz vorausgesetzt, wobei sich der Täter der besonderen Gefährlichkeit dieser Tathandlung für die Allgemeinheit bewusst sein muss.[821] Täter im Sinne des Art. 155 StGB RF können zwei Personengruppen sein. Die Tat kann zunächst von einer zur Wahrung der Tatsache der Adoption als Dienst- oder Berufsgeheimnis verpflichteten Person begangen werden. Dabei handelt es sich unter anderem um Richter, Mitarbeiter der Vormundschafts- und Pflegschaftsorgane sowie verschiedener Bildungs- als auch Gesundheitseinrichtungen.[822] Offenbart diese Personengruppe das Adoptionsgeheimnis gegen den Willen der Annehmenden, macht sie sich unabhängig von den Beweggründen für die Tat strafbar.

Von der zweiten Personengruppe umfasst sind alle sonstigen Personen wie zum Beispiel Verwandte, Freunde oder Nachbarn der Annehmenden sowie auch leibliche Eltern des Adoptivkindes.[823] Demnach erstreckt sich die Pflicht zur Wahrung des Adoptionsgeheimnisses nicht nur auf diejenigen, die aufgrund ihrer beruflichen Position die Tatsache der Adoption geheim halten müssen, sondern auch auf alle am Adoptionsprozess unbeteiligte Personen, die in irgendeiner Weise von der Kindesannahme Kenntnis erlangt haben.[824] Im Gegensatz zur ersten Personengruppe tritt ihre strafrechtliche Verantwortung allerdings erst dann ein, wenn sie die Tat aus Gewinnsucht oder aus sonstigen niedrigen Beweggründen begangen haben. Geschieht die Offenbarung des Adoptionsgeheimnisses zwecks Erlangung eines materiellen Vorteils für den Täter selbst oder eine dritte Person, ist das Motiv der Gewinnsucht zu bejahen.[825] Offenbart eine Person das Geheimnis der Annahme aus Neid oder Rachegefühlen, erfüllt sie damit auf subjektiver Seite das Tatbestandsmerkmal der niedrigen Beweggründe, das alle sozial verwerflichen Motive umfasst.[826]

---

821 *Chuchaev*, Kommentar zum Strafgesetzbuch der Russischen Föderation, Art. 155 P. 4 StGB RF.

822 *Rarog*, Kommentar zum Strafgesetzbuch der Russische Föderation, Art. 155 P. 3 StGB RF.

823 *Kepova*, Adoption im Gefüge der Unterbringungsformen bei Kindern ohne elterliche Sorge, S. 116; nach den Ergebnissen einer sozialen Umfrage wurde das Adoptionsgeheimnis in über vierzig Prozent der Fälle durch Verwandte und Bekannte der Annehmenden offenbart, *Tkachuk*, Wirtschaft und Jurisprudenz 2019, N° 5 (62).

824 *Lipovskih*, Informationsblatt der Tomsker Staatsuniversität. Recht. 2018, 177.

825 *Kapinus*, Kommentar zum Strafgesetzbuch der Russischen Föderation, Art. 153 P. 5 StGB RF.

826 *Kepova*, Adoption im Gefüge der Unterbringungsformen bei Kindern ohne elterliche Sorge, S. 116; Chuchaev, Kommentar zum Strafgesetzbuch der Russischen Föderation, Art. 153 P. 4 StGB RF.

Als Opfer der maßgeblichen Tat sind sowohl die Annehmenden als auch der Angenommene anzusehen, auch wenn zum Begehungszeitpunkt die Tatsache der Annahme innerhalb der Adoptivfamilie kein Geheimnis für die Familienmitglieder darstellte.[827] Im Zusammenhang mit Art. 155 StGB RF ist schließlich zu beachten, dass weder der Tod der Annehmenden noch die Volljährigkeit des Angenommenen die Notwendigkeit der Einhaltung des Adoptionsgeheimnisses entfallen lassen.[828] Somit kann man sich auch in diesen Fällen bei unrechtmäßiger Offenbarung des Geheimnisses strafbar machen.

(2) Anwendungspraxis und Kritik

In der Praxis findet Art. 155 StGB RF kaum Anwendung, obwohl Fälle eines Verstoßes gegen die Geheimhaltungspflicht im Sinne der Vorschrift immer wieder dokumentiert werden.[829] Nach den offiziellen Angaben des Innenministeriums der Russischen Föderation verzeichnet die Gerichtspraxis nur eine sehr geringe Anzahl an Verurteilungen gemäß der genannten Strafnorm. Im Jahr 2013 wurde in der Region Pensa nur eine Person wegen Offenbarung des Adoptionsgeheimnisses zur Besserungsarbeit und zu einer Geldstrafe in Höhe von fünf Prozent des Arbeitsentgelts verurteilt.[830] Ein weiteres Beispiel für eine kaum vorhandene Gerichtspraxis auf diesem Gebiet sind die statistischen Angaben aus dem Jahr 2017, wonach in dem maßgeblichen Jahr in ganz Russland nur drei Personen gemäß Art. 155 StGB RF verurteilt wurden.[831] Für eine derart niedrige Verurteilungsrate gibt es im Wesentlichen einen Grund: Nur in wenigen Fällen kommt es überhaupt zu einem Gerichtsverfahren bzw. zu einer Verurteilung, da sich erhebliche Schwierigkeiten bei der Beweisbarkeit der Beweggründe für die Tat ergeben.[832] Denn wie bereits ausgeführt, wird das Adoptionsgeheimnis sehr häufig durch Verwandte, Bekannte oder Nachbarn der Adoptiveltern aufgedeckt und damit durch sonstige Personen im Sinne des Gesetzes, so dass für

827 *Jesakova*, Kommentar zum Strafgesetzbuch der Russischen Föderation, Art. 155 P. 4 StGB RF.

828 *Chuchaev*, Kommentar zum Strafgesetzbuch der Russischen Föderation, Art. 155 P. 3, 4) StGB RF.

829 *Samatova*, Aktuelle Probleme der Wirtschaft und des Rechts 2011, N° 4, 289.

830 Statistik und Analytik, abrufbar unter https://mvd.rf/Dejatelnost/statistics (Stand: 20.05.2019).

831 Gerichtspraxis in Strafsachen. Statistik/Rechtsinformationsagentur, abrufbar unter https://stat.xn----7sbq8achja.xn--p1ai/stats/ug/t/14/s/17.

832 *Mikheykina*, Elektronische Wissenschaftszeitschrift „Wissenschaft. Gesellschaft. Staat", 2018, N° 4, abrufbar unter http://esj.pnzgu.ru (Stand: 15.07.2020).

ihre Strafbarkeit nach Art. 155 StGB RF eine gesetzlich normierte Motivation erforderlich ist.

Welches Ausmaß ein Verstoß gegen die gesetzlich auferlegte Geheimhaltungspflicht haben kann, zeigt ein Vorfall aus dem Jahr 2011, der sich in der Stadt Uljanowsk ereignete und eine große mediale Aufmerksamkeit erlangte:[833] Im Gebäude einer ehemaligen Berufsschule fand man zahlreiche Dokumentenordner, die Unterlagen über Kinder ohne elterliche Sorge und über stattgefundene Adoptionen minderjähriger Einwohner der Region enthielten. In den Ordnern befanden sich alle Unterlagen, die zur Durchführung einer Kindesannahme erforderlich waren, wie zum Beispiel Ausweiskopien, Fotos und Adressen der Annehmenden. Dabei hätten solche Dokumente in speziell hierfür eingerichteten Archiven über einen Zeitraum von 75 Jahren aufbewahrt werden sollen.[834] Die daraufhin eingeleitete Untersuchung des Falls ergab, dass ein Jahr zuvor die Mitarbeiter der Vormundschafts- und Pflegschaftsorgane die aufgefundenen Dokumente zunächst in Büroräumen ohne die dafür erforderliche Ausstattung untergebracht hatten. Noch im selben Jahren verbrachte man die Dokumentenordner, die sämtliche Informationen über die durchgeführten Kindesannahmen im Zeitraum zwischen 1988 und 2009 enthielten, in die oben erwähnte Berufsschule und lagerte sie dort in der Sporthalle direkt auf dem Boden. Zunächst standen diese Räumlichkeiten unter Aufsicht, die jedoch Ende 2010 abgezogen wurde. Letztendlich gingen insgesamt 800 Adoptionsakten verloren, wobei der Inhalt einiger dieser Akten zur Kenntnis dritter Personen gelangte. Schließlich wurde ein Strafverfahren unter anderem wegen Offenbarung des Adoptionsgeheimnisses nach Art. 155 StGB RF eingeleitet.

In der Literatur wird Art. 155 StGB RF wegen seiner Regelungssystematik zunehmend kritisiert.[835] Den Grund für die „Unvollkommenheit" der Norm sehen viele Autoren in der unklaren Formulierung des Art. 139 FGB RF hinsichtlich der Frage, welche Personengruppen verpflichtet sind, das Adoptionsgeheimnis zu wahren, und beim Verstoß gegen die auferlegte Pflicht zur

---

833 https://ulproc.ru/node/20992 (Stand: 02.06.2020); vgl. dazu auch Urteil N° 2-4678/2011 vom 19.07.2011 in der Rechtssache N° 2-4678/2011.

834 Gesetz „Über die Archivierung in der Russischen Föderation" vom 22.10.2004 N 125-F3.

835 *Letova*, Adoption in der Russischen Föderation und rechtliche Probleme, S. 41 f., *Krivoscheeva*, Rechtsanwalt 2012, 45; *Lebedinskaja*, Junger Wissenschaftler 2013, 544; *Kornakova/Tschigrina*, Allrussische kriminologische Zeitschrift 2018, 819; *Zhiljaeva/Rakov*, Informationsblatt der Wirtschaftssicherheit 2018, 55.

Verantwortung gezogen werden.[836] Kritisiert wird vor allem der Umstand, dass Art. 155 StGB RF die Regelung der strafrechtlichen Verantwortung sowohl sonstiger Personen als auch solcher aufgrund ihres Berufs bzw. Dienstposition zur Geheimhaltung verpflichteter Personengruppen in sich vereine.[837] Stattdessen müsse die strafrechtliche Verantwortung der letztgenannten Personengruppe Gegenstand eines Qualifikationstatbestandes sein.[838] Nach Ansicht von *Samatova* dürfe das Strafmaß für Personen, die kraft ihrer beruflichen Stellung das Adoptionsgeheimnis wahren müssten, nicht das gleiche sein wie für diejenigen, die zufällig von der Tatsache der Annahme Kenntnis erlangt hätten.[839] Werde das Adoptionsgeheimnis beispielsweise durch das Personal eines Krankenhauses offengelegt, stecke hinter dieser Handlung eine viel höhere kriminelle Energie als bei einer Offenbarung im Rahmen eines banalen Gesprächs unter Nachbarn.[840] Darüber hinaus gibt es in der Literatur einige Stimmen, die für eine Abschaffung der strafrechtlichen Sanktionierung im Falle einer Offenbarung des Adoptionsgeheimnisses plädieren, da sie es für ein veraltetes Rechtskonstrukt halten. In der gegenwärtigen Adoptionsrealität sei zwangsläufig damit zu rechnen, dass das angenommene Kind früher oder später von seiner tatsächlichen biologischen Herkunft erfahre.[841] Daher sei die Zufügung eines seelischen Traumas unter Umständen ohnehin nicht zu vermeiden.[842] Eine andere Auffassung befürwortet dagegen die Aufrechterhaltung der Strafrechtsnorm, die für Stabilität der neu entstandenen Familienverhältnisse sorge und eine negative Einflussnahme von außen auf die Beziehung zwischen dem Adoptivkind und seinen Adoptiveltern verhindere.[843]

---

836 Vgl. dazu *Letova*, Adoption in der Russischen Föderation und rechtliche Probleme, S. 41 f.; *Zhiljaeva/Rakov*, Informationsblatt der Wirtschaftssicherheit 2018, 55.

837 *Letova*, Adoption in der Russischen Föderation und rechtliche Probleme, S. 41 f.; *Zhiljaeva/Rakov*, Informationsblatt der Wirtschaftssicherheit 2018, 55.

838 *Zhiljaeva/Rakov*, Informationsblatt der Wirtschaftssicherheit 2018, 55.

839 *Samatova*, Aktuelle Probleme der Wirtschaft und des Rechts 2011, 288.

840 *Samatova*, Aktuelle Probleme der Wirtschaft und des Rechts 2011, 288.

841 *Misulina*, „Die strafrechtliche Verantwortung für die Offenbarung des Adoptionsgeheimnisses muss aufgehoben werden in: Russische Zeitung. Die Woche, 02.07.2009.

842 *Misulina*, „Die strafrechtliche Verantwortung für die Offenbarung des Adoptionsgeheimnisses muss aufgehoben werden in: Russische Zeitung. Die Woche, 02.07.2009.

843 *Samatova*, Aktuelle Probleme der Wirtschaft und des Rechts 2011, 288.

c. Das Recht auf Kenntnis der biologischen Abstammung

Das am häufigsten diskutierte Thema im Zusammenhang mit den gesetzlichen Regelungen zur Gewährleistung des Adoptionsgeheimnisses ist die Frage nach der Geltendmachung des Rechts des Adoptivkindes auf Kenntnis seiner biologischen Abstammung in der aktuellen Adoptionsgesetzgebung der Russischen Föderation.

aa. Ausgangssituation

In der russischen Literatur wird vielfach betont, dass das Recht auf Kenntnis der genetischen Herkunft zu den Grundrechten des Kindes gehört. Dieses Recht wird sowohl durch die von der Russischen Föderation ratifizierte UN-Konvention über die Rechte des Kindes aus dem Jahr 1989 als auch durch die Normen der russischen Gesetzgebung garantiert.[844] Eine ausdrückliche Normierung des Kenntnisrechts enthält Art. 54 P. 2 FGB RF. Danach hat jedes Kind das Recht, in einer Familie zu leben und erzogen zu werden, soweit das möglich ist, das Recht, seine Eltern zu kennen, das Recht auf deren Fürsorge, das Recht, mit ihnen gemeinsam zu leben, mit Ausnahme der Fälle, in denen das seinen Interessen widerspricht. Dennoch findet sich in der russischen Adoptionsgesetzgebung keine einzige Vorschrift, die der Durchsetzung des Rechts des Adoptivkindes auf Kenntnis seiner leiblichen Eltern dienen würde. Damit legt das Adoptionsrecht der Russischen Föderation nicht fest, wer von wem welche Informationen über die tatsächliche Abstammung verlangen kann. Ganz im Gegenteil machen die gesetzlichen Regelungen, die zum Schutz des Adoptionsgeheimnisses existieren, die Realisierung des Kenntnisrechts nahezu unmöglich und verleihen damit den durch die UN-Kinderrechtskonvention vorgegebenen Maßnahmen einen rein deklaratorischen Charakter.[845]

Einen der wichtigsten Streitpunkte in der Diskussion um die Informationserlangung seitens des Adoptivkindes bildet daher die Analyse der Frage, in welchem Verhältnis die gesetzliche Regelung des Adoptionsgeheimnisses in Art. 139 FGB RF zum Recht des Kindes auf Kenntnis seiner biologischen Abstammung steht.[846] *Chuchaev* und *Rozhnov* geben dem Schutz des Adoptionsgeheimnisses

---

844 *Schangareev*, Gesellschaftspolitische Wissenschaften 2013, 42.

845 *Zhironkina/Barschewskij*, Informationsblatt der Moskauer Universität des Innenministeriums Russlands 2012, 26.

846 *Schangareev*, Gesellschaftspolitische Wissenschaften 2013, N° 2, 42; Temnikova, Informationsblatt der Universität Omsk. Recht. 2013, 94; *Ganzha/Varencova*, Informationsblatt der KGU 2019, 177; *Chuchaev/Rozhnov*, Rechtmäßigkeit 2002, 15; *Dzhindzholiya*,

vor dem Anspruch des Kindes auf Gewährung von Informationen über seine leiblichen Eltern den Vorrang, indem sie auf den Gesetzestext des Art. 139 FGB RF verweisen.[847] Der Gesetzesformulierung sei nicht unstreitig zu entnehmen, dass auf Verlangen des Kindes die Namen der biologischen Eltern mitgeteilt werden müssten.[848] Auch wenn das Kind das achtzehnte Lebensjahr erreicht habe, sei eine Einmischung in den Familienverbund nicht zu vertreten und widerspreche sowohl den Interessen des Angenommenen als auch der Annehmenden.[849] Schließlich könne das Kind alle notwendigen Informationen von den Adoptiveltern selbst erhalten.[850] Die Autoren sprechen sich damit gegen eine ausdrückliche gesetzliche Regelung zur Durchsetzung des Kenntnisrechts aus.

Die wohl überwiegende Ansicht geht davon aus, dass das Offenbarungsverbot des Art. 139 FGB RF nicht ausnahmslos gewährleistet sein könne und damit zwecks Realisierung des Rechts des Kindes auf Kenntnis seiner wahren Herkunft durchbrochen werden dürfe.[851] Hierfür spreche bereits die Tatsache, dass die Offenbarung des Adoptionsgeheimnisses in gesetzlich bestimmten Fällen auch ohne die Zustimmung der Annehmenden zulässig sei.[852] Außerdem sei die Regelung des Art. 139 FGB RF insoweit lückenhaft, als solche Fallkonstellationen, in denen die Einholung der erforderlichen Zustimmung nicht mehr möglich sei, keine Berücksichtigung finden und für das Adoptivkind eine endgültige Informationssperre bedeuten würden.[853] Daher müssten jedem Adoptivkind, das den Wunsch äußere, Auskunft über seine leiblichen Eltern zu erhalten, spätestens mit Erreichen der Volljährigkeit die gewünschten Angaben mitgeteilt werden.[854]

Informationsblatt der Wirtschaft, des Rechts und der Soziologie, 2016, 125; *Saddeva*, Familien- und Wohnungsrecht 2014, N° 6, abrufbar unter consultant.ru.

847 *Chuchaev/Rozhnov*, Rechtmäßigkeit 2002, 15.

848 *Chuchaev/Rozhnov*, Rechtmäßigkeit 2002, 15.

849 *Chuchaev/Rozhnov*, Rechtmäßigkeit 2002, 15.

850 *Chuchaev/Rozhnov*, Rechtmäßigkeit 2002, 15.

851 *Kornakova/Tschigrina*, Allrussische kriminologische Zeitschrift 2018, 823; *Trinchenko*, Sozialwissenschaften. Recht (Informationsblatt der Hochschuleinrichtungen. Wolga-Region) 2015, 51 f.; *Krivoscheeva*, Rechtsanwalt 2012, 45.

852 *Kornakova/Tschigrina*, Allrussische kriminologische Zeitschrift 2018, 823.

853 *Kornakova/Tschigrina*, Allrussische kriminologische Zeitschrift 2018, 823; *Ganzha/Varencova*, Informationsblatt der KGU 2019, 177.

854 *Kornakova/Tschigrina*, Allrussische kriminologische Zeitschrift 2018, 823; *Ganzha/Varencova*, Informationsblatt der KGU 2019, 177; *Dzhindzholiya*, Informationsblatt der Wirtschaft, des Rechts und der Soziologie, 2016, 125.

Die dargestellte Auffassung vertritt den Standpunkt, dass trotz dieser Gesetzesinterpretation eine ausdrückliche gesetzliche Regelung zur Informationserlangung im aktuellen Adoptionsrecht für die Wahrung der Kindesinteressen dennoch unabdingbar sei.[855] Für diese Notwendigkeit spreche vor allem die auf diesem Gebiet bestehende Praxis. Es würden sich sehr häufig volljährige Kinder, die von der Tatsache ihrer Adoption Kenntnis erlangt hätten, an die zuständigen Stellen mit einer Auskunftsanfrage hinsichtlich der Identität ihrer Eltern wenden.[856] Die Vormundschafts- und Pflegschaftsorgane sowie die hierfür zuständigen Stellen würden allerdings in den meisten Fällen die erfragten Informationen nicht herausgeben, da sie die strafrechtliche Verantwortung nach Art. 155 StGB RF fürchten würden.[857] Nach gängiger Praxis bleibe eine Auskunftserteilung den adoptierten Kindern sogar dann verwehrt, wenn sie den jeweiligen Behörden eine notariell beglaubigte Zustimmung ihrer Adoptiveltern vorlegen würden.[858] Trotz der geltenden Rechtslage, nach der nur eine Offenbarung des Adoptionsgeheimnisses gegen den Willen der Annehmenden strafbar sei, bleibe die Auskunft auch bei erteilter Zustimmung dennoch verwehrt.[859] Zusätzlich werde die Situation durch das im Jahr 2006 in Kraft getretene Gesetz erschwert, das eine Weiterleitung der Information über eine bestimmte Person ohne seine Zustimmung untersage.[860] Daher zeichne sich für die angenommenen Kinder ein sehr trauriges Bild ab, sobald sie versuchen würden ihr Recht auf Kenntnis der genetischen

---

855 Vgl. dazu ausdrücklich *Trinchenko*, Sozialwissenschaften. Recht (Informationsblatt der Hochschuleinrichtungen. Wolga-Region) 2015, 52, wonach ein ausnahmsloses Verbot der Kontaktaufnahme mit biologischen Verwandten das Kind in seinem Recht auf Individualität verletze, da diesem die Möglichkeiten genommen werde seine Wurzeln und seine Familiengeschichte kennenzulernen.

856 *Dzhindzholiya*, Informationsblatt der Wirtschaft, des Rechts und der Soziologie, 2016, 125; *Krivoscheeva*, Rechtsanwalt 2012, 45.

857 *Dzhindzholiya*, Informationsblatt der Wirtschaft, des Rechts und der Soziologie, 2016, 125; *Krivoscheeva*, Rechtsanwalt 2012, 45.

858 *Sachwatkina*, „Warum adoptierte Menschen eine Reform des Gesetzes über das Adoptionsgeheimnis fordern", abrufbar unter https://www.asi.org.ru/article/2019/09/09/tajna-usynovleniya/ (Stand: 13.05.2020).

859 *Sachwatkina*, „Warum adoptierte Menschen eine Reform des Gesetzes über das Adoptionsgeheimnis fordern", abrufbar unter https://www.asi.org.ru/article/2019/09/09/tajna-usynovleniya/ (Stand: 13.05.2020).

860 *Sachwatkina*, „Warum adoptierte Menschen eine Reform des Gesetzes über das Adoptionsgeheimnis fordern", abrufbar unter https://www.asi.org.ru/article/2019/09/09/tajna-usynovleniya/ (Stand: 13.05.2020); Gesetz „Über die Information, Informationstechnologien und über den Informationsschutz" vom 27.07.2006 N 149-F3.

Herkunft durchzusetzen.[861] Begründet werde die Auskunftsverweigerung unter anderem mit der Möglichkeit die gewünschte Information von den Adoptiveltern zu erfragen.[862] Allerdings werde hierbei der Umstand außer Acht gelassen, dass den Annehmenden die Identität der leiblichen Eltern in vielen Fällen nicht bekannt sei und die Adoptivkinder somit auf die behördliche Auskunftserteilung angewiesen seien.[863] Folglich sei das Erfordernis einer ausdrücklichen gesetzlichen Regelung zwecks Rechtssicherheit und -klarheit für die Beteiligten des Auskunftserteilungsprozesses nicht von der Hand zu weisen.[864] Die Befürworter einer solchen Vorschrift schlagen vor Art. 139 FGB RF um einen P. 3 zu ergänzen, der folgende Regelung enthalten soll: Das Adoptionsgeheimnis darf jedem Adoptivkind gegenüber offenbart werden, das die Volljährigkeit erreicht hat.[865] Als Vorbild für eine derartige Gesetzesvorschrift werden Regelungen aus dem postsowjetischen Rechtsraum herangezogen. So hat nach Art. 136 Abs. 5 FGB Weißrussland jedes volljährige Adoptivkind einen Anspruch gegen das mit der Annahme befasste Gericht, gegen das Standesamt und die Vormundschafts- und Pflegschaftsorgane auf Aushändigung aller Unterlagen, die seine Adoption betreffen, einschließlich der Information über die Identität der biologischen Eltern. Eine ähnliche Regelung enthält auch das Familiengesetzbuch der Ukraine, wobei nach dem ukrainischen Recht das Kind bereits mit der Vollendung des 14. Lebensjahres berechtigt ist sein Kenntnisrecht durchzusetzen.[866]

Im Jahr 2012 wandte sich die Organisation „Die Gemeinschaft erwachsener Adoptierter“ an die Staatsduma mit der Bitte, volljährigen angenommenen Kindern die Möglichkeit zu geben, Informationen über ihre biologischen Eltern zu erhalten, erreichte jedoch nicht die gewünschte Änderung.[867]

---

861 *Sachwatkina*, „Warum adoptierte Menschen eine Reform des Gesetzes über das Adoptionsgeheimnis fordern“, abrufbar unter https://www.asi.org.ru/article/2019/09/09/tajna-usynovleniya/ (Stand: 13.05.2020).

862 *Krivoscheeva*, Rechtsanwalt 2012, 45.

863 *Krivoscheeva*, Rechtsanwalt 2012, 45.

864 *Krivoscheeva*, Rechtsanwalt 2012, 45.

865 *Dzhindzholiya*, Informationsblatt der Wirtschaft, des Rechts und der Soziologie, 2016, 125; *Kornakova/Tschigrina*, Allrussische kriminologische Zeitschrift 2018, 823; *Ganzha/Varencova*, Informationsblatt der KGU 2019, 177.

866 Art. 226 Abs. 3 FGB Ukraine.

867 *Pestereva*, Kann die Information über die biologischen Eltern offengelegt werden?, abrufbar unter https://www.kommersant.ru/doc/3720796.

bb. Aufklärung durch Adoptiveltern

Wie bereits oben ausgeführt, geht man in der russischen Rechtsordnung davon aus, dass die angenommenen Kinder ausschließlich durch ihre Adoptiveltern aufgeklärt werden dürften und somit eine ausreichende Grundlage für die Realisierung des Rechts auf Kenntnis der genetischen Abstammung gesichert sei. Aber auch wenn die Adoptiveltern über alle erforderlichen Informationen bzgl. der biologischen Herkunft des angenommenen Kindes verfügen und in der Lage sind aufzuklären, herrscht in Russland ein besonderer Umgang mit der Aufklärung des Adoptivkindes, der die Notwendigkeit einer der Durchsetzung des Kenntnisrechts dienenden gesetzlichen Regelung noch mehr in den Vordergrund rückt.

Zwar gilt Art. 139 FGB RF nicht für das unmittelbare Verhältnis zwischen den Adoptiveltern und dem Kind, die Adoptiveltern sind jedoch auch nicht verpflichtet das angenommene Kind über seine biologischen Eltern aufzuklären. Es ist allgemein anerkannt, dass die Entscheidung darüber, ob das Adoptivkind überhaupt jemals über seine genetische Herkunft aufgeklärt wird, ausschließlich den Annehmenden überlassen wird.[868] Insofern besteht von Gesetzes wegen keine Aufklärungspflicht der Adoptiveltern.[869] Jedes Eingreifen in dieses Problem von außen soll unterbunden werden. Die Wahrung bzw. Offenbarung des Adoptionsgeheimnisses hängt ausschließlich vom Willen der Annehmenden ab.[870] Lange Zeit herrschte in der russischen Gesellschaft überwiegend die Vorstellung, dass die Verheimlichung der Adoption vor dem angenommenen Kind seinen Interessen am besten entsprechen würde.[871] Es kam nicht selten vor, dass Adoptiveltern nach der Kindesannahme in eine andere Stadt umzogen, um die Tatsache der Adoption zu verheimlichen.[872] Allerdings ist gegenwärtig eine Tendenz zu einem offeneren Umgang mit dem Thema der Kindesannahme zu beobachten. Diese Entwicklung hängt maßgeblich damit zusammen, dass seit September 2012 in Russland sogenannte Schulen für potenzielle Adoptiv- und Pflegeeltern existieren, die von jeder Person mit einem Adoptionswunsch

---

868 *Nizamijeva*, Kommentar zum Familiengesetzbuch der Russischen Föderation, Art. 139 P. 1 FGB RF.

869 *Temnikova*, Informationsblatt der Universität Omsk. Recht. 2013, 95.

870 *Nizamijeva*, Kommentar zum Familiengesetzbuch der Russischen Föderation, Art. 139 P. 1 FGB RF.

871 *Temnikova*, Informationsblatt der Universität Omsk. Recht. 2013, 95.

872 *Temnikova*, Informationsblatt der Universität Omsk. Recht. 2013, 95.

besucht werden müssen.[873] In den dort stattfindenden Unterrichtseinheiten werden gezielt Kenntnisse über die geltende Adoptionsgesetzgebung, die Eingewöhnungszeit des angenommenen Kindes in der neuen Familie sowie die Besonderheiten der psychischen und physischen Entwicklung eines Adoptivkindes vermittelt.[874] In einigen dieser Schulen werden die Annehmenden auf ihre neue Rolle als Adoptivelternteil durch erfahrene Psychologen vorbereitet, die sie umfassend über die emotionale Situation eines angenommenen Kindes aufklären.[875] Eine solche Vorbereitung hat in einigen Fällen zur Folge, dass die potenziellen Adoptiveltern sich für eine Offenbarung des Adoptionsgeheimnisses entscheiden.[876] Die Einführung der Vorbereitungskurse für künftige Adoptiveltern beeinflusste demnach erheblich die Einstellung der Menschen zur Aufklärung des Kindes über seine genetische Herkunft. Eine ganz andere Sichtweise haben dagegen diejenigen Personen, die vor vielen Jahren ein Kind adoptiert haben. Sie empfinden jegliches Interesse ihres Adoptivkindes an seiner Herkunftsgeschichte als verletzend und beleidigend.[877] In der Regel finden sich auch in den Vorbereitungskursen mehrere Personen, die nicht bereit sind das angenommene Kind über die Tatsache der Adoption und über seine Vergangenheit aufzuklären.[878] Aber letztendlich lassen sich immer mehr Eltern von der Notwendigkeit einer Aufklärung überzeugen und von geschulten Psychologen

873 *Sachwatkina*, „Warum adoptierte Menschen eine Reform des Gesetzes über das Adoptionsgeheimnis fordern“, abrufbar unter https://www.asi.org.ru/article/2019/09/09/tajna-usynovleniya/ (Stand: 13.05.2020).

874 *Sachwatkina*, „Warum adoptierte Menschen eine Reform des Gesetzes über das Adoptionsgeheimnis fordern“, abrufbar unter https://www.asi.org.ru/article/2019/09/09/tajna-usynovleniya/ (Stand: 13.05.2020).

875 *Sachwatkina*, „Warum adoptierte Menschen eine Reform des Gesetzes über das Adoptionsgeheimnis fordern“, abrufbar unter https://www.asi.org.ru/article/2019/09/09/tajna-usynovleniya/ (Stand: 13.05.2020).

876 *Sachwatkina*, „Warum adoptierte Menschen eine Reform des Gesetzes über das Adoptionsgeheimnis fordern“, abrufbar unter https://www.asi.org.ru/article/2019/09/09/tajna-usynovleniya/ (Stand: 13.05.2020).

877 *Sachwatkina*, „Warum adoptierte Menschen eine Reform des Gesetzes über das Adoptionsgeheimnis fordern“, abrufbar unter https://www.asi.org.ru/article/2019/09/09/tajna-usynovleniya/ (Stand: 13.05.2020).

878 *Sachwatkina*, „Warum adoptierte Menschen eine Reform des Gesetzes über das Adoptionsgeheimnis fordern“, abrufbar unter https://www.asi.org.ru/article/2019/09/09/tajna-usynovleniya/ (Stand: 13.05.2020).

darüber beraten, welche Aufklärungsart möglichst schonend für die kindliche Psyche ist.[879]

cc. Beschluss des Verfassungsgerichts der Russischen Föderation von 2015

Einige Argumente der Befürworter der Einführung einer gesetzlichen Regelung zur Durchsetzbarkeit des Kenntnisrechts finden sich in der Rechtsprechung der letzten Jahre wider. Eine der wichtigsten Entscheidungen auf diesem Gebiet ist zunächst der Beschluss des Verfassungsgerichts der Russischen Föderation vom 16.6.2015 in der Rechtssache über die Überprüfung der Verfassungsmäßigkeit der Regelungen des Art. 139 FGB RF und des Art. 47 des Föderalen Gesetzes über die Personenstandsakte aufgrund einer Beschwerde von zwei Bürgern.[880] In dem maßgeblichen Beschluss stellte das Verfassungsgericht zum ersten Mal ausdrücklich fest, dass der Schutz des Adoptionsgeheimnisses im Hinblick auf das Recht auf Kenntnis der genetischen Abstammung nicht ausnahmslos gewährleistet sein darf.[881] Das Gericht sah zwar die aufgrund der aktuellen Rechtslage geltenden Einschränkungen hinsichtlich der Informationserteilung über die stattgefundene Adoption und ihre Umstände auch im Falle des Versterbens des Adoptierten und seiner Adoptiveltern als mit der Verfassung vereinbar an, betonte jedoch, dass das Verbot unter bestimmten Voraussetzungen aufgehoben werden könne.[882]

(1) Sachverhalt

Der gerichtlichen Entscheidung lag folgender Sachverhalt zugrunde: Wie schon erwähnt, setzt weder der Tod der Annehmenden noch die Volljährigkeit des Angenommenen das Rechtsinstitut des Adoptionsgeheimnisses außer Kraft. Die Offenbarung der Tatsache der Adoption sowohl dem Adoptivkind als auch dritten Personen gegenüber kann trotz der genannten Umstände weiterhin die Strafbarkeit nach Art. 155 StGB RF begründen. Zwar bietet diese Rechtslage

---

879 *Sachwatkina*, „Warum adoptierte Menschen eine Reform des Gesetzes über das Adoptionsgeheimnis fordern", abrufbar unter https://www.asi.org.ru/article/2019/09/09/tajna-usynovleniya/ (Stand: 13.05.2020).

880 Beschluss des Verfassungsgerichts der Russischen Föderation vom 16. Juni 2015, N 15-P.

881 Beschluss des Verfassungsgerichts der Russischen Föderation vom 16. Juni 2015, N 15-P, P. 5.

882 Beschluss des Verfassungsgerichts der Russischen Föderation vom 16. Juni 2015, N 15-P, P. 5.1.

einen weitreichenden Schutz für die Adoptivfamilie, stellt jedoch sowohl für das angenommene Kind als auch für seine Nachkommen im Rahmen der Geltendmachung des Kenntnisrechts eine unüberwindbare Hürde dar. Eben mit dieser Problematik sahen sich die Beschwerdeführerinnen im Jahr 2010 konfrontiert. Sie erfuhren, dass ihr bereits verstorbenes Familienmitglied, bei dem es sich um den Vater der Beschwerdeführerin zu 1) und den Ehemann der Beschwerdeführerin zu 2) handelte, ursprünglich aus Spanien stammte und während des dort herrschenden Bürgerkrieges im Kindesalter zwecks Adoption in die damalige Sowjetunion verbracht wurde.[883] Die tatsächliche Herkunftsgeschichte blieb dem Adoptierten sein ganzes Leben lang unbekannt.[884] Das zuständige Standesamt verweigerte den Beschwerdeführerinnen jegliche Auskunft über die genetische Abstammung ihres Vaters bzw. Ehemanns.[885] Zur Begründung verwiesen sie darauf, dass das Offenbarungsverbot nach Art. 139 FGB RF und Art. 47 des Gesetzes über die Personenstandsakte nach dem Tod des Adoptierten und seiner Adoptiveltern weiterhin seine Geltung beibehalte.[886] Diese Rechtsauffassung vertrat auch das zuständige Landgericht, an das sich die beiden Beschwerdeführerinnen mit einem entsprechenden Antrag wandten.[887] Das gegen diese Entscheidung eingelegte Rechtsmittel blieb ebenfalls ohne Erfolg.[888]

Zur Begründung ihrer Beschwerde vor dem Verfassungsgericht RF trugen die Beschwerdeführerinnen vor, die genannten Normen, die eine Auskunftserteilung nur mit Zustimmung der Annehmenden zuließen, würden den Erben des Angenommenen den Zugang zu Informationen über die genetische Abstammung ihres Familienmitgliedes unmöglich machen, wenn ihnen die Tatsache der Annahme erst nach dem Tod des Adoptierten sowie seiner Adoptiveltern bekannt werde.[889] Auf diese Weise würden Art. 139 FGB RF und Art. 47 des

---

883 Beschluss des Verfassungsgerichts der Russischen Föderation vom 16. Juni 2015, N 15-P, 1.1.

884 Beschluss des Verfassungsgerichts der Russischen Föderation vom 16. Juni 2015, N 15-P, 1.1.

885 Beschluss des Verfassungsgerichts der Russischen Föderation vom 16. Juni 2015, N 15-P, 1.1.

886 Beschluss des Verfassungsgerichts der Russischen Föderation vom 16. Juni 2015, N 15-P, 1.1.

887 Beschluss des Verfassungsgerichts der Russischen Föderation vom 16. Juni 2015, N 15-P, 1.1.

888 Beschluss des Verfassungsgerichts der Russischen Föderation vom 16. Juni 2015, N 15-P, 1.1.

889 Beschluss des Verfassungsgerichts der Russischen Föderation vom 16. Juni 2015, N 15-P, 1.1.

Gesetzes über die Personenstandsakte ein zeitlich unbegrenztes Offenbarungsverbot aufstellen, wodurch die Erben des verstorbenen Adoptierten vor allem in ihrem Recht auf freien Zugang zu Informationen nach Art. 29 der Verfassung RF verletzt seien.[890] Zudem sei die Weigerung der zuständigen Stellen, die gewünschte Auskunft zu erteilen, der Grund für die „moralische Sorge" der Ehefrau (Beschwerdeführerin zu 2)) des verstorbenen Adoptierten um den seelischen Zustand ihrer Tochter.[891]

(2) Entscheidungsbegründung

In seinem Beschluss vom 16.6.2015 entschied das Verfassungsgericht, dass Art. 139 FGB RF und Art. 47 des Gesetzes über die Personenstandsakte nicht im Widerspruch mit der Verfassung der Russischen Föderation stünden, da die Regelungen der fraglichen Normen die Erben des Adoptierten nicht daran hindern würde auch nach seinem Versterben die gewünschten Informationen über die stattgefundene Adoption in dem Umfang zu erhalten, der für die Realisierung ihrer durch die Verfassung garantierten Rechte notwendig sei.[892]

Nach Auffassung des Gerichts bezwecke das Adoptionsgeheimnis die Schaffung eines Eltern-Kind-Verhältnisses zwischen dem Angenommenen und seinen Annehmenden und den Schutz der Rechte und Interessen aller Familienmitglieder.[893] Der Gesetzgeber gehe davon aus, dass die Offenlegung des Adoptionsgeheimnisses eine ernstzunehmende Beeinträchtigung der psychischen Gesundheit des Kindes bedeuten könnte. Daher erlaube er die Mitteilung jeglicher im Zusammenhang mit der Kindesannahme stehender Angaben ausschließlich mit Einwilligung der Adoptiveltern.[894] Auf diese Weise solle ein Eingriff von außen in die familieninternen Verhältnisse verhindert werden. Ein solcher Eingriff würde sowohl zu den Interessen des Adoptivkindes als auch

---

890 Beschluss des Verfassungsgerichts der Russischen Föderation vom 16. Juni 2015, N 15-P, 1.2.

891 Beschluss des Verfassungsgerichts der Russischen Föderation vom 16. Juni 2015, N 15-P, 1.2.

892 Beschluss des Verfassungsgerichts der Russischen Föderation vom 16. Juni 2015, N 15-P, P. 1 des Tenors.

893 Beschluss des Verfassungsgerichts der Russischen Föderation vom 16. Juni 2015, N 15-P, P. 3.

894 Beschluss des Verfassungsgerichts der Russischen Föderation vom 16. Juni 2015, N 15-P, P. 4.

seiner Adoptiveltern im Widerspruch stehen.[895] Somit seien die Normen, die dem Schutz des Adoptionsgeheimnisses dienen, als mit der Verfassung vereinbar anzusehen und die sich dadurch ergebenden Informationsbeschränkungen nicht zu beanstanden.[896] Dennoch dürfe nicht außer Betracht gelassen werden, dass die Herstellung eines Gleichgewichts zwischen den Rechten und Interessen aller an den konkreten Rechtsverhältnissen beteiligten Personen angestrebt werden müsse.[897] Die UN-Kinderrechte-Charta regele das Recht des Kindes auf Kenntnis seiner leiblichen Eltern, soweit es möglich sei.[898] Der Europäische Gerichtshof für Menschenrechte habe darauf hingewiesen, dass die nationalen Gesetzgebungen bei der Entscheidung über die Herausgabe adoptionsbezogener Informationen eine Abwägung zwischen den konkurrierenden Rechten und Interessen vorzunehmen hätten, um zu einem interessengerechten Ergebnis zu gelangen.[899] Hiervon ausgehend vertritt das Verfassungsgericht die Ansicht, aus der Verfassung der Russischen Föderation gehe nicht hervor, dass eine Person an der Realisierung ihres Rechts auf Kenntnis der genetischen Abstammung gehindert sei.[900] Vielmehr dürften die Beschränkungen dieses Rechts seine Durchsetzbarkeit nicht komplett ausschließen, so dass es sich bei dem in den maßgeblichen Vorschriften enthaltenen Offenbarungsverbot nicht um ein absolutes Verbot handeln könne.[901] Die Gerichte hätten das Recht bei der Frage nach der Aufdeckung des Adoptionsgeheimnisses eine einzelfallbezogene Entscheidung zu treffen.[902] Demnach sei die Offenbarung des Adoptionsgeheimnisses bei einem begründeten Informationsbegehren der Erben zulässig.[903] Beispielhaft hierfür

---

895 Beschluss des Verfassungsgerichts der Russischen Föderation vom 16. Juni 2015, N 15-P, P. 4.

896 Beschluss des Verfassungsgerichts der Russischen Föderation vom 16. Juni 2015, N 15-P, P. 5.3.

897 Beschluss des Verfassungsgerichts der Russischen Föderation vom 16. Juni 2015, N 15-P, P. 5.3.

898 Beschluss des Verfassungsgerichts der Russischen Föderation vom 16. Juni 2015, N 15-P, P. 4.2.

899 EGMR, Beschluss vom 25.09.2012, Godelli gegen Italien.

900 Beschluss des Verfassungsgerichts der Russischen Föderation vom 16. Juni 2015, N 15-P, P. 5.

901 Beschluss des Verfassungsgerichts der Russischen Föderation vom 16. Juni 2015, N 15-P, P. 5.

902 Beschluss des Verfassungsgerichts der Russischen Föderation vom 16. Juni 2015, N 15-P, P. 5.3.

903 Beschluss des Verfassungsgerichts der Russischen Föderation vom 16. Juni 2015, N 15-P, P. 5.1.

sei die Auskunftserteilung zur Prävention bzw. Behandlung erblicher Erkrankungen oder zur Verhinderung von Inzestehen. Eine Ablehnung in solchen Fällen könnte einen Eingriff in die verfassungsrechtlich garantierten Rechte bedeuten.[904]

dd. Urteil des Obersten Gerichts der Russischen Föderation von 2018

Obwohl mit dem Beschluss des Verfassungsgerichts ein entscheidender Schritt in Richtung der Stärkung des Kenntnisrechts adoptierter Menschen gemacht wurde, hielten die für die Informationserteilung zuständigen Behörden sowie die meisten Fachgerichte dennoch an ihrer herkömmlichen Rechtsauffassung im Falle eines Auskunftsverlangens fest. Verdeutlicht wurde der herrschende Rechtszustand durch einen Fall, mit dem sich das Oberste Gericht der Russischen Föderation 2018 zu befassen hatte. In seiner Entscheidung vom 23.8.2018 setzte sich das Oberste Gericht zum ersten Mal mit dem Recht des Adoptierten auf Kenntnis seiner biologischen Abstammung und der damit unmittelbar verbundenen Interessenabwägung auseinander.[905] Die Entscheidung bedeutet einen grundlegenden Durchbruch für alle ehemals adoptierten Kinder, die zum Teil seit vielen Jahren erfolglos versuchen Auskunft über ihre leiblichen Eltern zu erhalten.

(1) Sachverhalt

Der gerichtlichen Entscheidung lag folgender Sachverhalt zugrunde: Es handelte sich um eine 37-jährige Klägerin, die von ihrer leiblichen Mutter im Alter von einem Monat zur Adoption freigegeben wurde.[906] Von der Tatsache der Annahme erfuhr die Klägerin bereits während ihrer Grundschulzeit, sie äußerte jedoch nie den Wunsch die leibliche Mutter ausfindig zu machen.[907] Die Notwendigkeit

904 Beschluss des Verfassungsgerichts der Russischen Föderation vom 16. Juni 2015, N 15-P, P. 5.1.

905 Urteil des Obersten Gerichts der Russischen Föderation vom 23.08.2018, N° 48-KG18-16 in: Übersicht der Gerichtspraxis des Obersten Gerichts der Russischen Föderation N° 3 (2018), P. 60 S. 160 ff.

906 *Olenitschev*, Über das Recht des Angenommenen auf Zugriff zur Information über die biologischen Eltern, abrufbar unter https://www.advgazeta.ru/mneniya/o-prave-usynovlennogo-na-dostup-k-informatsii-o-biologicheskikh-roditelyakh/ (Stand: 20.07.2020).

907 *Olenitschev*, Über das Recht des Angenommenen auf Zugriff zur Information über die biologischen Eltern, abrufbar unter https://www.advgazeta.ru/mneniya/o-prave-usynovlennogo-na-dostup-k-informatsii-o-biologicheskikh-roditelyakh/ (Stand: 20.07.2020).

einer Auskunft über ihre tatsächliche biologische Abstammung ergab sich für die Klägerin erst im Erwachsenenalter, als sich ihr gesundheitlicher Zustand zunehmend verschlechterte.[908] Zahlreiche medizinische Untersuchungen legten die Annahme nahe, dass es sich hierbei um eine genetische Erkrankung handeln könnte, so dass die Klägerin zwecks einer effektiven Behandlung die Krankengeschichte ihrer biologischen Eltern in Erfahrung bringen musste.[909]

Bei der Adoption der Klägerin wurden das Geburtsdatum, der Geburtsort sowie der Nachname geändert, daher gestaltete sich die Suche nach der leiblichen Mutter sehr schwierig.[910] Mit einer Einwilligungserklärung ihrer Adoptiveltern zur Offenbarung des Adoptionsgeheimnisses wandte sich die Klägerin an das zuständige Standesamt, bei dem sich die Geburtsurkunde mit den ursprünglichen Daten der Angenommenen befand, die für die Feststellung der Identität der biologischen Mutter zwingend erforderlich waren.[911] Das Standesamt weigerte sich, die angefragten Informationen auszuhändigen, und verwies zur Begründung auf die strafrechtliche Verantwortung nach Art. 155 StGB RF.[912] Das Gericht der ersten Instanz wies die Klage mit der Begründung ab, das geltende Recht sehe keine Möglichkeit vor Angaben über die biologische Mutter zu erhalten trotz der bestehenden Gefahr für die Gesundheit der Klägerin.[913]

---

908 *Olenitschev*, Über das Recht des Angenommenen auf Zugriff zur Information über die biologischen Eltern, abrufbar unter https://www.advgazeta.ru/mneniya/o-prave-usynovlennogo-na-dostup-k-informatsii-o-biologicheskikh-roditelyakh/ (Stand: 20.07.2020).

909 *Olenitschev*, Über das Recht des Angenommenen auf Zugriff zur Information über die biologischen Eltern, abrufbar unter https://www.advgazeta.ru/mneniya/o-prave-usynovlennogo-na-dostup-k-informatsii-o-biologicheskikh-roditelyakh/ (Stand: 20.07.2020).

910 Urteil des Obersten Gerichts der Russischen Föderation vom 23.08.2018, N° 48-KG18-16 in: Übersicht der Gerichtspraxis des Obersten Gerichts der Russischen Föderation N° 3 (2018), P. 60 S. 161.

911 Urteil des Obersten Gerichts der Russischen Föderation vom 23.08.2018, N° 48-KG18-16 in: Übersicht der Gerichtspraxis des Obersten Gerichts der Russischen Föderation N° 3 (2018), P. 60 S. 161.

912 Urteil des Obersten Gerichts der Russischen Föderation vom 23.08.2018, N° 48-KG18-16 in: Übersicht der Gerichtspraxis des Obersten Gerichts der Russischen Föderation N° 3 (2018), P. 60 S. 161.

913 *Olenitschev*, Über das Recht des Angenommenen auf Zugriff zur Information über die biologischen Eltern, abrufbar unter https://www.advgazeta.ru/mneniya/o-prave-usynovlennogo-na-dostup-k-informatsii-o-biologicheskikh-roditelyakh/ (Stand: 20.07.2020).

Außerdem zähle diese Art der Information zu personenbezogenen Daten, die nur mit Zustimmung der betroffenen Person selbst, in diesem Falle der leiblichen Mutter, erteilten werden dürften.[914] Die Einwilligung der Adoptiveltern zur Offenbarung des Adoptionsgeheimnisses sei keine ausreichende Voraussetzung für eine zulässige Herausgabe der verlangten Auskunft, da hierdurch nicht nur die Interessen der Adoptivfamilie, sondern auch der leiblichen Eltern tangiert würden. Diese Rechtsauffassung wurde durch weitere Instanzen bestätigt.[915]

Die Klägerin wandte sich an das Oberste Gericht der Russischen Föderation und trug vor, sie habe ein begründetes Interesse an der Information über die Identität ihrer leiblichen Mutter. Die Auskunftserteilung sei von lebensentscheidender Bedeutung für sie, da ohne die Krankengeschichte ihrer leiblichen Eltern eine optimale medizinische Behandlung nicht möglich sei.[916] Durch die Weigerung, die verlangten Angaben herauszugeben, nehme man der Klägerin nicht nur das Recht auf Kenntnis der genetischen Abstammung, sondern auch das Recht auf Gesundheit.[917]

(2) Entscheidungsbegründung

Das Oberste Gericht hob die vorangegangenen gerichtlichen Entscheidungen auf und verwies die Rechtssache zu einer erneuten Prüfung an das Gericht der ersten Instanz. In seinem Urteil stellte das Oberste Gericht ausdrücklich fest, dass ein über die Tatsache der Adoption bereits informierter Angenommener ein Recht auf Auskunft über seine genetische Abstammung habe, wenn die begehrte Information zur Erkennung erblicher Erkrankungen erforderlich sei.[918] In seiner

---

914 Urteil des Obersten Gerichts der Russischen Föderation vom 23.08.2018, N° 48-KG18-16 in: Übersicht der Gerichtspraxis des Obersten Gerichts der Russischen Föderation N° 3 (2018), P. 60 S. 162.

915 Urteil des Obersten Gerichts der Russischen Föderation vom 23.08.2018, N° 48-KG18-16 in: Übersicht der Gerichtspraxis des Obersten Gerichts der Russischen Föderation N° 3 (2018), P. 60 S. 162.

916 *Olenitschev*, Über das Recht des Angenommenen auf Zugriff zur Information über die biologischen Eltern, abrufbar unter https://www.advgazeta.ru/mneniya/o-prave-usynovlennogo-na-dostup-k-informatsii-o-biologicheskikh-roditelyakh/ (Stand: 20.07.2020).

917 Urteil des Obersten Gerichts der Russischen Föderation vom 23.08.2018, N° 48-KG18-16 in: Übersicht der Gerichtspraxis des Obersten Gerichts der Russischen Föderation N° 3 (2018), P. 60 S. 161.

918 Urteil des Obersten Gerichts der Russischen Föderation vom 23.08.2018, N° 48-KG18-16 in: Übersicht der Gerichtspraxis des Obersten Gerichts der Russischen Föderation N° 3 (2018), P. 60 S. 160.

Entscheidungsbegründung verwies das Oberste Gericht auf die Ausführungen des Verfassungsgerichts aus dem Jahr 2015, wonach die das Adoptionsgeheimnis regelnden gesetzlichen Bestimmungen kein Hindernis für die Mitteilung der Informationen über die genetische Herkunft darstellen würden, da sie kein absolutes Offenbarungsverbot aufstellen.[919] Ausgehend von der Rechtsauffassung des Verfassungsgerichts hänge die Offenbarung des Adoptionsgeheimnisses ausschließlich vom Willen der Adoptiveltern ab.[920] Im vorliegenden Fall hätten die Adoptiveltern der Klägerin freiwillig der Offenlegung adoptionsbezogener Daten zugestimmt.[921]

Weiterhin gehe aus dem Gesetz „Über Information, Informationstechnologien und über den Schutz von Informationen" hervor, dass jeder Bürger und jede Organisation ein Recht auf Recherche und Gewährung jeglicher Informationen unter Einhaltung der gesetzlichen Voraussetzungen hätten.[922] Zudem betonte das Oberste Gericht in Anlehnung an die Auffassung des EGMR die Notwendigkeit einer an den Umständen des Einzelfalls ausgerichteten Interessenabwägung für die Lösung der Frage nach der Durchsetzung des Rechts auf Kenntnis der genetischen Abstammung.[923] Nur eine solche Vorgehensweise ermögliche eine hinreichende Berücksichtigung aller Rechte und Interessen der beteiligten Personen.[924]

Des Weiteren habe bereits das Verfassungsgericht in seinem Beschluss vom 16.6.2015 festgestellt, dass die geltenden Beschränkungen des Kenntnisrechts

---

919 Urteil des Obersten Gerichts der Russischen Föderation vom 23.08.2018, N° 48-KG18-16 in: Übersicht der Gerichtspraxis des Obersten Gerichts der Russischen Föderation N° 3 (2018), P. 60 S. 162.

920 Urteil des Obersten Gerichts der Russischen Föderation vom 23.08.2018, N° 48-KG18-16 in: Übersicht der Gerichtspraxis des Obersten Gerichts der Russischen Föderation N° 3 (2018), P. 60 S. 163.

921 Urteil des Obersten Gerichts der Russischen Föderation vom 23.08.2018, N° 48-KG18-16 in: Übersicht der Gerichtspraxis des Obersten Gerichts der Russischen Föderation N° 3 (2018), P. 60 S. 163.

922 Urteil des Obersten Gerichts der Russischen Föderation vom 23.08.2018, N° 48-KG18-16 in: Übersicht der Gerichtspraxis des Obersten Gerichts der Russischen Föderation N° 3 (2018), P. 60 S. 163.

923 Urteil des Obersten Gerichts der Russischen Föderation vom 23.08.2018, N° 48-KG18-16 in: Übersicht der Gerichtspraxis des Obersten Gerichts der Russischen Föderation N° 3 (2018), P. 60 S. 164.

924 Urteil des Obersten Gerichts der Russischen Föderation vom 23.08.2018, N° 48-KG18-16 in: Übersicht der Gerichtspraxis des Obersten Gerichts der Russischen Föderation N° 3 (2018), P. 60 S. 164.

seine Realisierung durch den Rechtsinhaber nicht gänzlich ausschließen dürften.[925] Ein anderes Verständnis wäre mit den Werten der russischen Verfassung unvereinbar.[926] Das Oberste Gericht hob die Wichtigkeit der Kenntnis der eigenen Abstammung und Herkunft für jede einzelne Person hervor, da es sich hierbei um einen wesentlichen Bestandteil der eigenen Individualität handle.[927] Gleichzeitig müsse der Betroffene jedoch für die Offenlegung der genetischen Daten ein berechtigtes Informationsinteresse darlegen.[928] Nur in diesen Fällen sei die Auskunftserteilung von Gesetzes wegen nicht zu beanstanden. Ein solches Interesse sei unter anderem dann zu bejahen, wenn die Abstammung für die Aufklärung von Krankheiten ausschlaggebend sei.[929] Im vorliegenden Fall sei die Herausgabe adoptionsbezogener Informationen für die Feststellung etwaiger erblicher Erkrankungen erforderlich gewesen, um der Klägerin eine passende medizinische Behandlung ermöglichen zu können.[930] Somit hat die Klägerin nach Auffassung des Gerichts ihr Auskunftsbegehren auf ein berechtigtes Informationsinteresse gestützt.

3. *Rechtsvergleichende Betrachtung*

Die Möglichkeit einer Inkognitoadoption, die vorrangig dem Zweck dient, dem angenommenen Kind eine ungestörte Persönlichkeitsentwicklung im Kreise der Adoptivfamilie zu ermöglichen, findet sich in beiden Rechtsordnungen wieder.

---

925 Urteil des Obersten Gerichts der Russischen Föderation vom 23.08.2018, N° 48-KG18-16 in: Übersicht der Gerichtspraxis des Obersten Gerichts der Russischen Föderation N° 3 (2018), P. 60 S. 164.

926 Urteil des Obersten Gerichts der Russischen Föderation vom 23.08.2018, N° 48-KG18-16 in: Übersicht der Gerichtspraxis des Obersten Gerichts der Russischen Föderation N° 3 (2018), P. 60 S. 164.

927 Urteil des Obersten Gerichts der Russischen Föderation vom 23.08.2018, N° 48-KG18-16 in: Übersicht der Gerichtspraxis des Obersten Gerichts der Russischen Föderation N° 3 (2018), P. 60 S. 164.

928 Urteil des Obersten Gerichts der Russischen Föderation vom 23.08.2018, N° 48-KG18-16 in: Übersicht der Gerichtspraxis des Obersten Gerichts der Russischen Föderation N° 3 (2018), P. 60 S. 164.

929 Urteil des Obersten Gerichts der Russischen Föderation vom 23.08.2018, N° 48-KG18-16 in: Übersicht der Gerichtspraxis des Obersten Gerichts der Russischen Föderation N° 3 (2018), P. 60 S. 164.

930 Urteil des Obersten Gerichts der Russischen Föderation vom 23.08.2018, N° 48-KG18-16 in: Übersicht der Gerichtspraxis des Obersten Gerichts der Russischen Föderation N° 3 (2018), P. 60 S. 164.

Im Gegensatz zum deutschen Adoptionsrecht geht der russische Gesetzgeber mit Art. 129 P. 3 FGB RF sogar einen Schritt weiter, indem er die Blankoadoption zulässt und den abgebenden Eltern damit die Erklärung der Einwilligung in die Adoption ihres Kindes auch bei noch nicht vorhandenen potenziellen Adoptiveltern erlaubt. Obwohl insoweit ein Unterschied zwischen der deutschen und russischen Adoptionsgesetzgebung besteht, liegt der Inkognito- als auch der Blankoadoption dennoch das gleiche Ziel zugrunde. Dieses besteht in der Unterbindung jeglicher Einmischung in die infolge der Adoption neu entstandenen Familienverhältnisse seitens der Herkunftsfamilie. Da auf diese Weise eine möglichst beeinträchtigungsfreie Entstehung eines Eltern-Kind-Verhältnisses gewährleistet werden soll, messen beide Adoptionsformen dem Kindeswohl eine besondere Bedeutung zu.

Der Zweck der Inkognito- bzw. Blankoadoption wird im deutschen Recht durch das Offenbarungs- und Ausforschungsverbot nach § 1758 BGB und im russischen Recht durch das Adoptionsgeheimnis nach Art. 139 FGB RF gesichert. Beide gesetzliche Regelungen verpflichten nicht nur offizielle Stellen wie Behörden und Gerichte, die in irgendeiner Weise in den Adoptionsprozess eingebunden waren, zur Geheimhaltung einer stattgefundenen Annahme und aller damit im Bezug stehenden Informationen, sondern richten sich auch an Privatpersonen.

Im Gegensatz zum deutschen Recht besteht jedoch in der russischen Rechtsordnung Uneinigkeit darüber, auf welche Informationen und Vorgänge sich die Geheimhaltungspflicht erstreckt. Insoweit wird in der russischen Literatur der Gesetzestext der maßgeblichen Vorschrift, wonach das Adoptionsgeheimnis nur das gerichtliche Verfahren erfassen soll, als irreführend bewertet. Geht man von diesem Ergebnis aus, wird im russischen Rechtsraum zu Recht Kritik an Art. 139 FGB RF geübt, da auf diese Weise das Rechtsinstitut des Adoptionsgeheimnisses keinen ausreichenden Schutz für die Adoptivfamilie bietet. Denn der Inhalt außergerichtlicher Vorgänge und der vorgerichtlichen Vorbereitung der Adoption kann von dritten Personen ohne die Befürchtung rechtlicher Konsequenzen verbreitet werden. Auch der seitens einiger Autoren unternommene Versuch, durch Auslegung ein anderes Begriffsverständnis zu schaffen und den Schutzbereich des Adoptionsgeheimnisses auf sämtliche für die Kindesannahme maßgeblichen Angaben und Verfahrensvorgänge auszuweiten, führt dennoch nicht zu mehr Sicherheit für die Adoptivfamilie. Solange das Familiengesetzbuch der Russischen Föderation das Adoptionsgeheimnis nicht ausdrücklich definiert, entbehrt ein solches Verständnis aktuell jeglicher rechtlichen Grundlage.

Demgegenüber bietet die gesetzliche Regelung des Offenbarungs- und Ausforschungsverbots in der deutschen Adoptionsgesetzgebung weitaus mehr

Rechtsklarheit. Insbesondere die in § 1758 II BGB enthaltene Vorwirkung des Adoptionsgeheimnisses legt die Reichweite des Schutzbereichs unstrittig fest.

Wird gegen die gesetzlichen Regelungen zum Geheimnis der Annahme verstoßen, sehen die beiden Rechtsordnungen teilweise unterschiedliche Konsequenzen vor. Obwohl das Offenbarungs- und Ausforschungsverbot nach § 1758 BGB für jedermann gilt, wird nur ein Verstoß bei einer vorherigen amtlichen Kenntniserlangung und zwar in den Fällen des § 203 StGB strafrechtlich verfolgt. Auch wenn sich die aufgestellten Verbote auf Verwandte, Bekannte und Nachbarn der Adoptivfamilie erstrecken, kann sich diese Personengruppe bei einer Offenlegung der Tatsache der Annahme nicht strafbar machen. Den Geschädigten stehen lediglich zivil- und öffentlich-rechtliche Sanktionen zur Verfügung, die jedoch nur einen bedingten Schutz liefern. Demnach kommt § 1758 BGB eine „erzieherische und bewußtseinsschärfende Funktion" zu.[931] Im russischen Adoptionsrecht stimmt dagegen der Kreis der von der Geheimhaltungspflicht Betroffenen mit dem Kreis der Personen, die sich bei einem Verstoß strafbar machen können, überein. Art. 139 P. 2 FGB RF bestimmt ausdrücklich, dass alle in P. 1 der erwähnten Vorschrift genannten Personen im Falle einer Offenbarung des Adoptionsgeheimnisses gemäß dem gesetzlich festgelegten Verfahren zur Verantwortung gezogen werden. Da es sich hierbei um einen Verweis auf Art. 155 StGB handelt, erstreckt sich die strafrechtliche Sanktion bei einem Verstoß gegen Art. 139 FGB RF auch auf Privatpersonen. Den Grund für die Ausweitung der strafrechtlichen Verantwortung sieht der russische Gesetzgeber in der besonderen Gefährlichkeit einer Aufdeckung des Adoptionsgeheimnisses für die psychische Gesundheit des Kindes. Um eine Ausuferung bei der Anwendung der Strafnorm zu vermeiden, wird die Strafbarkeit von Privatpersonen allerdings an weitere Voraussetzungen geknüpft.

Ein weiterer Unterschied, der bei einem Vergleich der gesetzlichen Regelungen der beiden Rechtsordnungen auffällt, betrifft die Voraussetzungen, unter denen eine Offenlegung des Annahmeverhältnisses zulässig ist. Während im deutschen Adoptionsrecht für eine zulässige Offenbarung bzw. Ausforschung adoptionsbezogener Tatsachen die Zustimmung der Annehmenden und des angenommenen Kindes kumulativ vorliegen muss, ist im russischen Recht ausschließlich der Wille der Annehmenden entscheidend. Daraus folgt, dass das Adoptionsgeheimnis auch dann offenbart werden kann, wenn das Adoptivkind über seine biologische Abstammung zwar aufgeklärt ist, eine Offenlegung seiner wahren Herkunft dennoch nicht wünscht. Ist dem Adoptivkind die Tatsache

---

931 Staudinger-*Frank* § 1758 Rn. 7.

seiner Annahme gänzlich unbekannt, können die Adoptiveltern dennoch in die Offenbarung des Adoptionsgeheimnisses einwilligen. Diese Rechtslage lässt die Schlussfolgerung zu, dass die Interessen der Adoptiveltern im Vordergrund stehen, da das angenommene Kind im Rahmen der Entscheidung über die Offenlegung der Tatsache der Adoption dem Willen seiner Annehmenden praktisch ausgeliefert ist. Obwohl die gesetzlichen Vorschriften zum Adoptionsgeheimnis nach der Intention des Gesetzgebers dem Schutz der Familien- und Kindesinteressen dienen, spiegelt sich insoweit die Berücksichtigung der Kindesinteressen auf der gesetzlichen Ebene nicht in dem gleichen Umfang wie in der deutschen Rechtsordnung, die die Zustimmung des Kindes zwingend voraussetzt, wider.

Weiterhin enthält das russische Recht in Art. 135 FGB RF einige Maßnahmen zwecks Wahrung des Adoptionsgeheimnisses, die der deutschen Rechtsordnung unbekannt sind. Neben der sowohl im deutschen als auch im russischen Recht möglichen Namensänderung sieht die russische Adoptionsgesetzgebung die Möglichkeit einer Änderung des Geburtsortes sowie des Geburtsdatums des angenommenen Kindes vor. In der russischen Literatur wird allerdings Kritik an den gesetzlichen Vorschriften geübt, die eine solche Änderung in der Biografie des angenommenen Kindes zulassen. Verschiebe man zum Beispiel nach Art. 135 FGB RF das Geburtsdatum, stünde eine derartige Änderung in einem unmittelbaren Zusammenhang mit den medizinischen Angaben des Kindes.[932] Das tatsächliche Alter des Angenommenen könne aufgrund der körperlichen Entwicklung jedoch nicht immer verschleiert werden, so dass die Adoptiveltern letztendlich gezwungen seien dem medizinischen Personal das richtige Geburtsdatum mitzuteilen und damit zwangsläufig die Tatsache der Annahme zu offenbaren.[933] Außerdem habe das neue Geburtsdatum auch weitreichende Folgen für die Rechte und Pflichten des Adoptivkindes im Erwachsenenalter.[934] Es seien unter anderem Auswirkungen auf die Rentenansprüche und die Wehrpflicht möglich.[935]

Im Zusammenhang mit den Schutzmaßnahmen wird zudem eine zum Teil unzureichende bzw. lückenhafte Gewährleistung des Adoptionsgeheimnisses

932 *Kepova*, Adoption im Gefüge der Unterbringungsformen bei Kindern ohne elterliche Sorge, S. 114.
933 *Kepova*, Adoption im Gefüge der Unterbringungsformen bei Kindern ohne elterliche Sorge, S. 114.
934 *Kepova*, Adoption im Gefüge der Unterbringungsformen bei Kindern ohne elterliche Sorge, S. 114.
935 *Nasarov*, Haushaltung und Recht 1997, 165.

bemängelt. Beispielhaft hierfür sei Art. 257 Arbeitsgesetzbuch der Russischen Föderation, wonach den Eltern eines neugeborenen Kindes ein Urlaubsanspruch in Höhe von 70 Kalendertagen ab dem Tag der Geburt zustehe.[936] Die Gewährung eines solchen Urlaubs solle vor allem dazu dienen, eine Offenlegung der stattgefundenen Annahme zu verhindern.[937] Allerdings erfolge die Urlaubsbewilligung nur bei Vorlage aller die Tatsache der Adoption bestätigender Unterlagen, so dass die stattgefundene Kindesannahme auf diesem Wege gegen den Willen der Annehmenden einem zu breiten Personenkreis bekannt werde.[938]

Ein grundlegender Unterschied zwischen der deutschen und russischen Adoptionsgesetzgebung ergibt sich im Hinblick auf den Schutz des Interesses des Adoptivkindes, seine tatsächliche genetische Herkunft und die Identität seiner leiblichen Eltern zu erfahren. So ist man sich in der deutschen Literatur und Rechtsprechung einig, dass die Adoptiveltern im Rahmen ihrer Erziehungspflicht eine Aufklärungspflicht hinsichtlich der Tatsache der Annahme gegenüber ihrem Adoptivkind trifft. Den Annehmenden bleibt lediglich überlassen über die Art und Weise und den Zeitpunkt der Aufklärung zu bestimmen. Demgegenüber herrscht in der Russischen Föderation überwiegend eine ganz andere Aufklärungsmentalität. Die Entscheidung über die Aufklärung oder die Nichtaufklärung des Adoptivkindes obliegt ausschließlich den Adoptiveltern. Erst Recht kennt die russische Rechtsordnung keinen Auskunftsanspruch des Kindes gegen seine Annehmenden auf Aufklärung über seine Abstammung. Die geltende Gesetzeslage entspricht wohl der größtenteils herrschenden Einstellung in der russischen Gesellschaft zu diesem Erziehungsproblem.

Nach Ansicht von *Kornakova* und *Tschigrina* solle es sich beim Adoptionsgeheimnis in erster Linie um die Verheimlichung der Tatsache der Annahme gegenüber dritten Personen und nicht dem Adoptivkind selbst handeln.[939] In der Adoptionsrealität der Russischen Föderation werden allerdings seitens der Eltern große Bemühungen unternommen, um den angenommenen Kindern, die sich aufgrund ihres jungen Alters oder anderer Umstände nicht an ihre Annahme erinnern und die Adoptiveltern für die biologischen Eltern halten, die

---

936 *Kepova*, Adoption im Gefüge der Unterbringungsformen bei Kindern ohne elterliche Sorge, S. 115.

937 *Kepova*, Adoption im Gefüge der Unterbringungsformen bei Kindern ohne elterliche Sorge, S. 115.

938 *Kepova*, Adoption im Gefüge der Unterbringungsformen bei Kindern ohne elterliche Sorge, S. 115.

939 Siehe *Kornakova/Tschigrina*, Allrussische kriminologische Zeitschrift 2018, N° 6, 823.

Wahrheit über ihre tatsächliche Herkunft vorzuenthalten. Aus diesem Grund versuchen die Vormundschafts- und Pflegschaftsorgane sowie andere für den Adoptionsprozess zuständige Stellen nunmehr seit einigen Jahren auch im russischen Rechtsraum bei den (potenziellen) Adoptiveltern das Bewusstsein für die Wichtigkeit und die Notwendigkeit einer Aufklärung des anzunehmenden bzw. angenommenen Kindes über seine genetische Herkunft zu wecken. Wie bereits oben ausgeführt, werden künftige Adoptiveltern mit Hilfe von Schulungen gezielt auf ihre neue Lebensaufgabe vorbereitet und insbesondere über die psychologischen Aspekte eines Adoptionsverhältnisses und die Vorteile einer frühzeitigen Aufklärung in Kenntnis gesetzt.

Denn laut den auf diesem Gebiet spezialisierten Psychologen lasse sich ein mögliches seelisches Trauma des Kindes nur dann vermeiden, wenn ihm bereits im Kindheitsalter die Wahrheit über seine Herkunft offenbart werde.[940] Das Wissen um die eigene genetische Abstammung sei für eine gesunde Entwicklung des Kindes unabdingbar.[941] Wer seine Vergangenheit nicht kenne, könne sich seine Zukunft nicht vorstellen.[942] Die Bemühungen der zuständigen Behörden scheinen sich nun langsam auszuzahlen, denn es ist ein Umdenken bei den potenziellen Adoptiveltern im Umgang mit diesem Erziehungsproblem zu beobachten. Die in den jeweiligen Schulungen anwesenden Psychologen gaben an, dass immer mehr potenzielle Adoptiveltern sich intensiv mit der Frage auseinandersetzen, wann und auf welche Weise sie das angenommene Kind über seine wahre Herkunft aufklären wollen.[943]

Des Weiteren enthält nur das deutsche Adoptionsrecht gesetzliche Regelungen, die der Durchsetzbarkeit des Rechts des Kindes auf Kenntnis seiner genetischen Herkunft dienen. Noch vor Erreichen der Volljährigkeit können Adoptivkinder in Deutschland Einsicht in die Personenstandsregister nehmen, die ihre Abstammung dokumentieren. Einen zusätzlichen Schutz und eine Absicherung des Kenntnisinteresses bietet ein Einsichtsrecht in die Akten der Adoptionsvermittlungsstellen. Auch für vertraulich geborene Kinder besteht die

940 *Zhironkina/Barschewskij*, Informationsblatt der Moskauer Universität des Innenministeriums Russlands 2012, 26.

941 *Zhironkina/Barschewskij*, Informationsblatt der Moskauer Universität des Innenministeriums Russlands 2012, 26.

942 *Zhironkina/Barschewskij*, Informationsblatt der Moskauer Universität des Innenministeriums Russlands 2012, 26.

943 *Sachwatkina*, „Warum adoptierte Menschen eine Reform des Gesetzes über das Adoptionsgeheimnis fordern", abrufbar unter https://www.asi.org.ru/article/2019/09/09/tajna-usynovleniya/ (Stand: 13.05.2020).

Möglichkeit unter Einhaltung von besonderen Einsichtnahmeregelungen die Identität der biologischen Eltern zu erfahren. Obwohl die russische Gesetzgebung sogar eine ausdrückliche Normierung des Kenntnisrechts in Art. 54 P. 2 FGB RF enthält, bestand für die Adoptivkinder lange Zeit kaum die Möglichkeit, Auskunft über die Identität ihrer biologischen Eltern zu erhalten. Von den zuständigen Standesämtern wurde in den meisten Fällen ein Informationsersuchen des Adoptierten mit dem Verweis auf die gesetzlichen Schutzvorschriften des Adoptionsgeheimnisses abgelehnt, die nach Ansicht der Standesämter keine Ausnahmen vom Offenbarungsverbot zuließen und bei einem Verstoß in jedem Fall eine strafrechtliche Sanktion nach sich ziehen würden. Der unmissverständliche Gesetzestext des Art. 155 StGB RF, wonach eine Offenbarung des Adoptionsgeheimnisses nur gegen den Willen der Annehmenden eine Strafbarkeit begründet, wurde in den meisten Fällen ignoriert und die Auskunft trotz erklärter Einwilligung weiterhin verweigert. Auch in einem gerichtlichen Verfahren erfuhr die behördliche Rechtsauffassung ihre Bestätigung. Erst die 2015 und 2018 ergangenen gerichtlichen Entscheidungen stellten einen Wendepunkt in der bis dahin geltenden Praxis der Auskunftserteilung dar. Die aktuell herrschende Rechtsauffassung des Obersten Gerichts RF, die sich überwiegend auf die Ausführungen des Verfassungsgerichts zum Kenntnisrecht stützt, könnte eine grundlegende Änderung der bisher bestehenden Praxis auf dem Gebiet der Informationserlangung über die biologische Herkunft des Adoptivkindes bewirken. Es sind bereits Fälle bekannt, in denen die Gerichte das zuständige Standesamt zur Informationserteilung verpflichteten und zur Begründung auf die Entscheidung des Obersten Gerichts RF verwiesen.[944]

II. Alternative Formen der Kindesannahme

1. Rechtslage in Deutschland

Bis in die 80er Jahre des 20. Jahrhunderts wurden Kinder in Deutschland ausschließlich im Rahmen geschlossener Inkognitoadoptionen vermittelt.[945] Die deutschen Adoptionsvermittlungsstellen achteten sehr auf die Einhaltung der Vorgaben dieser Adoptionsform, wodurch jede Art von Kontakt zwischen den leiblichen Eltern und den Adoptiveltern unterbunden wurde.[946] Die

944 Vgl. dazu *Sachwatkina*, „Warum adoptierte Menschen eine Reform des Gesetzes über das Adoptionsgeheimnis fordern", Rechtssache aus dem Jahr 2019, abrufbar unter https://www.asi.org.ru/article/2019/09/09/tajna-usynovleniya/ (Stand: 13.05.2020).

945 *Textor*, Teil I, S. 57.

946 *Textor*, Teil I, S. 57.

Durchführung von Inkognitoadoptionen erfolgte auch im Sinne der Adoptiveltern, die sich die Entwicklung eines ungestörten Eltern-Kind-Verhältnisses, ohne einen schädlichen Einfluss leiblicher Verwandter wünschten.[947] Ferner ging man davon aus, dass der abgebende leibliche Elternteil ohnehin keine Verantwortung für sein Kind tragen wollte und es daher nach der Freigabe ohne große Schwierigkeiten vergessen könnte.[948]

Dass insbesondere viele leibliche Mütter ihre Abgabeentscheidung auch Jahre nach der Adoption ihres Kindes nicht verarbeiten konnten und aufgrund dessen unter anderem mit psychischen Störungen zu kämpfen hatten, wurde erst in den 80er Jahren erkannt.[949] Die angloamerikanische Adoptionsforschung kam zum Ergebnis, dass offene Adoptionen zu geringeren psychischen Schwierigkeiten führten.[950] Die daraufhin ausgelöste Diskussion bewirkte bereits zu Beginn der 90er Jahre einen Wandel der Einstellung der Gesellschaft und der Adoptionsvermittlungsstellen, so dass in Deutschland mittlerweile verstärkt geöffnete Adoptionsformen zur Anwendung kommen.[951]

2. *Rechtslage in Russland*

Den Anstoß für eine rege Diskussion um die Abschaffung des Adoptionsgeheimnisses und die Einführung einer offenen Adoptionsform in Russland gab erst die am 1. Juni 2012 durch den Erlass des Präsidenten der Russischen Föderation bestätigte Nationale Handlungsstrategie zum Schutz der Kindesinteressen für die Jahre 2012 bis 2017. Neben den Maßnahmen, die den Schutz der Rechte und Interessen von Waisenkindern und Kindern ohne elterliche Sorge bezweckten, enthielt die Handlungsstrategie eine für die russische Rechtsordnung revolutionäre Schutzmaßnahme. Das Fünfjahresprogramm sah den Übergang zum System einer offenen Kindesannahme verbunden mit der Aufhebung des Adoptionsgeheimnisses vor. Dabei versteht man unter einer offenen Adoptionsform ebenfalls wie in den westlichen Ländern auch in der russischen Rechtsordnung die Möglichkeit der Aufrechterhaltung von sozialen Kontakten zwischen dem

---

947 *Textor*, Teil I, S. 57.

948 *Textor*, Nachrichtendienst des Deutschen Vereins für öffentliche und private Fürsorge 1991, 107.

949 *Textor*, Nachrichtendienst des Deutschen Vereins für öffentliche und private Fürsorge 1991, 108.

950 Brodzinsky/Palacios-*Grotevant/Perry/McRoy* S. 167 ff.; *Crea/Barth*, Family Relations 5/2009, 607, 609 f.

951 Vgl. *Botthof* S. 29.

Adoptivkind und seinen biologischen Eltern.[952] Dem Kind sind demnach seine Adoptiveltern und seine leibliche Familie gleichermaßen bekannt.[953]

Bei der Diskussion um die Umsetzung dieses Vorhabens wurden im Wesentlichen zwei unterschiedliche Ansichten vertreten. Während die Praktiker einschließlich der Mitarbeiter einiger Standesämter die Aufrechterhaltung des Adoptionsgeheimnisses fordern und allgemein die Auffassung vertreten, die Frage nach der Aufgabe des fraglichen Rechtsinstituts sei im russischen Adoptionsprozess viel zu früh gestellt worden,[954] gehen die Meinungen in der Literatur auseinander.[955] Dabei wurde auch die Frage nach der Schaffung einer gesetzlichen Regelung und der uneingeschränkten Durchsetzbarkeit des Rechts des Kindes auf Kenntnis seiner genetischen Abstammung sehr intensiv diskutiert.[956]

a. Befürworter des Adoptionsgeheimnisses

Eines der Hauptargumente, mit dem die Notwendigkeit der Aufrechterhaltung der gesetzlichen Bestimmungen zum Schutz des Adoptionsgeheimnisses begründet wurde, war das angestrebte Ziel des Rechtsinstituts der Adoption.[957] Die Kindesannahme bezwecke in erster Linie die vollständige Verdrängung der Blutsverwandtschaft des Adoptivkindes, die sich in der Entstehung einer den gesetzlichen Anforderungen an ein Eltern-Kind-Verhältnis entsprechenden Rechtsbeziehung äußere.[958] Um eine Einmischung von außen in diesen höchst sensiblen Vorgang zu verhindern, müsse auf gesetzlicher Ebene der Schutz des Geheimnisses der Kindesannahme gewährleistet werden.[959] Nur die Wahrung

952 *Trinchenko*, Sozialwissenschaften. Recht (Informationsblatt der Hochschuleinrichtungen. Wolga-Region) 2015, 45.

953 *Trinchenko*, Sozialwissenschaften. Recht (Informationsblatt der Hochschuleinrichtungen. Wolga-Region) 2015, 45.

954 *Manankova/Lipovskih*, Informationsblatt der Tomsker Staatsuniversität. Recht. 2017, 121.

955 *Manankova/Lipovskih*, Informationsblatt der Tomsker Staatsuniversität. Recht. 2017, 121.

956 Siehe dazu *Lebedinskaja*, Junger Wissenschaftler 2013, 544; *Parschutkin/Lvova*, Russische Justiz 2010, 19; *Winogradova*, Kinderheim 2013, 20.

957 *Trinchenko*, Sozialwissenschaften. Recht (Informationsblatt der Hochschuleinrichtungen. Wolga-Region) 2015, 45.

958 *Trinchenko*, Sozialwissenschaften. Recht (Informationsblatt der Hochschuleinrichtungen. Wolga-Region) 2015, 45; *Letova*, Adoption in der Russischen Föderation und rechtliche Probleme, S. 47.

959 *Trinchenko*, Sozialwissenschaften. Recht (Informationsblatt der Hochschuleinrichtungen. Wolga-Region) 2015, 45.

des Adoptionsgeheimnisses ermögliche die Entstehung einer engen Bindung zwischen dem Angenommenen und den Annehmenden, deren Fortbestand durch die Offenlegung von Informationen über die genetische Herkunft und die Zulassung eines Eingriffs seitens dritter Personen gefährdet wäre.[960] Hebe man die Geheimhaltungspflicht auf, seien negative Einflüsse auf die Psyche eines anzunehmenden Kindes zu erwarten, die gerade mithilfe des geltenden Rechtssystems der russischen Adoptionsgesetzgebung abgewendet werden können.[961] Die Vertreter einer traditionellen Herangehensweise an die Ausgestaltung der Minderjährigenadoption befürchten daher, dass die Einführung eines offeneren Umgangs mit dem Adoptionsprozess und damit die Durchbrechung der bestehenden Strukturen zu einem irreparablen gesundheitlichen Schaden eines nicht unerheblichen Bevölkerungsanteils führen könnte.[962]

Letova vertritt die Ansicht, dass die noch instabile Psyche eines Kindes vor der Offenbarung der Tatsache einer stattgefundenen Annahme zwingend geschützt werden müsse.[963] Den Zweck des Adoptionsgeheimnisses sieht die Autorin demnach nicht nur im Schutz der Information vor dritten Personen, sondern auch in der Verheimlichung der genetischen Herkunft vor dem Adoptivkind selbst.[964] Dieser Zweck könnte durch die Akzeptanz einer offenen Adoptionsform nicht mehr erreicht werden.[965] Schließlich komme es nicht selten vor, dass angenommene Kinder nach einer Aufklärung durch ihre Adoptiveltern ihre Adoptivfamilien verlassen und sich in einer Unterbringungseinrichtung wiederfinden würden.[966]

Die geschlossene Inkognito- bzw. Blankoadoption habe sich seit Jahrzehnten als eine effektive Unterbringungsform für Kinder ohne elterliche Sorge erwiesen und die Mentalität der russischen Gesellschaft geprägt.[967] Insbesondere die Abschaffung der strafrechtlichen Verantwortung für den Verstoß gegen die

---

960 *Ribalka*, Jurist-Rechtswissenschaftler 2018, 32.

961 *Ribalka*, Jurist-Rechtswissenschaftler 2018, 32; *Iljina*, Recht und Gesetz 2018, 129; *Manankova/Lipovskih*, Informationsblatt der Tomsker Staatsuniversität. Recht. 2017, 122.

962 *Manankova/Lipovskih*, Informationsblatt der Tomsker Staatsuniversität. Recht. 2017, 122.

963 *Letova*, Adoption in der Russischen Föderation und rechtliche Probleme, S. 47.

964 *Letova*, Adoption in der Russischen Föderation und rechtliche Probleme, S. 47.

965 *Letova*, Adoption in der Russischen Föderation und rechtliche Probleme, S. 47.

966 *Letova*, Adoption in der Russischen Föderation und rechtliche Probleme, S. 47.

967 *Manankova/Lipovskih*, Informationsblatt der Tomsker Staatsuniversität. Recht. 2017, 122; *Iljina*, Recht und Gesetz 2018, 129.

Geheimhaltungspflicht könnte zu einem Konflikt zwischen den gewohnheitsrechtlich anerkannten Verhaltensweisen und den für die neue Adoptionsform erforderlichen Umstellungen führen.[968]

Die Befürworter des Adoptionsgeheimnisses sind sich sicher, dass die moderne russische Gesellschaft wegen der Besonderheiten ihrer Entwicklung und ihrer Einstellung zur Adoption im Allgemeinen für die Einführung einer offenen Kindesannahme noch lange nicht bereit sei.[969] Die Adoptivfamilien seien immer noch überwiegend konservativ eingestellt, indem sie die biologische Verwandtschaft des Adoptivkindes zu einem Tabuthema erklären würden. Den Berichten der Vormundschafts- und Pflegschaftsorgane zufolge würden in vielen Fällen seitens der Annehmenden sämtliche Bemühungen zur Verschleierung der wahren Herkunft des Kindes unternommen.[970] So komme es immer wieder vor, dass die annehmenden Frauen sogar eine Schwangerschaft vortäuschen, um den Eindruck eines natürlichen Familienzuwachses in ihrem sozialen Umfeld zu erwecken.[971] Sogar der nahen Verwandtschaft bleibe die Tatsache der Annahme unbekannt.[972] Der Grund für den Wunsch der annehmenden Personen, mit allen Mitteln den Anschein einer Blutsverwandtschaft mit dem angenommenen Kind entstehen zu lassen, seien die zum Teil in der russischen Gesellschaft herrschenden Assoziationen zum Rechtsinstitut der Kindesannahme.[973] So werde ein adoptiertes Kind als ein Kind mit einem „Defekt" angesehen.[974] Außerdem sei allein die Existenz des Adoptionsgeheimnisses ein Beleg dafür, dass die Adoption als eine Extremmaßnahme empfunden werde, zu der kinderlose Menschen greifen und alles Notwendige für die Verheimlichung der Tatsache der Annahme unternehmen würden.[975] Eine in den Jahren 2007 bis 2011 in Russland durchgeführte Umfrage habe gezeigt, dass man nicht leiblichen Kindern einer Familie mit Skepsis und Vorurteilen begegne.[976] Den Untersuchungsergebnissen zufolge hätten sich mehr als 27 % der Bevölkerung in der Russischen Föderation negativ

968 *Iljina*, Recht und Gesetz 2018, 129.

969 *Iljina*, Recht und Gesetz 2018, 129; *Ganzha/Varencova*, Informationsblatt der KGU 2019, 176.

970 *Ribalka*, Jurist-Rechtswissenschaftler 2018, 32; *Iljina*, Recht und Gesetz 2018, 129.

971 *Ribalka*, Jurist-Rechtswissenschaftler 2018, 32; *Iljina*, Recht und Gesetz 2018, 129.

972 *Ribalka*, Jurist-Rechtswissenschaftler 2018, 32; *Iljina*, Recht und Gesetz 2018, 129.

973 *Schangareev*, Gesellschaftspolitische Wissenschaften 2013, 42.

974 *Schangareev*, Gesellschaftspolitische Wissenschaften 2013, 42.

975 *Temnikova*, Informationsblatt der Universität Omsk. Recht. 2013, 92.

976 *Schangareev*, Gesellschaftspolitische Wissenschaften 2013, 42 mit Verweis auf http://www.buroadvokat.ru/index.php/2010-02-15-20-35-09/.

über nicht leibliche Kinder geäußert.[977] Durch die Wahrung des Adoptionsgeheimnisses schotten sich die Annehmenden nicht nur von der Vergangenheit des Adoptierten ab, sondern beschützen ihre Familie auch vor negativen Reaktionen und der Voreingenommenheit der Außenstehenden.[978] Der russischen Gesellschaft fehle es zum heutigen Zeitpunkt an der nötigen Reife im Umgang mit dem Thema der Adoption, so dass die Etablierung eines offenen Annahmesystems nicht zum gewünschten Erfolg führen würde.[979] Die gesetzgeberische Entscheidung die Aufdeckung der Tatsache der Adoption ausschließlich an den Willen der annehmenden Personen zu knüpfen, sei als richtig zu betrachten.[980] Wenn die potenziellen Adoptiveltern die Wahrung des Adoptionsgeheimnisses dagegen nicht wünschten, stünden ihnen auch andere Unterbringungsformen wie Pflegschaft oder Vormundschaft zur Verfügung.[981]

Die Befürworter des Adoptionsgeheimnisses sind der festen Überzeugung, dass das Adoptionsgeheimnis ausschließlich den Kindesinteressen dienen würde.[982] Die Hauptaufgabe des fraglichen Rechtsinstituts bestehe nicht darin den Annehmenden ein Sicherheitsgefühl zu vermitteln, sondern das Adoptivkind vor den Informationen über seine Herkunft und vor seinen biologischen Eltern zu schützen.[983] In vielen Fällen seien die Kinder auf die Unterbringungsform der Adoption angewiesen, da ihre leibliche Familie nicht in der Lage gewesen sei, ihren elterlichen Pflichten in dem erforderlichen Maße nachzukommen, oder sogar ihre Elternrechte missbraucht hätte.[984] Der Schutz des Kindes vor solchen Eltern müsse gesetzlich gewährleistet werden.[985] Hebe man die gesetzlichen Schutzvorschriften auf, ergebe sich ein zu den Interessen der Waisenkinder und Kinder ohne elterliche Sorge im Widerspruch stehender Rechtszustand.[986]

---

977 *Schangareev*, Gesellschaftspolitische Wissenschaften 2013, 42 mit Verweis auf http://www.buroadvokat.ru/index.php/2010-02-15-20-35-09/.

978 *Schangareev*, Gesellschaftspolitische Wissenschaften 2013, 42.

979 *Ribalka*, Jurist-Rechtswissenschaftler 2018, 33.

980 *Manankova/Lipovskih*, Informationsblatt der Tomsker Staatsuniversität. Recht. 2017, 122; *Ribalka*, Jurist-Rechtswissenschaftler 2018, 33.

981 *Schangareev*, Gesellschaftspolitische Wissenschaften 2013, 42; *Manankova/Lipovskih*, Informationsblatt der Tomsker Staatsuniversität. Recht. 2017, 122.

982 *Schangareev*, Gesellschaftspolitische Wissenschaften 2013, 42; *Manankova/Lipovskih*, Informationsblatt der Tomsker Staatsuniversität. Recht. 2017, 122; *Tkachuk*, Wirtschaft und Jurisprudenz 2019, N° 5 (62); *Krivoscheeva*, Rechtsanwalt 2012, 48.

983 *Schangareev*, Gesellschaftspolitische Wissenschaften 2013, 42.

984 *Schangareev*, Gesellschaftspolitische Wissenschaften 2013, 43.

985 *Schangareev*, Gesellschaftspolitische Wissenschaften 2013, 43.

986 *Schangareev*, Gesellschaftspolitische Wissenschaften 2013, 43.

In diesem Zusammenhang wird ein weiterer Punkt angeführt, der den Vertretern einer geschlossenen Kindesannahme in der Diskussion um die Abschaffung des Adoptionsgeheimnisses Sorgen bereitet. Es handelt sich hierbei um die möglichen Folgen einer Einmischung seitens der leiblichen Eltern. Diese könnten den Kontakt zu ihrem leiblichen Kind zwecks einer Erpressung der Adoptiveltern missbrauchen, um sich persönlich zu bereichern.[987]

Des Weiteren verweisen die Autoren, die die absolute Abschaffung einer geschlossenen Adoptionsform ablehnen, auf die im Westen infolge der Einführung eines offenen Adoptionstyps zu beobachtende Entwicklung. Die westlichen Länder würden zwar unterschiedlich die Frage nach der Geheimhaltung der Kindesannahme regeln, die meisten Staaten würden jedoch dem Angenommenen die Geltendmachung des Rechts auf Kenntnis seiner genetischen Abstammung ermöglichen.[988] Allerdings sähen sich einige Familien aus solchen Ländern, die sich für eine ausnahmslose Aufhebung der Geheimhaltungspflicht entschieden hätten und ausschließlich offene Adoptionsformen praktizieren würden, immer mehr gezwungen Kinder aus anderen Staaten zu adoptieren.[989] Man geht davon aus, der Grund hierfür sei in der ablehnenden Haltung der potenziellen Adoptiveltern gegenüber einer im Rahmen der offenen Adoption möglichen Kontaktaufnahme zwischen dem Adoptierten und seinen biologischen Eltern zu sehen.[990] Auf diese Weise könne der Rückschluss gezogen werden, dass einige potenzielle Adoptiveltern eine absolute Aufhebung der Geheimhaltungspflicht als eine Gefahr für die Harmonie und die Stabilität ihrer neuen Familie empfinden und deshalb von einer Kindesannahme in ihrem eigenen Land absehen würden.[991]

Aufgrund der fehlenden Bereitschaft der russischen Gesellschaft, die geschlossene Kindesannahme aufzugeben und offene Adoptionsformen zu akzeptieren, bestehe auch in Russland die Gefahr, dass die Umsetzung eines offenen Adoptionstypus einen deutlichen Rückgang der Zahl potenzieller Adoptiveltern bewirken könnte.[992] Viele Menschen, für die die Existenz des Rechtsinstituts des

987 *Zhironkina/Barschewskij*, Informationsblatt der Moskauer Universität des Innenministeriums Russlands 2012, 26.

988 *Ribalka*, Jurist-Rechtswissenschaftler 2018, 32.

989 *Ribalka*, Jurist-Rechtswissenschaftler 2018, N° 4, 32.

990 *Ribalka*, Jurist-Rechtswissenschaftler 2018, N° 4, 32.

991 *Ribalka*, Jurist-Rechtswissenschaftler 2018, N° 4, 32.

992 *Ribalka*, Jurist-Rechtswissenschaftler 2018, 33; *Ganzha/Varencova*, Informationsblatt der KGU 2019, 176; *Manankova/Lipovskih*, Informationsblatt der Tomsker Staatsuniversität. Recht. 2017, 122.

Adoptionsgeheimnisses ausschlaggebend für ihre Entscheidung sei, könnten von ihrem Adoptionsvorhaben Abstand nehmen.[993] Eine solche Entwicklung würde dem Kindesinteresse jedoch widersprechen.[994] Nach den Angaben des Allrussischen Forschungszentrums für Meinungsumfragen aus dem Jahr 2015 würden 69 % der Befragten die Adoption eines Kindes im Alter bis zu drei Jahren bevorzugen, wobei 59 % von einer Aufklärung des Kindes über seine genetische Herkunft abraten würden.[995] Tatsächlich würden in 66 % der Fälle Kinder im Alter bis zu einem Jahr angenommen.[996] Lediglich in 22 % der Adoptionsfälle hätte es sich um ein älteres Kind gehandelt.[997] Demnach würden sich die Annehmenden überwiegend für ein Kind entscheiden, das aufgrund seines jungen Alters nicht in der Lage sei sich an seine Abstammung zu erinnern.[998] Dieses Ergebnis zeige, wie wichtig das Adoptionsgeheimnis für die Menschen in Russland sei und dass die Sorge einer Abnahme der Anzahl potenzieller Adoptiveltern durchaus berechtigt sei.[999] Folglich sei die aktuell herrschende Rechtslage, die die Aufdeckung der Information über die leibliche Familie ausschließlich den Annehmenden überlasse, als effektiv und zielführend zu bewerten.[1000]

Weiterhin wird die Befürchtung geäußert, die Integrierung westlicher Erfahrungswerte bei der Einführung der offenen Adoptionsform könnte zu einem Konflikt zwischen den bestehenden inländischen und ausländischen Normen führen. Schließlich sei die internationale Erfahrung auf dem Gebiet der rechtlichen Regelung offener Adoptionsformen nicht eindeutig und biete daher keine sichere Orientierungsgrundlage für das russische Rechtssystem.[1001]

Unter den Vertretern des Adoptionsgeheimnisses findet sich jedoch auch eine weniger strenge Auffassung. Danach soll die gesetzliche Gewährleistung des Adoptionsgeheimnisses, wonach die Offenlegung der Tatsache der Annahme gegen den Willen der Annehmenden untersagt ist, zwar aufrechterhalten werden. Allerdings müsse auch die Durchsetzbarkeit des Informationsrechts des

993 *Manankova/Lipovskih*, Informationsblatt der Tomsker Staatsuniversität. Recht. 2017, 122.
994 *Schangareev*, Gesellschaftspolitische Wissenschaften 2013, 43.
995 siehe http://wciom.ru (Stand: 27.08.2015).
996 *Lipovskih*, Informationsblatt der Tomsker Staatsuniversität. Recht. 2018, 134.
997 *Lipovskih*, Informationsblatt der Tomsker Staatsuniversität. Recht. 2018, 134.
998 *Lipovskih*, Informationsblatt der Tomsker Staatsuniversität. Recht. 2018, 134.
999 *Lipovskih*, Informationsblatt der Tomsker Staatsuniversität. Recht. 2018, 134.
1000 *Manankova/Lipovskih*, Informationsblatt der Tomsker Staatsuniversität. Recht. 2017, 121; *Jurtschenko*, Fragen der modernen Jurisprudenz 2014, 23.
1001 *Iljina*, Recht und Gesetz 2018, 129.

Kindes bei Erreichen der Volljährigkeit auf gesetzlicher Ebene sichergestellt werden.[1002]

Diejenigen Autoren, die sich aktuell gegen eine schlagartige Aufhebung des Adoptionsgeheimnisses aussprechen, sind auch grundsätzlich gegen die Möglichkeit eines freien Zugangs zu Informationen über die genetische Herkunft adoptierter Kinder.[1003] Die Offenlegung adoptionsbezogener Daten würde sowohl die biologischen Eltern als auch das adoptierte Kind in ihrem Recht auf Privatleben verletzen.[1004] Wolle man tatsächlich die in der Nationalen Handlungsstrategie enthaltene Schutzmaßnahme in die Tat umsetzen, müsse der Übergang zu einem offenen Adoptionsprozess schrittweise geschehen.[1005] Zunächst sei eine gesetzliche Regelung der Ausnahmefälle von der Geheimhaltungspflicht erforderlich.[1006] Es müssten klare Vorschriften geschaffen werden, die eine Auskunftserteilung durch Vormundschafts- und Pflegschaftsorgane, medizinische Einrichtungen und Behörden regeln würden.[1007] Der nächste Schritt würde sodann in der Entwicklung der russischen Mentalität im Hinblick auf die neue Unterbringungsform bestehen.[1008]

b. Gegner des Adoptionsgeheimnisses

Die andere Ansicht, die die Abschaffung des Adoptionsgeheimnisses und die Einführung geöffneter Adoptionsformen unterstützt, bejaht dagegen die Bereitschaft der Menschen in Russland für eine solche Reform des Adoptionsrechts.[1009] Früher seien potenzielle Adoptiveltern in den meisten Fällen kinderlos gewesen.[1010] Sie hätten sich um die Aufnahme eines Kindes bemüht, um sich als vollwertige Familie zu fühlen und den gesellschaftlichen Erwartungen zu entsprechen.[1011] Die Gesellschaft habe die Menschen, die unfähig gewesen

---

1002 *Grigorjeva*, Ökonomie. Recht. Stempel. 2013, 37; *Zhiljaeva/Rakov*, Informationsblatt der Wirtschaftssicherheit 2018, 56.

1003 *Manankova/Lipovskih*, Informationsblatt der Tomsker Staatsuniversität. Recht. 2017, 122.

1004 *Winogradova*, Kinderheim 2013, 20.

1005 *Ribalka*, Jurist-Rechtswissenschaftler 2018, 33.

1006 *Ribalka*, Jurist-Rechtswissenschaftler 2018, 33.

1007 *Ribalka*, Jurist-Rechtswissenschaftler 2018, 33.

1008 *Manankova/Lipovskih*, Informationsblatt der Tomsker Staatsuniversität. Recht. 2017, 122.

1009 *Selesnjeva*, Informationsblatt der Staatlichen Universität Tscheljabinsk 2013, 104.

1010 *Selesnjeva*, Informationsblatt der Staatlichen Universität Tscheljabinsk 2013, 103.

1011 *Selesnjeva*, Informationsblatt der Staatlichen Universität Tscheljabinsk 2013, 104.

seien, eigene Kinder zu zeugen, als minderwertig angesehen.[1012] Demnach sei der Grund für die Existenz des Rechtsinstituts des Adoptionsgeheimnisses in der öffentlichen Meinung verankert, die sich in der heutigen Zeit allerdings im Kern gewandelt hätte.[1013] Die Einstellung der russischen Gesellschaft zum Adoptionsprozess als Ganzes hätte sich grundlegend geändert und ermögliche daher neue Formen der Kindesannahme.[1014]

Die Vertreter eines offenen Umgangs mit dem Adoptionsprozess sehen das Adoptionsgeheimnis als ein Rechtsinstitut, das ausschließlich im Interesse der Annehmenden und nicht des Angenommenen stehe.[1015] Währenddessen würden die Kindesinteressen im Rahmen einer offenen Adoption einen bestmöglichen Schutz genießen.[1016] Die russische Rechtsordnung müsse jedem Adoptivkind die Durchsetzbarkeit des Rechts auf Kenntnis seiner genetischen Abstammung gewährleisten.[1017] Letztendlich bringe die Wahrung des Adoptionsgeheimnisses mehr Schaden als Nutzen.[1018] In Russland neige der Großteil der Adoptiveltern dazu die Tatsache der Annahme und die Identität der leiblichen Eltern vor dem Angenommenen zu verheimlichen.[1019] Das Kind kriege jedoch unbewusst mit, dass etwas nicht in Ordnung sei.[1020] Nach wissenschaftlichen Erkenntnissen würden adoptierte Kinder viel häufiger unter psychischen Erkrankungen leiden.[1021] Die Geschichte der leiblichen und der Adoptiveltern, einschließlich der Gründe für die Adoption sowie Ängste seien wichtige Faktoren, die die Persönlichkeitsentwicklung des Kindes beeinflussen würden.[1022] In der Regel sei das Angstgefühl bei allen Familienmitgliedern sehr stark ausgeprägt, wenn die

1012 *Selesnjeva*, Informationsblatt der Staatlichen Universität Tscheljabinsk 2013, 104.

1013 *Selesnjeva*, Informationsblatt der Staatlichen Universität Tscheljabinsk 2013, 104.

1014 *Selesnjeva*, Informationsblatt der Staatlichen Universität Tscheljabinsk 2013, 104.

1015 *Ganzha/Varencova*, Informationsblatt der KGU 2019, 176; *Trinchenko*, Sozialwissenschaften. Recht (Informationsblatt der Hochschuleinrichtungen. Wolga-Region) 2015, 48 mit Verweis auf *Cretney*, Cretney's Principles of Family Law, S. 844 ff.

1016 *Trinchenko*, Sozialwissenschaften. Recht (Informationsblatt der Hochschuleinrichtungen. Wolga-Region) 2015, 48 mit Verweis auf Cretney, Cretney's Principles of Family Law, S. 844 ff.

1017 *Antokolskaja*, Familienrecht, S. 301; *Trinchenko*, Sozialwissenschaften. Recht (Informationsblatt der Hochschuleinrichtungen. Wolga-Region) 2015, 47.

1018 *Zhiljaeva/Rakov*, Informationsblatt der Wirtschaftssicherheit 2018, 54.

1019 *Botchaeva*, Aktuelle Probleme des russischen Rechts 2012, 183.

1020 *Botchaeva*, Aktuelle Probleme des russischen Rechts 2012, 183.

1021 *Botchaeva*, Aktuelle Probleme des russischen Rechts 2012, 183.

1022 *Botchaeva*, Aktuelle Probleme des russischen Rechts 2012, 183.

Verheimlichung der Herkunft innerhalb der Familie einen hohen Stellenwert einnimmt.[1023] Die Gegner des Adoptionsgeheimnisses sind der Ansicht, dass ein Vorenthalten der Information über die biologischen Eltern sich sehr negativ auf den Familienfrieden auswirken könnte.[1024] Erfahre der Angenommene im heranwachsenden Alter oder zu einem späteren Zeitpunkt die Wahrheit über seine Vergangenheit, könnte diese Offenbarung zu einem traumatischen Erlebnis für das Kind führen und einen Kontaktabbruch zu den Adoptiveltern zur Folge haben.[1025] Daher wäre es richtig das Kind so früh wie möglich über die Tatsache der Annahme in Kenntnis zu setzen.[1026] Die Aufklärung des Kindes in einem frühen Alter verringere die Gefahr psychischer Schäden auf ein Minimum.[1027]

Die Offenheit des Adoptionsprozesses und die Kenntnis der Identität leiblicher Eltern könnten außerdem dabei helfen, die Besonderheiten der psychischen und physischen Entwicklung des angenommenen Kindes vorauszusagen, und den Annehmenden die Erziehung ihres neuen Familienmitgliedes erleichtern.[1028] Daher sei eine offene Herangehensweise an die Tatsache der Adoption auch für die Adoptiveltern selbst von Vorteil.[1029] Die aktive Auseinandersetzung mit der Vergangenheit des Adoptierten sei schließlich der Schlüssel zu einem besseren Verständnis der Persönlichkeit des angenommenen Kindes.[1030] Die Akzeptanz der Vergangenheit des Adoptivkindes und ein offener Umgang mit der Information über seine genetische Abstammung seien wichtige Komponenten für eine harmonische Atmosphäre und den inneren Frieden der Familienmitglieder.[1031] Solche Familien, die mit allen Mitteln die Tatsache der Annahme verbergen wollten, würden sich in vielen Fällen gezwungen sehen den Wohnort zu wechseln und Kontakte zu Freunden und Verwandten abzubrechen.[1032] Die

1023 *Botchaeva*, Aktuelle Probleme des russischen Rechts 2012, 183.
1024 *Zhiljaeva/Rakov*, Informationsblatt der Wirtschaftssicherheit 2018, 54.
1025 *Zhiljaeva/Rakov*, Informationsblatt der Wirtschaftssicherheit 2018, 54.
1026 *Zhiljaeva/Rakov*, Informationsblatt der Wirtschaftssicherheit 2018, 54.
1027 *Afanasjeva/Belova*, Familienrecht 2004, 9.
1028 *Trinchenko*, Sozialwissenschaften. Recht (Informationsblatt der Hochschuleinrichtungen. Wolga-Region) 2015, 47.
1029 *Trinchenko*, Sozialwissenschaften. Recht (Informationsblatt der Hochschuleinrichtungen. Wolga-Region) 2015, 47.
1030 *Zhujkova/Petschnikova*, Informationsblatt der Staatsuniversität Südural. Reihe „Psychologie“, 25.
1031 *Zhujkova/Petschnikova*, Informationsblatt der Staatsuniversität Südural. Reihe „Psychologie“, 25.
1032 *Zhujkova/Petschnikova*, Informationsblatt der Staatsuniversität Südural. Reihe „Psychologie“, 23.

Wahrung des Adoptionsgeheimnisses verlange den Adoptiveltern viele Opfer ab und versetze sie in einen Zustand der ständigen Anspannung und Angst vor der Offenbarung der Tatsache der Adoption insbesondere dem Kind gegenüber durch dritte Personen.[1033]

Des Weiteren verweisen die Anhänger der offenen Adoptionsform zur Begründung ihrer Auffassung häufig auf die positive Erfahrung der USA und der Mitgliedsstaaten der EU bei der Umsetzung der offenen Adoptionsform.[1034] In den USA würden sogar Organisationen existieren, die sich aktiv für einen freien Zugang zu Informationen über die genetische Abstammung einsetzen und den Standpunkt vertreten würden, dass ohne die Kenntnis und die Akzeptanz seiner Vergangenheit ein Mensch Schwierigkeiten habe sich in seinem Leben weiter zu entwickeln.[1035]

c. *Adoptionsgeheimnis in Russland: Aktueller Stand der öffentlichen Meinung*

Im November 2019 wurde im Rahmen des Projekts „Familie und Kinder" der Stiftung „Timtschenko" eine repräsentative Umfrage zum Thema des Adoptionsgeheimnisses in Russland durchgeführt.[1036] In die Umfrage einbezogen wurden unter anderem Experten für Kinderschutz sowie annehmende und angenommene Personen. Dabei ging es vor allem um das Herausarbeiten der öffentlichen Meinung zu den beiden folgenden Fragstellungen: Erkennt die russische Gesellschaft das Recht des Kindes auf Kenntnis seiner biologischen Eltern an? Ist die russische Gesellschaft zur Aufhebung des Rechtsinstituts des Adoptionsgeheimnisses oder zur Entschärfung der entsprechenden gesetzlichen Regelungen bereit?

Nach den Ergebnissen der Umfrage gaben 87 % der befragten Experten für Kinderschutz an, den angenommenen Personen stehe ein Recht auf Auskunftserteilung über die Tatsache der Annahme und die Identität der biologischen Eltern zu. 69 % aller Befragten vertraten die Auffassung, dass adoptierte Menschen

---

1033 *Zhujkova/Petschnikova*, Informationsblatt der Staatsuniversität Südural. Reihe „Psychologie", 26.

1034 *Tkachuk*, Wirtschaft und Jurisprudenz 2019, N° 5 (62); *Zhironkina/Barschewskij*, Informationsblatt der Moskauer Universität des Innenministeriums Russlands 2012, 26.

1035 *Zhironkina/Barschewskij*, Informationsblatt der Moskauer Universität des Innenministeriums Russlands 2012, 26.

1036 siehe http://deti.timchenkofoundation.org/wp-content/uploads/2020/01/Тайна-усыновления_популярная-версия_2019.pdf (Stand: 20.11.2020).

einen Zugang zur Information über ihre genetische Herkunft mit dem Erreichen des 18. Lebensjahr erhalten sollten. 28 % der Befragten sprachen sich für eine vollständige Aufhebung der gesetzlichen Regelungen, die den Schutz des Adoptionsgeheimnisses bezwecken.

Die Auswertung der Umfrageergebnisse hat gezeigt, dass die Mehrheit der Befragten zwar das Recht des Kindes auf Kenntnis seiner genetischen Abstammung befürwortet, jedoch wegen der durch Vorurteile geprägten Einstellung der russischen Gesellschaft gegenüber adoptierten Kindern sich für die Verheimlichung der Tatsache der Annahme vor dritten Personen ausspricht. Fast 70 % der Befragten unterstützen demnach nicht die vollständige Abschaffung des Rechtsinstituts des Adoptionsgeheimnisses. Des Weiteren konnte im Rahmen der Umfrage festgestellt werden, dass insbesondere junge Menschen (Altersgruppe: 18 bis 34 Jahre) sich weniger von Vorurteilen leiten lassen und einer Entschärfung der Schutzmaßnahmen bzw. Aufhebung des Adoptionsgeheimnisses gegenüber aufgeschlossener sind.

3. Rechtsvergleichende Betrachtung

Während in der deutschen Adoptionspraxis Kinder ohne elterliche Sorge bereits seit einigen Jahrzehnten immer häufiger im Rahmen geöffneter Adoptionsformen vermittelt werden, folgt die russische Rechtsordnung weiterhin ausschließlich dem klassischen Adoptionsmodell. Daran änderte auch nichts die Aufnahme einer entsprechenden Maßnahme in die Nationale Handlungsstrategie aus dem Jahr 2012, wonach in den nächsten fünf Jahren eine Umstellung auf das System einer offenen Kindesannahme und die Aufhebung des Adoptionsgeheimnisses zu erfolgen hatten. Im deutschen Rechtsraum wurde den Menschen schon in den 90er Jahren langsam bewusst, dass ein offener Umgang mit der Kindesannahme viele Vorteile für alle Adoptionsakteure bietet. Von der Inkognitoadoption und dem Offenbarungs- und Ausforschungsverbot wird in der Praxis immer mehr Abstand genommen. Dagegen spielt für die russische Adoptionsgesetzgebung das Adoptionsgeheimnis weiterhin eine sehr wichtige Rolle. Obwohl in der Literatur vermehrt vorgeschlagen wird, die westliche Adoptionspraxis auch bei der Vermittlung der Kinder in Russland zum Vorbild zu nehmen, wird eine solche Reform innerhalb der russischen Gesellschaft eher skeptisch gesehen. Die Umfrage aus dem Jahr 2019 verdeutlicht, dass die Durchführung einer Kindesannahme ohne die Einhaltung des Adoptionsgeheimnisses mehrheitlich nicht unterstützt wird. Die Einführung offener Adoptionsformen, wie sie in westlichen Ländern praktiziert werden, erfordert eine schrittweise Vorbereitung der Menschen auf diese Neuerung.

3. Teil: Schlussbetrachtung

Das Rechtsinstitut der Kindesannahme ist in beiden Rechtsordnungen als eine fürsorgerische Maßnahme zur Versorgung alleinstehender Kinder zu verstehen. Die historische Analyse der deutschen und russischen Adoptionsgesetzgebung verdeutlicht, dass das heute herrschende Verständnis der Adoption als eine anerkannte Einrichtung der Ersatzerziehung sich grundlegend vom Sinn und Zweck der Kindesannahme der frühen Zeit unterscheidet. Sowohl im russischen als auch im deutschen Rechtsraum wurden mit der Annahme eines Kindes fast ausschließlich vermögensrechtliche und politische Interessen der Annehmenden verfolgt, während die Rechte und Interessen elternloser Kinder kaum Beachtung fanden. Erst das 20. Jahrhundert brachte eine entscheidende Wende in der Zielsetzung des Rechtsinstituts. Unter dem Einfluss der beiden Weltkriege sowie weiterer gesellschaftlicher und politischer Umstrukturierungen rückte das Wohlergehen des Kindes in den Mittelpunkt des Adoptionsprozesses und bestimmte die Annahmepraxis. Von nun an galt es einem Kind ohne elterliche Sorge das Aufwachsen innerhalb eines Familienverbundes unter bestmöglichen Bedingungen zu gewährleisten. Die gesetzlichen Regelungen der Kindesannahme im deutschen und russischen Rechtsgebiet spiegelten die Fürsorgefunktion des Rechtsinstituts wider, auch wenn die Bedeutung der Kindesannahme im Laufe des 20. Jahrhunderts in den beiden Ländern unterschiedlich ausgeprägt war.

Im Hauptteil dieser Arbeit, der sich der rechtlichen Ausgestaltung der Annahme Minderjähriger in der deutschen und russischen Rechtsordnung nach dem aktuell geltenden Recht widmete, wurde zunächst das Einwilligungsrecht der abgebenden Eltern untersucht. Bei der elterlichen Einwilligung handelt es sich um „das Herzstück des Adoptionsrechts“[1037], da diese Adoptionsvoraussetzung für ein Zustandekommen der Kindesannahme ausschlaggebend ist. Entscheidend für die elterliche Einwilligungsberechtigung im deutschen und russischen Recht ist die Feststellung der Mutterschaft und Vaterschaft. Wird die Elternschaft rechtlich anerkannt, entstehen nach russischem Recht zugleich die Elternrechte, aus denen sich das Einwilligungsrecht ableiten lässt. Nur wenn die Eltern Inhaber des Sorgerechts sind, können sie in die Annahme ihres Kindes einwilligen. Damit unterscheidet sich die russische Adoptionsgesetzgebung wesentlich vom deutschen Recht, das die Einwilligungsberechtigung der Eltern

1037 Vgl. *Botthof* S. 8.

nicht an die Inhaberschaft des Sorgerechts knüpft. Dieser Unterschied in der Einwilligungssystematik der beiden Rechtsordnungen setzt sich in den gesetzlichen Regelungen einer Kindesannahme ohne bzw. gegen den Willen der Eltern fort. Während in Deutschland die abgebenden Eltern auch nach einem Sorgerechtsverlust über die bevorstehende Adoption ihres Kindes bestimmen können, führt nach russischem Recht ein Sorgerechtsentzug zum Verlust der Einwilligungsberechtigung und damit zur Entbehrlichkeit der Einwilligungserteilung.

In Anlehnung an das deutsche Recht erscheint die Koppelung der Einwilligungsberechtigung der abgebenden Eltern an die Inhaberschaft des Sorgerechts im russischen Recht als zweifelhaft, da eine Kindesannahme endgültige, nur äußerst schwer rückgängig zu machende Rechtsverhältnisse schafft und die Herkunftsfamilie dadurch vollständig vom Leben des adoptierten Kindes ausschließt. Aus diesem Grund können in der deutschen Rechtsordnung auch diejenigen Eltern Einfluss auf die bevorstehende Adoption ihres Kindes nehmen, denen die elterliche Sorge nicht zusteht. Um jedoch einer Gefahr der Ausübung des Einwilligungsrechts aus eigennützigen, mit dem Wohl des Kindes nicht im Einklang stehenden Motiven entgegenzuwirken, wurde vom deutschen Gesetzgeber das Institut der Einwilligungsersetzung eingeführt. In der russischen Rechtsordnung fehlt es dagegen an einer gesetzlichen Regelung der Ersetzungsgründe. Es sind lediglich Fälle geregelt, die eine Entbehrlichkeit der elterlichen Einwilligung rechtfertigen, während eine im gerichtlichen Verfahren zu prüfende Einwilligungsersetzung dem russischen Recht gänzlich unbekannt ist. Der Koppelung der Einwilligungsbefugnis an die Elternrechte in Russland liegt folgender Gedanke zugrunde: Diejenigen Eltern, denen die elterliche Sorge entzogen wurde, würden ihr Einwilligungsrecht zur Adoption ohnehin nicht im Sinne der Kindesinteressen ausüben. Denn sie haben durch die Sorgerechtsentziehung bereits bewiesen nicht in der Lage zu sein zum Wohl ihres Kindes zu handeln. Allerdings hat der russische Gesetzgeber nicht bedacht, dass die Inhaberschaft des Sorgerechts nicht zwangsläufig eine Ausübung der Einwilligungsberechtigung im Kindesinteresse bedeuten muss. Die Gefahr einer mißbräuchlichen Wahrnehmung des Einwilligungsrechts könnte man gerade durch die Einführung der Ersetzungsgründe vermeiden.

Im Rahmen der Analyse der Adoptionswirkungen konzentrierten sich die Ausführungen auf die Darstellung des Rechtsinstituts des Adoptionsgeheimnisses. Die im deutschen und russischen Adoptionsrecht gesetzlich normierte Geheimhaltungspflicht sichert den Zweck der Inkognitoadoption, der im Schutz des Adoptivkindes vor dem schädlichen Einfluss seiner Herkunftsfamilie sowie außenstehender Personen besteht. Es soll die Entwicklung eines ungestörten Eltern-Kind-Verhältnisses zwischen dem Kind und den Adoptiveltern gewährleistet werden. Somit stellt sowohl die deutsche als auch die russische Vorschrift zum Adoptionsgeheimnis im Hinblick auf den verfolgten Zweck stets die Kindesinteressen bzw. das Kindeswohl in den Vordergrund. Eine unterschiedliche Berücksichtigung der Belange des Adoptivkindes findet allerdings im Rahmen der Voraussetzungen für eine zulässige Offenbarung adoptionsbezogener Informationen gegenüber Dritten statt. Während nach deutschem Recht eine Offenlegung des Annahmeverhältnisses nur im Falle einer kumulativen Zustimmung der Annehmenden und des angenommenen Kindes möglich ist, sieht die russische Adoptionsgesetzgebung ausschließlich die Einwilligung der Adoptiveltern vor. Der Wille des angenommenen Kindes bleibt in diesem Zusammenhang unberücksichtigt.

Unterschiedlich geschützt werden auch die Interessen des Kindes im Zusammenhang mit seinem Recht auf Kenntnis der genetischen Abstammung. Im Ergebnis sind nur in der deutschen Adoptionsgesetzgebung gesetzliche Regelungen zu finden, die es dem Adoptivkind ermöglichen die Identität seiner leiblichen Eltern zu erfahren. In Russland werden dagegen die Auskunftsrechte der angenommenen Kinder nicht ausdrücklich normiert. Unter Verweis auf die strafrechtliche Verantwortung nach Art. 155 StGB RF weigerten sich daher die zuständigen Standesämter in den meisten Fällen adoptionsbezogene Informationen herauszugeben. Die gerichtlichen Entscheidungen aus den Jahren 2015 und 2018 verbesserten zwar die Lage der Adoptierten, da sie die Voraussetzungen für eine sanktionsfreie Offenbarung des Adoptionsgeheimnisses konkretisierten. Allerdings gibt die aktuell herrschende Rechtsauffassung der Gerichte Anlass zur Kritik. Im Rahmen der vorgenommenen Interessenabwägung werden die Kindesinteressen unzureichend berücksichtigt. Nach den Entscheidungsbegründungen ist eine Auskunftserteilung nur zum Zweck der Erkennung bzw. Behandlung genetischer Erkrankungen nicht als ein unzulässiger Verstoß gegen das Adoptionsgeheimnis zu qualifizieren. Der natürliche Wunsch eines jeden Menschen, seine Herkunftsgeschichte zu kennen, die einen wesentlichen Bestandteil der Persönlichkeitsentfaltung darstellt, findet dabei im Gegensatz zur deutschen Rechtsordnung keine Beachtung.

Weiterhin ist festzuhalten, dass das Rechtsinstitut des Adoptionsgeheimnisses in der Russischen Föderation immer noch zu einem festen Bestandteil der aktuellen Adoptionsgesetzgebung gehört. Die Einführung offener Adoptionsformen, wie sie in Deutschland praktiziert werden, ist zum jetzigen Zeitpunkt nicht zuletzt aufgrund der oben dargestellten Einstellung der russischen Gesellschaft mit nicht unerheblichen Schwierigkeiten verbunden. Insoweit ist die Sorge um einen Rückgang der Adoptionszahlen bei einer Abschaffung des Adoptionsgeheimnisses berechtigt. Bei der Geheimhaltung des Annahmeverhältnisses handelt es sich für viele potenzielle Adoptiveltern um eine nicht wegzudenkende Bedingung der Kindesannahme. Die Familienverhältnisse, die nach der Vorstellung vieler annehmender Personen infolge der Adoption entstehen sollen, lassen sich sehr gut mit den Worten von Lifton beschreiben: „Jeder muss vorgeben, der Adoptierte habe nie andere Eltern gehabt. Die Adoptiveltern schließen das Kind in die Arme, als ob es Blut von ihrem eigenen Blut wäre, und verlangen von ihm, so zu leben, als ob dies wahr wäre. Es soll an der Illusion teilnehmen."[1038]

1038 *Lifton*, Adoption, S. 25.

Literaturverzeichnis

Abramenko, Andrik: Die vom Annehmenden verschuldete Aufhebung einer Adoption (§ 1763 BGB) als vermögensrechtliches Problem, Mainz 2000.

Abramenko, Galina: Gesetzliche Regelung der Adoption in der Familiengesetzgebung Russlands, Rostow am Don 2003. (Абраменко, Галина: Правовое регулирование усыновления в семейном законодательстве России, Ростов-на-Дону 2003).

Afanasjeva, Irina / Belova, Elena: Adoptionsgeheimnis: Für und Gegen, in: Familienrecht 2004, S. 9–11. (Афанасьева, Ирина / Белова, Елена: Тайна усыновления: за и против: Семейное право 2004, С. 9–11).

Agureev, Alexander: Folgen der Verschollenheit eines Bürgers im Zivilrecht Russlands, in: Informationsblatt der Tomsker Staatsuniversität 2008, S. 110–113. (Агуреев, Александр: Последствия безвестного отсутствия гражданина в гражданском праве России: Вестник Томского государственного университета 2008, С. 110–113).

Antokolskaja, Maria: Familienrecht, 2. Auflage, Moskau 2002 (Антокольская, Мария: Семейное право, 2-е изд., Москва 2002).

Antonov, J.: Adoptionsgeheimnis als Gegenstand eines Straftatbestandes, geregelt in Art. 155 StGB RF, in: Russische Justiz 2018, S. 19–21. (Антонов, Ю.: Тайна усыновления как предмет преступления, предусмотренного ст. 155 УК РФ: Российская юстиция 2018, С. 19–21).

Arndt, Adolf: Neuregelung des Adoptionsrechts – Präjudizien, in: NJW 1960, S. 855–858.

Bach, Rolf: „Vatertag“ beim Bundesverfassungsgericht, in: ZfJ 1995, S. 472–480.

Baer, Ingrid / Groß, Helga: Adoption und Adoptionsvermittlung: Neuregelungen ab 1.1.1977, 2. Auflage, Frankfurt 1981.

Baer, Ingrid: Stellungnahme zum Referentenentwurf zur Reform des Kindschaftsrechts (KindRG) vom Juli 1995, in: ZfJ 1996, S. 123–126.

Bahro, Horst: Das Kindschaftsrecht in der Union der Sozialistischen Sowjetrepubliken, Frankfurt am Main 1966.

Balzer, Dominic: Die genetische Vaterschaft im Familien-, Familienverfahrens- und Personenstandsrecht, in: StAZ 2012, S. 364–368.

Bamberger, Heinz Georg / Roth, Herbert: Kommentar zum Bürgerlichen Gesetzbuch, Band 4, 3. Auflage, München 2012 (zit.: Bamberger/Roth-Bearbeiter).

Bespalov, Jurij (Hrsg.): Kommentar zur Gerichtspraxis in Familiensachen, Moskau 2010. (Беспалов, Юрий: Комментарий к судебной практике по семейным спорам, Москва 2010).

Bespalov, Jurij / Gordejuk, D. / Egorova, Olga: Kommentar zum Familiengesetzbuch der Russischen Föderation, Bespalov, Jurij (Hrsg.), Moskau 2014 (zit: Bespalov/Gordejuk/Egorova-Bearbeiter). (Беспалов, Юрий / Гордеюк, Д. / Егорова, Ольга: Комментарий к Семейному кодексу Российской Федерации, Москва 2014).

Bespalov, Jurij: Adoption als ein Mittel des gerichtlichen Schutzes der Rechte des Kindes, in: Russische Justiz 1997, S. 39–41. (Беспалов, Юрий: Усыновление как способ судебной защиты прав ребенка: Российская юстиция 1997, С. 39–41).

Bilinsky, Andreas: Das sowjetische Eherecht, Berlin 1958.

Bilinsky, Andreas: Zu den „Grundlagen der Gesetzgebung der UdSSR und der Unionsrepubliken über Ehe und Familie", in: Jahrbuch für Ostrecht 1968, S. 181–235.

Bimbaeva, Oksana: Rechtshistorische Analyse des Instituts der Adoption in Russland im 19. Jahrhundert, in: Nachrichten der staatlichen Wirtschaftsakademie Irkutsk, 2013, S. 145–148. (Бимбаева, Оксана: Историко-правовой анализ института усыновления в России в XIX веке: Известия Иркутской государственной экономической академии 2013, С. 145–148).

Bischof, Hans Helmut: Das neue Adoptionsgesetz ab 1.1.1977, in: JurBüro 1976, S. 1570–1604.

Bohmann, M. / Sigvardsson, S.: Adoption als Präventionsinstrument – Neuere Ergebnisse der Adoptionsforschung, in: Psychotherapie mit Kindern, Jugendlichen und Familien; Remschmidt, H. (Hrsg.), Band 2, Stuttgart 1984, S. 151–168.

Bolschakova, Olga: Entzug der Elternrechte wegen der Weigerung der Eltern ihr Kind aus dem Entbindungsheim (-station), aus einer anderen medizinischen Einrichtung, Erziehungseinrichtung oder aus anderen entsprechenden Einrichtungen zu nehmen, in: Wissenschaftsnotizen 2012, S. 53–58. (Большакова, Ольга: Лишение родительских прав по причине отказа родителей взять ребенка из родильного дома (отделения), либо из иного лечебного, воспитательного учреждения или из иных аналогичных организаций: Ученые записки 2012, С. 53–58).

Bosch, F. W.: Entwicklungen und Probleme des Adoptionsrechts in der Bundesrepublik Deutschland, in: FamRZ 1984, S. 829–842.

Boschan, S.: Nationalsozialistische Rassen und Familiengesetzgebung, Berlin 1937.

Botchaeva, Marina: Adoptionsgeheimnis in der Russischen Föderation, in: Aktuelle Probleme russischen Rechts 2012, S. 181–188. (Ботчаева, Марина: Тайна усыновления в Российской Федерации: Актуальные проблемы Российского права 2012, С. 181–188).

Botthof, Andreas: Perspektiven der Minderjährigenadoption, Berlin 2014.

Bradshaw, John: Familiengeheimnisse: Warum es sich lohnt, ihnen auf die Spur zu kommen, 10. Auflage, München 2015.

Bratus, Sergej N. (Hrsg.): Sowjetisches Zivilrecht, Band II, Berlin 1953 (zit.: Bratus-Bearbeiter).

Brodzinsky, David / Palacios, Jesus (Hrsg.): Psychological Issues in Adoption: Research and Practice, Westport 2005 (zit.: Brodzinsky/Palacios-Bearbeiter).

Brunner, Heinrich: Grundzüge der deutschen Rechtsgeschichte, 8. Auflage, München 1930.

Bujanova, Ekaterina: Prozessuale Besonderheiten der gerichtlichen Prüfung der Adoptionssachen und der Aufhebung der Adoption, Orenburg 2014. (Буянова, Екатерина: Процессуальные особенности рассмотрения дел об усыновлении детей и отмене усыновления детей, Оренбург 2014).

Chuchaev, Alexander (Hrsg.): Kommentar zum Strafgesetzbuch der Russischen Föderation, Moskau 2019. (Чучаев, Александр: Комментарий к уголовному кодексу Российской Федерации, Москва 2019).

Chuchaev, Alexander / Rozhnov, Alexander: Verstoß gegen das Adoptionsgeheimnis, in: Rechtmäßigkeit 2002, S. 15–19. (Чучаев, Александр / Рожнов, Александр: Нарушение тайны усыновления: Законность 2002, С. 15–19).

Coester-Waltjen, Dagmar: Statusrechtliche Folgen der Stärkung der Rechte der nichtehelichen Väter, in: FamRZ 2013, 1693–1699.

Crea, Thomas / Barth, Richard: Patterns and Predictors of Adoption Openness and Contact: 14 Years Postadoption, Family Relations 5/2009.

Cretney, S.: Cretney's Principles of Family Law, London 2008.

Danilova, Anastasia: Zur Frage der geschichtlichen Entwicklung der Adoption in Russland, in: Artikelsammlung der wissenschaftlichen studentischen Gemeinschaft des XXI Jahrhunderts, S. 44–48. (Данилова, Анастасия: К вопросу об истории становления института усыновления в России: сборник статей Научного сообщества студентов XXI Столетия, С. 44–48).

Dernburg, Heinrich: Lehrbuch des preußischen Privatrechts und der Privatrechtsnormen des Reichs, Band III, Familienrecht und Erbrecht, 4. Auflage, Halle 1896.

Dethloff, Nina: Familienrecht – ein Studienbuch, 32. Auflage, München 2018.

Diederichsen, Uwe: Wandlungen des Adoptionsrechts – Von der Arrogation (über die Adoption) bis zur Annahme als Kind, in: StAZ 1977, S. 301–307.

Donhauser, Thomas: Das Recht des Kindes auf Kenntnis der genetischen Abstammung, Regensburg 1996.

Dörwald, Yvonne: Adoption: Adoptivkinder, ihre leiblichen Mütter und ihre Adoptiveltern, 2011.

Dzhindzholiya, Kama: Adoptionsgeheimnis nach der Gesetzgebung der Russischen Föderation und der Republik Abchasien, in: Informationsblatt der Wirtschaft, des Rechts und der Soziologie 2016, S. 124–126. (Джинджолия, Кама: Тайна усыновления по законодательству Российской Федерации и Республики Абхазия: Вестник экономики, права и социологии 2016, С. 124–126).

Ebertz, Beate: Adoption als Identitätsproblem. Zur Bewältigung der Trennung von biologischer Herkunft und sozialer Zugehörigkeit, Freiburg 1987.

Eckebrecht, Marc: Verfahrenshandbuch Familiensachen, 2. Auflage, München 2010.

Eidenmüller, Horst: Der Auskunftsanspruch des Kindes gegen seine Mutter auf Benennung des leiblichen Vaters, in: JuS 1998, S. 785–792.

Eliseeva, Anna: Über die Verbesserung der Familiengesetzgebung auf dem Gebiet der gesetzlichen Regelung nichtvermögensrechtlicher Beziehungen, in: Zeitschrift des russischen Rechts 2010, S. 82–89. (Елисеева, Анна: О совершенствовании семейного законодательства в области правового регулирования личных неимущественных отношений: Журнал российского права 2010, С. 82–86).

Endemann, Friedrich: Lehrbuch des bürgerlichen Rechts: Einführung in das Studium des Bürgerlichen Gesetzbuchs, Band II, 9. Auflage, Berlin 1908.

Engler, Helmut: Auf dem Weg zu einem neuen Adoptionsrecht, Bielefeld 1972.

Engler, Helmut: Das neue Adoptionsrecht, in: FamRZ 1976, S. 584–594.

Erman, Walter (Begr.) / Grunewald, Barbara / Westermann, Harm Peter / Maier-Reimer, Georg (Hrsg.): Kommentar zum Bürgerlichen Gesetzbuch, 16. Auflage, Köln 2020 (zit.: Erman-Bearbeiter).

Fabritschnaja, Tatjana: Die Entwicklung der Adoption im vorrevolutionären Russland, in: Zeitschrift der Nizhny Novgoroder Akademie des Ministeriums für Innere Angelegenheiten 2010, S. 53–55. (Фабричная, Татьяна: Развитие института усыновления в дореволюционной России: Вестник Нижегородской академии МВД России 2010, С. 53–55).

Fabritschnaja, Tatjana: Dynamik der die Adoptionsfragen regelnden Gesetzgebung in Russland im 19. Jahrhundert, in: Ökonomisch-Juristische Zeitschrift 2009, S. 107–109. (Фабричная, Татьяна: Динамика законодательства регламентирующего вопросы усыновления в России в XIX в.: Экономико-юридический журнал 2009, С. 107–109).

Fabritschnaja, Tatjana: Evolution der Adoption im russischen Recht des XVIII bis XX Jahrhunderts (Rechtshistorische Analyse), Wladimir 2010. (Фабричная, Татьяна: Эволюция института усыновления в российском праве XVIII–XX вв. (историко-правовое исследование)).

Fabritschnaja, Tatjana: Über einige Aspekte der Familiengesetzgebung der RSFSR in den Jahren 1927–1926, in: Zeitschrift der Nizhny Novgoroder Akademie des Ministeriums für Innere Angelegenheiten 2014, S. 55–59. (Фабричная, Татьяна: О некоторых аспектах семейного законодательства РСФСР: Вестник Нижегородской академии МВД России 2014, С. 55–59).

Finger, Peter: Belehrung und Beratung durch das Jugendamt nach §§ 1748 Abs. 2, 51 a JWG, in: DAVorm 1990, S. 393–402.

Finger, Peter: Die Ersetzung der Einwilligung eines Elternteils in die Annahme als Kind, in: FuR 1990, S. 183–191.

Finger, Peter: Nichtehelicher Vater und Annahme des /seines Kindes, in: JR 2005, S. 138–142.

Frank, Rainer / Helms, Tobias: Der Anspruch des nichtehelichen Kindes gegen seine Mutter auf Nennung des leiblichen Vaters, in: FamRZ 1997, S. 1258–1263.

Frank, Rainer: Die Neuregelung des Adoptionsrechts, in: FamRZ 1998, S. 393–399.

Freund, Heinrich: Das Zivilrecht Sowjetrußlands, Mannheim u.a. 1924.

Frolov, Alexander: Entzug der elterlichen Rechte. Beschränkung der elterlichen Rechte, Vorlesungsskript, Sankt-Petersburg 2015. (Фролов, Александр: Лишение родительских прав. Ограничение родительских прав, конспект лекции, Санкт-Петербург 2015).

Gaius: Die Institutionen von Gaius, (Hrsg. und Übers.: Ulrich Manthe), 2. Auflage, Darmstadt 2010.

Ganzha, Natalia / Varencova, Ekaterina: Adoptionsgeheimnis: Probleme und Wege der Verbesserung, in: Informationsblatt der KGU 2019, S. 175–179. (Ганжа, Наталья / Варенцова, Екатерина: Тайна усыновления: Проблемы и пути усовершенствования: Вестник КГУ 2019, С. 175–179).

Gaul, Hans: Die Neuregelung des Abstammungsrechts durch das Kindschaftsrechtsreformgesetz, in: FamRZ 1997, S. 1441–1466.

Genkin, Dimitri / Nowitzkij, Ivan / Rabinovitsch, Nadeschda: Die Geschichte des sowjetischen Zivilrechts, Moskau 1949. (Генкин, Дмитрий / Новицкий, Иван / Рабинович, Надежда: История советского гражданского права, Москва 1949).

Gernhuber, Joachim / Coester-Waltjen, Dagmar: Lehrbuch des Familienrechts, 7. Auflage, München 2020.

Giuliani, Regula: Mutter ohne Kind – Zum Verfahren der Inkognitoadoption, in: Freiburger FrauenStudien 1/00 in: S. 129–144.

Golowistikova, Anastasia / Grudzina, Ljudmila / Malischev, Wladimir / Spektor, Asija: Kommentar zum Familiengesetzbuch der Russischen Föderation, 2008 (zit.: Golowistikova/ Grudzina/Malischev/Spektor-Bearbeiter). (Головистикова, Анастасия / Грудцына, Людмила / Малышев, Владимир / Спектор, Асия: Комментарий к Семейному кодексу Российской Федерации, 2008).

Goody, Jack: Geschichte der Familie, München 2002.

Graf von Luxburg, Harro: Das neue Kindschaftsrecht, München/Berlin 1998.

Gräfin von Schlieffen, Angela: Offene Adoptionsformen – ein Grund zur Reform des Adoptionsrechts, Berlin 1994.

Grigorjeva, Anna: Maßnahme der familienrechtlichen Verantwortung in Form des Elternrechtsentzugs, in: Theorie und Praxis der Gemeinschaftsentwicklung 2013, S. 23–25. (Григорьева, Анна: Мера семейно-правовой ответственности в виде лишения родительских прав: Теория и практика общественного развития 2013, С. 23–25).

Grigorjeva, Anna: Probleme der Gewährleistung des Adoptionsgeheimnisses, in: Ökonomie. Recht. Stempel. 2013, S. 37–42. (Григорьева, Анна: Проблемы обеспечения тайны усыновления ребенка: Экономика. Право. Печать, С. 37–42).

Grimm, Jacob: Deutsche Rechtsaltertümer, Bd. 1, Darmstadt 1965 (Nachdruck der 4. Auflage, Leipzig 1899).

Grischaev, Sergej: Kommentar zum Familiengesetzbuch der Russischen Föderation, 2011. (Гришаев, Сергей: Комментарий к Семейному кодексу Российской Федерации, 2011).

Grob, Jürgen: Die elterliche Einwilligung in die Adoption, Stuttgart 1984.

Haag, Gerhard: Fremdes Kind wird eigenes Kind, München/Basel 1971.

Hartleib, Rudolf Heinrich: Für und Wider der Volladoption unter Berücksichtigung des deutschen und ausländischen Rechts, Frankfurt a.M. 1972.

Hassenstein, B.: Der Wert der Kenntnis der eigenen genetischen Abstammung, in: FamRZ 1988, S. 120–123.

Helms, Tobias: Das Einwilligungsrecht des Vaterschaftsprätendenten bei der Adoption eines nichtehelichen Kindes, in: JAmt 2001, S. 57–63.

Helms, Tobias: Die Stellung des potenziellen biologischen Vaters im Abstammungsrecht, in: FamRZ 2010, S. 1–8.

Hennig, Claudia: Adoption – Problem oder pädagogische Chance?, Frankfurt am Main 1994.

Hodyreva, E.: Die Entwicklung der Adoption in Russland und im Ausland, in: Zeitschrift der Nizhny Novgoroder Lobatschevski-Universität 2013, S. 105–112. (Ходырева, Е.: Развитие института усыновления в России и за рубежом: Вестник Нижегородского университета им. Н. И. Лобачевского 2013, С. 105–112).

Hoffmann-Riem, Wolfgang: Das adoptierte Kind. Familienleben mit doppelter Elternschaft, München 1984.

Honsell, Heinrich: Römisches Recht, 8. Auflage, Berlin/Heidelberg 2015.

Hoops, Johannes (Hrsg.): Reallexikon der Germanischen Altertumskunde, Band IV, Straßburg 1918–1919.

Hoops, Johannes (Hrsg.): Reallexikon der Germanischen Altertumskunde, Band I, Straßburg 1911–1913.

Hübner, Rudolf: Grundzüge des deutschen Privatrechts, Aalen 1969 (Neudruck der 5. Auflage, Leipzig 1930).

Hudjakova, Olga: Regeln zur Feststellung der Mutterschaft und Vaterschaft bzgl. der Kinder, die unter Verwendung von Reproduktionstechnologien gezeugt und geboren wurden, in: Medizinrecht 2009, S. 50–57. (Худякова, Ольга: Правила установления материнства и отцовства детей, зачатых и рожденных с изпользованием вспомогательных репродуктивных технологий: Медицинское право 2009, С. 50–57).

Iljina, Anna: Über die Berücksichtigung der Risiken bei der Untersuchung der Frage nach der Entkriminalisierung der strafrechtlichen Verantwortung für die Offenbarung des Adoptionsgeheimnisses, in: Gesetz und Recht 2018, S. 128–130. (Ильина, Анна: Об учете рисков при исследовании вопроса декриминализации уголовной ответственности за разглашение тайны усыновления: Закон и право 2008, С. 128–130).

Jakobs, Horst Heinrich / Schubert, Werner: Die Beratung des Bürgerlichen Gesetzbuches in systematischer Zusammenstellung der unveröffentlichten Quellen, Familienrecht II, §§ 1564–1921, Berlin/New York 1989.

Janitzki, Michael: Adoption in der DDR: biographische Fallrekonstruktionen und Adoptionsvermittlung in Deutschland, Kassel 2009.

Jaritschev, Nasrudin: Vaterschaftsfeststellung: Zivilrechtliche Charakteristik, in: Grundlagenforschung 2014, S. 1822–1825. (Ярычев, Насрудин: Установление отцовства: Гражданско-правовая характеристика: Фундаментальные исследования 2014, С. 1822–1825).

Jaroschenko, Tatjana: Problematische Fragen der Kindesannahme im zivilen Gerichtsverfahren, in: Informationsblatt der Baltischen Bundesuniversität benannt nach I. Kant 2011, S. 60–64. (Ярошенко, Татьяна: Проблемные вопросы усыновления (удочерения) ребенка в гражданском судопроизводстве: Вестник Балтийского федерального университета им. И. Канта 2011, С. 60–64).

Jayme, Erik: Auf dem Weg zu einem neuen Adoptionsrecht, in: FamRZ 1973, S. 14–18.

Jerzyk-Werne, P.: Neuerungen im Adoptionsrecht, in: StAZ 1950, S. 93–97.

Jesakov, Gennadij: Kommentar zum Strafgesetzbuch der Russischen Föderation, Moskau 2019. (Есаков, Геннадий: Комментарий к уголовному кодексу Российской Федерации, Москва 2019).

Jordan, Erwin: Abbrüche von Pflegeverhältnissen, in: FPR 2004, S. 468–470.

Jurtschenko, Oksana: Einige Fragen der freiwilligen Vaterschaftsfeststellung, in: Das moderne Recht 2012, S. 90–95. (Юрченко, Оксана: Некоторые вопросы установления отцовства в добровольном порядке: Современное право 2012, С. 90–95).

Jurtschenko, Oksana: Über die Zweckmäßigkeit der Wahrung des Adoptionsgeheimnisses, in: Fragen der modernen Jurisprudenz 2014, S. 23–27. (Юрченко, Оксана: О целесообразности сохранения тайны усыновления: Вопросы современной юриспруденции 2014, С. 23–27).

Kaiser, Dagmar / Schnitzler, Klaus / Friederici, Peter / Schilling, Roger (Hrsg.): Kommentar zum Bürgerlichen Gesetzbuch, Band 4, 3. Auflage, Mainz u. a. 2014 (zit.: Kaiser/Schnitzler/Friederici/Schilling-Bearbeiter).

Kapinus, Oksana (Hrsg.): Kommentar zum Strafgesetzbuch der Russischen Föderation, Moskau 2018. (Капинус, Оксана: Комментарий к уголовному кодексу Российской Федерации, Москва 2018).

Keidel, Theodor (Begr.): FamFG – Familienverfahren, Freiwillige Gerichtsbarkeit, Kommentar, 20. Auflage, München 2020 (zit.: Keidel-Bearbeiter).

Kepova, Natalia: Adoption im Gefüge der Unterbringungsformen bei Kindern ohne elterliche Sorge, Moskau 2012. (Кепова, Наталия: Усыновление в системе форм устройства детей, оставшихся без попечения родителей, Москва 2012).

Kischkin, Sergej: Kindervernachlässigung und das Institut der Adoption, in: Revolutionäre Rechtmäßigkeit 1926, S. 17–26. (Кишкин, Сергей: Детская беспризорность и институт усыновления: Революционная законность 1926, С. 17–26).

Kleineke, Wilhelm: Das Recht auf Kenntnis der eigenen Abstammung, Göttingen 1976.

Klippel, Diethelm: Neue Literatur zur Sozialgeschichte der Familie, in: FamRZ 1985, S. 444–455.

Knur, Alexander: Die Reform des Adoptionsrechts, in: DNotZ 1962, S. 571–575.

Knur, Alexander: Zur Reform der Adoption Volljähriger, in: DNotZ 1959, S. 284–304.

Kolmakova, Oksana: Offenbarung des Adoptionsgeheimnisses, in: Innovationen und Investitionen 2014, S. 174–178. (Колмакова, Оксана: Разглашение тайны усыновления (удочерения): Инновации и инвестиции 2014, С. 174–178).

Korkisch, Friedrich: Das neue Ehe- und Familienrecht der UdSSR und die Entwicklung des Rechts der nichtehelichen Kinder in der UdSSR und den Ländern Ostmitteleuropas, Hamburg 1970.

Kornakova, Swetlana / Tschigrina, Elena: Offenbarung des Adoptionsgeheimnisses – Probleme der Umsetzung des Rechtsmechanismus in der Russischen Föderation, in: Allrussische kriminologische Zeitschrift 2018, S. 817–825. (Корнакова, Светлана / Чигрина, Елена: Разглашение тайны усыновления – проблемы реализации комплексного правового механизма в Российской Федерации 2018, С. 817–825).

Koselleck, Reinhart: Preußen zwischen Reform und Revolution: allgemeines Landrecht, Verwaltung und soziale Bewegung von 1791 bis 1848, 3. Auflage, München 1989 (Nachdruck der 2. Auflage 1975).

Krascheninnikov, Pavel (Hrsg.): Familienrecht, 4. Auflage, Moskau 2019. (Крашенинников, Павел: Семейное право, 4-е изд., Москва 2019).

Krascheninnikov, Pavel (Hrsg.): Gerichtspraxis in Familiensachen, 2. Auflage, Moskau 2008. (Крашенинников, Павел: Судебная практика по семейным спорам, 2-е изд., Москва 2008).

Krascheninnikov, Pavel (Hrsg.): Kommentar zum Familiengesetzbuch der Russischen Föderation, 2. Auflage, Moskau 2010. (Крашенинников, Павел: Комментарий к Семейному кодексу Российской Федерации, 2-е изд., Москва 2010).

Krasnova, Tatjana / Alekseeva, Ewgenija: Väter und Kinder: Probleme beim Erwerb von Elternrechten durch Männer (am Beispiel der russischen Gesetzgebung), in: Informationsblatt der Universität Perm. Rechtswissenschaften. 2016, S. 426–439. (Краснова, Татьяна / Алексеева, Евгения: Отцы и дети: Проблемы приобретения родительских прав мужчинам (на примере законодательства России): Вестник Пермского университета. Юридические науки. 2016, С. 426–439).

Krause, Thomas: Annahme als Kind, Teil 2: Wirkungen der Annahme Minderjähriger, in: NotBZ 2006, S. 273–277.

Kreittmayr, Wiguläus Xaver Aloys: Anmerkungen über den Codicem Maximilianeum Bavaricum Civilem, München 1821.

Krivoscheeva, Margarita: Über einige Aspekte des Adoptionsgeheimnisses in Russland, in: Rechtsanwalt 2012, S. 45–50. (Кривошеева, Маргарита: О некоторых аспектах тайны усыновления в России: Адвокат 2012, С. 45–50).

Krupskaja, Nadeschda: Frau und Kindererziehung, in: Ausgewählte pädagogische Aufsätze, Moskau 1957. (Крупская, Надежда: Женщина и воспитание детей: Избранные педагогические сочинения, Москва 1957).

Kurtz, Diana-Catharina: Das Institut der Adoption im preußischen Allgemeinen Landrecht und im französischen Code civil zwischen Rezeption römischrechtlicher Prinzipien und verändertem Familienverständnis, Frankfurt am Main 2006.

Kurylowicz, Marek: „Adoptio plena" und „minus plena" in: Labeo – Rassegna di diritto romano, Bd. 25 (1979) (zit: Kurylowicz, Labeo 25 (1979)).

Kurylowicz, Marek: Die Adoptio im klassischen römischen Recht, Warschau 1981.

Kusnezova, Irina: Adoptionsgesetzgebung und Anwendungspraxis, Moskau 2006. (Кузнецова, Ирина: Законодательство об усыновлении и практика его применения, Москва 2006).

Kustova, W.: Adoption nach der Gesetzgebung der ersten Jahre der sowjetischen Macht, in: Zeitschrift des russischen Rechts 2002, N 2. (Кустова, В.: Усыновление по законодательству первых лет советской власти: Журнал российского права N 2).

Kuznetsova, Inna: Vaterschaftsfeststellung im gerichtlichen Verfahren, in: Informationsblatt der Staatlichen Juristischen Akademie Saratow 2016, S. 73–76. (Кузнецова, Инна: Установление отцовства в судебном порядке: Вестник Саратовской государственной юридической академии 2016, С. 73–76).

Lack, Katrin: Anmerkung zur Entscheidung des BVerfG vom 04.12.2013 (Az: 1 BvR 1154/10) – „Zur Frage der beschränkten Möglichkeiten der Vaterschaftsanfechtung für den biologischen Vater", in: NZFam 2014, S. 45.

Ladotschkina, Ljubov: Entzug und Wiederherstellung der Elternrechte, in: Informationsblatt der Staatlichen Juristischen Akademie Saratow 2014, S. 91–94. (Ладочкина, Любовь: Лишение и восстановление родительских прав: Вестник Саратовской государственной юридической академии 2014, С. 91–94).

Lange, Ulrich: Das alleinstehende Kind und seine Versorgung – Psychologische Praxis, Basel 1965.

Laufs, Adolf: Die künstliche Befruchtung beim Menschen – Zulässigkeit und zivilrechtliche Folgen, in: JZ 1986, S. 769–777.

Lebedinskaja, W.: Und wieder zur Frage des Adoptionsgeheimnisses, in: Junger Wissenschaftler 2013, S. 544–546. (Лебединская, В.: И снова к вопросу о тайне усыновления: Молодой ученый 2013, С. 544–546).

Letova, Natalia: Adoption in der Russischen Föderation und rechtliche Probleme, Moskau 2006. (Летова, Наталья: Усыновление в Российской Федерации и правовые проблемы, Москва 2006).

Levuschkin, Anatolij: Einige aktuelle Probleme der gesetzlichen Regelung der Unterhaltsverpflichtungen zwischen Eltern und ihren Kindern, in: Notar 2005, S. 12–16. (Левушкин, Анатолий: Некоторые актуальные проблемы правового регулирования алиментных обязательств между родителями и детьми: Нотариус 2005, С. 12–16).

Levuschkin, Anatolij: Fragen der Theorie und Praxis der Vaterschafts(Mutterschafts)feststellung im gerichtlichen Verfahren nach der Gesetzgebung der Russischen Föderation, in: Jurist 2011, S. 24–28. (Левушкин, Анатолий: Вопросы теории и практики установления отцовства (материнства) в судебном порядке по законодательству Российской Федерации: Юрист 2011, С. 24–28).

Levuschkin, Anatolij: Gründe für den Entzug der Elternrechte: Fragen der Theorie und Praxis, in: Nachrichten der Staatlichen Pädagogischen Universität Pensa (benannt nach Belinski) 2011, S. 122–125. (Левушкин, Анатолий: Основания лишения родительских прав: вопросы теории и практики: Известия Пензского государственого университета имени В. Г. Белинского 2011, С. 122–125).

Liermann, Stephan: Auswirkungen der Reform des Kindschaftsrechts auf das Recht der Adoption, Teil I, in: FuR 1997, S. 217–222.

Liermann, Stephan: Die Auswirkungen der Rechtsprechung des BVerfG zu § 1626a BGB und § 1748 IV BGB im Adoptionsrecht, in: FamRZ 2003, S. 1523–1525.

Lifton, Betty Joan: Adoption, München 1979.

Lipovskih, Natalia: Definition, Rechtsnatur und Struktur des Familiengeheimnisses, in: Informationsblatt der Tomsker Staatsuniversität. Recht. 2018, S. 175–180. (Липовских, Наталья: Понятие, правовая природа и структура семейной тайны: Вестник Томского государственного университета. Право. 2018, С. 175–180).

Lipp, Martin: Zur verfassungskonformen Auslegung von § 1748 Abs. 4 BGB, in: JZ 2006, S. 96–98.

Loginova, Olga: Gerichtliches Verfahren einer Vaterschaftsfeststellung, in: Informationsblatt der Udmurtischen Universität 2009, S. 229–237.

(Логинова, Ольга: Судебный порядок установления отцовства: Вестник Удмуртского университета 2009: С. 229–237).

Löhnig, Martin: Die leibliche, nicht rechtliche Mutter, in: FamRZ 2015, S. 806–807.

Lüderitz, Alexander: Adoption – Vorschläge zur Auslegung und Änderung des Rechts der Annahme an Kindes Statt, Karlsruhe 1972 (zit: Lüderitz, Adoption).

Lüderitz, Alexander: Das neue Adoptionsrecht, in: NJW 1976, S. 1865–1871.

Maine, Henry Sumner: Das alte Recht: sein Zusammenhang mit der Frühgeschichte der Gesellschaft und sein Verhältnis zu modernen Ideen, Baden-Baden 1997.

Manankova, Raisa / Lipovskih, Natalia: Rechtsnatur des Adoptionsgeheimnisses, in: Informationsblatt der Tomsker Staatsuniversität. Recht. 2017, S. 121–127. (Мананкова, Раиса / Липовских, Наталья: Правовая природа тайны усыновления: Вестник Томского государственного университета. Право. 2017, С. 121–127).

Mansees, Norbert: Jeder Mensch hat ein Recht auf Kenntnis seiner genetischen Herkunft, in: NJW 1988, 2984–2987.

Marquardt, Joachim / Mau, A.: Das Privatleben der Römer, Erster Teil: Die Familie, Darmstadt 1990 (Nachdruck der 2. Auflage, Leipzig 1886).

Massfeller, Franz: Die Erleichterung der Annahme an Kindes Statt, in: StAZ 1950, S. 228–233.

Matvejeva, Nadeschda: Vaterschaftsvermutung und Probleme ihrer Widerlegung, in: Familien- und Mietrecht 2014, S. 39–41. (Матвеева, Надежда: Презумпция отцовства и проблемы ее опровержения: Семейное и Жилищное право 2014, С. 39–41).

Maurer, Hans-Ulrich: Gestärkte Rechte des Vaters bei der Adoption, in: FPR 2005, S. 196–199.

Meyer, Vera: Die Rechtsstellung des leiblichen Vaters bei der Adoption seines nichtehelichen Kindes, Frankfurt a.M. 2013.

Mitteis, Heinrich / Lieberich, Heinz: Deutsches Privatrecht: Ein Studienbuch, 9. Auflage, München 1981.

Mitterauer, Michael / Sieder, Reinhard: Vom Patriarchat zur Partnerschaft: Zum Strukturwandel der Familie, Becksche Schwarze Reihe, Bd. 158, München 1977.

Münchener Kommentar zum Bürgerlichen Gesetzbuch: Band 10, §§ 1589–1921, 8. Auflage, München 2020 (zit.: MüKo-Bearbeiter).

Muscheler, Karlheinz / Bloch, Anke: Das Recht auf Kenntnis der genetischen Abstammung und der Anspruch des Kindes gegen die Mutter auf Nennung des leiblichen Vaters, in: FPR 2002, S. 339–352.

Muscheler, Karlheinz: Familienrecht, 4. Auflage, München 2017.

Muscheler, Karlheinz: Offene und verdeckte Adoption – Recht des Kindes auf Kenntnis seiner Abstammung, in: FPR 2008, S. 496–498.

Muth, Robert: Einführung in die griechische und römische Religion, Darmstadt 1998.

Nagaev, Viktor: Schutz der Mutterschafts- und Kindschaftsrechte – sozialrechtliche Kommentare, Moskau 2006. (Нагаев, Виктор: Охрана прав материнства и детства: социально-правовые комментарии, Москва 2006).

Napp-Peters, Anneke: Adoption – das alleinstehende Kind und seine Familien: Geschichte, Rechtsprobleme und Vermittlungspraxis, Neuwied/ Darmstadt 1978.

Nasarov, A.: Vorstellung zur Rentenbewilligung in: Haushaltung und Recht 1997, S. 165–167. (Назаров А: Представление к назначению пенсии: Хозяйство и право 1997, С. 165–167).

Netschaeva, Alexandra: Familienrecht der Russischen Föderation, 8. Auflage, Moskau 2019. (Нечаева, Александра: Семейное право Российской Федерации, 8-е изд., Москва 2019).

Netschaeva, Alexandra: Russland und seine Kinder: Kind, Gesetz, Staat, Moskau 2000. (Нечаева, Александра: Россия и ее дети: ребенок, закон, государство, Москва 2000.)

Neukirchen, Christian: Die rechtshistorische Entwicklung der Adoption, Frankfurt am Main 2005.

Nevolin, Konstantin: Geschichte der russischen Zivilgesetze, Band III, Sankt-Petersburg 1857. (Неволин, Константин: История российских гражданских законов. Ч. 2, Санкт-Петербург 1857).

Nevsorov, A.: Die Vormundschaft über Volljährige: historischer Hintergrund des Instituts und sein Stellenwert in der aktuellen russischen Gesetzgebung, Tallinn 1892. (Невзоров, А.: Опека над несовершеннолетними: ис торический очерк института и положение его в действующем русском законодательстве, Таллин 1892.)

Nied, Erwin: Adoptionsgeheimnis – hier – Bekanntgabe der leiblichen Eltern an die Verlobten beim Aufgebot, in: StAZ 1982, S. 257.

Nieden, Margarete zur: Adoption und Adoptionsvermittlung, 3. Erweiterte Auflage, Köln 1963.

Nizamijeva, Olga (Hrsg.): Kommentar zum Familiengesetzbuch der Russischen Föderation, Moskau 2010. (Низамиева, Ольга: Комментарий к Семейному кодексу Российской Федерации, Москва 2010).

Oberloskamp, Helga: Die Ersetzung der Einwilligung der leiblichen Eltern in die Annahme ihres Kindes (§ 1748 BGB), Ein Vergleich der Rechtsprechungspraxis vor und nach der Reform vom 14.8.1973 in: ZBLJugR 1980, S. 581–598.

Oeschger, Witgar: Die Pflege- und Adoptivkinderversorgung, Freiburg (Schweiz) 1957.

Pachman, Semen: Ziviles Gewohnheitsrecht in Russland: Juristische Grundrisse, Band II, Sankt-Petersburg 1879. (Пахман, Семен: Обычное гражданское право в России (юридические очерки), Ч. 2, Санкт-Петербург 1894).

Palandt, Otto (Begr.): Bürgerliches Gesetzbuch, 79. Auflage, München 2020 (zit.: Palandt-Bearbeiter).

Parschutkin, Viktor / Lvova, Elena: Ist die Wahrung des Adoptionsgeheimnisses immer gerechtfertigt?, in: Russische Justiz 1999, S. 22–27. (Паршуткин, Виктор / Львова, Елена: Всегда ли оправданно сохранение тайны усыновления?: Российская юстиция 1999, С. 22–27).

Paulitz, Harald (Hrsg.): Adoption – Positionen, Impulse, Perspektiven, München 2006 (zit.: Paulitz-Bearbeiter).

Paulitz, Harald: Adoption – Reizwort oder Zauberformel?, in: ZfJ 1984, S. 126–132.

Petersen, Jon: Jugendfürsorge, Berlin 1915.

Planitz, Hans / Eckhart, Karl A.: Deutsche Rechtsgeschichte, Graz/Köln 1961.

Posse, Evgenija: Grundlegende Fragen der Adoption, Leningrad 1957. (Поссе, Евгения: Основные вопросы усыновления, Ленинград 1957).

Prjanischnikov, E.: Über die Verschollenheit und die Todeserklärung, in: Jurisprudenz 1990, S. 24–30. (Прянишников, Е.: О безвестном отсутствии и признании умершим: Правоведение 1990, С. 24–30).

Ptschelinzeva, Ljudmila: Das Familienrecht Russlands, 5. Auflage, Moskau 2007. (Пчелинцева, Людмила: Семейное право России, 5-е изд., Москва 2007).

Ptschelinzeva, Ljudmila: Kommentar zum Familiengesetzbuch der Russischen Föderation, 6. Auflage, Moskau 2007. (Пчелинцева, Людмила: Комментарий к Семейному кодексу Российской Федерации, 6-е изд., Москва 2011).

Rabez, Anna: Vaterschaftsvermutung des Ehemannes der Kindesmutter im Familienrecht der Russischen Föderation und im postsowjetischen Raum, in: Familien- und Mietrecht 2016, S. 20–23. (Рабец, Анна: Презумпция отцовства мужа матери ребенка в Семейном праве Российской

Федерации и на постсоветском пространстве: Семейное и Жилищное право 2016, С. 20–23).

Rarog, Alexej: Kommentar zum Strafgesetzbuch der Russischen Föderation, 12. Auflage, Moskau 2019. (Рарог, Алексей: Комментарий к уголовному кодексу Российской Федерации, 12-е изд., Москва 2019).

Reinhardt, Jörg: Die Beteiligung in Adoptionsverfahren und der Geheimhaltungsschutz – Prüfstein für die Kooperation von Jugendamt und Familiengericht in Adoptionssachen, in: JAmt 2011, S. 628–634.

Ribalka, E.: Rechtslage und Perspektiven der Entwicklung des Adoptionsgeheimnisses in Russland, in: Jurist-Rechtswissenschaftler 2018, S. 31–34. (Рыбалка, Е.: Правовое положение и перспективы развития тайны усыновления в России: Юристъ-Правоведъ 2018, С. 31–34).

Röchling, Walter: Verurteilt die Eingriffsschwelle des § 1748 BGB viele Kinder zu dauerhafter Elternlosigkeit? – Zur Pflicht der Beteiligung der Adoptionsvermittlungsstelle bei Hilfeplangestaltung und Beratung des Jugendamts aus Anlaß langfristig zu leistender Hilfen außerhalb der eigenen Familie (§ 36 Abs. 1 Satz 2 SGB VIII), in: ZfJ 2000, S. 214–217.

Rotax, Horst-Heiner: Zum Recht des Kindes auf Information über seine leiblichen Eltern und zum Recht der Eltern auf Information über tatsächliche Mutter- bzw. Vaterschaft, in: Praxis der Kinderpsychologie und Kinderpsychiatrie 2007, S. 148–171.

Roth-Stielow, Klaus: Adoptionsgesetz, Adoptionsvermittlungsgesetz: Kommentar, Stuttgart 1976.

Roth-Stielow, Klaus: Kommentar zum Adoptions- und Adoptionsvermittlungsgesetz, Stuttgart 1976.

Sachse, Michael: Buchbinderarbeiten für das Standesamt – Datenschutz und Auftragsvergaben, in: StAZ 1985, S. 25–26.

Sagorovski, A.: Familienrechtskurs, 2. Auflage, Odessa 1909. (Загоровский А.: Курс семейного права, 2-е изд., Одесса, 1909).

Saljahova, Gulnara: Zur Frage über den Entzug und die Beschränkung der Elternrechte, in: Das intellektuelle Potenzial des 21. Jahrhunderts: Stufen der Erkenntnis 2014, S. 154–158. (Саляхова, Гульнара: К вопросу о лишении и ограничении родительских прав: Интеллектуальный потенциал XXI века: ступени познания 2014, С. 154–158).

Samatova, Anna: Strafrechtliche Verantwortung für die Offenbarung des Adoptionsgeheimnisses – Probleme der Theorie und Praxis, in: Aktuelle Probleme der Wirtschaft und des Rechts 2011, S. 288–290. (Саматова, Анна: Уголовная ответственность за разглашение тайны усыновления (удочерения) – проблемы теории и практики: Актуальные проблемы экономики и права 2011, С. 288–290).

Savtschenko, Ewgenij: Über die Anwendung des Familiengesetzbuches der Russischen Föderation durch die Gerichte bei der Verhandlung der Rechtssachen, die im Zusammenhang mit der Beschränkung und dem Entzug der Elternrechte stehen und seine Rechtsfolgen, in: Nachrichten TRTU 2005, S. 185–190. (Савченко, Евгений: О применении судами Семейного кодекса РФ при рассмотрении дел, связанных с ограничением и лишением родительских прав, и его правовые последствия: Известия ТРТУ 2005, С. 185–190).

Schangareev, Anvar: Fragen des Entzugs und der Beschränkung der Elternrechte – Problem der Gewährleistung der Grundgarantien der Kindesrechte, in: Business im Recht 2013, S. 21–24. (Шангареев, Анвар: Вопросы лишения и ограничения родительских прав – проблема осуществления основных гарантий прав ребенка: Бизнес в законе 2013, С. 21–24).

Schangareev, Anvar: Rechte und Pflichten der Adoptiveltern nach der Gesetzgebung der Russischen Föderation, in: Probleme in der russischen Gesetzgebung. Juristische Zeitschrift 2013, S. 81–83. (Шангареев, Анвар: Права и обязанности усыновителей по законодательству Российской Федерации: Проблемы в российском законодательстве. Юридический Журнал 2013, С. 81–83).

Schangareev, Anvar: Rechtslage des Adoptionsgeheimnisses, in: Gesellschaftspolitische Wissenschaften 2013, S. 41–43. (Шангареев, Анвар: Правовое положение тайны усыновления в Российской Федерации: Социально-политические науки 2013, С. 41–43).

Scheidullina, Alina: Einige Probleme der gesetzlichen Regelung des Instituts der Verschollenheit im russischen Recht, in: Informationsblatt der Wirtschaft, des Rechts und der Soziologie 2011, S. 234–237. (Шайдуллина, Алина: Некоторые проблемы правового регулирования института безвестного отсутствия в российском праве: Вестник экономики, права и социологии 2011, С. 234–237).

Scheidullina, Alina: Zur Frage nach den Folgen einer Verschollenheitserklärung, in: Informationsblatt der Wirtschaft, des Rechts und der Soziologie 2012, S. 180–183. (Шайдуллина, Алина: К вопросу о последствиях признания граждан безвестно отсутствующими: Вестник экономики, права и социологии 2012, С. 180–183).

Scherschenevitsch, Gabriel: Lehrbuch des russischen Zivilrechts, Moskau 1995 (Nachdruck der Auflage aus 1907). (Шершеневич, Габриэль: Учебник русского гражданского права, Москва 1995, (по изданию 1907 г.)).

Scherstnjeva, N.: Rechtsnatur der Adoption und ihre Ausrichtung auf die Gewährleistung der Priorität der Familienerziehung von Kindern, in: Juristische Zeitschrift Leningrad 2007, S. 128–136. (Шерстнева, Н.: Юридическая природа усыновления и его направленность на обеспечение приоритета семейного воспитания детей: Ленинградский юридический журнал 2007, С. 128–136).

Schmatkov, K: Legitimation und Adoption von Kindern, Sankt-Petersburg 1894. (Шматков, К.: Узаконение и усыновление детей, Санкт-Петербург 1894.)

Schucht, Fritz: Die Voraussetzungen und der Vollzug der Annahme an Kindesstatt nach dem geltenden deutschen bürgerlichen Recht unter Berücksichtigung der geschichtlichen Entwicklung, Leipzig 1921.

Selesnjeva, Swetlana: Probleme der strafrechtlichen Verantwortung für die Offenbarung des Adoptionsgeheimnisses nach der Gesetzgebung einiger westlicher Länder, in: Informationsblatt der Staatlichen Universität Tscheljabinsk 2013, 103–105. (Селезнева, Светлана: Проблемы уголовной ответственности за разглашение тайны усыновления по законодательству отдельных зарубежных стран: Вестник Челябинского государственного университета 2013, С. 103–105).

Selesnjeva, Swetlana: Zur Frage der Strafpolitik bei Offenbarung des Adoptionsgeheimnisses – rechtsvergleichende Untersuchung, in: Informationsblatt der Staatlichen Universität Tscheljabinsk 2014, S. 55–57. (Селезнева, Светлана: К вопросу об уголовной политике за разглашение тайны усыновления – сравнительное исследование: Вестник Челябинского государственного университета 2014, С. 55–57).

Sergejevitsch, Wasilij: Vorlesungen und Untersuchungen der Geschichte des russischen Rechts, Sankt-Petersburg 1910. (Сергеевич, Василий: Лекции и иследование по истории русского права, Санкт-Петербург 1910.)

Sethe, Henning von: Die Durchsetzbarkeit des Rechts auf Kenntnis der eigenen Abstammung aus der Sicht des Kindes: Eine Analyse des geltenden Rechts und Vorschläge für eine künftige Rechtsgestaltung, Berlin 1995.

Soergel, Hans Theodor (Begr.): Kommentar zum Bürgerlichen Gesetzbuch, Band 20, §§ 1741–1921, 13. Auflage, Stuttgart 2000 (zit.: Soergel-Bearbeiter).

Sorosky, Arthur D / Baran, Anette / Pannor, Reuben: Adoption, Zueinander kommen – miteinander leben, Eltern und Kinder erzählen, Hamburg 1982.

Stalinski, Dirk: Spurensuche, in: FamRZ 2005, S. 856–861.

Staudinger, Julius von (Begründer): J. von Staudingers Kommentar zum Bürgerlichen Gesetzbuch mit Einführungsgesetz und Nebengesetzen, Buch 4, Familienrecht, §§ 1741–1772, Berlin, Neubearbeitung 2007 (zit.: Staudinger-Bearbeiter).

Stepanov, Sergej (Hrsg.): Kommentar zum Familiengesetzbuch der Russischen Föderation, Jekaterinburg 2010 (zit.: Stepanov-Bearbeiter). (Степанов, Сергей: Комментарий к Семейному кодексу Российской Федерации, Екатеринбург 2010).

Suchareva, Elena: Die Gewährleistung der Interessen des Kindes und seiner Eltern im Lichte der Verbesserung der Gesetzgebung über die Kindesabstammung und ihrer Anfechtung, in: Informationsblatt der Hochschule des Innenministeriums Russlands Woronesch 2017, S. 183–188. (Сухарева, Елена: Обеспечение интересов ребенка и его родителей в свете совершенствования законодательства об установлении происхождения детей и его оспаривании: Вестник Воронежского института МВД России 2017, С. 183–188).

Sutjagin, A.: Adoption, Pflegefamilie, das Institut der Vormundschaft: Juristische Aspekte 2009. (Сутягин А.: Усыновление, приемная семья, институт опеки: юридические аспекты, 2009)

Sverdlov, Grigorij: Familienrecht, Moskau 1958. (Свердлов, Григорий: Москва 1958).

Swientek, Christine: Wer sagt mir, wessen Kind ich bin?, Freiburg 1993.

Tarchov, Viktor: Vorlesungen über das sowjetische Zivilrecht, Berlin 1955.

Tatarinzeva, Elena: Rechtliche Ziele der Adoption in der Familienpolitik des russischen Staates: von der historischen Vergangenheit bis zur Realität der Moderne, in: Gramota 2011, S. 201–208. (Татаринцева, Елена: Правовые цели усыновления в семейной политике Российского государства: от исторического прошлого к реалиям современности: Грамота 2011, С. 201–208).

Temnikova, Natalia: Staatliche Registrierung der Adoption im Lichte des Übergangs zum System der offenen Adoption, in: Informationsblatt der Universität Omsk. Recht. 2013, S. 92–97. (Темникова, Наталья: Государственная регистрация усыновления в свете перехода к системе открытого усыновления: Вестник Омского университета. Право. 2013, С. 92–97).

Textor, Martin R.: Die unbekannten Eltern – Adoptierte auf der Suche nach ihren Wurzeln, in: ZfJ 1990, S. 10–14.

Textor, Martin R.: Inkognitoadoption und offene Formen der Adoption im Freistaat Bayern, Teil I, 1991.

Textor, Martin R.: Offene Adoptionsformen, in: Nachrichtendienst des Deutschen Vereins für öffentliche und private Fürsorge 1991, S. 107–111.

Tkachuk, Julia: Probleme bei der Anwendung der Vorschriften über das Adoptionsgeheimnis im Zivilverfahren, in: Wirtschaft und Jurisprudenz 2019, N° 5

(62). (Ткачук, Юлия: Проблемы применения правил тайны усыновления в гражданском судопроизводстве 2019, N° 5 (62)).

Trinchenko, Ksenia: Grenzüberschreitende Adoption: Adoptionsgeheimnis oder das Recht auf Individualität?, in: Sozialwissenschaften. Recht (Informationsblatt der Hochschuleinrichtungen. Wolga-Region) 2015, S. 42–54. (Тринченко, Ксения: Трансграничное усыновление: Тайна усыновления или право на индивидуальность?: Общественные науки. Право (Известия высших учебных заведений. Поволжский регион) 2015, С. 42–54).

Tsybizova, Natalia: Verschollenheit und die Personenstandsakte, in: Informationsblatt der Staatsuniversität Kemerovo 2015, S. 272–275. (Цыбизова, Наталья: Безвестное отсутствие и акты гражданского состояния: Вестник Кемеровского государственного университета 2015, С. 272–275).

Ukolova, Viktoria / Krasnova, Tatjana: Probleme der gesetzlichen Regelung des Elternrechtsentzugs als äußerste Maßnahme der elterlichen Verantwortung, in: Informationsblatt der Staatlichen Universität Tjumen 2012, S. 145–150. (Уколова, Виктория / Краснова, Татьяна: Проблемы правовой регламентации лишения родительских прав как крайней меры ответственности родителей: Вестник Тюменского государственного университета 2012, С. 145–150).

Vladimirski-Budanov, Michael: Querschnitt durch die Geschichte des russischen Rechts, 7. Auflage, Petrograd-Kiew 1915. (Владимирский-Буданов, Михаил: Обзор истории русского права, 7-е изд., Петроград-Киев 1915).

Voigt, Moritz: Die XII Tafeln, Erster Band: Geschichte und allgemeine juristische Lehrbegriffe der XII Tafeln nebst deren Fragmenten, Leipzig 1883.

Voß, K.: Merkblatt über die Annahme an Kindes Statt, Praktischer Ratgeber, Hameln 1938.

Wackernagel, Wolfgang D.: Die rechtliche Stellung nach schweizerischem Recht – Der Ursprung der Adoption, Basel 1953.

Waehler, Jan Peter: Zum Gesetz der UdSSR über Ehe und Familie von Juni 1968, in: FamRZ 1968, S. 557–564.

Webers, Janis: Die Natur der Adoption und ihre Rechtsfolgen, in: Rechtslehre 1966, S. 53–59. (Веберс, Янис: Сущность усыновления и его правовые последствия: Правоведение 1966, С. 53–59).

Webler, H.: Einige Zahlen zur Kindesannahme in: Zentralblatt für Jugendrecht und Jugendwohlfahrt 1936, S. 277–283.

Welichkova, Oksana / Schemeneva, Olga (Hrsg.): Grenzen der Beschränkung des Öffentlichkeitsgrundsatzes im Zivilverfahren bei der Verhandlung von Adoptionssachen, in: Familienrechtsverhältnisse: Fragen der Theorie und Praxis,

Woronesch 2007 (zit.: Welichkova/Schemeneva-Bearbeiter). (Величкова, Оксана / Шеменева, Ольга: Пределы ограничения действия принципа гласности гражданского судопроизводства при рассмотрении дел об усыновлении детей: Семейные правоотношения – вопросы теории и практики, Воронеж 2007).

Wesenberger, Gerhard / Wesener, Gunter: Neuere deutsche Privatrechtsgeschichte: im Rahmen der europäischen Rechtsentwicklung, 4. Auflage, Wien u.a. 1985.

Wieacker, Franz: Privatrechtsgeschichte der Neuzeit, Göttingen 1967.

Wilke, Christine: Die Adoption minderjähriger Kinder durch den Stiefelternteil: Vergleichende Analyse des deutschen und englischen Rechts, Freiburg 2014.

Willutzki, Siegfried: Die Ersetzung der elterlichen Einwilligung, in: ZKJ 2007, S. 18–28.

Willutzki, Siegfried: Versuch einer wertenden Betrachtung, Kindschaftsrechtsreform, in: KindPrax 1998, S. 103–110.

Winogradova, Swetlana: Adoptionsgeheimnis – muss es gewahrt werden?, in: Kinderheim 2013, S. 20. (Виноградова, Светлана: Тайна усыновления – нужно ли сохранять ее?: Детский дом 2013, С. 20).

Wischnjakova, Alla: Kommentar zum Familiengesetzbuch der Russischen Föderation, 3. Auflage, Moskau 2011. (Вишнякова, Алла: Комментарий к Семейному кодексу Российской Федерации, 3-е изд., Москва 2011).

Wlasova, Marianna: Kommentar zum Familiengesetzbuch der Russischen Föderation, 4. Auflage, Moskau 2013. (Власова, Марианна: Комментарий к Семейному кодексу Российской Федерации, 4-е изд., Москва 2013).

Wolf, Alfred: Babyklappe und anonyme Geburt – Fragen zu einer neuen Entwicklung, in: FPR 2001, S. 345–353.

Wolfson, Friedman: Familienrecht, Moskau 1938. (Вольфсон, Фридман: Семейное право, Москва 1938).

Zabotkin, Alexander: Entzug der Elternrechte: einige Aspekte der Rechtsanwendung, in: Staatsberater 2014, S. 8–11. (Заботкин, Александр: Лишение родительских прав: некоторые аспекты правоприменения: Государстве нный Советник 2014, С. 8–11).

Zaikova, Olga: Die Bildung der Adoptionskultur in Russland, in: Informationsblatt der staatlichen pädagogischen Universität in Novosibirsk 2012, S. 104–110. (Зайкова, Ольга: Формирование культуры усыновления в России: Вестник Новосибирского государственного педагогического университета 2012, С. 104–110).

Zharov, Anton: Entzug der Elternrechte hinsichtlich der Kinder ohne elterliche Sorge, in: Fragen der Jugendgerichtsbarkeit 2010, S. 9–10. (Жаров, Антон: Лишение родительских прав в отношении детей, оставшихся без попечения родителей: Вопросы ювенальной юстиции 2010, С. 9–10).

Zhiljaeva, Swetlana / Rakov, Kirill: Problem des Adoptionsgeheimnisses in der Russischen Föderation, in: Informationsblatt der Wirtschaftssicherheit 2018, S. 53–56. (Жиляева, Светлана / Раков, Кирилл: Проблема тайны усыновления в Российской Федерации 2018, С. 53–56).

Zhironkina, Julia / Barschewskij, Michail: Probleme der Gewährleistung der Informationsrechte bei Einhaltung des Adoptionsgeheimnisses, in: Informationsblatt der Moskauer Universität des Innenministeriums Russlands 2012, S. 24–26. (Жиронкина, Юлия / Барщевский, Михаил: Проблемы реализации права на информацию при соблюдении тайны усыновления: Вестник Московского университета МВД России 2012, С. 24–26).

Zhujkova, Ekaterina / Petschnikova, Leonora: Zur Frage nach den psychologischen Besonderheiten der Familien, die das Adoptionsgeheimnis wahren, in: Informationsblatt der Staatsuniversität Südural. Reihe „Psychologie", S. 22–28. (Жуйкова, Екатерина / Печникова, Леонора: К вопросу о психологических особенностях семей, сохраняющих тайну усыновления: Вестник ЮУрГУ. Серия «Психология», С. 22–28).

Zinn, Rascha: Grundriß des geltenden Familienrechts Sowjetrußlands, Heidelberg 1928.

Zlobina, Irina: Probleme der gesetzlichen Regelung und der Rechtsanwendungspraxis des Elternrechtsentzugs, in: Informationsblatt der Krasnodar Universität des Innenministeriums Russlands 2013, S. 21–24. (Злобина, Ирина: Проблемы правового регулирования и правоприменения практики лишения родительских прав: Вестник Краснодарского университета МВД России 2013, С. 21–24).

Verzeichnis der russischen bzw. sowjetischen Gesetzestexte

Dekret „Über die Zivilehe, über Kinder und über die Führung des Personenstandsregisters“ von 1917 (Декрет о гражданском браке, о детях и о ведении книг актов состояния): http://www.consultant.ru/cons/cgi/online.cgi?req=doc&base=ESU&n=4307#db9Cy6TdCGi8r0FL

Dekret „Über die Ehescheidung“ von 1917 (Декрет о расторжении брака): http://www.consultant.ru/cons/cgi/online.cgi?req=doc&base=ESU&n=4308#ORrCy6TgqFhyZNiD1

Erlass „Über das Anerbenrecht“ von 1714 (Указ о единонаследии): http://www.hist.msu.ru/ER/Etext/inherit.htm

Erlass „Über die Adoption“ von 1943 (Указ об усыновлении): http://docs.historyrussia.org/ru/nodes/199944-ob-usynovlenii-ukaz-prezidiuma-verhovnogo-soveta-sssr-ot-8-sentyabrya-1943-goda

Familiengesetzbuch der Russischen Föderation von 1996 (Семейный кодекс Российской Федерации): http://www.consultant.ru/document/cons_doc_LAW_8982/

Gesetz „Über die Besserung der Lage nichtehelicher Kinder“ von 1902 (Закон об улучшении положения незаконнорожденных детей): Art. 131 Gesetzessammlung des Russischen Kaiserreichs

Gesetz „Über die Legitimation und Adoption von Kindern“ von 1891 (О детях узаконенных и усыновленных): Art. 146 ff. Gesetzessammlung des Russischen Kaiserreichs

Gesetz „Über die Personenstandsakte“ von 1997 (Закон Об актах гражданского состояния): http://www.consultant.ru/document/cons_doc_LAW_16758/

Gesetzbuch über Personenstandswesen, Ehe-, Familien- und Vormundschaftsrecht der RSFSR von 1918 (Кодекс законов об актах гражданского состояния, брачном, семейном и опекунском праве): http://www.consultant.ru/cons/cgi/online.cgi?req=doc&base=ESU&n=2902#QoGiy6TKIofzDq0r2

Gesetzbuch über Ehe, Familie und Vormundschaft der RSFSR von 1927 (Кодекс законов о браке, семье и опеке): https://nnov.hse.ru/ba/law/igpr/sov_gos/kodeksy_26

Gesetzbuch über Ehe und Familie der RSFSR von 1969 (Кодекс о браке и семье РСФСР): http://www.consultant.ru/document/cons_doc_LAW_3261/

Gesetzessammlung des Russischen Kaiserreichs von 1832 (Свод Законов Российской Империи): http://www.consultant.ru/edu/student/download_books/book/svod_zakonov_rossijskoj_imperii_tom_x/

Grundlagen der Gesetzgebung der Union der SSR und der Unionsrepubliken über Ehe und Familie von 1968 (Основы законодательства Союза ССР и союзных республик о браке и семье): http://www.consultant.ru/cons/cgi/online.cgi?req=doc&base=ESU&n=23154#Clcz77TEzu9MGrcB

Verzeichnis der russischen Gerichtsentscheidungen

Analyse der Gerichtspraxis in Adoptionssachen der Stadt Perm aus dem 1. Halbjahr 2004 (Справка по материалам обобщения судебной практики рассмотрения федеральными районными судами г. Перми дел об усыновлении): http://ovolgfo.consultant.ru/

Auslegungsbeschluss des Obersten Gerichts der Russischen Föderation vom 20.04.2006 N° 8 „Über die Anwendung der Gesetzgebung durch die Gerichte bei der Prüfung von Kinderadoptionen" (Постановление Пленума Верховного Суда РФ от 20.04.2006 N° 8 „О применении судами законодательства при рассмотрении дел об усыновлении (удочерении) детей"): http://www.consultant.ru/document/cons_doc_LAW_59826/

Auslegungsbeschluss des Obersten Gerichts der Russischen Föderation vom 25.10.1996 N° 9 „Über die Anwendung des Familiengesetzbuches der Russischen Föderation durch die Gerichte bei der Prüfung der Vaterschaftsfeststellungs- und Unterhaltssachen" (Постановление Пленума Верховного Суда РФ от 25.10.1996 N° 9 „О применении судами Семейного Кодекса Российской Федерации при рассмотрении дел об установлении отцовства и о взыскании алиментов"): http://www.consultant.ru/document/cons_doc_LAW_12252/

Auslegungsbeschlusses des Obersten Gerichts der Russischen Föderation vom 16.05.2017 N° 16 „Über die Anwendung der Gesetzgebung durch die Gerichte bei der Prüfung der Verfahren hinsichtlich der Feststellung der Abstammung der Kinder" (Постановление Пленума Верховного Суда РФ от 16.05.2017 N° 16 „О применении судами законодательства при рассмотрении дел, связанных с установлением происхождения детей"): http://www.consultant.ru/document/cons_doc_LAW_216881/

Berufungsentscheidung des Obersten Gerichts der Republik Burjatien vom 30.07.2012 in der Rechtssache N° 33-2028 (Апелляционное определение Верховного суда Республики Бурятия от 30.07.2012 г. по делу N° 33-2028): http://www.consultant.ru/cons/cgi/online.cgi?req=doc&base=SOSB&n=21427#8Pkf87TOYZMkAxvD1

Berufungsentscheidung des Moskauer Stadtgerichts vom 14.04.2015 in der Rechtssache N° 33-12281 (Апелляционное определение Московского городского суда от 14.04.2015 г. по делу N° 33-12281): http://www.consultant.ru/cons/cgi/online.cgi?req=doc&base=SOCN&n=575503#qEmg87TYmItCECs

Berufungsentscheidung des OLG Rjasan vom 10.06.2015 in der Rechtssache N° 33-1177 (Апелляционное определение Рязанского областного суда от 10.06.2015 г. N° 33-1177): http://www.consultant.ru/cons/cgi/online.cgi?req=doc&base=SOCN&n=568773#bPWh87ThOz12F5HJ

Berufungsentscheidung des OLG Rjasan vom 02.05.2012 in der Rechtssache N° 33-740 (Апелляционное определение Рязанского областного суда от 02.05.2012 г. N° 33-740): http://www.consultant.ru/cons/cgi/online.cgi?req=doc&base=SOCN&n=158203#LLuh87TyI0F4DmVg

Berufungsentscheidung des Moskauer Stadtgerichts vom 08.12.2014 in der Rechtssache N° 33-45969/14 (Апелляционное определение Московского городского суда от 08.12.2014 г. по делу N° 33-45969/14): http://www.consultant.ru/cons/cgi/online.cgi?req=doc&base=SOCN&n=508381#L79j87TK5lXljt8w

Berufungsentscheidung des OLG Moskau vom 20.08.2014 in der Rechtssache N° 33-16393 (Апелляционное определение Московского областного суда от 20.08.2014 по делу N° 33-16393): http://www.consultant.ru/cons/cgi/online.cgi?req=doc&base=SOKI&n=126588#KnEo87T6t841ZYiz

Berufungsentscheidung des OLG Moskau vom 22.06.2015 in der Rechtssache N° 33-14455/2015 (Апелляционное определение Московского областного суда от 22.06.2015 г. по делу N° 33-14455/2015): http://www.consultant.ru/cons/cgi/online.cgi?req=doc&base=SOKI&n=155548#3qIn87TioKIYFXJo

Beschluss des OLG Woronesch vom 26.12.2007 in der Rechtssache N° 44g-335 (Постановление Президиума Воронежского областного суда от 26.12.2007 по делу N° 44г-335): http://www.consultant.ru/cons/cgi/online.cgi?req=doc&base=SOKI&n=7281#89Up87TYthlWHVpc3

Beschluss des Verfassungsgerichts der Russischen Föderation in der Rechtssache über die Überprüfung der Verfassungsmäßigkeit der Regelungen des Art. 139 FGB RF und des Art. 47 des Föderalen Gesetzes über die Personenstandsakte aufgrund einer Beschwerde von G. F. Grubitsch und T. G. Guschina vom 16.06.2015, N 15-P (Постановление Конституционного Суда РФ от 16.06.2015 N 15-П по делу о проверке конституционности положений статьи 139 Семейного кодекса Российской Федерации и статьи 47 Федерального закона „Об актах гражданского состояния“ в связи с жалобой граждан Г.Ф. Грубич и Т.Г. Гущиной):

http://www.consultant.ru/document/cons_doc_LAW_181188/

Entscheidung des Newelsker Stadtgerichts vom 07.09.2011 in der Rechtssache N° 2-866/2011 (Решение Невельского городского суда Сахалинской области от 7.09.2011 по делу N° 2-866/2011): https://nevelskiy--sah.sudrf.ru/modules.php?name=sud_delo

Oberstes Gericht der Russischen Föderation, Rechtsprechungsbericht N° 4 von 2003 (Верховный Суд Российской Федерации, бюллетень судебной практики N° 4 2003): https://www.vsrf.ru/documents/newsletters/1628/

Urteil des Obersten Gerichts der Russischen Föderation vom 23.08.2018, N° 48-KG18-16 in: Übersicht der Gerichtspraxis des Obersten Gerichts der Russischen Föderation N° 3 (2018), S. 160–165 (Верховный Суд Российской Федерации, Определение от 23.08.2018, N° 48-КГ18-16: Обзор судебной практики Верховного Суда Российской Федерации N° 3 (2018), С. 160–165): http://www.supcourt.ru/documents/practice/27317/

Übersicht der Gerichtspraxis der Kassationsinstanz des Oberlandesgerichts Samara in Zivilsachen für den Zeitraum September bis Oktober 2005 (Обзор кассационной практики судебной коллегии по гражданским делам Самарского областного суда за сентябрь – октябрь 2005 года): https://zakon-region3.ru/3/117003/

www.ingramcontent.com/pod-product-compliance
Ingram Content Group UK Ltd.
Pitfield, Milton Keynes, MK11 3LW, UK
UKHW020712041026
15590UKWH00002B/630

9 783631 881538